KB164814

한국사상선 20

박중빈
송규

물질이 개벽되니 정신을 개벽하자

박중빈
송규

허석 편저

물질이 개벽되니
정신을 개벽하자

창비
Changbi Publishers

창비 한국사상선 간행의 말

나날이 발전하는 세상을 약속하던 자본주의가 반문명적 본색을 여지없이 드러내며 다수의 삶을 고통으로 몰아간 지 오래다. 이제는 인간 문명의 기본 터전인 지구 생태를 거세게 위협하는 시대에 이르렀다. 결국 세상의 종말이 닥친다 해도 놀랄 수 없는 시대의 위태로움이 전에 없던 문명적 대전환을 요구한다는 각성에서 창비 한국사상선의 기획은 시작되었다. '전환'이라는 강력하게 실천적인 과제는 우리 모두에게 다른 삶의 전망과 지침이 필요하며 전망과 지침으로 살아 작동할 사상이 절실함을 뜻한다. 그런 사상을 향한 다급하고 간절한 요청에 공명하려는 기획으로서, 창비 한국사상선은 한국사상이라는 분야를 요령 있게 소개하거나 새롭게 정비하는 평시적 작업을 넘어 어떤 비상한 대책이기를 열망하며 구상되었다.

사상을 향한 요청이 반드시 '한국사상'으로 향할 이유가 되는지 반문하는 이들도 있을지 모른다. 사상이라고 하면 플라톤 같은 유구한 이름으로 시작하여 무수히 재해석된 쟁쟁한 인물과 계보로 가득한 서구사상을 으레 떠올리기 때문이다. 우리가 겪는 위기가 행성 전체에 걸친 것이라면 늘 그래왔듯 서구의 누군가가 자기네 사상전통에 기대 무언가 이야기하지 않았을까, 그런 것들을 찾아보는 편이 더 효율적이지 않을까 하는 생각은 사실 오래된 습관이다. 더욱이 '한국사상'이라는 표현 자체가 많은 독자들에게 꽤 낯설게 느껴질 법하다. 한국의 유교사상이라거나 한국의 불교사상 같은 분류는 이따금 듣게 되지만 그 경우는 유교사상이나 불교사상의 지역적 분화라는 인상이 강하다. 한국사상이 변모하고 확장하면서 갖게 된 유교적인 또는 불교적인 양상으로 이해하는 방식은 익숙지 않을 것이기에 '한국사상'에 대한 우리의 공통감각은 여전히 흐릿하다고 말할 수 있다.

하지만 이런 사정이야말로 창비 한국사상선 발간의 또 다른 동력이다. 서구사상은 오랜 시간 구축한 단단한 상호참조체계를 바탕으로 세계 지성계에서 압도적 발언권을 유지하는 한편 오늘날의 위기에 관해서도 이런저런 인식의 '전회turn'라는 형식으로 대응하고 있다. 그럼에도 그 위상의 이면에 강고한 배타성과 편견이 작동하고 있음을 지적하는 목소리가 높다. 무엇보다 지금 이곳 — 그리고 지구의 또 다른 여러 곳 — 의 경험이 그들의 셈법에 들어 있지 않고 따라서 그 경험이 빚어낸 사상적 성과 역시 반영되지 않는다는 느낌은 갈수록 커져왔다. 서구사상에서 점점 빈번해지는 여러 전회들이 결국 그들 나름의 뚜렷한 한계 안에서 이루어지는 뒤집기 또는 공중제비에 불과하다는 인상도 지우기 어렵다. 정치, 경제, 문화 등 여러 부문에서 그렇듯이 이제 사상에서도 서구가 가진 위상은 돌이킬 수 없이 상대화되고 보편의 자리는 진실로 대안에 값하는 사상을 향한 열린 분투에 맡겨졌다.

그런가 하면 '한국적인 것' 일반은 K라는 수식어구를 동반하며 부쩍 세계적 이목을 끌고 있다. K의 부상은 유행에 민감한 대중문화에서 시작되어서인지 하나의 파도처럼 몰려와 해변을 적셨다가 곧이어 다른 파도에 밀려가리라 생각되기도 한다. '한류'라는 지칭에 집약된 이 비유는 숱한 파도가 오고 가도 해변은 변치 않는다는 암묵적 전제에 갇혀 있지만, 음악이든 드라마든 이만큼의 세계적 반향을 일으킨다면 해당 분야의 역사를 다시 쓰면서 더 항구적인 영향을 남길 수 있다고 평가받아야 한다. 중요한 것은 이제 한국적인 것이 무시 못 할 세계적 발언권을 획득하면서 단순히 어떻게 들리게 할까가 아니라 무엇을 말할까에 집중할 수 있게 된 점이다. 대중문화에 이어 한국문학이 느리지만 묵직하게 존재감을 발하는 이 시점이 한국사상이 전지구적 과제를 향해 독자적 목소리를 보태기에 더없이 적절한지 모른다.

그러기 위해 한국사상은 스스로를 호명하고 가다듬는 작업을 함께 진행해야 한다. 이름 자체의 낯섦에서 알 수 있듯 한국사상은 그저 우리 역사에 존재했던 여러 사상가들의 사유들을 총합하는 무엇이 아니라 상당 정도로 새로이 구성해야 하는 무엇에 가깝다. 창비 한국사상선은 문명전환을 이룰 대안사상의 모색이라는 과제를 중심으로 이 작업에 임하고자 했는데, 이는 거꾸로 바로 그런 모색이 실제로 한국사상의 면면한 바탕임을 발견하는 과정이기도 했다. 여기 실린 사상가들의 사유에는 역사와 현실을 탐문하며 새로운 삶의 보편적 비전을 구현하려 한 강도 높은 실천성, 그리고 주어진 사회의 시스템을 변혁하는 일과 개개인의 마음을 닦는 일이 진리에 속하는 과업으로서 단일한 도정이라는 깨달음이 깊이 새겨져 있다. 이 점은 오늘날 한국사상의 구성과 전승이 어떤 방식으로 지속되어야 할지 일러준다. 아직은 우리 자신에게조차 '가난한 노래의 씨'로 놓인 이 사유들을 참조하고 재해석하면서 위태로운 세계의 '광야'를 건널 지구적 자원이자 자기 삶의 실질적 영감으로 부단히 활용하는 실천을 통해 비로소 한국사상의 역량은 온전히 발휘될 것이다.

창비 한국사상선이 사상가들의 핵심저작을 직접 제공하는 데 주력한 이유도 여기에 있다. 학구적 관심이 아니라도 누구든 삶과 세계에 대해 사유하고 발언할 때 펼쳐 인용하고 되새기는 장면을 그려본 구성이다. 이제껏 칸트와 헤겔을 따오고 맑스와 니체, 푸꼬와 데리다를 언급했던 만큼이나 가까이 두고 자주 들춰보는 공통 교양서가 되기를 기대한다. 그러기 위해 원문의 의도를 훼손하지 않는 범위에서 되도록 오늘날의 언어에 가깝게 풀어 싣고자 노력했다. 핵심저작 앞에 실린 편자의 서문은 해당 사상가의 사유를 개관하며 입문의 장벽을 낮추는 역할에 더하여, 덜 주목받은 면을 조명하고 새로운 관점을 보탬으로써 독자들의 시야를 넓혀 각자 또 다른 해석자가 되도록 고무한다. 부록과 연보는 사상가를 둘러싼 당대적·세계적 문맥을 더 면밀히 읽는 데 도움이 되고자 한다.

사상선 각권이 개별 사상가의 전체 저작에서 중요한 일부를 추릴 수밖에 없었듯 전체적으로도 총 30권으로 기획되었기에 어쩔 수 없이 선별적이다. 시기도 조선시대부터로 제한했다. 그러다 보니 신라의 원효나 최치원같이 여전히 사상가로서 생명을 지녔을뿐더러 어떤 의미로 한국적 사상의 원류에 해당하는 분들과 고려시대의 중요 사상가들이 제외되었다. 또 조선시대의 특성상 유교사상이 지나치게 큰 비중을 차지한 느낌도 없지 않을 것이다. 하지만 조선의 유학 자체가 송학 내지 신유학의 단순한 이식이 아니라 중국에서 실현된 바 없는 독특한 유교국가를 만들려는 세계사적 실험이었거니와, 이 시대의 사상가들이 각기 자기 나름으로 유·불·선 회통이라는 한반도 특유의 사상적 기획에 기여하고자 했음이 이 선집을 통해 드러나리라 믿는다.

조선시대 이전이 제외된 대신 사상선집에서 곧잘 소홀히 되는 20세기 후반까지 포함하며 이제껏 사상가로 이야기되지 않던 문인, 정치인, 종교인을 다수 망라한 점도 본서의 자랑이다. 한번에 열권씩 발행하되 전부를 시대순으로 간행하기보다 1~5권과 16~20권을 1차로 배본하는 등 발간 방식에서도 20세기가 너무 뒤로 밀리지 않게 배려했다. 1권 정도전에서 시작하여 30권 김대중으로 마무리되는 구성에 1인 단독집만이 아니라 2, 3, 4인 합집을 배치하여 선별의 아쉬움도 최대한 보충하고자 했으나, 사상가들의 목록은 당연히 완결된 것이 아니고 추후 보완작업을 기대해야 한다. 그럼에도 이 사상선을 하나의 '정전'으로 세우고자 했음을 굳이 숨기고 싶지 않다. 다만 모든 정전의 운명이 그렇듯 깨어지고 수정되고 다시 세워지는 굴곡이야말로 한국사상의 생애주기에 꼭 필요한 일이다. 아니, 창비 한국사상선 자체가 정전 파괴와 쇄신의 정신까지 담고 있음에 주목해주시기를 바란다. 특히 수운 최제우와 소태산 박중빈 같은 한반도가 낳은 개벽사상가를 중요하게 배치한 점은 사상선의 고유한 취지를 한층 부각해주리라 기대한다.

창비 한국사상선은 1966년 창간 이래 60년 가까이 한국학에 남다른 관심을 기울여온 계간 『창작과비평』, 그리고 '독자와 함께 더 나은 세상을' 꿈꾸어온 도서출판 창비의 의지와 노력이 맺은 결실이다. 문명적 대전환에 기여할 사상, 그런 의미에서 단순히 개혁적이기보다 개벽적이라 불러야 할 사상에 의미 있는 보탬이 되고 대항담론에 그치지 않는 대안담론으로서 한국사상이 갖는 잠재성을 세계의 다른 구성원들과 공유하는 계기가 된다면 더없는 보람일 것이다. 오직 함께하는 일로서만 가능한 이 사상적 실천에 독자 여러분의 많은 관심과 참여를 부탁드린다.

2024년 7월
창비 한국사상선 간행위원회 일동

차례

창비 한국사상선 간행의 말 ····························· 5

서문
한국이 낳은 세계적인 사상가,
소태산 박중빈과 정산 송규 ························· 13

핵심저작
박중빈 『정전』
제1 총서편 ····························· 41
제2 교의편 ····························· 44
제3 수행편 ····························· 71

박중빈 『대종경』
제1 서품 ····························· 103
제2 교의품 ····························· 117
제3 수행품 ····························· 140
제4 인도품 ····························· 174
제5 인과품 ····························· 202
제6 변의품 ····························· 215
제7 성리품 ····························· 234

제8 불지품 · 244

제9 천도품 · 256

제10 신성품 · 273

제11 요훈품 · 281

제12 실시품 · 290

제13 교단품 · 308

제14 전망품 · 331

제15 부촉품 · 349

송규 『정산종사법어』

제1 기연편 · 359

제2 예도편 · 362

제3 국운편 · 363

제4 경륜편 · 367

제5 원리편 · 368

제6 경의편 · 369

제10 근실편 · 373

제13 도운편 · 374

부록

대산 김대거의 『천부경』 해설 · 377

박중빈 연보 · 386

송규 연보 · 393

찾아보기 · 397

일러두기

1. 국립국어원 표기 규정을 따르되, 일부 표기는 당대의 맥락을 고려하여 圓佛教正化社 편 『圓佛教全書』, 圓佛教出版社 1977(초판 42쇄 2023년판)의 원문을 그대로 따랐다.
2. 책 제목인 '박중빈·송규'는 두 성현의 법명(法名)이며, 박중빈의 법호(法號)는 소태산, 송규의 법호는 정산이다. 이 책의 제목은 창비 한국사상선 전체와의 일관성을 기하기 위해 법명을 사용했으나, 서문·주석·부록에는 법호를 썼다.
3. 핵심저작의 각주는 모두 편저자의 것이다.

한국이 낳은 세계적인 사상가, 소태산 박중빈과 정산 송규

소태산 박중빈少太山 朴重彬(1891~1943)과 정산 송규鼎山 宋奎(1900~62)는 종교 지도자이자 위대한 선각자다. 두 성현이 펼친 사상과 활동을 소개하기에 앞서, 그 성장배경과 관계를 간단히 짚고자 한다.

원불교의 교조 소태산은 백제불교 최초 도래지요 동학혁명의 격전지인 전남 영광의 평범한 농가에서 태어났다. 어린 시절부터 자연현상과 우주의 이치, 인생의 문제에 남다른 의문을 품었고, 이를 해결코자 산에 올라 기도도 하고 스승을 찾기도 했다. 1년 남짓 서당교육을 받았지만 큰 의미를 찾지 못했고, 20여년을 홀로 뜨겁게 구도고행求道苦行했다. 1916년 4월 28일, 전에 없던 새로운 기운이 돌고 마음이 밝아지면서 그간 풀리지 않던 의문이 한 생각을 넘지 않고 해결됨에 드디어 대원정각大圓正覺[1]을 이뤘다. 이후 그의 사유와 삶에는 본질적인 변화가 일어났고, 물질개벽이라는 시대정신을 현실의 '산 경전'에서 읽어내며 정신을 개벽하고자 원불교를 열었다.

---

1 크고 원만하며 바른 깨달음이라는 뜻으로, 줄여 '대각'이라고 부른다. 원불교는 소태산이 대각한 이 날을 원불교가 열린(개교한) 날로 삼고 대각개교절(大覺開敎節)로 기념한다.

소태산의 수제자 정산은 구국과 독립의 열기가 높았던 경북 성주의 유학자 집안에서 출생했다. 가정에서부터 체계적으로 학문을 익히며 대장부의 뜻을 품었고, 독립운동가이자 영남유학에 정통한 공산 송준필恭山 宋浚弼(1869~1943)의 문하에서 성리학을 배웠다. 하지만 학문이 깊어질수록 유학만으로는 세상을 구하기 어렵다는 생각이 굳어졌고, 점차 종교적 차원으로 관심이 옮겨갔다. 홀로 기도를 하거나 도인道人을 찾아다니기도 했다. 그러던 중 1917년 스승을 찾고자 개벽사상의 진원지인 전라도를 향해 집을 나섰다.

사제師弟는 1918년 전북 정읍에서 처음 만났다. 스승도 제자도 그토록 기다리던 순간이었다. 정산은 소태산을 만난 날부터 "모든 고통이 일소되고, 다만 나의 심리 작용이 추호라도 사私에 끌리어 허공같이 되지 못하는가 걱정"(『정산종사법어』 기연편 9)[2]일 뿐이었고, 평생토록 "마음으로 한때도 그 어른을 떠나본 일과 일로 한번도 그 어른의 뜻을 거슬려본 일이 없었노라"(『정산종사법어』 기연편 4)라고 했다. 소태산도 "내가 그토록 기다리다 만나려던 사람을 만났으니 새 회상會上[3] 창립의 큰일은 결정이 났다"[4]라고 하며 정산 형제[5]를 가리켜 "나의 마음이 그들의 마음이 되고 그들의 마음이 곧 나의 마음이 되었나니라"(『대종경』 신성품 18)라고 말했다. 원불교를 연 소태산과 이를 수성守成한 정산은 한마음으로 새 회상 창립에 함께했다.

---

2 이 글에서는 소태산·정산 편 핵심저작에 포함된 『정전』 『대종경』 『정산종사법어』의 법문 출처를 본문에 괄호를 두어 간략히 밝힌다.

3 석가모니 불이 영취산에서 설법하던 모임을 영산회상이라고 한 데서 유래한 말로, 여기서 새 회상은 소태산이 개교한 원불교를 가리킨다.

4 박정훈·손정윤 『개벽계성 정산송규종사』, 원불교출판사 1992, 27면.

5 정산과 그의 동생 주산 송도성(主山 宋道性, 1907~46)을 말한다. 주산은 1922년 출가했고, 1928년 소태산의 큰딸 박길선과 결혼했다. 그는 교단의 중책을 맡아 열정적으로 활동하면서도 깊은 수행을 병진하여 공부와 사업 양 방면의 모범이 되었다. 해방 후 해외에서 귀환하는 동포들을 돕는 자선사업(전재동포구호사업戰災同胞救護事業)에 몰두하던 중, 전염병 발진티푸스에 감염되어 40세의 젊은 나이에 열반했다.

세상에 큰 병이 들었으니, 정신을 개벽하자!

때는 강약의 대립으로 세계가 큰 전쟁과 희생을 치른 20세기 초. 동학혁명의 실패 이후 한반도는 식민지 암흑기에 접어들었고, 조선인들은 가난과 억압으로 역사상 가장 불행한 시간을 맞게 되었다. "지금 세상은 밖으로 문명의 도수가 한층 나아갈수록 안으로 병맥病脈의 근원이 깊어져서 이것을 이대로 놓아두다가는 장차 구하지 못할 위경에 빠지게 될지라…"(『대종경』교의품 34) 소태산이 대각의 경지에서 본 현실은 실로 위태로웠다. 그는 세상이 큰 병에 들었다고 보았다. 이를 '돈의 병' '원망의 병' '의뢰의 병' '배울 줄 모르는 병' '가르칠 줄 모르는 병' '공익심이 없는 병'이라고 진단했는데, 이대로 가다가는 병증이 깊어져 손쓸 수 없는 지경에 이를 것이라고 했다. 한시가 급했다. 이 일을 장차 어찌할 것인가?

소태산은 마침내 일원상一圓相의 진리와 인생의 요도要道 사은四恩·사요四要, 공부의 요도 삼학三學·팔조八條를 내놓았다. 공부의 요도 삼학·팔조로 고통받는 인류를 구원하고, 인생의 요도 사은·사요로 병든 사회를 치료하자는 것이다. 이는 원불교 교리의 기본 골격이요, 일원을 종지로 한 이 법은 "천하 사람이 다 알아야 하고 다 실행할 수 있으므로 천하의 큰 도"(『대종경』교의품 2)로서 전 생령을 구할 묘방이라는 의미에서 일원대도一圓大道라 부른다. 소태산은 이러한 사상의 정수를 집약한 『정전正典』을 펴내며 "나의 일생 포부와 경륜이 그 대요大要는 이 한권에 거의 표현되어 있나니, 삼가 받아 가져서 말로 배우고, 몸으로 실행하고, 마음으로 증득하여, 이 법이 후세 만대萬代에 길이 전하게 하라. 앞으로 세계 사람들이 이 법을 알아보고 크게 감격하고 봉대할 사람이 수가 없으리라"(『대종경』부촉품 3)라고 말했다. 소태산의 제생의세濟生醫世[6]의 경륜이 담긴 『정전』은 '개교의 동기'로 시

---

6   중생을 제도하고 세상을 치료한다는 뜻.

작한다. "현하現下 과학의 문명이 발달됨에 따라" 전 생령의 삶이 "파란고해"에 빠질 것이니, "진리적 종교의 신앙과 사실적 도덕의 훈련으로써 정신의 세력을 확장하고, 물질의 세력을 항복 받아, 파란 고해의 일체 생령을 광대무량한 낙원으로 인도"하자는 것이다. 이러한 '개교의 동기'를 한 문장으로 압축한 것이 개교 표어인 "물질이 개벽되니 정신을 개벽하자"다. 물질이 개벽되어 물질 생활이 풍요로워진 반면 세상에 온갖 병이 발생했으니, 우리 각자가 일원상의 진리를 깨닫고 사은·사요·삼학·팔조를 실행해 정신개벽을 이뤄가자고 했다.

개벽開闢이란 '크게 열린다'는 뜻이다. 이는 전에 없던 것이 '창조'된다거나 점진적으로 '발전'한다는 의미가 아니라, 어떤 새로운 경지가 크게 열림을 말한다. 중국에서는 '물리적인 세계(천지)가 열린다'는 뜻으로 썼지만, 동학 이래 한반도에서 개벽은 '총체적이고 발본적인 인류 문명의 대전환'을 의미했다.

소태산은 이러한 한반도 후천개벽 사상을 계승하면서도(『대종경』 변의품 30~32), 이를 한층 원만하게 진일보시켰다. 무엇보다도 개벽의 차원과 양상을 '물질개벽'과 '정신개벽'으로 구분하고, 물질이 개벽되니 그에 상응하는 정신을 개벽하자고 한 점이 주목된다. 물질개벽이 인류 문명의 급격한 발달 상황에 따른 진단이라면, 정신개벽은 그 해결방안이라고 할 수 있다. 다만 소태산의 정신개벽을 바르게 이해하려면, 정신개벽에서의 '정신'을 '물질'과 대립되는 이분법적이고 상대적인 의미로 받아들이는, 고대 서양 형이상학 이래의 낡은 사유를 타파하는 것에서부터 시작해야 한다. 즉, 정신은 물질에 상대되는 의미가 아니라, "마음이 두렷하고 고요하여 분별성과 주착심이 없는 경지"(『정전』 정신수양)를 말하며, 따라서 정신개벽이란 "과학의 문명에 반대하는 것이 아니라, 모든 물질 문명을 선용하기 위하여 그 구하는 정신과 사용하는 정신을 바로 세우자는 것"(『정산종사법어』 경의편 2)이다.

'과학의 문명'은 소태산이 '개교의 동기'에서 밝힌 물질개벽의 동인動因이자, 그가 물질개벽의 양상을 얼마나 현실적으로 진단했는지 알 수 있는 중요한 대목이다. 여기서 '과학'이란 알음알이를 추구하는 모든 학문과 기술을 총칭하는 개념인데, 학문 분류상의 '과학Science'을 포함하되 도학道學을 제외한 모든 지식(공부)이라 할 수 있다. 이러한 과학은 적어도 고대 동서양에서부터 있어왔지만, 근대 유럽에서 정밀한 알음알이의 학문이 근대기술과 결합해 엄청난 변화를 만들어냈고, 여기에 자본과 정치권력 등이 결부되어 물질개벽 시대 특유의 과학문명이 형성[7]되었다. 이러한 문명이 오늘날 전지구적으로 맹위를 떨치고 있는 실정인데, 이때를 일컬어 '자본주의 시대'라고 부른다. 즉 인간의 탐貪·진瞋·치癡 삼독심三毒心의 힘으로 체제가 작동[8]하며 무한한 경쟁과 자본축적의 현실을 만든다고 할 수 있는데, 소태산이 '돈의 병'과 그에 따른 여러 병증이 나타날 것임을 진단한 것은 과학의 문명이 발달됨에 따라 나타나는 자본주의 시대에 대한 통찰이라 할 수 있다. 현하 자본주의 세계체제가 온갖 병증을 양산하는 이때, 소태산이 그에 상응하는 정신개벽을 주장한 것은 문명의 새로운 길을 진지하게 고민하는 모두가 주목할 대목이다.

한편, 소태산이 한반도 후천개벽 사상을 계승하면서, 유불선儒佛仙 삼교三敎의 절묘한 결합을 추구하되 그 중심을 불법佛法에 둔 점은, 이전 후천개벽 사상과의 차이점이자 한 차원 진보한 면모라 할 수 있다. 한반도 후천개벽 사상은 삼교의 회통이라는 한국사상사의 오랜 전통을 이어받고 있는데, 그 중심을 유가儒家에 둔 수운 최제우水雲 崔濟愚(1824~64)나 선가仙家에 둔 증산 강일순甑山 姜一淳(1871~1909)과 달리 소태산은 석가모니 불을 연원

---

7   방길튼 외 『정전공부법』, 원불교출판사 2021, 11면.
8   백낙청 「통일시대·마음공부·삼동윤리」, 『문명의 대전환과 후천개벽』, 모시는사람들 2020,
     230~31면.

淵源으로 하며 불법을 주체로 삼았다.[9] 그는 "불법은 천하의 큰 도라 참된 성품의 원리를 밝히고 생사의 큰일을 해결하며 인과의 이치를 드러내고 수행의 길을 갖추어서 능히 모든 교법에 뛰어난 바 있다"(『대종경』 서품 3)라고 보았고, "불법으로 주체를 삼아 완전 무결한 큰 회상"(『대종경』 서품 2)을 열겠다고 선언했다.

이를 두고 백낙청白樂晴은 "벌써 1세기 반이 넘는 이 땅의 자생적 후천개벽운동의 연장선에서 '불법을 주체로' 출발한 원불교가 인류가 찾는 맥을 바로 짚어 앞서 나간 면"[10]이 있으며, "소태산에 와서 후천개벽이라는 한반도 특유의 흐름과 불교라는 오래전부터 세계종교의 반열에 올라 있던 사상의 융합이 이루어짐으로써 세계사적으로 의미 있는 새 길이 열렸다"[11]고 평가한 바 있다. 다만 소태산의 정신개벽 사상이 불교와 후천개벽을 융합한 세계사적 사건이라면, 그 창조적 융합이 제대로 작동하지 못할 때는 물질개벽 시대를 감당할 능력을 상실할 가능성도 늘 내포하고 있다. 가령 불법에서 멀어지면 '천하의 큰 도'에 미치지 못하는 결과를 낳게 되며, 불법에 치중한 채 개벽사상을 도외시하면 물질개벽을 감당할 수 있는 정신개벽을 이루자는 '개교의 동기'에서 멀어질 뿐만 아니라 소태산이 그토록 경계한 "출세간 생활하는 승려를 본위"하는 "과거의 불교"(『정전』 교법의 총설)로 회귀할 여지도 없지 않은 것이다.

---

9   김홍철 「소태산 대종사의 수운·증산관」, 『원불교학』 4집 1999, 181면. 소태산이 불법을 주체로 한 점을 명확히 한 것과 달리, 수운과 증산 스스로 자신의 사상을 각각 유가와 선가에 중심을 두었다고 밝힌 바는 없다. 다만 교리나 수행체계 전반의 경향을 말하는 것이며, 더욱이 수운은 "유도(儒道)·불도(佛道) 누천년에 운이 역시 다했던가"(『용담유사』 「교훈가」)라며 자신의 가르침을 무극대도(無極大道)라고 한 점을 볼 때 동학에서부터 이미 유불선의 단순한 통합이 아닌 이를 개벽의 차원에서 재구성하려 했음을 알 수 있다.

10   백낙청 「지은이 후기」, 『문명의 대전환과 후천개벽』, 모시는사람들 2020, 389면.

11   백낙청 외 「서문」, 『개벽사상과 종교공부』, 창비 2024, 9~10면.

정신개벽의 원만한 공부길을 밝히다

소태산은 과학의 문명이 발달되는 물질개벽 시대일수록 "물질을 사용하여야 할 사람의 정신은 점점 쇠약하고, 사람이 사용하여야 할 물질의 세력은 날로 융성"(『정전』개교의 동기)해진다고 보았다. 그 결과 인간이 물질의 노예생활을 하게 되는데, 소태산은 노예생활의 원인을 물질의 거대한 변화 그 자체보다도 물질을 사용하는 인간 정신의 쇠약에서부터 찾고 있다. 즉, 물질이 개벽되는 시대가 될수록 '분별성과 주착심이 없는 경지'를 지키고 실천하는 정신의 힘을 잃어버리게 된다. 그에 따라 인간은 스스로가 물질의 주인인 것처럼 살지만 실은 물질의 주인 노릇 할 정신의 힘을 상실한 채, 탐욕을 동력 삼아 날로 융성해지는 물질의 세력 앞에 노예로 전락하고 마는 것이다.

따라서 정신개벽의 길은, 물질과 정신의 이원성을 넘어선 두렷하고 고요한 우리 각자의 마음이자 일체 차별적 상相을 넘어선 유무초월의 본성인 '일원상一圓相의 진리'를 회복하고 그 경지를 나날이 열어가는 것이다.[12] 또한 마음 작용하는 법, 즉 용심법用心法을 가르쳐 "모든 재주와 모든 물질과 모든 환경을 오직 바른 도로 이용"(『대종경』교의품 29)하게 하는 것인데, 여기서의 용심법도 일원상의 진리에 바탕한 공부길이기에 용물법用物法을 포함한 물심일여物心一如의 마음공부라 할 수 있다. 이 글에서는 이러한 용심법의 구체적인 방법이자 일원상의 진리를 신앙하고 수행하는 강령인 사은四恩과 삼학三學에 대해서만 그 핵심을 짚어가며 부연하고자 한다.

먼저, 삼학은 세가지 수행법, 즉 정신 수양精神修養·사리 연구事理研究·작업 취사作業取捨를 말한다. 분별성과 주착심이 없는 근본정신을 일깨우는 수양 공부, 깊은 이치를 궁구하면서 그 일 그 일에 알음알이를 구하는 이사

12　한자경 「각자위심(各自爲心)에서 일원일심(一圓一心)으로」, 『원불교사상과 종교문화』 68집 2016, 27~28면.

병행理事並行의 연구 공부, 그리고 현실의 온갖 경계 속에서 불의不義와 맞서면서 정의를 실행하는 취사 공부를 병행하자는 것이다. 이러한 삼학은 불교 각 종파의 수행법을 통합한 면모(『대종경』 서품 19, 교의품 20)가 있는 동시에 출세간出世間적이고 해탈지향적인 전통 불교의 수행법을 생활지향적으로 혁신한 것이다. 또한 수양은 선가仙家의 양성법을, 연구는 불가佛家의 견성법을, 취사는 유가儒家의 솔성법[13]을 주체로 한 삼교의 통합을 추구하되 삼학공부의 결실을 취사에 둔 점은, 종래의 불교 수행보다 현실 참여를 중시하는 유가법이나 불의한 현실에 맞서 싸우는 개벽사상에 한층 가까운 면이 있다.

또한 사은四恩은 소태산이 대각의 경지에서 파악한, 만유의 존재 양상을 서로 '없어서는 살 수 없는' 절대적인 은혜의 관계로 밝힌 그의 핵심 사상이다. 네가지 은혜란 천지·부모·동포·법률을 말하는데, 사은이 각각 나뉘어 따로 작용하는 것이 아니라 서로 겹쳐 동시에 작용함으로써 그 은혜로 모든 생명이 조화를 이루며 산다고 할 수 있다. 이러한 사은을 신앙한다는 것은, 누구도 부인할 수 없는 삶의 기초적인 은혜를 느끼고 아는 것에서부터 시작하여, 사은의 도道[14]를 하나하나 체받아 실행함으로써 어떠한 원망할 일이 있어도 먼저 은혜의 소종래所從來를 발견하며 감사생활과 보은행을 해나가자는 것이다. 즉, 은혜를 깨닫지 못하고 원망생활을 하는 사람들에게 이를 맹목적으로 믿으라고 강요하는 신앙이 아닌, 사은의 도를 깨달아 실행해가는 공부길을 밝혀줌으로써 스스로 은혜를 자각하고 보은의 삶을 살게 한다는 점이 특징이다. 이런 면에서 사은은 깊은 마음공부와 깨

---

13 소태산은 "일원(一圓)의 원리를 깨닫는 것은 견성(見性)이요, 일원의 체성을 지키는 것은 양성(養性)이요, 일원과 같이 원만한 실행을 하는 것은 솔성(率性)"(『대종경』 교의품 5)이라고 했다.

14 소태산은 천지의 응용무념(應用無念)의 도, 부모의 무자력자 보호의 도, 동포의 자리이타(自利利他)의 도, 법률의 불의(不義)를 제거하고 정의를 세우는 도를 네가지 보은의 대요(大要)라고 했다.

달음을 동시에 요하는 신앙법이며, 따라서 삼학 수행과 사은 신앙은 최령자最靈者인 인간이 최령의 가치를 실현하기 위해 동시에 밟아야 할 공부길이다.

소태산은 이러한 교리를 일상생활에서 누구나 실행하기 위한 구체적인 방법을 제시했는데,『정전』제3 '수행편'이 그 내용을 담고 있다. 먼저, 삼학·팔조·사은·사요를 "대체로는 날로 한번씩 대조하고 세밀히는 경계를 대할 때마다 잘 살피"(『대종경』수행품 1)기 위해 '일상 수행의 요법' 9조목을 두고 그 뜻을 새겨 마음에 대조하고 챙기게 했다. 또한 수행의 반복 단련으로 실생활에 사실적인 변화를 이루기 위해 정기定期와 상시常時로 훈련법訓練法을 두어 "공부인工夫人에게 일분일각도 공부를 떠나지 않게 하는 길"(『정전』정기훈련법과 상시훈련법의 관계)을 제시했다.

끝으로 "공부인의 수행 정도"(『정전』법위등급)를 여섯 등급으로 나눈 법위등급法位等級을 두어 '개교의 동기'로부터 시작한『정전』의 결론을 맺고 있다. 법위란 "개교의 동기를 구현하기 위한 인격의 표준이며, 일원 세계를 건설하는 설계도이자 교리를 실천하는 이정표"[15]를 말한다. 법위등급을 통해 우리 각자의 정신개벽 정도를 사실적으로 진단하고, 온 인류가 보통급에서 대각여래위에 오르기까지 정신개벽을 해나가자는 것이다. 또한 소태산은 남녀, 재가·출가 누구나 보통급부터 시작해 동등한 조건으로 평가받으며, 법위의 정도에 따라 지도인이 될 수 있는 길을 열어주었다. 즉 법위등급을 통해 법위의 상하를 존중하는 지자 본위를 하되, 성별이나 출가 유무에 차별이 없는 평등한 회상이 실현되도록 했다.

---

15   『대산종사법어』법위편 2, 원불교출판사 2014, 128면.

정신개벽의 주인 만들기

소태산이 단순한 종교 지도자나 사상가가 아니요, 조직운영의 원리를 창안하고 실제 조직을 이끈 실천가인 점을 함께 살피는 것은 그의 진면모를 파악하는 데 매우 중요하다. 더욱이 정신개벽 운동의 주역을 양성하고 조직하는 방도가 물질개벽에 걸맞은 것이라면, 그 운영원리와 내용에 담긴 실천적 구상과 사회변혁의 지혜를 발굴하려는 노력이 필요하다. 여기서는 그가 창안한 조직의 원리와 운영상의 특징 몇 가지를 살피고자 한다.

먼저, 소태산의 조직원리에는 재가와 출가의 차별철폐에 관한 부단한 노력이 담겨 있다. 일반적으로, 한 종교에서 교단주의는 사제司祭들의 특권의식과 기득권화로 인해 발생한다. 이를 방지하기 위해 천도교와 같이 출가자를 두지 않을 수도 있지만 그에 따르는 전문요원의 부재는 교단운영의 동력을 상실하는 요인이 되기도 한다. 반대로 전문요원을 둠으로써 사제주의가 발생하고 그로 인해 교단주의에 빠질 우려도 있다. 이러한 점에서 전무출신專務出身 제도를 창안한 것은 소태산의 조직원리에서 매우 중요한 대목이다.

전무출신이란 "정신과 육신을 오로지 공중公衆"에 바치며 "개인의 명예와 권리와 이욕利慾은 불고하고, 오직 공사公事에만 전력"(『대종경』교단품 7)하는 교단의 전문요원인 출가자를 말한다. 소태산이 각별한 애정으로 전무출신들의 지도에 공을 들이며 창립의 공로를 인정한 바는 『대종경』을 통해 확인할 수 있다. 이러한 전무출신 제도는 전무출신 스스로의 헌신과 동시에 그에 합당한 대우와 존경을 받는 공도자 숭배 문화를 기반으로 한다. 다만 전무출신이라는 특권이 주어지는 것이 아니라 각자의 공부나 사업의 실적에 따라 숭배를 받으며, 재가교도와의 차별 없이 대우받게 된다. 이는 전무출신 스스로 "천지의 응용무념應用無念한 도를 체받아서 동정動靜간 무념의 도를 양성"(『정전』천지은)하는 큰 공부를 요하는 일이며, 그것이 전제되지 않을 때는 전무출신 스스로 사제주의에 빠질 위험도 늘 있는 것이다. 오늘날 교단의 운영이나 주요 의사결정이 전무출신 위주로 되어가는 현실을 혁신해야 한다는 요구가 높아지는 것도, 이러한 소태산의 조직원리가 얼마나 힘든 과제인지를 상기시켜준다.

남녀평등은 소태산이 재가·출가의 차별 철폐만큼이나 중요하게 생각한 면이었다. 일제 당대부터 여성들이 정신개벽 운동의 주역으로 활동할 수 있도록 남녀권리동일[16]을 사요의 첫 조목으로 삼았고, 교육과 제도를 통해 이를 구체화했다. 예컨대, 교단 최고의 의사결정기구인 수위단을 남녀 동수로 구성했고, 이 전통은 오늘날까지 이어지고 있다. 또한 원불교 여성 재가·출가 교도들의 활약이 오늘날 교단의 성장에 절대적이었다는 점은 교단 안팎의 공통된 견해다. 하지만 출가자의 결혼을 각자의 원에 맡기라는 소태산의 가르침(『대종경』 서품 18)에 위배되는 일이 일어나기도 했는데, 여성 교무들에 대한 정녀지원서(평생을 독신으로 지내겠다고 약속하는 서약서) 제출을 의무화하고 이를 제도로까지 명시한 것이다. 다행히 2019년 이 제도가 폐지되면서 이제는 여성 교무도 남성과 같이 자신의 뜻에 따라 혼인을 선택할 수 있게 되었다.

소태산의 정신개벽 운동이 100년을 훌쩍 넘긴 지금, 남녀권리동일의 조직원리 또한 재가·출가 평등만큼이나 힘든 과제임을 유념하면서, 오늘날 교단의 누적된 문화와 제도에 소태산의 가르침을 이탈한 면이 있는지 성찰하여 근본정신을 회복하는 노력이 절실하다. 이뿐만 아니라 남녀평등은 우리 사회는 물론이고 세계 곳곳에서 제기되는 균등사회 건설의 핵심 사항이요, 어느 조직이든 '공익심 있는 사람'이 갈수록 귀해지는 이때, 소태산의 조직원리가 원불교를 넘어 일반 조직에서도 적용 가능한 것이며 사

---

16 『보경육대요령』(1932)의 '남녀권리동일' 조목이 『불교정전』(1943)에는 '자력 양성'으로 바뀌었고 오늘날 『정전』으로 이어졌다. 이 과정에서 남녀권리동일에 해당하는 내용이 자력 양성의 조목 안에 포함되어 있다.

회를 변혁하는 일에 어떤 기여를 할 수 있을지 진지하게 고민하고 새로운 대안으로 삼는 시도가 일어나기를 기대해본다.

소태산의 조직 운영에 관해서는, 일제강점기하에서 그가 일제에 어떤 태도를 취했는지를 살펴볼 필요가 있다. 그는 1916년 대각을 이루고 1924년 불법연구회佛法硏究會(원불교의 전신)라는 임시 교명으로 공식활동을 시작해 1943년 열반에 이르기까지 28년간 식민 통치기를 견뎌내야 했다. 3·1운동을 계기로 조선인이 주도하는 종교운동에는 특별한 감시와 탄압이 가해졌고, 교단의 규모가 커가고 소태산의 명성이 알려질수록 그 수위는 높아졌다. 1936년 일본 경찰이 불법연구회 본부에 주재소를 설치, 해산을 목적으로 한 감시를 시작했고, 이듬해 전북도경 간부의 회계문서 시찰, 1938년엔 총독부 경무국장이 불시 방문하여 교리 사찰을 했다. 소태산과 제자들의 고초는 말로 다할 수 없는 것이었다.[17]

당시 외부 기록을 살펴보면, 소태산의 활동에 대해 비교적 긍정적인 평가가 주를 이룬다. 대체로는 허례허식과 미신적인 요소들을 제거하고 근면성과 공익성을 갖춘 단체라고 보았다.[18] 이러한 소태산의 교단 운영을 두고 "일제가 전개한 시책에 크게 벗어나지 않는 모범적인 단체"[19]로 보거나, "정치적인 변혁운동도 단념한 채 (중략) 철저한 자력구제"를 추구했으며 "도시 지식인사회로부터도 널리 받아들여질 수 있는 근대적 성격"[20]을

---

17 황이천(본명 가봉)은 불법연구회를 감시하고자 총부에 파견된 경찰이었으나 소태산에게 감화되어 제자가 되는데, 장도영의 『두 하늘 황이천』(원불교출판사 2017)에는 당시 일경의 감시와 탄압에 관한 황이천의 회고가 자세히 소개되어 있다. 그 외에 일제의 탄압에 대한 내용은 『대종경선외록』, 교단수난장; 박광전, 「일제하의 원불교 상황」, 『원불교사상』 16집 1993 참조.

18 박영학 「일제하 인쇄매체의 불법연구회 보도에 관한 연구」, 『정신개벽』 14집 1995; 박맹수 「〈해제〉 민족 언론《동아일보》 게재 불법연구회 기사」, 『원불교사상과 종교문화』 88집 2021 참조.

19 박영학, 같은 글 196면.

20 조경달·박맹수 「식민지 조선에 있어 불법연구회의 교리와 활동」, 『원불교사상과 종교문화』 67집 2016, 281, 283, 284, 293면 참조. 특히 이 글에서는 1919년 전후에 소태산이 펼친 종교

보였다고 평가하기도 한다. 일각에서는 소태산이 '체제순응적인 종교지도자'였기에 일제의 탄압을 받지 않고 단체를 유지할 수 있었다고도 말한다.

하지만 조선인이 종교단체를 설립 운영하는 일 자체가 일제에 큰 위협이었고, 식민지 민중들의 자력을 양성하고 정신을 일깨우는 일이야말로 불온한 행위였다. 소태산을 직접 만난 민족지도자 도산 안창호島山 安昌浩(1878~1938)의 평가처럼, 방편의 능란함(『대종경』 실시품 45) 때문에 일제 당국의 탄압으로부터 단체를 유지할 수 있었던 것이지 현실에 타협하고 순응한 결과가 아니었다. 더구나 식민체제가 대부분 자본주의를 선취한 국가들의 세력 확장에 의해 형성된 것이었기에, 이에 정면으로 대결하고 나선 종교운동은 그 자체로 식민체제의 근본을 흔드는 시도에 다름이 없었다.

소태산은 조선 대중을 향해 "금강이 現現세계하니 조선이 更更조선이라"[21](『대종경』 전망품 5)라고 말한 바 있는데, 이는 식민지 민중들에게 민족의 자각과 희망을 심어주기 위한 단순한 선언이 아니었다. 한반도를 지배하는 온갖 폭력성과 불의함을 도덕의 힘으로 극복하면서 이 땅에서부터 온 세상을 구원할 '정신적 지도국, 도덕의 부모국'을 건설하겠다는 의지의 표현이었다. 정신개벽의 공부길이야말로 조선 민중들을 금강산의 주인, 거듭나는 정신개벽의 일꾼으로 만드는 길이요, 이를 통해 일체 생령을 낙원으로 인도하려는 소태산의 일대 구세 경륜인 것이다.

활동이 3·1운동과 관련이 없다고 평가한 바 있는데, 이는 만세운동을 '개벽을 재촉하는 상두 소리'(『정산종사법어』 국운편 3)로 파악하며 종교적 차원에서 펼친 법인기도(法認祈禱)의 의미를 축소시킬 뿐 아니라 3·1운동과 비슷한 시기 중국의 5·4운동을 비롯한 다양한 방식의 근대극복의 운동을 협소하게 이해할 소지가 있다.

21   "금강산이 세계에 드러나면 조선은 거듭나는 조선이 되리라."

도덕으로 세상을 건지라

1943년 6월 1일 소태산의 갑작스런 열반으로 정산은 스승의 뒤를 이어 원불교의 최고 지도자가 된다. 교조의 열반으로 곧 분열될 것이라는 일제의 예상과 달리, 교단은 정산을 중심으로 식민지 지배의 막바지 탄압을 견뎌냈다. 그리고 해방을 맞아 건국사업을 주도적으로 전개한다. 먼저 해방 직후 가장 시급한 문제였던 귀환전재동포[22]를 돕는 활동에 전 교단적 역량을 동원하는데, 1945년 9월부터 약 1년간 서울·부산·전주·익산 등지에서 구호활동을 전개했다.[23] 이 사건은 당시 구호에 동참한 민간단체 중에서도 우수한 활동으로 주목을 받았을 뿐 아니라 일제 식민통치와 해방에 대한 원불교의 역사의식을 보여주는 상징적인 업적이라 할 수 있다.

한편 『건국론建國論』(1945.10)은 소태산의 일원대도를 계승한 정산이 해방을 맞아 정신개벽을 실현할 새로운 국가 건설의 경륜을 밝힌, 정산의 개벽사상가다운 면모를 확인할 수 있는 저술이다. 정치지도자도 아닌 정산이 해방 직후에 건국사업의 구체적인 구상을 발표할 수 있었던 것은, 정산의 탈월함뿐만 아니라 스승 소태산이 '강자·약자의 진화상 요법'을 통해 치국治國의 경륜을 밝혔고, 정치와 종교가 한 가정에 엄부嚴父와 자모慈母와 같이 세상을 운전하는 두 축(『대종경』 교의품 36~38)임을 이미 설파한 바 있기 때문이었다.

정산은 건국의 요지를 "정신으로써 근본을 삼고, 정치와 교육으로써 줄기를 삼고, 국방·건설·경제로써 가지와 잎을 삼고, 진화의 도로써 그 결과"(『정산종사법어』 국운편 4)를 얻자고 했는데, 이는 삼권분립을 기본으로 하는 근대 국가의 조직원리와는 분명 다르다. 또한 건국의 근본인 '정신의

---

22   일제강점기 동안 일본·만주·중국 등지로 피난을 떠났다가 광복을 맞아 귀국한 동포를 말함.
23   전재동포구호활동의 전개양상과 그 의의에 대해서는 오세영 「해방공간 미군정의 전재민구호정책과 민간단체의 역할」, 『신종교연구』 46집 2022, 169~76면 참조.

확립'이란 단순한 일심공부나 세상을 떠난 정신의 단련이 아니다. 예컨대 '마음의 단결'에 있어서는 한반도 정세에 대한 사실적인 분석을 통해 민족 단결을 막는 장벽을 파악하고 이를 타파하기 위한 공부를 제안한다. 또한 개인이나 정파의 이해관계에 끌리지 말고 국내외 정세에 대한 사실인식에 기반한 '대국관찰大局觀察'의 정신을 확립하여 전국민의 이익을 추구하자고 말한다. 여기에는 현실의 '산 경전'을 공부하며 그에 부합하는 정신을 확립하는 것만이 온전한 건국사업의 기초가 될 수 있다는 전제가 깔려 있다.

한편, 정산은 소태산이 엄부와 자모로 비유한 정치와 종교의 바람직한 관계를 '정교동심政敎同心'으로 한층 분명하게 개념지었다. 이는 정치와 종교가 '두 몸이되 한 마음'이 되어 평화세계 건설에 힘쓰자는 뜻이다. 『건국론』의 주장은 이러한 소태산의 구상과 정산의 정교동심론에 비춰 이해할 필요가 있다. 예컨대 정산은 국내외 정세에 적당한 '민주国民主國' 건설을 주장했는데, 여기서 민주란 건국의 참다운 정신을 확립한 민중이 스스로 다스리면서 새로운 세상을 만들어간다는 것이다. 그런데 이러한 참된 의미의 민주주의가 실현되려면 민중들의 적극적인 정치 참여와 더불어 바른 공부길을 밟아가는 노력이 병진되어야 한다. 즉, 시대정신이 깨어 있는 한 사람 한 사람이 삶 속에서 일원의 도를 깨달아가는 도치道治, 도를 행하여 나타난 덕화로 민중을 다스리는 덕치德治, 그리고 법으로 다스리는 정치政治를 결함 없이 해나가자는 것이 정산의 구상이었다.

결론적으로 정산이 말한 건국은 남북 어느 한쪽의 결손국가를 건립하자는 뜻이 아니요, 깨어 있는 민중들의 주체적인 참여와 이소성대以小成大의 점진적인 과정으로 한반도에 통일된 나라를 만들자는 것이었다. 이는 돈이나 무력이 아닌 도덕의 힘, 즉 일원대도를 실행함에 따라 나타나는 위력으로 건설되는 나라를 말한다.

정산은 시국의 혼란 속에도 교재 정비에 주력했는데, 특히 스승의 언행록인『대종경』결집[24]에 힘썼다. 또한 교화·교육·자선·생산 분야의 각종 기관을 설립 운영하여 인재를 양성하고 경제기반을 조성했으며, 세계교화를 위한 발판을 마련하기 위해 노력했다. 물론 이러한 사업을 진행함에 있어 진리의 근본을 밝히는 종교인의 본분을 지킬 것을 강조했다. 교재 정비, 기관 확립, 정교동심, 그리고 달본명근達本明根은 정산의 일생을 관통하는 네가지 계획이자 경륜이었다. 이러한 정산의 사상과 활동은 그가 1961년 발표한 삼동윤리三同倫理를 통해 결론을 맺는다. 삼동윤리는 세계 인류가 크게 화합할 세가지 대동의 관계인 동원도리同源道理, 동기연계同氣連契, 동척사업同拓事業을 밝힌 것이다.(『정산종사법어』도운편 34~37) 이는 한반도 분단체제가 시작되고 냉전으로부터 점차 자본주의 세계체제로의 전환을 가속화해가던 세계정세 속에서 정산이 제시한, 전인류가 함께 지향해야 할 윤리강령이라 할 수 있다.

위대한 사상가는 언어의 도저到底한 예술가다

『정전』은 소태산이 직접 저술한 원불교의 근원 경전이자 교조가 우리말로 손수 제작, 감수한 최초의 경전이다. 정전正典이란 소태산의 핵심 가르침과 공부길을 바르게 밝힌 으뜸의 경전[元經]이라는 뜻이다. 그 구성은 '개교의 동기'와 '교법의 총설'을 다룬 '총서편', 교법의 원리와 핵심 골자를 다룬 '교의편', 실천을 위한 상세한 공부길과 점검법을 제시한 '수행편'으로 되어 있다.

『정전』편찬 당시에 관한 증언에 따르면, 소태산의 책상 주변에는 밤새 연필로 썼다 지우며 생긴 지우개 가루가 수북이 쌓여 있었다고 한다. 그가

---

24   제자들이 스승의 가르침을 집대성해 경전을 만드는 일.

『정전』 문구 하나하나에 얼마나 큰 정성을 담았는지 짐작되는 대목이다. 소태산은 열반을 앞두고 『정전』의 편찬을 서둘렀고, 집필과 최종 감수를 마친 후 열반했다. 출판과정에서 '불교'를 넣어야 일제로부터 허가를 받을 수 있었기에 『불교정전』으로 출판한 것을 정산이 해방 이후 바로잡았다. 그 밖에도 일부 표현과 내용에서 일제의 간섭 때문에 추가된 부분은 이를 수정, 오늘날의 모습으로 완성했다.

『대종경』은 소태산에 대한 또 다른 핵심저술로, 그의 법문과 행적을 15품으로 엮은 언행록이다. 종교 지도자들의 언행록 대다수가 후대 제자들의 기억에 의존해 결집되는 데 반해, 『대종경』 법문의 상당수는 소태산 생전에 제자들이 스승의 말씀을 '수필受筆'해 소태산의 감수를 받아 기록된 자료를 바탕으로 했다는 점이 특징이다.

『정산종사법어』는 정산의 언행록이다. 1부 '세전世典'과 2부 '법어'로 구성되어 있으며, '세전'은 한 인간이 출생으로부터 열반에 이르기까지 수신·제가·치국·평천하의 방도를 밝힌 정산의 친저親著다. 또한 '법어'는 소태산의 법맥을 계승하여 이를 보완·재해석한 정산의 사상이 집대성된 법문이며, 『대종경』과 동일하게 15편으로 구성되어 있다. 소태산 열반 후 한반도의 해방공간과 분단시대를 정면으로 대응한 정산이 세계를 향도할 정신개벽 사상과 운동을 펼친 내용을 확인할 수 있다.

본서의 편찬 의도와 방침은 다음과 같다. 주요 저작에서는 『정전』과 『대종경』의 전문을 실었다. 『정전』과 『대종경』은 『원불교전서』에 실려 있으나 일반독자들이 구해보기 쉽지 않은 데다, 필요한 주석을 달고 경전의 원문을 그대로 싣되 맞춤법과 띄어쓰기는 최소한의 수정으로 그 뜻이 훼손되지 않게 했다. 그러다 보니 분량의 제약상 『정산종사법어』의 상당 부분을 싣지 못한 것이 크게 아쉽다. 그 대신 정산의 핵심사상이나 창조적 해석이 돋보이는 법문을 선정해 독자들이 그의 진면모를 확인할 수 있도록 했다.

주석은 독자들이 사전으로 의미 파악이 가능한 것은 생략한 채, 다음의 조건에 해당하는 것에 붙였다. ① 원불교의 독특한 용어, ② 일반적인 사전의 의미와 다르게 쓰인 것, ③ 특히 현대인들이 흔히 이해하는 의미와 다른 뜻으로 쓰인 단어 등이다. 좀 더 자상한 주석 작업이 되지 못한 점, 독자들의 양해를 구한다. 그 밖에도 한자가 있어야 단어의 정확한 의미 파악이 가능한 곳에는 한자를 병기[25]해두었다.

부록에는 '대산 김대거의 『천부경天符經』 해설'과 '연보'를 다루었다. '연보'는 인물 해설에서 못다 소개한 소태산과 정산의 행적과 주요 업적을 중심으로 정리했다. 특히 핵심저술에 관해서는 상세히 다뤘다. '대산 김대거의 『천부경』 해설'은 소태산과 정산을 이은 원불교 3대 지도자 대산 김대거大山 金大擧(1914~98)[26]가 남긴 법문이다. 이를 부록에 넣은 이유는, 본권에 대산의 저술은 넣지 못한 점과, 동시에 한국 근현대사에 커다란 족적을 남긴 대종교大倧敎 관련 인물이 한국사상선 전체에서 빠진 빈자리를 작게나마 채우기 위함이다.[27]

---

25 『원불교전서』에 없는 한자를 병기할 때에는 『불교정전』(1943), 『圓佛敎正典』(원불교출판사 1999), 『원불교교전』 중역본·일역본, 고시용의 『초고로 읽는 대종경』(원불교출판사 2022) 등을 참고하여 한자를 확정했다.

26 대산 김대거는 1914년 진안에서 부친 김인오(金仁悟)와 모친 안경신(安敬信)의 5남매 중 장남으로 태어났다. 1924년 진안 만덕산에서 불법연구회 창립총회 직후 첫 선(禪)을 나던 스승 소태산·정산과 처음 만났고, 그 인연으로 1929년 정식 입문해 소태산과 은부자(恩父子)를 맺었다. 소태산 열반 후에는 정산을 보좌해 교단의 주요 직책을 맡았고, 1962년 정산을 이어 3대 지도자가 된다. 그는 『정전』과 『대종경』을 묶은 『원불교교전』(1962)을 발간했고, 이어 각종 교서를 편찬해 『원불교전서』(1977)로 엮었다. 상시·정기 훈련을 통한 재가·출가 전 교도의 마음공부에 주력했고, 비교도를 대상으로는 국민훈련을 전개하기도 했다. 한편, 냉전과 한반도 분단 상황에서 "진리는 하나, 세계도 하나, 인류는 한 가족, 세상은 한 일터, 개척하자 하나의 세계"라는 표어를 통해 세계평화와 한반도 통일을 염원했고, 종교연합운동·세계공동시장개척·인류심전계발(心田啓發) 운동을 펼쳤다. 그의 저술로는 『정전대의』와 『교리실천도해』, 언행록인 『대산종사법문집』 1~5권을 비롯한 다수의 법문집이 있고, 정식교서인 『대산종사법어』(2014)가 발간되었다.

27 홍암 나철(弘巖 羅喆, 1863~1916)과 대종교인들은 우리 민족 고유의 신앙과 정신을 다시 밝힘(重光)으로써 일본 제국주의에 맞선 토착적 종교운동을 전개했고, 투철한 해방투쟁을 벌

끝으로, 독자들에게 부탁드린다. "위대한 사상가는 언어의 도저到底한 예술가"[28]이며, 『정전』·『대종경』·『정산종사법어』가 소태산과 정산의 깨달음에서 나온 언어라는 전제로 그 말씀을 경청해주길 바란다. 두 분이 활동한 100여 년 전은 한국어가 이미 근대사상이나 근대주의에 물들어 있던 때지만, 소태산과 정산은 자신들의 사상이 그에 부합되지 않는 부분은 명확히 구분해 언어를 사용했다. 더구나 지금의 언어는 소태산 당대보다 근대사상에 깊이 물들어 있기에, 이를 바르게 이해하려면 그들이 깨달은 안목에서 의미를 파악하려는 노력이 요구된다. 다만 이는 특별한 독해 훈련이나 종교적 수행을 반드시 필요로 한다는 말이 아니며, 마음에 욕심을 덜어내고 하루하루를 진실되게 살아가는 사람이라면 누구나 그 본뜻을 이해할 수 있으리라 생각한다.

물질개벽이 지금의 자본주의 세상을 가리키는 것이라면, 그래서 그 물질을 바르게 구하고 사용할 정신을 개벽해 나의 삶과 이 세상을 보다 좋게 만들고자 한다면, 소태산과 정산의 말씀을 각자의 사유와 생활에 대조하며 공부길을 열어가는 계기를 만들어가면 좋겠다. 시대에 맞는 바른 공부길을 밝힌 성현의 가르침을 따라 실행하면 사반공배事半功倍, 같은 노력으로도 큰 효과를 이룰 수 있다. 이 시대의 절실하고 원만한 공부법을 통해 독자들의 삶이 한층 행복하기를 바란다.

이는 가운데 큰 희생을 치러야만 했다. 『천부경』은 우리 역사에서 결코 잊어서는 안 될 대종교가 중요하게 여기는 경전 중 하나다.

28　유튜브 '백낙청 TV' [초청강연 001] 원광대학교 원불교사상연구원 초청 특별강연. 20여 년간 원불교 교전 영어 번역에 참여한 소회와 성찰.

핵심저작

박중빈
『정전』

박중빈(1891~1943) 초상

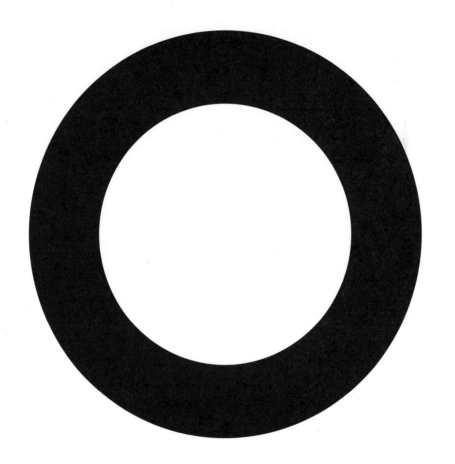

물질物質이 개벽開闢되니
정신精神을 개벽開闢하자

처처불상處處佛像
사사불공事事佛供

무시선無時禪
무처선無處禪

동정일여動靜一如
영육쌍전靈肉雙全

불법시생활佛法是生活
생활시불법生活是佛法

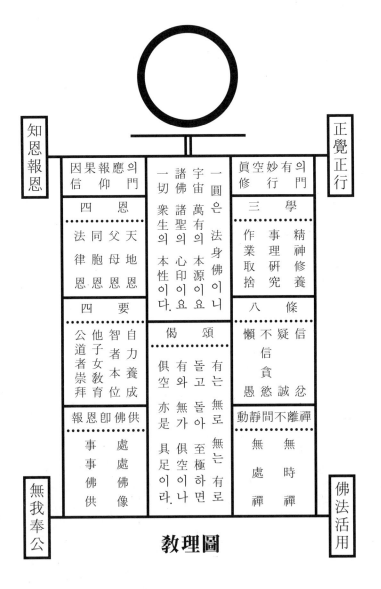

知恩報恩

正覺正行

因果報應의 信仰門

一圓은 法身佛이니 宇宙萬有의 本源이요 諸佛諸聖의 心印이요 一切衆生의 本性이다.

眞空妙有의 修行門

四恩

天地恩 父母恩 同胞恩 法律恩

三學

精神修養 事理研究 作業取捨

四要

自力養成 智者本位 他子女教育 公道者崇拜

偈頌

有는 無로 無는 有로
돌고 돌아 至極하면
有와 無가 俱空이나
俱空亦是 具足이라.

八條

信 忿 疑 誠
不信 貪慾 懶 愚

報恩卽佛供

處處佛像 事事佛供

動靜間不離禪

無時禪 無處禪

無我奉公

佛法活用

教理圖

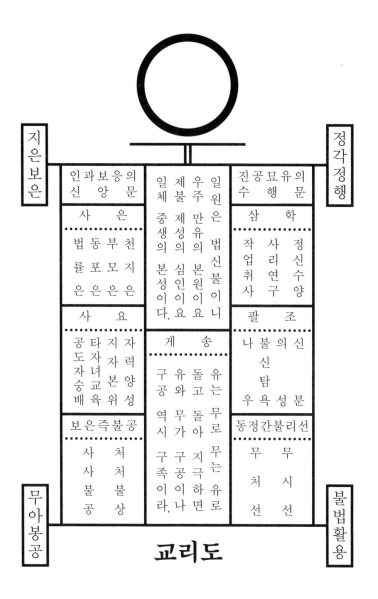

교리도

제1 총서편 總序編

제1장 개교의 동기 開敎-動機

현하現下[1] 과학[2]의 문명이 발달됨에 따라 물질[3]을 사용하여야 할 사람의 정신[4]은 점점 쇠약하고, 사람이 사용하여야 할 물질의 세력은 날로 융성하여, 쇠약한 그 정신을 항복 받아 물질의 지배를 받게 하므로, 모든 사람이 도리어 저 물질의 노예 생활을 면하지 못하게 되었으니, 그 생활에 어찌 파란 고해波瀾苦海가 없으리요.

---

1   오늘날 또는 지금 이래로라는 뜻. 과학의 문명이 발달됨에 따라 총체적이고 근본적인 인류 문명의 대전환이 '지금 이래로' 전개되어감을 의미한다.

2   과학의 의미는 앞선 「서문」에서 자세히 다룬 바 있는데, "알음알이를 추구하는 모든 학문과 기술을 총칭하는 개념으로, 학문분류상의 '과학(science)'을 포함하되 도학(道學)을 제외한 모든 지식(공부)"이라 할 수 있다.

3   존재의 바탕으로서 형체와 질량을 갖춘 물리적 실재라는 의미뿐만 아니라 모든 지식과 기술, 제반 환경 등을 포함하는 한층 넓은 뜻으로 쓰였다.

4   물질에 상대되는 의미의 정신이 아니라, "마음이 두렷하고 고요하여 분별성과 주착심이 없는 경지"(『정전』 정신 수양)이자 "성품과 대동하나 영령한 감이 있는"(『정산종사법어』 원리편 12) 맑고 신령한 마음을 말한다.

그러므로, 진리적 종교[5]의 신앙과 사실적 도덕[6]의 훈련으로써 정신의 세력을 확장하고, 물질의 세력을 항복 받아, 파란 고해의 일체 생령을 광대 무량한 낙원樂園[7]으로 인도하려 함이 그 동기니라.

제2장 교법의 총설敎法−總說

불교는 무상 대도無上大道라 그 진리와 방편이 호대浩大하므로 여러 선지식善知識이 이에 근원하여 각종 각파로 분립하고 포교문을 열어 많은 사람을 가르쳐왔으며, 세계의 모든 종교도 그 근본되는 원리는 본래 하나이나, 교문을 별립하여 오랫동안 제도와 방편을 달리하여온 만큼 교파들 사이에 서로 융통을 보지 못한 일이 없지 아니하였나니, 이는 다 모든 종교와 종파의 근본 원리를 알지 못하는 소치라 이 어찌 제불 제성諸佛諸聖의 본의시리요.

그중에도, 과거의 불교는 그 제도가 출세간出世間 생활하는 승려를 본위하여 조직이 되었는지라, 세간 생활하는 일반 사람에 있어서는 모든 것이 서로 맞지 아니하였으므로, 누구나 불교의 참다운 신자가 되기로 하면 세간 생활에 대한 의무와 책임이며 직업까지라도 불고不顧하게 되었나니, 이와 같이 되고 보면 아무리 불법이 좋다 할지라도 너른 세상의 많은 생령이 다 불은佛恩을 입기 어려울지라, 이 어찌 원만한 대도라 하리요.

---

5 "일정한 종지(宗旨)를 세우고 그 종지 아래 모든 중생을 교화하는 것"(『한 울안 한 이치에』 지혜단련 1, 원불교출판사 1982, 76면)이며, 사람이 마땅히 밟아야 할 최상의 가르침을 뜻한다. 이는 신(God)을 전제하는 서양 유일신 전통의 종교 개념과는 같지 않다.

6 도(道)는 우주의 궁극적 진리이자 그 경지를 밟아가는 길을 말하며, 덕(德)은 도를 행함에 따라 나타나는 결과이자 위력을 의미한다. 이는 인간 행위의 표준이자 행동규범을 뜻하는 도덕(morality) 개념과는 차이가 있다.

7 이 세상 너머의 완벽한 공간 또는 죽어서 가는 이상세계가 아닌, 우리가 함께 정신개벽을 통해 만들어가야 할 세상 또는 그렇게 된 곳을 말한다.

그러므로, 우리는 우주 만유의 본원本源이요, 제불 제성의 심인心印[8]인 법신불 일원상을 신앙의 대상과 수행의 표본으로 모시고, 천지·부모·동포·법률의 사은四恩과 수양·연구·취사의 삼학三學으로써 신앙과 수행의 강령을 정하였으며, 모든 종교의 교지敎旨도 이를 통합 활용하여 광대하고 원만한 종교의 신자가 되자는 것이니라.

---

8   언어나 문자로는 표현할 수 없는, 마음으로 깨달아 인증한 궁극의 경지를 말한다. 부처님과 성자들이 쓰는 마음은 늘 진리에 부합한다는 뜻으로 도장에 비유했다.

제2 교의편 教義編

제1장 일원상一圓相

제1절 일원상의 진리一圓相─眞理

일원一圓은 우주 만유의 본원이며, 제불 제성의 심인이며, 일체 중생의 본성이며, 대소 유무大小有無[1]에 분별이 없는 자리며, 생멸 거래에 변함이 없는 자리며, 선악 업보가 끊어진 자리며, 언어 명상言語名相이 돈공頓空[2]한 자리로서 공적 영지空寂靈知의 광명을 따라 대소 유무에 분별이 나타나서 선악 업보에 차별이 생겨나며, 언어 명상이 완연宛然하여 시방 삼계十方三界가 장중掌中에 한 구슬같이 드러나고, 진공 묘유[3]의 조화는 우주 만유를

---

1 진리 자체를 나타내는 개념이면서, 진리를 파악하고 분석·사유하는 소태산 고유의 틀이자 방식이다. 크고 작고 있고 없음을 말하는데, 각각이 의미하는 바는 『정전』 삼학, '사리 연구'에 소개되어 있다.
2 모든 분별 망상이 끊어져 텅 빔. 또는 그러한 경지.
3 텅 비어 실체가 없는 가운데 묘하게 나타남.

통하여 무시광겁無始曠劫[4]에 은현 자재隱顯自在[5]하는 것이 곧 일원상의 진리니라.

제2절 일원상의 신앙一圓相-信仰

일원상의 진리를 우주 만유의 본원으로 믿으며, 제불 제성의 심인으로 믿으며, 일체 중생의 본성으로 믿으며, 대소 유무에 분별이 없는 자리로 믿으며, 생멸 거래에 변함이 없는 자리로 믿으며, 선악 업보가 끊어진 자리로 믿으며, 언어 명상이 돈공한 자리로 믿으며, 그 없는 자리에서 공적 영지의 광명을 따라 대소 유무에 분별이 나타나는 것을 믿으며, 선악 업보에 차별이 생겨나는 것을 믿으며, 언어 명상이 완연하여 시방 삼계가 장중에 한 구슬같이 드러나는 것을 믿으며, 진공 묘유의 조화는 우주 만유를 통하여 무시광겁에 은현 자재하는 것을 믿는 것이 곧 일원상의 신앙이니라.

제3절 일원상의 수행一圓相-修行

일원상의 진리를 신앙하는 동시에 수행의 표본을 삼아서 일원상과 같이 원만 구족圓滿具足[6]하고 지공 무사至公無私[7]한 각자의 마음을 알자는 것이며, 또는 일원상과 같이 원만 구족하고 지공 무사한 각자의 마음을 양성하자는 것이며, 또는 일원상과 같이 원만 구족하고 지공 무사한 각자의 마음을 사용하자는 것이 곧 일원상의 수행이니라.

---

4 시작과 끝을 알 수 없는 아득히 긴 시간.
5 스스로 숨었다 나타남을 자유함.
6 진리의 광명과 조화가 두루 갖춰 있는 우리의 자성을 표현한 말.
7 지극히 공변되고 조금의 사사로움이 없는 우리의 자성을 표현한 말.

제4절 일원상 서원문 圓相誓願文

일원은 언어도단言語道斷[8]의 입정처入定處[9]이요, 유무 초월[10]의 생사문生死門[11]인바, 천지·부모·동포·법률의 본원이요, 제불·조사祖師·범부·중생의 성품으로 능이성 유상能以成有常하고 능이성 무상無常[12]하여 유상으로 보면 상주常住 불멸로 여여 자연如如自然하여 무량 세계를 전개하였고, 무상으로 보면 우주의 성·주·괴·공成住壞空과 만물의 생·로·병·사生老病死와 사생四生의 심신 작용을 따라 육도六途로 변화를 시켜 혹은 진급으로 혹은 강급[13]으로 혹은 은생어해恩生於害로 혹은 해생어은害生於恩[14]으로 이와 같이 무량 세계를 전개하였나니, 우리 어리석은 중생은 이 법신불 일원상을 체體받아서[15] 심신을 원만하게 수호하는 공부를 하며, 또는 사리事理[16]를 원만하게 아는 공부를 하며, 또는 심신을 원만하게 사용하는 공부를 지성至誠으로 하여 진급이 되고 은혜는 입을지언정, 강급이 되고 해독은 입지 아니하기로써 일원의 위력을 얻도록까지 서원하고 일원의 체성體性[17]

---

8 언어의 길이 끊어졌다는 뜻으로, 진리는 말이나 개념으로 설명할 수 없고 그 경지는 분별이나 사량(思量)으로 도달할 수도 없음을 표현함.

9 모든 분별 망상이 끊어져 선정에 들었을 때만이 진입할 수 있는 진리의 지극한 경지.

10 유와 무를 총섭(總攝)하면서도 유무를 초월한 진리의 실상을 표현함.

11 온갖 분별 작용과 생명 활동이 나타나고 사라지는 경계이자 생사를 연락하는 통로.

12 '능이성'은 진리가 스스로 작용하여 한없는 세계를 전개해가는 능동성과 생명력을 표현한 것이다. 또한 '유상'은 진리의 변하지 않는 면을, '무상'은 진리의 변하는 면을 가리킨다.

13 진급이란 범부·중생이 신앙과 수행을 통해 부처로 향상됨을 뜻하고, 강급은 그 반대를 말함.

14 은생어해란 은혜가 해로움에서 나오고, 해생어은이란 해로움이 은혜에서 나온다는 뜻이다. 이는 사생의 심신 작용에 따라(자력), 또는 외적인 요인(타력)으로 인해 해에서 은혜가 나오기도 하고, 은혜에서도 해가 나올 수 있는 변화의 가능성을 말한다.

15 글씨를 배울 때 교본이 되는 글씨체를 그대로 따라 쓰듯, 일원상의 진리를 표본 삼아 그대로 믿고 닮아가는 공부를 하라는 뜻.

16 사(事)는 사람이 살아가면서 겪게 되는 시비이해의 모든 일을, 이(理)는 우주 자연의 생성 변화하는 대소유무의 원리를 말함.

17 한 몸(體)이자 근본 성품(性)이라는 뜻인데, 이는 일원의 진리가 만유의 근본 성품이면서 동시에 만유의 실재(實在)이기에 체와 성을 합하여 진리 전체를 표현한 것이다.

에 합하도록까지 서원함.

제5절 일원상 법어─圓相法語[18]

○ 이 원상圓相의 진리를 각覺하면 시방 삼계가 다 오가吾家[19] 의 소유인 줄을 알며, 또는 우주 만물이 이름은 각각 다르나 둘이 아닌 줄을 알며, 또는 제불·조사와 범부·중생의 성품인 줄을 알며, 또는 생·로·병·사의 이치가 춘·하·추·동과 같이 되는 줄을 알며, 인과 보응의 이치가 음양 상승陰陽相勝[20]과 같이 되는 줄을 알며, 또는 원만 구족한 것이며 지공 무사한 것인 줄을 알리로다.

○ 이 원상은 눈을 사용할 때에 쓰는 것이니
원만 구족한 것이며 지공 무사한 것이로다.

○ 이 원상은 귀를 사용할 때에 쓰는 것이니
원만 구족한 것이며 지공 무사한 것이로다.

○ 이 원상은 코를 사용할 때에 쓰는 것이니
원만 구족한 것이며 지공 무사한 것이로다.

○ 이 원상은 입을 사용할 때에 쓰는 것이니
원만 구족한 것이며 지공 무사한 것이로다.

---

18 진리에 관한 말씀이라는 뜻이다. 실은 『정전』 전체가 '법어' 아님이 없으나, 일원상의 진리를 바르게 깨닫고 실천하는 데 표준(法)이 되는 법문(語)이라는 의미로 '일원상 법어'라 한다.

19 나의 집 또는 살림.

20 음과 양이 서로 이긴다는 뜻으로, 음이 극하면 양이 생하고 양이 극하면 음이 생하여 서로 밀어주는 조화작용을 통해 만물이 운행하고 우주가 변화하는 원리를 가리킨다.

○ 이 원상은 몸을 사용할 때에 쓰는 것이니
원만 구족한 것이며 지공 무사한 것이로다.

○ 이 원상은 마음을 사용할 때에 쓰는 것이니
원만 구족한 것이며 지공 무사한 것이로다.

제6절 게송偈頌

유有는 무無로 무는 유로
돌고 돌아 지극至極하면
유와 무가 구공俱空이나
구공 역시 구족具足이라.

제2장 사은四恩

제1절 천지은天地恩

1. 천지 피은被恩의 강령

우리가 천지에서 입은 은혜를 가장 쉽게 알고자 할진대 먼저 마땅히 천지가 없어도 이 존재를 보전하여 살 수 있을 것인가 하고 생각해볼 것이니, 그런다면 아무리 천치天痴요 하우자下愚者[21]라도 천지 없어서는 살지 못할 것을 다 인증할 것이다. 없어서는 살지 못할 관계가 있다면 그같이 큰

---

21 어리석은 사람 또는 수행의 근기가 낮은 사람.

은혜가 또 어디 있으리요.

대범, 천지에는 도道와 덕德이 있으니, 우주의 대기大機[22]가 자동적으로 운행하는 것은 천지의 도요, 그 도가 행함에 따라 나타나는 결과는 천지의 덕이라. 천지의 도는 지극히 밝은 것이며, 지극히 정성한 것이며, 지극히 공정[23]한 것이며, 순리 자연한 것이며, 광대 무량한 것이며, 영원 불멸한 것이며, 길흉이 없는 것이며, 응용應用[24]에 무념無念[25]한 것이니, 만물은 이 대도가 유행流行[26]되어 대덕이 나타나는 가운데 그 생명을 지속하며 그 형각形殼을 보존하나니라.

2. 천지 피은의 조목

1) 하늘의 공기가 있으므로 우리가 호흡을 통하고 살게 됨이요,

2) 땅의 바탕이 있으므로 우리가 형체를 의지하고 살게 됨이요,

3) 일월의 밝음이 있으므로 우리가 삼라 만상을 분별하여 알게 됨이요,

4) 풍·운·우·로風雲雨露의 혜택이 있으므로 만물이 장양長養되어 그 산물로써 우리가 살게 됨이요,

5) 천지는 생멸이 없으므로 만물이 그 도를 따라 무한한 수壽를 얻게 됨이니라.

3. 천지 보은報恩의 강령

사람이 천지의 은혜를 갚기로 하면 먼저 마땅히 그 도를 체받아서 실행할 것이니라.

---

22 큰 기틀이라는 뜻인데, 우주가 운행되는 하나의 기운과 이치를 의미한다.
23 공(公)은 천지가 어느 한 물건만을 위함이 아니고 일체 만물의 공유가 된 것을, 정(正)은 각각 저의 하는 바에 따라 원·근·친·소가 없이 응해줌을 말한다.(『정산종사법어』 경의편 5)
24 어떤 대상이나 상황에 응하여 몸과 마음을 작용함.
25 마음에 상(相)이나 착(着)이 없음.
26 강물이 여러 갈래로 흘러가듯, 큰 도가 만물에 널리 퍼져 행해짐.

4. 천지 보은의 조목

1) 천지의 지극히 밝은 도를 체받아서 천만 사리事理를 연구하여 걸림 없이 알 것이요,

2) 천지의 지극히 정성한 도를 체받아서 만사를 작용할 때에 간단間斷 없이 시종始終이 여일如—하게 그 목적을 달할 것이요,

3) 천지의 지극히 공정한 도를 체받아서 만사를 작용할 때에 원·근·친· 소遠近親疎와 희·로·애·락喜怒哀樂에 끌리지 아니하고 오직 중도를 잡을 것 이요,

4) 천지의 순리 자연한 도를 체받아서 만사를 작용할 때에 합리[27]와 불 합리를 분석하여 합리는 취하고 불합리는 버릴 것이요,

5) 천지의 광대 무량한 도를 체받아서 편착심偏着心을 없이 할 것이요,

6) 천지의 영원 불멸한 도를 체받아서 만물의 변태[28]와 인생의 생·로· 병·사에 해탈解脫을 얻을 것이요,

7) 천지의 길흉 없는 도를 체받아서 길한 일을 당할 때에 흉할 일을 발견 하고, 흉한 일을 당할 때에 길할 일을 발견하여, 길흉에 끌리지 아니할 것 이요,

8) 천지의 응용 무념應用無念한 도를 체받아서 동정動靜[29] 간 무념의 도 를 양성할 것이며, 정신·육신·물질로 은혜를 베푼 후 그 관념과 상相[30]을 없이 할 것이며, 혹 저 피은자가 배은 망덕을 하더라도 전에 은혜 베풀었다 는 일로 인하여 더 미워하고 원수를 맺지 아니할 것이니라.

---

27 진리에 부합함.

28 형상이나 형태가 변하여 달라짐.

29 동(動)은 육근이 일이 있을 때, 정(靜)은 일이 없을 때 또한 육근을 작용하되 딱히 시비 이해 의 일이 벌어지지 않을 때를 말한다. 여기서 육근이란 여섯가지 감각기관인 눈·귀·코·입·몸· 뜻을 말한다.

30 어리석음과 집착으로 인하여 마음에 남아 있는 흔적으로, 아상·인상·중생상·수자상 등이 있다.

5. 천지 배은背恩

천지에 대한 피은·보은·배은을 알지 못하는 것과 설사 안다 할지라도 보은의 실행이 없는 것이니라.

6. 천지 보은의 결과

우리가 천지 보은의 조목을 일일이 실행한다면 천지와 내가 둘이 아니요, 내가 곧 천지일 것이며 천지가 곧 나일지니, 저 하늘은 비록 공허하고 땅은 침묵하여 직접 복락福樂은 내리지 않는다 하더라도, 자연 천지 같은 위력과 천지 같은 수명과 일월 같은 밝음을 얻어 인천 대중人天大衆[31]과 세상이 곧 천지같이 우대할 것이니라.

7. 천지 배은의 결과

우리가 만일 천지에 배은을 한다면 곧 천벌을 받게 될 것이니, 알기 쉽게 그 내역을 말하자면 천도天道를 본받지 못함에 따라 응당 사리 간에 무식할 것이며, 매사에 정성이 적을 것이며, 매사에 과불급한 일이 많을 것이며, 매사에 불합리한 일이 많을 것이며, 매사에 편착심이 많을 것이며, 만물의 변태와 인간의 생·로·병·사와 길·흉·화·복을 모를 것이며, 덕을 써도 상에 집착하여 안으로 자만하고 밖으로 자랑할 것이니, 이러한 사람의 앞에 어찌 죄해罪害가 없으리요. 천지는 또한 공적空寂하다 하더라도 우연히 돌아오는 고苦나 자기가 지어서 받는 고는 곧 천지 배은에서 받는 죄벌이니라.

---

31   인간계와 천상계의 수많은 중생.

제2절 부모은父母恩

1. 부모 피은의 강령

우리가 부모에게서 입은 은혜를 가장 쉽게 알고자 할진대, 먼저 마땅히 부모가 아니어도 이 몸을 세상에 나타내게 되었으며, 설사 나타났더라도 자력自力 없는 몸으로써 저절로 장양될 수 있었을 것인가 하고 생각해볼 것이니, 그런다면 누구나 그렇지 못할 것은 다 인증할 것이다. 부모가 아니면 이 몸을 나타내지 못하고 장양되지 못한다면 그같이 큰 은혜가 또 어디 있으리요.

대범, 사람의 생사라 하는 것은 자연의 공도公道³²요 천지의 조화라 할 것이지마는, 무자력할 때에 생육生育하여주신 대은大恩과 인도人道의 대의 大義를 가르쳐주심은 곧 부모 피은이니라.

2. 부모 피은의 조목

1) 부모가 있으므로 만사 만리萬理의 근본되는 이 몸을 얻게 됨이요,

2) 모든 사랑을 이에 다 하사 온갖 수고를 잊으시고 자력을 얻을 때까지 양육하고 보호하여주심이요,

3) 사람의 의무와 책임을 가르쳐 인류 사회로 지도하심이니라.

3. 부모 보은의 강령

무자력할 때에 피은된 도를 보아서 힘 미치는 대로 무자력한 사람에게 보호를 줄 것이니라.

---

32   천지가 스스로 그러함에 따라 나타난, 누구도 피할 수 없는 길이자 이치.

4. 부모 보은의 조목

1) 공부의 요도要道 삼학·팔조와 인생의 요도 사은·사요를 빠짐 없이 밟을 것이요,

2) 부모가 무자력할 경우에는 힘 미치는 대로 심지心志의 안락과 육체의 봉양을 드릴 것이요,

3) 부모가 생존하시거나 열반涅槃하신 후나 힘 미치는 대로 무자력한 타인의 부모라도 내 부모와 같이 보호할 것이요,

4) 부모가 열반하신 후에는 역사와 영상影像을 봉안하여 길이 기념할 것이니라.

5. 부모 배은

부모에 대한 피은·보은·배은을 알지 못하는 것과 설사 안다 할지라도 보은의 실행이 없는 것이니라.

6. 부모 보은의 결과

우리가 부모 보은을 한다면 나는 내 부모에게 보은을 하였건마는 세상은 자연히 나를 위하고 귀히 알 것이며, 사람의 자손은 선악 간에 그 부모의 행하는 것을 본받아 행하는 것이 피할 수 없는 이치인지라, 나의 자손도 마땅히 나의 보은하는 도를 본받아 나에게 효성할 것은 물론이요, 또는 무자력한 사람들을 보호한 결과 세세 생생 거래 간[33]에 혹 나의 무자력한 때가 있다 할지라도 항상 중인衆人의 도움을 받을 것이니라.

7. 부모 배은의 결과

우리가 만일 부모에게 배은을 한다면 나는 내 부모에게 배은을 하였건

---

33   가고 오는 사이, 즉 (찰나간의 거래를 포함하여) 생사 윤회하는 가운데.

마는 세상은 자연히 나를 미워하고 배척할 것이요, 당장 제가 낳은 제 자손도 그것을 본받아 직접 앙화를 끼칠 것은 물론이며, 또는 세세 생생 거래 간에 혹 나의 무자력한 때가 있다 할지라도 항상 중인의 버림을 받을 것이니라.

제3절 동포은同胞恩

1. 동포 피은의 강령

우리가 동포에게서 입은 은혜를 가장 쉽게 알고자 할진대 먼저 마땅히 사람도 없고 금수도 없고 초목도 없는 곳에서 나 혼자라도 살 수 있을 것인가 하고 생각해볼 것이니, 그런다면 누구나 살지 못할 것은 다 인증할 것이다. 만일, 동포의 도움이 없이, 동포의 의지가 없이, 동포의 공급이 없이는 살 수 없다면 그같이 큰 은혜가 또 어디 있으리요.

대범, 이 세상은 사·농·공·상士農工商의 네가지 생활 강령이 있고, 사람들은 그 강령 직업하에서 활동하여, 각자의 소득으로 천만 물질을 서로 교환할 때에 오직 자리 이타自利利他로써 서로 도움이 되고 피은이 되었나니라.

2. 동포 피은의 조목

1) 사士는 배우고 연구하여 모든 학술과 정사政事[34]로 우리를 지도 교육하여줌이요,

2) 농農은 심고 길러서 우리의 의식 원료를 제공하여줌이요,

3) 공工은 각종 물품을 제조하여 우리의 주처住處와 수용품을 공급하여줌이요,

4) 상商은 천만 물질을 교환하여 우리의 생활에 편리를 도와줌이요,

---

[34]   개인·가정·사회·국가·세계를 다스리는 일.

5) 금수 초목까지도 우리에게 도움이 됨이니라.

3. 동포 보은의 강령

동포에게 자리 이타로 피은이 되었으니 그 은혜를 갚고자 할진대, 사·농·공·상이 천만 학술과 천만 물질을 서로 교환할 때에 그 도를 체받아서 항상 자리 이타로써 할 것이니라.

4. 동포 보은의 조목

1) 사는 천만 학술로 교화할 때와 모든 정사를 할 때에 항상 공정한 자리에서 자리 이타로써 할 것이요,

2) 농은 의식 원료를 제공할 때에 항상 공정한 자리에서 자리 이타로써 할 것이요,

3) 공은 주처와 수용품을 공급할 때에 항상 공정한 자리에서 자리 이타로써 할 것이요,

4) 상은 천만 물질을 교환할 때에 항상 공정한 자리에서 자리 이타로써 할 것이요,

5) 초목 금수도 연고緣故[35] 없이는 꺾고 살생하지 말 것이니라.

5. 동포 배은

동포에 대한 피은·보은·배은을 알지 못하는 것과 설사 안다 할지라도 보은의 실행이 없는 것이니라.

6. 동포 보은의 결과

우리가 동포 보은을 한다면, 자리 이타에서 감화를 받은 모든 동포가 서

---

[35]   그럴 수밖에 없는 정당한 이유.

로 사랑하고 즐거워하여, 나 자신도 옹호와 우대를 받을 것이요, 개인과 개인끼리 사랑할 것이요, 가정과 가정끼리 친목할 것이요, 사회와 사회끼리 상통할 것이요, 국가와 국가끼리 평화하여 결국 상상하지 못할 이상理想의 세계가 될 것이니라.

그러나, 만일 전세계 인류가 다 보은자가 되지 못할 때에, 혹 배은자의 장난으로 인하여 모든 동포가 고해苦海 중에 들게 되면, 구세 성자들이 자비 방편을 베푸사 도덕이나 정치나 혹은 무력으로 배은 중생을 제도濟度하게 되나니라.

7. 동포 배은의 결과

우리가 만일 동포에게 배은을 한다면, 모든 동포가 서로 미워하고 싫어하며 서로 원수가 되어 개인과 개인끼리 싸움이요, 가정과 가정끼리 혐극嫌隙이요, 사회와 사회끼리 반목反目이요, 국가와 국가끼리 평화를 보지 못하고 전쟁의 세계가 되고 말 것이니라.

제4절 법률은法律恩

1. 법률 피은의 강령

우리가 법률에서 입은 은혜를 가장 쉽게 알고자 할진대, 개인에 있어서 수신修身하는 법률과, 가정에 있어서 제가齊家하는 법률과, 사회에 있어서 사회 다스리는 법률과, 국가에 있어서 국가 다스리는 법률과, 세계에 있어서 세계 다스리는 법률이 없고도 안녕 질서를 유지하고 살 수 있겠는가 생각해볼 것이니, 그런다면 누구나 살 수 없다는 것은 다 인증할 것이다. 없어서는 살 수 없다면 그같이 큰 은혜가 또 어디 있으리요.

대범, 법률이라 하는 것은 인도 정의人道正義의 공정한 법칙을 이름이니, 인도 정의의 공정한 법칙은 개인에 비치면 개인이 도움을 얻을 것이요, 가정에 비치면 가정이 도움을 얻을 것이요, 사회에 비치면 사회가 도움을 얻을 것이요, 국가에 비치면 국가가 도움을 얻을 것이요, 세계에 비치면 세계가 도움을 얻을 것이니라.

2. 법률 피은의 조목

1) 때를 따라 성자들이 출현하여 종교와 도덕으로써 우리에게 정로正路를 밟게 하여주심이요,

2) 사·농·공·상의 기관을 설치하고 지도 권면에 전력하여, 우리의 생활을 보전시키며, 지식을 함양하게 함이요,

3) 시비 이해是非利害[36]를 구분하여 불의를 징계하고 정의를 세워 안녕질서를 유지하여 우리로 하여금 평안히 살게 함이니라.

3. 법률 보은의 강령

법률에서 금지하는 조건으로 피은이 되었으면 그 도에 순응하고, 권장하는 조건으로 피은이 되었으면 그 도에 순응할 것이니라.

4. 법률 보은의 조목

1) 개인에 있어서는 수신하는 법률을 배워 행할 것이요,

2) 가정에 있어서는 가정 다스리는 법률을 배워 행할 것이요,

3) 사회에 있어서는 사회 다스리는 법률을 배워 행할 것이요,

4) 국가에 있어서는 국가 다스리는 법률을 배워 행할 것이요,

5) 세계에 있어서는 세계 다스리는 법률을 배워 행할 것이니라.

---

36 옳음과 그름, 이로움과 해로움이라는 뜻. 이는 사회에서 벌어지는 온갖 일 자체를 의미하기도 하고, 한편으로는 그러한 일을 판단하고 평가하는 기준이기도 하다.

5. 법률 배은

법률에 대한 피은·보은·배은을 알지 못하는 것과 설사 안다 할지라도 보은의 실행이 없는 것이니라.

6. 법률 보은의 결과

우리가 법률 보은을 한다면, 우리 자신도 법률의 보호를 받아, 갈수록 구속은 없어지고 자유를 얻게 될 것이요, 각자의 인격도 향상되며 세상도 질서가 정연하고 사·농·공·상이 더욱 발달하여 다시 없는 안락세계安樂世界가 될 것이며, 또는 입법立法·치법治法[37]의 은혜도 갚음이 될 것이니라.

7. 법률 배은의 결과

우리가 만일 법률에 배은을 한다면, 우리 자신도 법률이 용서하지 아니하여, 부자유不自由와 구속을 받게 될 것이요, 각자의 인격도 타락되며 세상도 질서가 문란하여 소란한 수라장修羅場이 될 것이니라.

제3장 사요四要

제1절 자력 양성自力養成

1. 자력 양성의 강령

자력이 없는 어린이가 되든지, 노혼老昏한 늙은이가 되든지, 어찌할 수

---

37   '입법'은 입법부에서 법률을 제정하는 것뿐만 아니라 인도 정의의 바른 도를 세움을 의미하고, '치법'은 사법과 행정뿐만 아니라 인도 정의의 공정한 법칙을 실천함으로써 세상을 다스린다는 의미다.

없는 병든 이가 되든지 하면이어니와,[38] 그렇지 아니한 바에는 자력을 공부 삼아 양성하여 사람으로서 면할 수 없는 자기의 의무와 책임을 다하는 동시에, 힘 미치는 대로는 자력 없는 사람에게 보호를 주자는 것이니라.

2. 과거의 타력 생활 조목

1) 부모·형제·부부·자녀·친척 중에 혹 자기 이상의 생활을 하는 사람이 있으면 그에 의지하여 놀고 살자는 것이며, 또는 의뢰를 구하여도 들어주지 아니하면 동거하자는 것이며, 또는 타인에게 빚을 쓰고 갚지 아니하면 일족一族이 전부 그 빚을 갚다가 서로 못살게 되었음이요,

2) 여자는 어려서는 부모에게, 결혼 후에는 남편에게, 늙어서는 자녀에게 의지하였으며, 또는 권리가 동일하지 못하여 남자와 같이 교육도 받지 못하였으며, 또는 사교社交의 권리도 얻지 못하였으며, 또는 재산에 대한 상속권도 얻지 못하였으며, 또는 자기의 심신이지마는 일동 일정에 구속을 면하지 못하게 되었음이니라.

3. 자력자로서 타력자에게 권장할 조목

1) 자력 있는 사람이 부당한 의뢰를 구할 때에는 그 의뢰를 받아주지 아니할 것이요,

2) 부모로서 자녀에게 재산을 분급하여줄 때에는, 장자長子나 차자나 여자를 막론하고 그 재산을 받아 유지 못할 사람 외에는 다 같이 분급하여줄 것이요,

3) 결혼 후 물질적 생활을 각자 자립적으로 할 것이며, 또는 서로 사랑에만 그칠 것이 아니라 각자의 의무와 책임을 주로 할 것이요,

4) 기타 모든 일을 경우와 법에 따라 처리하되 과거와 같이 남녀를 차별

---

38   '이어니와'는 '(이)거니와'와 같은 뜻이다.

할 것이 아니라 일에 따라 대우하여줄 것이니라.

4. 자력 양성의 조목

1) 남녀를 물론하고 어리고 늙고 병들고 하여 어찌 할 수 없는 의뢰면이 어니와, 그렇지 아니한 바에는 과거와 같이 의뢰 생활을 하지 아니할 것이요,

2) 여자도 인류 사회에 활동할 만한 교육을 남자와 같이 받을 것이요,

3) 남녀가 다 같이 직업에 근실하여 생활에 자유를 얻을 것이며, 가정이나 국가에 대한 의무와 책임을 동등하게 이행할 것이요,

4) 차자도 부모의 생전 사후를 과거 장자의 예로써 받들 것이니라.

제2절 지자 본위智者本位

1. 지자 본위의 강령

지자는 우자愚者를 가르치고 우자는 지자에게 배우는 것이 원칙적으로 당연한 일이니, 어떠한 처지에 있든지 배울 것을 구할 때에는 불합리한 차별 제도에 끌릴 것이 아니라 오직 구하는 사람의 목적만 달하자는 것이니라.

2. 과거 불합리한 차별 제도의 조목

1) 반상班常의 차별이요,

2) 적서嫡庶의 차별이요,

3) 노소老少의 차별이요,

4) 남녀男女의 차별이요,

5) 종족種族의 차별이니라.

3. 지자 본위의 조목

1) 솔성率性의 도[39]와 인사人事의 덕행[40]이 자기 이상이 되고 보면 스승으로 알 것이요,

2) 모든 정사를 하는 것이 자기 이상이 되고 보면 스승으로 알 것이요,

3) 생활에 대한 지식이 자기 이상이 되고 보면 스승으로 알 것이요,

4) 학문과 기술이 자기 이상이 되고 보면 스승으로 알 것이요,

5) 기타 모든 상식이 자기 이상이 되고 보면 스승으로 알 것이니라.

이상의 모든 조목에 해당하는 사람을 근본적으로 차별 있게 할 것이 아니라, 구하는 때에 있어서 하자는 것이니라.

제3절 타자녀 교육他子女敎育

1. 타자녀 교육의 강령

교육의 기관이 편소하거나 그 정신이 자타의 국한을 벗어나지 못하고 보면 세상의 문명이 지체되므로, 교육의 기관을 확장하고 자타의 국한을 벗어나, 모든 후진을 두루 교육함으로써 세상의 문명을 촉진시키고 일체 동포가 다같이 낙원의 생활을 하자는 것이니라.

2. 과거 교육의 결함 조목

1) 정부나 사회에서 교육에 대한 적극적 성의와 권장이 없었음이요,

2) 교육의 제도가 여자와 하천한 사람은 교육받을 생의도 못하게 되었음이요,

3) 개인에 있어서도 교육을 받은 사람으로서 그 혜택을 널리 나타내는 사람이 적었음이요,

39　성품을 잘 거느리고 활용하는 도.
40　사람을 대하고 일을 함에 있어 은혜와 덕이 나타나는 행실.

4) 언론과 통신 기관이 불편한 데 따라 교육에 대한 의견 교환이 적었음이요,

5) 교육의 정신이 자타의 국한을 벗어나지 못한 데 따라, 유산자有産者가 혹 자손이 없을 때에는 없는 자손만 구하다가 이루지 못하면 가르치지 못하였고, 무산자는 혹 자손 교육에 성의는 있으나 물질적 능력이 없어서 가르치지 못하였음이니라.

3. 타자녀 교육의 조목

1) 교육의 결함 조목이 없어지는 기회를 만난 우리는, 자녀가 있거나 없거나 타자녀라도 내 자녀와 같이 교육하기 위하여, 모든 교육 기관에 힘 미치는 대로 조력도 하며, 또는 사정이 허락되는 대로 몇 사람이든지 자기가 낳은 셈 치고 교육할 것이요,

2) 국가나 사회에서도 교육 기관을 널리 설치하여 적극적으로 교육을 실시할 것이요,

3) 교단教團에서나 사회·국가·세계에서 타자녀 교육의 조목을 실행하는 사람에게는 각각 그 공적功績을 따라 표창도 하고 대우도 하여줄 것이니라.

제4절 공도자 숭배公道者 崇拜

1. 공도자 숭배의 강령

세계에서 공도자 숭배를 극진히 하면 세계를 위하는 공도자가 많이 날 것이요, 국가에서 공도자 숭배를 극진히 하면 국가를 위하는 공도자가 많이 날 것이요, 사회나 종교계에서 공도자 숭배를 극진히 하면 사회나 종교를 위하는 공도자가 많이 날 것이니, 우리는 세계나 국가나 사회나 교단을 위하여 여러 방면으로 공헌한 사람들을 그 공적에 따라 자녀가 부모에게

하는 도리로써 숭배하자는 것이며, 우리 각자도 그 공도 정신을 체받아서 공도를 위하여 활동하자는 것이니라.

2. 과거 공도 사업의 결함 조목

1) 생활의 강령이요 공익의 기초인 사·농·공·상의 전문 교육이 적었음이요,

2) 사·농·공·상의 시설 기관이 적었음이요,

3) 종교의 교리와 제도가 대중적이 되지 못하였음이요,

4) 정부나 사회에서 공도자의 표창이 적었음이요,

5) 모든 교육이 자력을 얻지 못하고 타력을 벗어나지 못하였음이요,

6) 타인을 해하여서까지 자기를 유익하게 하려는 마음과, 또는 원·근·친·소에 끌리는 마음이 심하였음이요,

7) 견문과 상식이 적었음이요,

8) 가정에 헌신하여 가정적으로 숭배함을 받는 것과, 공도에 헌신하여 공중적으로 숭배함을 받는 것이 무엇인지 아는 사람이 적었음이니라.

3. 공도자 숭배의 조목

1) 공도 사업의 결함 조목이 없어지는 기회를 만난 우리는 가정 사업과 공도 사업을 구분하여, 같은 사업이면 자타의 국한을 벗어나 공도 사업을 할 것이요,

2) 대중을 위하여 공도에 헌신한 사람은 그 노력한 공적에 따라 노쇠하면 봉양하고, 열반 후에는 상주가 되어 상장喪葬을 부담하며, 영상과 역사를 보관하여 길이 기념할 것이니라.

제4장 삼학三學

제1절 정신 수양精神修養

1. 정신 수양의 요지

정신이라 함은 마음이 두렷하고 고요하여[41] 분별성分別性[42]과 주착심住着心[43]이 없는 경지를 이름이요, 수양이라 함은 안으로 분별성과 주착심을 없이 하며 밖으로 산란하게 하는 경계에 끌리지 아니하여 두렷하고 고요한 정신을 양성함을 이름이니라.

2. 정신 수양의 목적

유정물有情物은 배우지 아니하되 근본적으로 알아지는 것과 하고자 하는 욕심이 있는데, 최령最靈[44]한 사람은 보고 듣고 배우고 하여 아는 것과 하고자 하는 것이 다른 동물의 몇 배 이상이 되므로 그 아는 것과 하고자 하는 것을 취하자면 예의 염치와 공정한 법칙은 생각할 여유도 없이 자기에게 있는 권리와 기능과 무력을 다하여 욕심만 채우려 하다가 결국은 가패 신망家敗身亡[45]도 하며, 번민 망상과 분심 초려憤心焦慮로 자포 자기의 염세증도 나며, 혹은 신경 쇠약자도 되며, 혹은 실진자失眞者도 되며, 혹은 극도에 들어가 자살하는 사람까지도 있게 되나니, 그런고로 천지 만엽千枝萬葉으로 벌여가는 이 욕심을 제거하고 온전한 정신을 얻어 자주력自主力

---

41 두렷하다 함은 우리의 자성이 원래 원만 구족하고 지공 무사한 자리임을, 고요하다 함은 우리의 자성의 본래 요란하지도 않고 번뇌가 공한 자리임을 의미한다.(『세전(世典)』 열반에 대하여)

42 나누고 구별하는 마음. 또는 예쁘고 밉고 좋아하고 싫어하는 마음이 잠시 일어나는 것.

43 마음이 어느 한편에 머무르고 굳게 자리 잡아서 자유를 잃은 것. 또는 그러한 마음.

44 유정물 중에서 영적으로 가장 높고 뛰어남.

45 가정 살림을 탕진하고 지위나 명예, 건강을 망침.

을 양성하기 위하여 수양을 하자는 것이니라.

3. 정신 수양의 결과

우리가 정신 수양 공부를 오래오래 계속하면 정신이 철석같이 견고하여, 천만 경계를 응용할 때에 마음에 자주自主의 힘이 생겨 결국 수양력修養力을 얻을 것이니라.

제2절 사리 연구事理硏究

1. 사리 연구의 요지

사事라 함은 인간의 시·비·이·해是非利害를 이름이요, 이理라 함은 곧 천조天造[46]의 대소 유무大小有無를 이름이니, 대大라 함은 우주 만유의 본체를 이름이요, 소小라 함은 만상萬象이 형형 색색으로 구별되어 있음을 이름이요, 유무라 함은 천지의 춘·하·추·동 사시 순환과, 풍·운·우·로·상·설風雲雨露霜雪과 만물의 생·로·병·사와, 흥·망·성·쇠의 변태를 이름이며, 연구라 함은 사리를 연마하고 궁구함을 이름이니라.

2. 사리 연구의 목적

이 세상은 대소 유무의 이치로써 건설되고 시비 이해의 일로써 운전해가나니, 세상이 넓은 만큼 이치의 종류도 수가 없고, 인간이 많은 만큼 일의 종류도 한이 없나니라. 그러나, 우리에게 우연히 돌아오는 고락이나 우리가 지어서 받는 고락은 각자의 육근六根을 운용하여 일을 짓는 결과이니, 우리가 일의 시·비·이·해를 모르고 자행 자지自行自止[47]한다면 찰나찰

---

46   하늘의 조화이자 대자연의 작용.
47   제멋대로 행하고 그침.

나로 육근을 동작하는 바가 모두 죄고罪苦[48]로 화化하여 전정 고해前程苦
海[49]가 한이 없을 것이요, 이치의 대소 유무를 모르고 산다면 우연히 돌아
오는 고락의 원인을 모를 것이며, 생각이 단촉하고 마음이 편협하여 생·
로·병·사와 인과 보응의 이치를 모를 것이며, 사실과 허위를 분간하지 못
하여 항상 허망하고 요행한 데 떨어져, 결국은 패가 망신의 지경에 이르게
될지니, 우리는 천조의 난측한 이치와 인간의 다단한 일을 미리 연구하였
다가 실생활에 다달아 밝게 분석하고 빠르게 판단하여 알자는 것이니라.

3. 사리 연구의 결과

우리가 사리 연구 공부를 오래오래 계속하면, 천만 사리를 분석하고 판
단하는 데 걸림 없이 아는 지혜의 힘이 생겨 결국 연구력을 얻을 것이니라.

제3절 작업 취사作業取捨

1. 작업 취사의 요지

작업이라 함은 무슨 일에나 안·이·비·설·신·의眼耳鼻舌身意 육근을 작
용함을 이름이요, 취사라 함은 정의正義는 취하고 불의는 버림을 이름이니
라.

2. 작업 취사의 목적

정신을 수양하여 수양력을 얻었고 사리를 연구하여 연구력을 얻었다 하
더라도, 실제 일을 작용하는 데 있어 실행을 하지 못하면 수양과 연구가 수
포에 돌아갈 뿐이요 실효과를 얻기가 어렵나니, 예를 들면 줄기와 가지와
꽃과 잎은 좋은 나무에 결실이 없는 것과 같다 할 것이니라.

---

48   죄를 지음으로써 받게 되는 괴로움.
49   그 사람의 앞날에 괴로움이 가득할 것이라는 뜻.

대범, 우리 인류가 선善이 좋은 줄은 알되 선을 행하지 못하며, 악이 그른 줄은 알되 악을 끊지 못하여 평탄한 낙원을 버리고 험악한 고해로 들어가는 까닭은 그 무엇인가. 그것은 일에 당하여 시비를 몰라서 실행이 없거나, 설사 시비는 안다 할지라도 불같이 일어나는 욕심을 제어하지 못하거나, 철석같이 굳은 습관에 끌리거나 하여 악은 버리고 선은 취하는 실행이 없는 까닭이니, 우리는 정의어든 기어이 취하고 불의어든 기어이 버리는 실행 공부를 하여, 싫어하는 고해는 피하고 바라는 낙원을 맞아 오자는 것이니라.

3. 작업 취사의 결과

우리가 작업 취사 공부를 오래오래 계속하면, 모든 일을 응용할 때에 정의는 용맹 있게 취하고, 불의는 용맹 있게 버리는 실행의 힘을 얻어 결국 취사력을 얻을 것이니라.

제5장 팔조八條

제1절 진행 사조進行四條[50]

1. 신信

신이라 함은 믿음을 이름이니, 만사를 이루려 할 때에 마음을 정定하는 원동력原動力이니라.

---

50 삼학 공부를 추진하는 힘이자 만사를 이루게 하는 원동력이 되는 네가지 조목을 말하며, 사연 사조(捨捐四條)는 그 반대다.

2. 분念

분이라 함은 용장勇壯한 전진심을 이름이니, 만사를 이루려 할 때에 권면하고 촉진하는 원동력이니라.

3. 의疑

의라 함은 일과 이치에 모르는 것을 발견하여 알고자 함을 이름이니, 만사를 이루려 할 때에 모르는 것을 알아내는 원동력이니라.

4. 성誠

성이라 함은 간단間斷 없는 마음을 이름이니, 만사를 이루려 할 때에 그 목적을 달하게 하는 원동력이니라.

제2절 사연 사조捨捐四條

1. 불신不信

불신이라 함은 신의 반대로 믿지 아니함을 이름이니, 만사를 이루려 할 때에 결정을 얻지 못하게 하는 것이니라.

2. 탐욕貪慾

탐욕이라 함은 모든 일을 상도常道에 벗어나서 과히 취함을 이름이니라.

3. 나懶

나라 함은 만사를 이루려 할 때에 하기 싫어함을 이름이니라.

4. 우愚

우라 함은 대소 유무와 시비 이해를 전연 알지 못하고 자행 자지함을 이름이니라.

제6장 인생의 요도와 공부의 요도人生-要道 工夫-要道

사은·사요는 인생의 요도要道요, 삼학·팔조는 공부의 요도인바, 인생의 요도는 공부의 요도가 아니면 사람이 능히 그 길을 밟지 못할 것이요, 공부의 요도는 인생의 요도가 아니면 사람이 능히 그 공부한 효력을 다 발휘하지 못할지라, 이에 한 예를 들어 그 관계를 말한다면, 공부의 요도는 의사가 환자를 치료하는 의술과 같고, 인생의 요도는 환자를 치료하는 약재와 같나니라.

제7장 사대 강령四大綱領[51]

사대 강령은 곧 정각 정행正覺正行·지은 보은知恩報恩·불법 활용佛法活用·무아 봉공無我奉公이니,

정각 정행은 일원의 진리 곧 불조佛祖 정전正傳의 심인을 오득悟得하여 그 진리를 체받아서 안·이·비·설·신·의 육근을 작용할 때에 불편 불의不偏不倚[52]하고 과불급過不及이 없는 원만행을 하자는 것이며,

지은 보은은 우리가 천지와 부모와 동포와 법률에서 은혜 입은 내역을 깊이 느끼고 알아서 그 피은의 도를 체받아 보은행을 하는 동시에, 원망할 일이 있더라도 먼저 모든 은혜의 소종래所從來[53]를 발견하여 원망할 일을

---

51   원불교 교리의 핵심 줄거리이자, 교리에 근거한 교단의 네가지 목표.
52   한편에 치우치지 않고 의존하지도 않음.
53   지내온 근본 내력.

감사함으로써 그 은혜를 보답하자는 것이며,

불법 활용은 재래와 같이 불제자로서 불법에 끌려 세상일을 못할 것이 아니라 불제자가 됨으로써 세상일을 더 잘하자는 것이니, 다시 말하면 불제자가 됨으로써 세상에 무용한 사람이 될 것이 아니라 그 불법을 활용함으로써 개인·가정·사회·국가에 도움을 주는 유용한 사람이 되자는 것이며,

무아 봉공은 개인이나 자기 가족만을 위하려는 사상과 자유 방종하는 행동을 버리고, 오직 이타적 대승행으로써 일체 중생을 제도하는 데 성심 성의를 다 하자는 것이니라.

제3 수행편修行編

제1장 일상 수행의 요법日常修行-要法

1. 심지心地¹는 원래 요란함이 없건마는 경계²를 따라 있어지나니, 그 요란함을 없게 하는 것으로써 자성自性의 정정定³을 세우자.

2. 심지는 원래 어리석음이 없건마는 경계를 따라 있어지나니, 그 어리석음을 없게 하는 것으로써 자성의 혜慧⁴를 세우자.

3. 심지는 원래 그름이 없건마는 경계를 따라 있어지나니, 그 그름을 없게 하는 것으로써 자성의 계戒⁵를 세우자.

4. 신과 분과 의와 성으로써 불신과 탐욕과 나와 우를 제거하자.

5. 원망 생활을 감사 생활로 돌리자.

6. 타력 생활을 자력 생활로 돌리자.

---

1   마음의 바탕인 자성 또는 성품.
2   몸과 마음을 작용함에 따라 마주하는 모든 심리적·물리적 대상이나 상황.
3   경계를 따라 나타난 그 요란함을 비추어 없애는 자성의 고요함.
4   경계를 따라 나타난 그 어리석함을 비추어 없애는 자성의 밝음.
5   경계를 따라 나타난 그 그름을 비추어 없애는 자성의 바름.

7. 배울 줄 모르는 사람을 잘 배우는 사람으로 돌리자.

8. 가르칠 줄 모르는 사람을 잘 가르치는 사람으로 돌리자.

9. 공익심 없는 사람을 공익심 있는 사람으로 돌리자.

제2장 정기 훈련과 상시 훈련定期訓練-常時訓練

제1절 정기 훈련법定期訓練法

공부인工夫人[6]에게 정기定期로 법의 훈련을 받게 하기 위하여 정기 훈련
과목으로 염불念佛·좌선坐禪·경전經典·강연講演·회화會話·의두疑頭·성리
性理·정기 일기定期日記·상시 일기常時日記·주의注意·조행操行 등의 과목
을 정하였나니, 염불·좌선은 정신 수양 훈련 과목이요, 경전·강연·회화·
의두·성리·정기 일기는 사리 연구 훈련 과목이요, 상시 일기·주의·조행은
작업 취사 훈련 과목이니라.

염불은 우리의 지정한 주문呪文 한 귀〔句〕[7]를 연련連하여 부르게 함이니, 이
는 천지 만엽으로 흩어진 정신을 주문 한 귀에 집주集注하되 천념 만념을
오직 일념으로 만들기 위함이요,

좌선은 기운을 바르게 하고 마음을 지키기 위하여 마음과 기운을 단전
丹田에 주住[8]하되 한 생각이라는 주착도 없이 하여, 오직 원적 무별圓寂無
別[9]한 진경眞境에 그쳐 있도록 함이니, 이는 사람의 순연純然한 근본 정신
을 양성하는 방법이요,

---

6 종교가(또는 도가道家)에 입문하여 신앙과 수행을 해가는 사람.

7 '둘 이상의 단어가 모인 짧은 토막'인 '구'의 옛말.

8 흩어지지 않고 머물러 있게 함.

9 마음이 두렷하고 고요하여 번뇌 망상이 사라진 상태.

경전은 우리의 지정 교서[10]와 참고 경전 등을 이름이니, 이는 공부인으로 하여금 그 공부하는 방향로를 알게 하기 위함이요,

강연은 사리 간에 어떠한 문제를 정하고 그 의지意旨[11]를 해석시킴이니, 이는 공부인으로 하여금 대중의 앞에서 격格을 갖추어 그 지견을 교환하며 혜두慧頭를 단련시키기 위함이요,

회화는 각자의 보고 들은 가운데 스스로 느낀 바를 자유로이 말하게 함이니, 이는 공부인에게 구속 없고 활발하게 의견을 교환하며 혜두를 단련시키기 위함이요,

의두는 대소 유무의 이치와 시비 이해의 일이며 과거 불조의 화두話頭 중에서 의심나는 제목을 연구하여 감정勘定[12]을 얻게 하는 것이니, 이는 연구의 깊은 경지를 밟는 공부인에게 사리 간 명확한 분석을 얻도록 함이요,

성리는 우주 만유의 본래 이치와 우리의 자성 원리를 해결하여 알자 함이요,

정기 일기는 당일의 작업 시간 수와 수입 지출과 심신 작용의 처리건과 감각感覺[13] 감상感想[14]을 기재시킴이요,

상시 일기는 당일의 유무념 처리와 학습 상황과 계문에 범과犯過 유무를 기재시킴이요,

주의는 사람의 육근을 동작할 때에 하기로 한 일과 안 하기로 한 일을 경우에 따라 잊어버리지 아니하고 실행하는 마음을 이름이요,

조행은 사람으로서 사람다운 행실 가짐을 이름이니, 이는 다 공부인으로 하여금 그 공부를 무시로 대조하여 실행에 옮김으로써 공부의 실효과

---

10 원불교 교단에서 지정한 경전으로, 정전·대종경을 비롯하여 세전·정산종사법어·대산종사 법어·불조요경·예전·교사·교헌·성가가 있다.

11 의미와 요지.

12 헤아리고 살펴서 바르게 자리 잡게 함.

13 어떤 일이나 이치의 실상과 원리가 명료하게 드러나 확신하게 되거나, 확실히 깨달아 안 것.

14 어떤 일이나 이치에 관한 진리성 있는 느낌이나 생각.

를 얻게 하기 위함이니라.

제2절 상시 훈련법常時訓練法

공부인에게 상시[15]로 수행을 훈련시키기 위하여 "상시 응용 주의 사항常時應用注意事項" 육조六條와 "교당 내왕 시 주의 사항敎堂來往時注意事項" 육조를 정하였나니라.

1. 상시 응용 주의 사항

1) 응용應用하는 데 온전穩全[16]한 생각으로 취사하기를 주의할 것이요,

2) 응용하기 전에 응용의 형세를 보아 미리 연마하기를 주의할 것이요,

3) 노는 시간[17]이 있고 보면 경전·법규 연습하기를 주의할 것이요,

4) 경전·법규 연습하기를 대강大綱 마친 사람은 의두 연마하기를 주의할 것이요,

5) 석반 후 살림에 대한 일이 있으면 다 마치고 잠자기 전 남은 시간이나 또는 새벽에 정신을 수양하기 위하여 염불과 좌선하기를 주의할 것이요,

6) 모든 일을 처리한 뒤에 그 처리건을 생각하여보되, 하자는 조목과 말자는 조목에 실행이 되었는가 못 되었는가 대조하기를 주의할 것이니라.

2. 교당 내왕 시 주의 사항

1) 상시 응용 주의 사항으로 공부하는 중 어느 때든지 교당에 오고 보면 그 지낸 일을 일일이 문답하는 데 주의할 것이요,

---

15   정기 훈련을 제외한 기간, 즉 평소 생활할 때.

16   마음이 두렷하고 고요하여 분별성과 주착심이 없는 상태.

17   쉼을 통해 심신을 충전하고 활력을 얻는 시간이 아닌, 정신·육신·물질을 허비하거나 무의미하게 보내는 시간.

2) 어떠한 사항에 감각된 일이 있고 보면 그 감각된 바를 보고하여 지도인의 감정 얻기를 주의할 것이요,

3) 어떠한 사항에 특별히 의심나는 일이 있고 보면 그 의심된 바를 제출하여 지도인에게 해오解悟[18] 얻기를 주의할 것이요,

4) 매년 선기禪期[19]에는 선비禪費를 미리 준비하여가지고 선원에 입선하여 전문專門 공부하기를 주의할 것이요,

5) 매 예회例會[20]날에는 모든 일을 미리 처결하여놓고 그날은 교당에 와서 공부에만 전심專心하기를 주의할 것이요,

6) 교당에 다녀갈 때에는 어떠한 감각이 되었는지 어떠한 의심이 밝아졌는지 소득 유무를 반조返照하여 본 후에 반드시 실생활에 활용하기를 주의할 것이니라.

제3절 정기 훈련법과 상시 훈련법의 관계

정기 훈련법과 상시 훈련법의 관계를 말하자면, 정기 훈련법은 정靜할 때 공부로서 수양·연구를 주체 삼아 상시 공부의 자료를 준비하는 공부법이 되며, 상시 훈련법은 동動할 때 공부로서 작업 취사를 주체삼아 정기 공부의 자료를 준비하는 공부법이 되나니, 이 두 훈련법은 서로서로 도움이 되고 바탕이 되어 재세 출세在世出世[21]의 공부인에게 일분 일각一分一刻도 공부를 떠나지 않게 하는 길이 되나니라.

---

18   의심을 풀어 앎.
19   정기 훈련 기간.
20   정기로 열리는 법회.
21   재가와 출가 또는 상시 훈련자와 정기 훈련자.

제3장 염불법念佛法

1. 염불의 요지念佛-要旨

대범, 염불이라 함은 천만가지로 흩어진 정신을 일념으로 만들기 위한
공부법이요, 순역順逆 경계[22]에 흔들리는 마음을 안정시키는 공부법으로
서 염불의 문구인 나무아미타불南無阿彌陀佛은 여기 말로 무량수각無量壽
覺[23]에 귀의한다는 뜻인바, 과거에는 부처님의 신력神力에 의지하여 서방
정토 극락極樂에 나기를 원하며 미타 성호彌陀聖號[24]를 염송하였으나 우리
는 바로 자심自心 미타를 발견하여 자성 극락에 돌아가기를 목적하나니,
우리의 마음은 원래 생멸이 없으므로 곧 무량수라 할 것이요, 그 가운데에
도 또한 소소영령昭昭靈靈[25]하여 매매하지[26] 아니한 바가 있으니 곧 각覺이
라 이것을 자심 미타라고 하는 것이며, 우리의 자성은 원래 청정하여 죄복
이 돈공頓空하고 고뇌가 영멸永滅하였나니, 이것이 곧 여여如如하여 변함이
없는 자성 극락이니라. 그러므로, 염불하는 사람이 먼저 이 이치를 알아서
생멸이 없는 각자의 마음에 근본하고 거래가 없는 한 생각을 대중[27]하여,
천만가지로 흩어지는 정신을 오직 미타 일념에 그치며 순역 경계에 흔들
리는 마음을 무위 안락의 지경에 돌아오게 하는 것이 곧 참다운 염불의 공
부니라.

---

22 순경과 역경이라는 뜻으로, 순경은 순조롭고 편안한 경계를, 역경은 어렵고 불편한 경계를
    말함.
23 생멸 없는 가운데 신령하게 깨어 있는 각자의 본래 마음.
24 아미타불의 성스러운 호칭.
25 지극히 밝고 성스러움.
26 어두워짐 또는 어리석음.
27 깨어 있는 가운데 법의 중심(표준)을 잃지 않는 마음. 또는 방심을 경계한 정념(正念).

2. 염불의 방법

염불의 방법은 극히 간단하고 편이하여 누구든지 가히 할 수 있나니,

1) 염불을 할 때는 항상 자세를 바르게 하고 기운을 안정하며, 또는 몸을 흔들거나 경동輕動하지 말라.

2) 음성은 너무 크게도 말고 너무 작게도 말아서 오직 기운에 적당하게 하라.

3) 정신을 오로지 염불 일성에 집주하되, 염불 귀절을 따라 그 일념을 챙겨서 일념과 음성이 같이 연속하게 하라.

4) 염불을 할 때에는 천만 생각을 다 놓아버리고 오직 한가한 마음과 무위의 심경을 가질 것이며, 또는 마음 가운데에 외불外佛을 구하여 미타 색상彌陀色相[28]을 상상하거나 극락 장엄을 그려내는 등 다른 생각은 하지 말라.

5) 마음을 붙잡는 데에는 염주를 세는 것도 좋고 목탁이나 북을 쳐서 그 운곡韻曲[29]을 맞추는 것도 또한 필요하니라.

6) 무슨 일을 할 때에나 기타 행·주·좌·와 간에 다른 잡념이 마음을 괴롭게 하거든 염불로써 그 잡념을 대치對治[30]함이 좋으나, 만일 염불이 도리어 일하는 정신에 통일이 되지 못할 때에는 이를 중지함이 좋으니라.

7) 염불은 항상 각자의 심성 원래를 반조返照하여 분憤한 일을 당하여도 염불로써 안정시키고, 탐심이 일어나도 염불로써 안정시키고, 순경順境에 끌릴 때에도 염불로써 안정시키고, 역경에 끌릴 때에도 염불로써 안정시킬지니, 염불의 진리를 아는 사람은 염불 일성이 능히 백천 사마百千邪魔를 항복받을 수 있으며, 또는 일념의 대중이 없이 입으로만 하면 별 효과가 없을지나 소리 없는 염불이라도 일념의 대중이 있고 보면 곧 삼매三昧[31]를 증

---

28 아미타불의 모습.

29 음의 높낮이나 길고 짧음을 맞추는 가락.

30 다른 방편으로 다스림. 또는 제거하고 돌리고 길들여감.

31 온갖 경계 속에서도 마음이 산란하지 않고 일심을 이루는 경지 또는 힘.

득증得하리라.

3. 염불의 공덕

염불을 오래하면 자연히 염불 삼매를 얻어 능히 목적하는바 극락을 수용受用할 수 있나니 그 공덕의 조항은 좌선의 공덕과 서로 같나니라.

그러나, 염불과 좌선이 한가지 수양 과목으로 서로 표리가 되나니 공부하는 사람이 만일 번뇌가 과중하면 먼저 염불로써 그 산란한 정신을 대치하고 다음에 좌선으로써 그 원적圓寂[32]의 진경에 들게 하는 것이며, 또한 시간에 있어서는 낮이든지 기타 외경外境이 가까운 시간에는 염불이 더 긴요하고, 밤이나 새벽이든지 기타 외경이 먼 시간에는 좌선이 더 긴요하나니, 공부하는 사람이 항상 당시의 환경을 관찰하고 각자의 심경을 대조하여 염불과 좌선을 때에 맞게 잘 운용하면 그 공부가 서로 연속되어 쉽게 큰 정력定力을 얻게 되리라.

제4장 좌선법坐禪法

1. 좌선의 요지坐禪-要旨

대범, 좌선이라 함은 마음에 있어 망념妄念을 쉬고 진성眞性을 나타내는 공부이며, 몸에 있어 화기를 내리게 하고 수기를 오르게 하는 방법이니, 망념이 쉰즉 수기가 오르고 수기가 오른즉 망념이 쉬어서 몸과 마음이 한결같으며 정신과 기운이 상쾌하리라.

그러나, 만일 망념이 쉬지 아니한즉 불 기운이 항상 위로 올라서 온몸의 수기를 태우고 정신의 광명을 덮을지니, 사람의 몸 운전하는 것이 마

32　마음이 두렷하고(圓) 고요하여(寂) 분별성과 주착심이 없는 경지를 뜻함.

치 저 기계와 같아서 수화의 기운이 아니고는 도저히 한 손가락도 움직이지 못할 것인바, 사람의 육근 기관이 모두 머리에 있으므로 볼 때나 들을 때나 생각할 때에 그 육근을 운전해 쓰면 온몸의 화기가 자연히 머리로 집중되어 온몸의 수기를 조리고 태우는 것이 마치 저 등불을 켜면 기름이 닳는 것과 같나니라. 그러므로, 우리가 노심 초사를 하여 무엇을 오래 생각한다든지, 또는 안력을 써서 무엇을 세밀히 본다든지, 또는 소리를 높여 무슨 말을 힘써 한다든지 하면 반드시 얼굴이 붉어지고 입 속에 침이 마르나니 이것이 곧 화기가 위로 오르는 현상이라, 부득이 당연한 일에 육근의 기관을 운용하는 것도 오히려 존절히 하려든, 하물며 쓸데없는 망념을 끄리어[33] 두뇌의 등불을 주야로 계속하리요. 그러므로, 좌선은 이 모든 망념을 제거하고 진여眞如의 본성을 나타내며, 일체의 화기를 내리게 하고 청정한 수기를 불어내기 위한 공부니라.

2. 좌선의 방법

좌선의 방법은 극히 간단하고 편이하여 아무라도 행할 수 있나니,

1) 좌복을 펴고 반좌盤坐[34]로 편안히 앉은 후에 머리와 허리를 곧게 하여 앉은 자세를 바르게 하라.

2) 전신의 힘을 단전에 툭 부리어[35] 일념의 주착도 없이 다만 단전에 기운 주住해 있는 것만 대중 잡되, 방심이 되면 그 기운이 풀어지나니 곧 다시 챙겨서 기운 주하기를 잊지 말라.

3) 호흡을 고르게 하되 들이쉬는 숨은 조금 길고 강하게 하며, 내쉬는 숨은 조금 짧고 약하게 하라.

---

33 어떤 일이나 생각 등을 끝내지 못하고 붙잡고 있다는 뜻.
34 소반처럼 평평하게 놓이도록 반반하고 안정되게 앉는 자세.
35 온몸의 긴장(힘)을 단전에 내려놓으라는 뜻으로, 전신의 긴장을 풀어 편안한 자세로 단전에 마음과 기운을 집중하는 단전주의 예비 단계.

4) 눈은 항상 뜨는 것이 수마睡魔를 제거하는 데 필요하나 정신 기운이 상쾌하여 눈을 감아도 수마의 침노를 받을 염려가 없는 때에는 혹 감고도 하여보라.

5) 입은 항상 다물지며 공부를 오래하여 수승 화강水昇火降이 잘 되면 맑고 윤활한 침이 혀 줄기와 이 사이로부터 계속하여 나올지니, 그 침을 입에 가득히 모아 가끔 삼켜내리라.

6) 정신은 항상 적적寂寂한 가운데 성성惺惺함을 가지고 성성한 가운데 적적함을 가질지니, 만일 혼침에 기울어지거든 새로운 정신을 차리고 망상에 흐르거든 정념正念으로 돌이켜서 무위 자연의 본래 면목 자리에 그쳐 있으라.

7) 처음으로 좌선을 하는 사람은 흔히 다리가 아프고 망상이 침노하는 데에 괴로워하나니, 다리가 아프면 잠깐 바꾸어놓는 것도 좋으며, 망념이 침노하면 다만 망념인 줄만 알아두면 망념이 스스로 없어지나니 절대로 그것을 성가시게 여기지 말며 낙망하지 말라.

8) 처음으로 좌선을 하면 얼굴과 몸이 개미 기어다니는 것과 같이 가려워지는 수가 혹 있나니, 이것은 혈맥血脈[36]이 관통되는 증거라 삼가 긁고 만지지 말라.

9) 좌선을 하는 가운데 절대로 이상한 기틀과 신기한 자취를 구하지 말며, 혹 그러한 경계가 나타난다 할지라도 그것을 다 요망한 일로 생각하여 조금도 마음에 걸지 말고 심상尋常히 간과看過하라.

이상과 같이, 오래오래 계속하면 필경 물아物我의 구분을 잊고 시간과 처소를 잊고 오직 원적 무별한 진경에 그쳐서 다시 없는 심락心樂을 누리게 되리라.

---

36 피가 도는 줄기, 즉 혈관.

3. 좌선의 공덕

좌선을 오래 하여 그 힘을 얻고 보면 아래와 같은 열가지 이익이 있나니,

1) 경거 망동하는 일이 차차 없어지는 것이요,

2) 육근 동작에 순서를 얻는 것이요,

3) 병고가 감소되고 얼굴이 윤활하여지는 것이요,

4) 기억력이 좋아지는 것이요,

5) 인내력이 생겨나는 것이요,

6) 착심이 없어지는 것이요,

7) 사심邪心이 정심正心으로 변하는 것이요,

8) 자성의 혜광慧光이 나타나는 것이요,

9) 극락을 수용하는 것이요,

10) 생사에 자유를 얻는 것이니라.

4. 단전주丹田住의 필요

대범, 좌선이라 함은 마음을 일경一境에 주住하여 모든 생각을 제거함이 예로부터의 통례이니, 그러므로 각각 그 주장과 방편을 따라 그 주하는 법이 실로 많으나, 마음을 머리나 외경에 주한즉 생각이 동하고 기운이 올라 안정이 잘 되지 아니하고, 마음을 단전에 주한즉 생각이 잘 동하지 아니하고 기운도 잘 내리게 되어 안정을 쉽게 얻나니라.

또한, 이 단전주는 좌선에만 긴요할 뿐 아니라 위생상[37]으로도 극히 긴요한 법이라, 마음을 단전에 주하고 옥지玉池[38]에서 나는 물을 많이 삼켜 내리면 수화가 잘 조화되어 몸에 병고가 감소되고 얼굴이 윤활해지며 원

---

37 육체의 건강상.

38 혀 아래 맑은 침이 나오는 곳.

기가 충실해지고 심단心丹39이 되어 능히 수명을 안보하나니, 이 법은 선정 禪定상으로나 위생상으로나 실로 일거 양득하는 법이니라.

간화선看話禪40을 주장하는 측에서는 혹 이 단전주법을 무기無記41의 사 선死禪에 빠진다 하여 비난을 하기도 하나 간화선은 사람을 따라 임시의 방편은 될지언정 일반적으로 시키기는 어려운 일이니, 만일 화두話頭만 오 래 계속하면 기운이 올라 병을 얻기가 쉽고 또한 화두에 근본적으로 의심 이 걸리지 않는 사람은 선에 취미를 잘 얻지 못하나니라. 그러므로, 우리는 좌선하는 시간과 의두 연마하는 시간을 각각 정하고, 선을 할 때에는 선을 하고 연구를 할 때에는 연구를 하여 정定과 혜慧를 쌍전시키나니, 이와 같 이 하면 공적空寂에 빠지지도 아니하고 분별에 떨어지지도 아니하여 능히 동정動靜 없는 진여성眞如性을 체득할 수 있나니라.

제5장 의두 요목疑頭要目

1. 세존世尊이 도솔천을 떠나지 아니하시고 이미 왕궁가에 내리시며, 모 태 중에서 중생 제도하기를 마치셨다 하니 그것이 무슨 뜻인가.

2. 세존이 탄생하사 천상 천하에 유아 독존唯我獨尊이라 하셨다 하니 그 것이 무슨 뜻인가.

3. 세존이 영산 회상에서 꽃을 들어 대중에게 보이시니 대중이 다 묵연 하되 오직 가섭 존자迦葉尊者42만이 얼굴에 미소를 띠거늘, 세존이 이르시 되 내게 있는 정법 안장正法眼藏을 마하 가섭에게 부치노라 하셨다 하니 그

---

39 한결같은 수양 공부의 결과로 이루어진 조출하고 오롯한 마음의 뭉침.
40 화두를 사용하여 진리를 깨닫고자 하는 선.
41 정신이 흐릿하거나 멍한 상태.
42 석가모니 불의 10대 제자 중 하나인 마하가섭의 존칭.

것이 무슨 뜻인가.

4. 세존이 열반涅槃에 드실 때에 내가 녹야원鹿野苑으로부터 발제하跋提
河에 이르기까지 이 중간에 일찍이 한 법도 설한 바가 없노라 하셨다 하니
그것이 무슨 뜻인가.

5. 만법이 하나에 돌아갔다 하니 하나 그것은 어디로 돌아갈 것인가.

6. 만법으로 더불어 짝하지 않은 것이 그 무엇인가.

7. 만법을 통하여다가 한 마음을 밝히라 하였으니 그것이 무슨 뜻인가.

8. 옛 부처님이 나시기 전에 응연凝然히 한 상相이 둥글었다 하였으니 그
것이 무슨 뜻인가.

9. 부모에게 몸을 받기 전 몸은 그 어떠한 몸인가.

10. 사람이 깊이 잠들어 꿈도 없는 때에는 그 아는 영지靈知가 어느 곳에
있는가.

11. 일체가 다 마음의 짓는 바라 하였으니 그것이 무슨 뜻인가.

12. 마음이 곧 부처라 하였으니 그것이 무슨 뜻인가.

13. 중생의 윤회되는 것과 모든 부처님의 해탈하는 것은 그 원인이 어디
있는가.

14. 잘 수행하는 사람은 자성을 떠나지 않는다 하니 어떠한 것이 자성을
떠나지 않는 공부인가.

15. 마음과 성품과 이치와 기운의 동일한 점은 어떠하며 구분된 내역은
또한 어떠한가.

16. 우주 만물이 비롯이 있고 끝이 있는가 비롯이 없고 끝이 없는가.

17. 만물의 인과 보복되는 것이 현생 일은 서로 알고 실행되려니와 후생
일은 숙명宿命이 이미 매매昧하여서 피차가 서로 알지 못하거니 어떻게 보복
이 되는가.

18. 천지는 앎이 없으되 안다 하니 그것이 무슨 뜻인가.

19. 열반을 얻은 사람은 그 영지가 이미 법신에 합하였는데, 어찌하여 다

시 개령個靈⁴³으로 나누어지며, 전신前身 후신後身⁴⁴의 표준이 있게 되는가.

20. 나에게 한권의 경전이 있으니 지묵으로 된 것이 아니라, 한 글자도 없으나 항상 광명을 나툰다⁴⁵ 하였으니 그것이 무슨 뜻인가.

제6장 일기법日記法

1. 일기법의 대요

재가·출가와 유무식을 막론하고 당일의 유무념 처리와 학습 상황과 계문에 범과 유무를 반성하기 위하여 상시 일기법을 제정하였으며, 학원이나 선원⁴⁶에서 훈련을 받는 공부인에게 당일 내 작업한 시간 수와 당일의 수입·지출과 심신 작용의 처리건과 감각感覺·감상感想을 기재시키기 위하여 정기 일기법을 제정하였나니라.

2. 상시 일기법

1) 유념·무념은 모든 일을 당하여 유념으로 처리한 것과 무념으로 처리한 번수番數를 조사 기재하되, 하자는 조목과 말자는 조목에 취사하는 주의심注意心을 가지고 한 것은 유념이라 하고, 취사하는 주의심이 없이 한 것은 무념이라 하나니, 처음에는 일이 잘 되었든지 못 되었든지 취사하는 주의심을 놓고 안 놓은 것으로 번수를 계산하나, 공부가 깊어가면 일이 잘

---

43 개인이나 개체의 영혼, 또는 대령(大靈)에 합해 있던 마음이 동하여 분별이 나타난 상태를 말한다. 이때의 개령은 불멸의 영혼과 같은 유아(有我)적 실체가 아니라, 무아(無我)이면서 개체적으로 작용하는 영혼이라고 할 수 있다. 대령과 개령에 관해서는 『정산종사법어』 원리편 15 참조.
44 전생의 몸과 후생의 몸.
45 드러내 보인다는 뜻.
46 '학원'은 학교나 교육기관을, '선원'은 전문적으로 법의 훈련을 받는 훈련원을 말함.

되고 못된 것으로 번수를 계산하는 것이요,

2) 학습 상황 중 수양과 연구의 각 과목은 그 시간 수를 계산하여 기재하며, 예회와 입선入禪은 참석 여부를 대조 기재하는 것이요,

3) 계문은 범과 유무를 대조 기재하되 범과가 있을 때에는 해당 조목에 범한 번수를 기재하는 것이요,

4) 문자와 서식에 능하지 못한 사람을 위하여는 따로이 태조사太調查 법을 두어 유념 무념만을 대조하게 하나니, 취사하는 주의심을 가지고 한 것은 흰 콩으로 하고 취사하는 주의심이 없이 한 것은 검은 콩으로 하여, 유념·무념의 번수를 계산하게 하는 것이니라.

3. 정기 일기법

1) 당일의 작업 시간 수를 기재시키는 뜻은 주야 24시간 동안 가치 있게 보낸 시간과 허망하게 보낸 시간을 대조하여, 허송한 시간이 있고 보면 뒷날에는 그렇지 않도록 주의하여 잠시라도 쓸데없는 시간을 보내지 말자는 것이요,

2) 당일의 수입·지출을 기재시키는 뜻은 수입이 없으면 수입의 방도를 준비하여 부지런히 수입을 장만하도록 하며 지출이 많을 때에는 될 수 있는 대로 지출을 줄여서 빈곤을 방지하고 안락을 얻게 함이며, 설사 유족裕足한 사람이라도 놀고 먹는 폐풍을 없게 함이요,

3) 심신 작용의 처리건을 기재시키는 뜻은 당일의 시비를 감정하여 죄복의 결산을 알게 하며 시비 이해를 밝혀 모든 일을 작용할 때 취사의 능력을 얻게 함이요,

4) 감각이나 감상을 기재시키는 뜻은 그 대소 유무의 이치가 밝아지는 정도를 대조하게 함이니라.

제7장 무시선법無時禪法

대범, 선禪이라 함은 원래에 분별 주착住着이 없는 각자의 성품을 오득하여 마음의 자유를 얻게 하는 공부인바, 예로부터 큰 도에 뜻을 둔 사람으로서 선을 닦지 아니한 일이 없나니라.

사람이 만일 참다운 선을 닦고자 할진대 먼저 마땅히 진공眞空으로 체를 삼고 묘유妙有로 용을 삼아 밖으로 천만 경계를 대하되 부동함은 태산과 같이 하고, 안으로 마음을 지키되 청정함은 허공과 같이 하여 동動하여도 동하는 바가 없고 정靜하여도 정하는 바가 없이 그 마음을 작용하라. 이같이 한즉, 모든 분별이 항상 정定을 여의지 아니하여 육근을 작용하는 바가 다 공적 영지의 자성에 부합이 될 것이니, 이것이 이른바 대승선大乘禪이요 삼학을 병진하는 공부법이니라.

그러므로, 경經에 이르시되 "응하여도 주住한 바 없이 그 마음을 내라" 하시었나니, 이는 곧 천만 경계 중에서 동하지 않는 행을 닦는 대법이라, 이 법이 심히 어려운 것 같으나 닦는 법만 자상히 알고 보면 괭이를 든 농부도 선을 할 수 있고, 마치[47]를 든 공장工匠도 선을 할 수 있으며, 주판을 든 점원도 선을 할 수 있고, 정사政事를 잡은 관리도 선을 할 수 있으며, 내왕하면서도 선을 할 수 있고, 집에서도 선을 할 수 있나니 어찌 구차히 처소를 택하며 동정을 말하리요.

그러나, 처음으로 선을 닦는 사람은 마음이 마음대로 잘 되지 아니하여 마치 저 소 길들이기와 흡사하나니 잠깐이라도 마음의 고삐를 놓고 보면 곧 도심道心을 상하게 되나니라. 그러므로, 아무리 욕심나는 경계를 대할지라도 끝까지 싸우는 정신을 놓지 아니하고 힘써 행한즉 마음이 차차 조숙調熟[48]되어 마음을 마음대로 하는 지경에 이르나니, 경계를 대할 때마다

---

47   망치를 가리킴.
48   잘 골라지고 능숙함.

공부할 때가 돌아온 것을 염두에 잊지 말고 항상 끌리고 안 끌리는 대중만 잡아갈지니라. 그리하여, 마음을 마음대로 하는 건수가 차차 늘어가는 거동이 있은즉 시시時時로 평소에 심히 좋아하고 싫어하는 경계에 놓아 맡겨보되 만일 마음이 여전히 동하면 이는 도심이 미숙한 것이요, 동하지 아니하면 이는 도심이 익어가는 증거인 줄로 알라. 그러나, 마음이 동하지 아니한다 하여 즉시에 방심은 하지 말라. 이는 심력을 써서 동하지 아니한 것이요, 자연히 동하지 않은 것이 아니니, 놓아도 동하지 아니하여야 길이 잘 든 것이니라.

사람이 만일 오래오래 선을 계속하여 모든 번뇌를 끊고 마음의 자유를 얻은즉, 철주鐵柱의 중심이 되고 석벽의 외면이 되어 부귀 영화도 능히 그 마음을 달래어가지 못하고 무기와 권세로도 능히 그 마음을 굽히지 못하며, 일체 법을 행하되 걸리고 막히는 바가 없고, 진세塵世에 처하되 항상 백천 삼매百千三昧[49]를 얻을지라, 이 지경에 이른즉 진대지盡大地[50]가 일진 법계一眞法界[51]로 화化하여 시비 선악과 염정 제법染淨諸法[52]이 다 제호醍醐의 일미一味를 이루리니 이것이 이른바 불이문不二門이라 생사 자유와 윤회 해탈과 정토 극락이 다 이 문으로부터 나오나니라.

근래에 선을 닦는 무리가 선을 대단히 어렵게 생각하여 처자가 있어도 못할 것이요, 직업을 가져도 못할 것이라 하여, 산중에 들어가 조용히 앉아야만 선을 할 수 있다는 주견을 가진 사람이 많나니, 이것은 제법諸法이 둘 아닌 대법大法[53]을 모르는 연고라, 만일 앉아야만 선을 하는 것일진대 서는 때는 선을 못 하게 될 것이니, 앉아서만 하고 서서 못하는 선은 병든 선

---

49 수백 수천 가지 경계 속에서도 자성을 떠나지 않음.

50 온 세상.

51 한가지 참다운 법계로, 온갖 경계를 대하되 모두 다 성품의 드러남이 되는 경지.

52 더럽고 깨끗함, 옳고 그름, 선과 악 등 모든 법 또는 현상.

53 '제법이 둘 아닌 대법'의 의미는, 참다운 선(무시선)이란 일이 있을 때나 없을 때, 직업이나 가정의 유무 등 어떠한 처지와 상황에서도 능히 행할 수 있는 큰 법이라는 뜻.

이라 어찌 중생을 건지는 대법이 되리요. 뿐만 아니라, 성품의 자체가 한갓 공적空寂에만 그친 것이 아니니, 만일 무정물과 같은 선을 닦을진대 이것은 성품을 단련하는 선공부가 아니요 무용한 병신을 만드는 일이니라. 그러므로, 시끄러운 데 처해도 마음이 요란하지 아니하고 욕심 경계를 대하여도 마음이 동하지 아니하여야 이것이 참 선이요 참 정定이니, 다시 이 무시선의 강령을 들어 말하면 아래와 같나니라.

"육근六根이 무사無事[54]하면 잡념을 제거하고 일심을 양성하며, 육근이 유사하면 불의不義를 제거하고 정의를 양성하라."

제8장 참회문懺悔文

음양 상승陰陽相勝의 도를 따라 선행자善行者는 후일에 상생相生의 과보를 받고 악행자는 후일에 상극相克의 과보를 받는 것이 호리毫釐[55]도 틀림이 없으되, 영원히 참회 개과하는 사람은 능히 상생 상극의 업력을 벗어나서 죄복을 자유로 할 수 있나니, 그러므로 제불 조사가 이구 동음으로 참회문을 열어놓으셨나니라.

대범, 참회라 하는 것은 옛 생활을 버리고 새 생활을 개척하는 초보이며, 악도惡道를 놓고 선도에 들어오는 초문이라, 사람이 과거의 잘못을 참회하여 날로 선도를 행한즉 구업舊業[56]은 점점 사라지고 신업新業은 다시 짓지 아니하여 선도는 날로 가까와지고 악도는 스스로 멀어지나니라. 그러므로, 경에 이르시되 "전심 작악前心作惡은 구름이 해를 가린 것과 같고 후심 기선後心起善은 밝은 불이 어둠을 파함과 같나니라" 하시었나니, 죄는 본

---

54 일이 없을 때. 또는 육근을 작용하되 딱히 시비 이해가 벌어지지 않는 때.
55 아주 조금도.
56 전에 지은 업.

래 마음으로부터 일어난 것이라 마음이 멸함을 따라 반드시 없어질 것이며, 업은 본래 무명無明인지라 자성의 혜광을 따라 반드시 없어지나니, 죄고에 신음하는 사람들이여! 어찌 이 문에 들지 아니하리요.

그러나, 죄업의 근본은 탐·진·치貪瞋痴라 아무리 참회를 한다 할지라도 후일에 또다시 악을 범하고 보면 죄도 또한 멸할 날이 없으며, 또는 악도에 떨어질 중죄를 지은 사람이 일시적 참회로써 약간의 복을 짓는다 할지라도 원래의 탐·진·치를 그대로 두고 보면 복은 복대로 받고 죄는 죄대로 남아 있게 되나니, 비하건대 큰 솥 가운데 끓는 물을 냉冷하게 만들고자 하는 사람이 위에다가 약간의 냉수만 갖다 붓고, 밑에서 타는 불을 그대로 둔즉 불의 힘은 강하고 냉수의 힘은 약하여 어느 때든지 그 물이 냉해지지 아니함과 같나니라.

세상에 전과前過를 뉘우치는 사람은 많으나 후과를 범하지 않는 사람은 적으며, 일시적 참회심으로써 한두가지의 복을 짓는 사람은 있으나 심중心中의 탐·진·치는 그대로 두나니 어찌 죄업이 청정하기를 바라리요.

참회의 방법은 두가지가 있으니, 하나는 사참事懺이요 하나는 이참理懺이라, 사참이라 함은 성심으로 삼보三寶[57] 전에 죄과罪過를 뉘우치며 날로 모든 선을 행함을 이름이요, 이참이라 함은 원래에 죄성罪性[58]이 공空한 자리를 깨쳐 안으로 모든 번뇌 망상을 제거해감을 이름이니 사람이 영원히 죄악을 벗어나고자 할진대 마땅히 이를 쌍수雙修[59]하여 밖으로 모든 선업을 계속 수행하는 동시에 안으로 자신의 탐·진·치를 제거할지니라. 이같이 한즉, 저 솥 가운데 끓는 물을 냉하게 만들고자 하는 사람이 위에다가 냉수도 많이 붓고 밑에서 타는 불도 꺼버림과 같아서 아무리 백천 겁劫에

---

57 세가지 보물이라는 뜻으로, 불(佛, 부처님), 법(法, 부처님의 가르침 또는 진리), 승(僧, 부처님의 가르침을 실천하는 집단)을 말함.
58 죄를 지을 수 있는 요소. 또는 죄업의 본성.
59 함께 닦아나감.

쌓이고 쌓인 죄업일지라도 곧 청정해지나니라.

또는, 공부인이 성심으로 참회 수도修道하여 적적 성성寂寂惺惺한 자성불을 깨쳐 마음의 자유를 얻고 보면, 천업天業[60]을 임의로 하고 생사를 자유로 하여 취할 것도 없고 버릴 것도 없고 미워할 것도 없고 사랑할 것도 없어서, 삼계 육도三界六途가 평등 일미요, 동정 역순이 무비 삼매無非三昧라, 이러한 사람은 천만 죄고罪苦가 더운 물에 얼음 녹듯하여 고도 고가 아니요, 죄도 죄가 아니며, 항상 자성의 혜광이 발하여 진대지盡大地가 이 도량이요, 진대지가 이 정토라 내외 중간에 털끝만한 죄상罪相[61]도 찾아볼 수 없나니, 이것이 이른바 불조佛祖의 참회요, 대승의 참회라 이 지경에 이르러야 가히 죄업을 마쳤다 하리라.

근래에 자칭 도인의 무리가 왕왕이 출현하여 계율과 인과를 중히 알지 아니하고 날로 자행 자지를 행하면서 스스로 이르기를 무애행無碍行이라 하여 불문佛門을 더럽히는 일이 없지 아니하나니, 이것은 자성의 분별 없는 줄만 알고 분별 있는 줄은 모르는 연고라, 어찌 유무 초월의 참 도를 알았다 하리요. 또는, 견성만으로써 공부를 다 한 줄로 알고, 견성 후에는 참회도 소용이 없고 수행도 소용히 없다고 생각하는 사람이 많으나, 비록 견성은 하였다 할지라도 천만 번뇌와 모든 착심이 동시에 소멸되는 것이 아니요 또는 삼대력三大力을 얻어 성불을 하였다 할지라도 정업定業[62]은 능히 면하지 못하는 것이니, 마땅히 이 점에 주의하여 사견邪見에 빠지지 말며 불조의 말씀을 오해하여 죄업을 경輕하게 알지 말지니라.

제9장 심고와 기도心告-祈禱

사람이 출세하여 세상을 살아 가기로 하면 자력自力과 타력이 같이 필요하나니 자력은 타력의 근본이 되고 타력은 자력의 근본이 되나니라. 그러므로, 자신할 만한 타력을 얻은 사람은 나무 뿌리가 땅을 만남과 같은지라, 우리는 자신할 만한 법신불法身佛 사은의 은혜와 위력을 알았으니, 이 원만한 사은으로써 신앙의 근원을 삼고 즐거운 일을 당할 때에는 감사를 올리며, 괴로운 일을 당할 때에는 사죄를 올리고, 결정하기 어려운 일을 당할 때에는 결정될 심고와 혹은 설명 기도63를 올리며, 난경難境을 당할 때에는 순경順境될 심고와 혹은 설명 기도를 올리고, 순경을 당할 때에는 간사하고 망녕妄佞된64 곳으로 가지 않도록 심고와 혹은 설명 기도를 하자는 것이니, 이 심고와 기도의 뜻을 잘 알아서 정성으로써 계속하면 지성至誠이면 감천으로 자연히 사은의 위력을 얻어 원하는 바를 이룰 것이며 낙있는 생활을 하게 될 것이니라.

그러나, 심고와 기도하는 서원에 위반이 되고 보면 도리어 사은의 위력으로써 죄벌이 있나니, 여기에 명심하여 거짓된 심고와 기도를 아니하는 것이 그 본의를 아는 사람이라고 할 것이니라.

심고와 기도를 올릴 때에는 "천지 하감지위下鑑之位,65 부모 하감지위, 동포 응감지위應鑑之位,66 법률 응감지위, 피은자 아무는 법신불 사은 전에 고백하옵나이다" 하고 앞에 말한 범위 안에서 각자의 소회를 따라 심고와

---

63   기원하는 바를 적어 낭독하거나 소리 내어 그 내용을 밝혀 법신불 사은 전에 올리는 기도.
64   허망하고 부질없는. 또는 상황에 맞지 않는.
65   '하감지위'란 위에서 아래를 비춰주고 살펴주는 자리라는 뜻으로, 하감에 대한 감사함과 하감을 간절히 바라는 마음을 동시에 담은 표현이다.
66   '응감지위'란 서로 응하여 살펴주는 자리라는 뜻으로, 응감에 대한 감사함과 응감을 간절히 바라는 마음을 동시에 담은 표현이다.

기도를 하되 상대처가 있는 경우에는 묵상 심고[67]와 실지 기도[68]와 설명 기도를 다 할 수 있고, 상대처가 없는 경우에는 묵상 심고와 설명 기도만 하는 것이니, 묵상 심고는 자기 심중心中으로만 하는 것이요, 실지 기도는 상대처를 따라 직접 당처에 하는 것이요, 설명 기도는 여러 사람이 잘 듣고 감동이 되어 각성이 생기도록 하는 것이니라.

제10장 불공하는 법佛供-法

과거의 불공법과 같이 천지에게 당한 죄복도 불상佛像에게 빌고, 부모에게 당한 죄복도 불상에게 빌고, 동포에게 당한 죄복도 불상에게 빌고, 법률에게 당한 죄복도 불상에게만 빌 것이 아니라, 우주 만유는 곧 법신불의 응화신應化身[69]이니, 당하는 곳마다 부처님[處處佛像]이요, 일일이 불공법[事事佛供]이라, 천지에게 당한 죄복은 천지에게, 부모에게 당한 죄복은 부모에게, 동포에게 당한 죄복은 동포에게, 법률에게 당한 죄복은 법률에게 비는 것이 사실적인 동시에 반드시 성공하는 불공법이 될 것이니라.

또는, 그 기한에 있어서도 과거와 같이 막연히 한정 없이 할 것이 아니라 수만 세상 또는 수천 세상을 하여야 성공될 일도 있고, 수백 세상 또는 수십 세상을 하여야 성공될 일도 있고, 한두 세상 또는 수십 년을 하여야 성공될 일도 있고, 수월 수일 또는 한때만 하여도 성공될 일이 있을 것이니, 그 일의 성질을 따라 적당한 기한으로 불공을 하는 것이 또한 사실적인 동시에 반드시 성공하는 법이 될 것이니라.

---

67 소리를 내지 않고 마음으로 법신불 사은 전에 원하는 바를 고백하는 기도.
68 기원해주어야 할 상대방에게 직접 하는 기도.
69 인연을 따라 나타나는 존재.

제11장 계문戒文

1. 보통급普通級 십계문

1) 연고緣故 없이 살생을 말며,

2) 도둑질을 말며,

3) 간음姦淫을 말며,

4) 연고 없이 술을 마시지 말며,

5) 잡기雜技[70]를 말며,

6) 악한 말을 말며,

7) 연고 없이 쟁투爭鬪를 말며,

8) 공금公金을 범하여 쓰지 말며,

9) 연고 없이 심교간心交間[71] 금전을 여수與受하지 말며,

10) 연고 없이 담배를 피우지 말라.

2. 특신급特信級 십계문

1) 공중사公衆事를 단독히 처리하지 말며,

2) 다른 사람의 과실過失을 말하지 말며,

3) 금은 보패 구하는 데 정신을 뺏기지 말며,

4) 의복을 빛나게 꾸미지 말며,

5) 정당하지 못한 벗을 좇아 놀지 말며,

6) 두 사람이 아울러 말하지 말며,

7) 신용 없지 말며,

8) 비단같이 꾸미는 말을 하지 말며,

9) 연고 없이 때 아닌 때 잠자지 말며,

---

70   생활에 보탬이 되지 않을 뿐만 아니라 저해 요인이 되는 비생산적인 놀이나 재주풀이.

71   진실한 마음을 나누는 사이.

10) 예禮 아닌 노래 부르고 춤추는 자리에 좇아 놀지 말라.

3. 법마 상전급法魔相戰級 십계문

1) 아만심我慢心을 내지 말며,

2) 두 아내를 거느리지 말며,

3) 연고 없이 사육四肉[72]을 먹지 말며,

4) 나태懶怠하지 말며,

5) 한 입으로 두 말 하지 말며,

6) 망녕妄佞된 말을 하지 말며,

7) 시기심猜忌心을 내지 말며,

8) 탐심貪心을 내지 말며,

9) 진심瞋心을 내지 말며,

10) 치심痴心을 내지 말라.

제12장 솔성요론率性要論

1. 사람만 믿지 말고 그 법을 믿을 것이요,

2. 열 사람의 법을 응하여 제일 좋은 법으로 믿을 것이요,

3. 사생四生 중 사람이 된 이상에는 배우기를 좋아할 것이요,

4. 지식 있는 사람이 지식이 있다 함으로써 그 배움을 놓지 말 것이요,

5. 주색 낭유酒色浪遊하지 말고 그 시간에 진리를 연구할 것이요,

6. 한 편에 착着하지 아니할 것이요,

7. 모든 사물을 접응할 때에 공경심을 놓지 말고, 탐한 욕심이 나거든 사

---

72 네 발 달린 짐승 고기.

자와 같이 무서워할 것이요,

8. 일일 시시日日時時로 자기가 자기를 가르칠 것이요,

9. 무슨 일이든지 잘못된 일이 있고 보면 남을 원망하지 말고 자기를 살필 것이요,

10. 다른 사람의 그릇된 일을 견문하여 자기의 그름은 깨칠지언정 그 그름을 드러내지 말 것이요,

11. 다른 사람의 잘된 일을 견문하여 세상에다 포양襃揚하며 그 잘된 일을 잊어버리지 말 것이요,

12. 정당한 일이거든 내 일을 생각하여 남의 세정細情을 알아줄 것이요,

13. 정당한 일이거든 아무리 하기 싫어도 죽기로써 할 것이요,

14. 부당한 일이거든 아무리 하고 싶어도 죽기로써 아니할 것이요,

15. 다른 사람의 원願 없는 데에는 무슨 일이든지 권하지 말고 자기 할 일만 할 것이요,

16. 어떠한 원을 발하여 그 원을 이루고자 하거든 보고 듣는 대로 원하는 데에 대조하여 연마할 것이니라.

제13장 최초법어最初法語

1. 수신修身의 요법

1) 시대를 따라 학업에 종사하여 모든 학문을 준비할 것이요,

2) 정신을 수양하여 분수 지키는 데 안정을 얻을 것이며, 희·로·애·락의 경우를 당하여도 정의正義를 잃지 아니할 것이요,

3) 일과 이치를 연구하여 허위와 사실을 분석하며 시비와 이해를 바르게 판단할 것이요,

4) 응용할 때에 취사하는 주의심을 놓지 아니하고 지행知行을 같이 할

것이니라.

2. 제가齊家의 요법

1) 실업實業과 의·식·주를 완전히 하고 매일 수입 지출을 대조하여 근검 저축하기를 주장할 것이요,

2) 호주戶主는 견문과 학업을 잊어버리지 아니하며, 자녀의 교육을 잊어 버리지 아니하며, 상봉 하솔의 책임을 잊어버리지 아니할 것이요,

3) 가권家眷이 서로 화목하며, 의견 교환하기를 주장할 것이요,

4) 내면으로 심리心理 밝혀주는 도덕의 사우師友가 있으며, 외면으로 규칙 밝혀주는 정치에 복종하여야 할 것이요,

5) 과거와 현재의 모든 가정이 어떠한 희망과 어떠한 방법으로 안락한 가정이 되었으며, 실패한 가정이 되었는가 참조하기를 주의할 것이니라.

3. 강자·약자의 진화進化상 요법

1) 강·약의 대지大旨를 들어 말하면 무슨 일을 물론하고 이기는 것은 강이요, 지는 것은 약이라, 강자는 약자로 인하여 강의 목적을 달하고 약자는 강자로 인하여 강을 얻는 고로 서로 의지하고 서로 바탕하여 친 불친이 있나니라.

2) 강자는 약자에게 강을 베풀 때에 자리 이타법을 써서 약자를 강자로 진화시키는 것이 영원한 강자가 되는 길이요, 약자는 강자를 선도자로 삼고 어떠한 천신 만고가 있다 하여도 약자의 자리에서 강자의 자리에 이르기까지 진보하여가는 것이 다시 없는 강자가 되는 길이니라. 강자가 강자 노릇을 할 때에 어찌하면 이 강이 영원한 강이 되고 어찌하면 이 강이 변하여 약이 되는 것인지 생각 없이 다만 자리 타해自利他害에만 그치고 보면 아무리 강자라도 약자가 되고 마는 것이요, 약자는 강자 되기 전에 어찌하면 약자가 변하여 강자가 되고 어찌하면 강자가 변하여 약자가 되는 것인

지 생각 없이 다만 강자를 대항하기로만 하고 약자가 강자로 진화되는 이치를 찾지 못한다면 또한 영원한 약자가 되고 말 것이니라.

4. 지도인으로서 준비할 요법

1) 지도 받는 사람 이상의 지식을 가질 것이요,

2) 지도 받는 사람에게 신용을 잃지 말 것이요,

3) 지도 받는 사람에게 사리私利를 취하지 말 것이요,

4) 일을 당할 때마다 지행을 대조할 것이니라.

제14장 고락에 대한 법문

1. 고락苦樂의 설명

대범, 사람이 세상에 나면 싫어하는 것과 좋아하는 것 두가지가 있으니, 하나는 괴로운 고요 둘은 즐거운 낙이라, 고에도 우연한 고가 있고 사람이 지어서 받는 고가 있으며, 낙에도 우연한 낙이 있고 사람이 지어서 받는 낙이 있는바, 고는 사람 사람이 다 싫어하고 낙은 사람 사람이 다 좋아하나니라. 그러나, 고락의 원인을 생각하여보는 사람은 적은지라, 이 고가 영원한 고가 되는지 고가 변하여 낙이 되는지 낙이라도 영원한 낙이 되는지 낙이 변하여 고가 되는지 생각 없이 살지마는 우리는 정당한 고락과 부정당한 고락을 자상히 알아서 정당한 고락으로 무궁한 세월을 한결같이 지내며, 부정당한 고락은 영원히 오지 아니하도록 행·주·좌·와·어·묵·동·정간에 응용하는 데 온전한 생각으로 취사하기를 주의할 것이니라.

2. 낙을 버리고 고로 들어가는 원인

1) 고락의 근원을 알지 못함이요,

2) 가령 안다 할지라도 실행이 없는 연고요,

3) 보는 대로 듣는 대로 생각나는 대로 자행 자지로 육신과 정신을 아무 예산 없이 양성하여 철석같이 굳은 연고요,

4) 육신과 정신을 법으로 질박아서[73] 나쁜 습관을 제거하고 정당한 법으로 단련하여 기질 변화가 분명히 되기까지 공부를 완전히 아니한 연고요,

5) 응용하는 가운데 수고 없이 속히 하고자 함이니라.

제15장 병든 사회와 그 치료법

사람도 병이 들어 낫지 못하면 불구자가 되든지 혹은 폐인이 되든지 혹은 죽기까지도 하는 것과 같이, 한 사회도 병이 들었으나 그 지도자가 병든 줄을 알지 못한다든지 설사 안다 할지라도 치료의 성의가 없다든지 하여 그 시일이 오래되고 보면 그 사회는 불완전한 사회가 될 것이며, 혹은 부패한 사회가 될 수도 있으며, 혹은 파멸의 사회가 될 수도 있나니, 한 사회가 병들어가는 증거를 대강 들어 말하자면 각자가 서로 자기 잘못은 알지 못하고 다른 사람의 잘못하는 것만 많이 드러내는 것이며, 또는 부정당한 의뢰 생활을 하는 것이며, 또는 지도 받을 자리에서 정당한 지도를 잘 받지 아니하는 것이며, 또는 지도할 자리에서 정당한 지도로써 교화할 줄을 모르는 것이며, 또는 착한 사람은 찬성하고 악한 사람은 불쌍히 여기며, 이로운 것은 저 사람에게 주고 해로운 것은 내가 가지며, 편안한 것은 저 사람을 주고 괴로운 것은 내가 가지는 등의 공익심이 없는 연고이니, 이 병을 치료하기로 하면 자기의 잘못을 항상 조사할 것이며, 부정당한 의뢰 생활을 하지 말 것이며, 지도 받을 자리에서 정당한 지도를 잘 받을 것이며, 지

---

73   틀에 넣어 똑같이 만듦. 또는 몸과 마음에 완전히 체질화가 되게 함.

도할 자리에서 정당한 지도로써 교화를 잘할 것이며, 자리自利주의를 버리고 이타주의로 나아가면 그 치료가 잘 될 것이며 따라서 그 병이 완쾌되는 동시에 건전하고 평화한 사회가 될 것이니라.

제16장 영육 쌍전 법靈肉雙全法

과거에는 세간世間 생활을 하고 보면 수도인修道人이 아니라 하므로 수도인 가운데 직업 없이 놀고 먹는 폐풍이 치성熾盛하여 개인·가정·사회·국가에 해독이 많이 미쳐왔으나, 이제부터는 묵은 세상을 새 세상으로 건설하게 되므로 새 세상의 종교는 수도와 생활이 둘이 아닌 산 종교라야 할 것이니라. 그러므로, 우리는 제불 조사 정전正傳의 심인心印인 법신불 일원상의 진리와 수양·연구·취사의 삼학으로써 의·식·주를 얻고 의·식·주와 삼학으로써 그 진리를 얻어서 영육을 쌍전하여 개인·가정·사회·국가에 도움이 되게 하자는 것이니라.

제17장 법위등급法位等級

공부인의 수행 정도를 따라 여섯가지 등급의 법위가 있나니 곧 보통급·특신급特信級·법마상전급法魔相戰級·법강항마위法强降魔位·출가위出家位·대각여래위大覺如來位니라.

1. 보통급은 유무식·남녀·노소·선악·귀천을 막론하고 처음으로 불문佛門에 귀의하여 보통급 십계를 받은 사람의 급이요,

2. 특신급은 보통급 십계를 일일이 실행하고, 예비 특신급에 승급하여 특신급 십계를 받아 지키며, 우리의 교리와 법규를 대강大綱 이해하며, 모

든 사업이나 생각이나 신앙이나 정성이 다른 세상에 흐르지 않는 사람의 급이요,

3. 법마상전급은 보통급 십계와 특신급 십계를 일일이 실행하고 예비 법마상전급에 승급하여 법마상전급 십계를 받아 지키며, 법과 마魔를 일일이 분석하고 우리의 경전 해석에 과히 착오가 없으며, 천만 경계 중에서 사심邪心을 제거하는 데 재미를 붙이고 무관사無關事[74]에 동動하지 않으며, 법마상전의 뜻을 알아 법마상전을 하되 인생의 요도와 공부의 요도에 대기사大忌事[75]는 아니하고, 세밀한 일이라도 반수半數 이상 법의 승勝을 얻는 사람의 급이요,

4. 법강항마위는 법마상전급 승급 조항을 일일이 실행하고 예비 법강항마위에 승급하여, 육근을 응용하여 법마상전을 하되 법이 백전 백승하며, 우리 경전의 뜻을 일일이 해석하고 대소 유무의 이치에 걸림이 없으며, 생·로·병·사에 해탈을 얻은 사람의 위요,

5. 출가위는 법강항마위 승급 조항을 일일이 실행하고 예비 출가위에 승급하여, 대소 유무의 이치를 따라 인간의 시비 이해를 건설하며, 현재 모든 종교의 교리를 정통精通하며, 원근 친소와 자타의 국한을 벗어나서 일체 생령을 위하여 천신 만고와 함지 사지를 당하여도 여한이 없는 사람의 위요,

6. 대각여래위는 출가위 승급 조항을 일일이 실행하고 예비 대각여래위에 승급하여, 대자 대비로 일체 생령을 제도하되 만능萬能이 겸비하며, 천만 방편으로 수기 응변隨機應變하여 교화하되 대의大義에 어긋남이 없고 교화 받는 사람으로서 그 방편을 알지 못하게 하며, 동動하여도 분별에 착着이 없고 정靜하여도 분별이 절도에 맞는 사람의 위니라.

---

74 자기 책임 이외의 일. 또는 본래 서원에 어긋나거나 혹 어긋남이 없을지라도 자기 능력으로 할 수 없는 일.

75 크게 꺼리고 경계할 일.

핵심저작

박중빈
『대종경』

『정전』과 『대종경』을 합간한 『원불교교전』(1962)

제1 서품序品

1. 원기圓紀[1] 원년 사월 이십팔일(음 3월 26일)에 대종사大宗師[2] 대각大覺을 이루시고 말씀하시기를 "만유가 한 체성이며 만법이 한 근원이로다. 이 가운데 생멸 없는 도道[3]와 인과 보응되는 이치가 서로 바탕하여 한 두렷한 기틀을 지었도다."

2. 대종사 대각을 이루신 후 모든 종교의 경전을 두루 열람[4]하시다가 『금강경金剛經』을 보시고 말씀하시기를 "석가모니 불釋迦牟尼佛은 진실로 성인들 중의 성인이라" 하시고, 또 말씀하시기를 "내가 스승의 지도 없이 도를 얻었으나 발심한 동기로부터 도 얻은 경로를 돌아본다면 과거 부처님의 행적과 말씀에 부합되는 바 많으므로 나의 연원淵源을 부처님에게 정

---

1 소태산이 대각(大覺)한 1916년을 원년으로 하는 원불교의 기년(紀年).
2 소태산의 존칭이다. 불교계에서는 법 높은 스님에게 일반적으로 붙이지만, 원불교는 교조인 소태산만을 대종사라 부른다.
3 생멸 거래의 변화가 계속되는 가운데, 변함이 없이 항상 그러한 도.
4 소태산이 대각 후 열람한 경전은 불교의 금강경·선요·불교대전·팔상록, 유교의 사서·소학, 선가의 음부경·옥추경, 동학의 동경대전·가사(歌詞), 기독교의 구약·신약이다.

하노라" 하시고, "장차 회상會上을 열 때에도 불법佛法으로 주체를 삼아 완전 무결한 큰 회상을 이 세상에 건설하리라" 하시니라.

3. 대종사 말씀하시기를 "불법은 천하의 큰 도라 참된 성품의 원리를 밝히고 생사의 큰일을 해결하며 인과의 이치를 드러내고 수행의 길을 갖추어서 능히 모든 교법에 뛰어난 바 있나니라."

4. 대종사 당시의 시국을 살펴보시사 그 지도 강령을 표어로써 정하시기를 "물질이 개벽開闢5되니 정신을 개벽하자" 하시니라.

5. 대종사 처음 교화를 시작하신 지 몇 달 만에 믿고 따르는 사람이 사십여 명에 이르는지라 그 가운데 특히 진실하고 신심 굳은 아홉 사람을 먼저 고르시사 회상 창립의 표준 제자로 내정하시고 말씀하시기를 "사람은 만물의 주인이요 만물은 사람의 사용할 바이며, 인도는 인의仁義가 주체요 권모술수는 그 끝이니, 사람의 정신이 능히 만물을 지배하고 인의의 대도가 세상에 서게 되는 것은 이치의 당연함이어늘, 근래에 그 주체가 위位를 잃고 권모술수가 세상에 횡행하여 대도가 크게 어지러운지라, 우리가 이때에 먼저 마음을 모으고 뜻을 합하여 나날이 쇠퇴하여 가는 세도世道 인심을 바로 잡아야 할 것이니, 그대들은 이 뜻을 잘 알아서 영원한 세상에 대 회상 창립의 주인들이 돼라."

6. 대종사 앞으로 시방 세계十方世界 모든 사람을 두루 교화할 십인 일단十人一團의 단6 조직 방법을 제정하시고 말씀하시기를 "이 법은 오직 한 스

---

5   없는 것이 창조되는 기독교의 창조론이나 점진적인 발전과는 다른, 총체적이고 발본적인 문명의 대전환이자 새로운 세상이 크게 열림을 뜻한다.

6   효과적인 교화와 원활한 교단 운영을 위해 만든 조직이다. 일반적으로 단장 1인·중앙 1인·

승의 가르침으로 모든 사람을 고루 훈련할 빠른 방법이니, 몇억만의 많은 수라도 가히 지도할 수 있으나 그 공력은 항상 아홉 사람에게만 드리면 되는 간이한 조직이니라" 하시고, 앞서 고르신 구인 제자로 이 회상 최초의 단을 조직하신 후 "이 단은 곧 시방 세계를 응하여 조직된 것이니 단장團長은 하늘을 응하고 중앙中央은 땅을 응하였으며 팔인 단원團員은 팔방을 응한 것이라, 펴서 말하면 이 단이 곧 시방을 대표하고 거두어 말하면 시방을 곧 한 몸에 합한 이치니라" 하시니, 단장에 대종사, 중앙에 송규宋奎, 단원에 이재철李載喆 이순순李旬旬 김기천金幾千 오창건吳昌建 박세철朴世喆 박동국朴東局 유건劉巾 김광선金光旋이러라.[7]

7. 대종사 회상 창립의 준비로 저축조합貯蓄組合[8]을 설시하시고, 단원들에게 말씀하시기를 "우리가 시작하는 이 사업은 보통 사람이 다 하는 바가 아니며 보통 사람이 다 하지 못하는 바를 하기로 하면 반드시 특별한 인내와 특별한 노력이 있어야 할 것인바 우리의 현재 생활이 모두 가난한 처지에 있는지라 모든 방면으로 특별한 절약과 근로가 아니면 사업의 토대를 세우기 어려운 터이니, 우리는 이 조합의 모든 조항을 지성으로 실행하여 이로써 후진後進[9]에게 창립의 모범을 보여주자" 하시고, 먼저 금주 금연과 보은미報恩米[10] 저축과 공동 출역出役[11]을 하게 하시니라.

단원 8인을 합해 10인으로 구성한다.

7   교단 창립과 발전의 초석을 다진 원불교 최초의 9인 단원으로, 구인선진(九人先進)이라 부른다. 이하 『대종경』에서 '구인(九人)'은 구인선진을 가리킨다.

8   1917년 소태산이 설립한 조합으로, 미신 타파, 허례 폐지, 금주 단연, 근검저축, 공동 출역으로 모은 자금은 교단 설립의 기초를 세우는 데 사용했다.

9   뒤를 이어 계승하는 사람을 말하며, 선진(先進)은 먼저 회상에 들어와 후진을 이끄는 사람이다.

10   은혜 입은 바에 보답하기 위해 모은 쌀로, 교단 초기에는 한 끼에 한 수저씩 쌀을 저축한다는 뜻에서 시미(匙米)라고 했다.

11   공동체 생활하는 대중이 함께하는 작업.

8. 대종사 길룡리吉龍里 간석지干潟地의 방언防堰[12] 일을 시작하사 이를 감역하시며, 제자들에게 말씀하시기를 "지금 구인九人은 본래 일을 아니 하던 사람들이로되 대 회상 창립 시기에 나왔으므로 남다른 고생이 많으나 그 대신 재미도 또한 적지 아니하리라. 무슨 일이든지 남이 다 이루어놓은 뒤에 수고 없이 지키기만 하는 것보다는 내가 고생을 하고 창립을 하여 남의 시조가 되는 것이 의미 깊은 일이니, 우리가 건설할 회상은 과거에도 보지 못하였고 미래에도 보기 어려운 큰 회상이라, 그러한 회상을 건설하자면 그 법을 제정할 때에 도학[13]과 과학이 병진하여 참 문명 세계가 열리게 하며, 동動과 정靜이 골라 맞아서 공부[14]와 사업[15]이 병진되게 하고, 모든 교법을 두루 통합하여 한 덩어리 한 집안을 만들어 서로 넘나들고 화和하게 하여야 하므로, 모든 점에 결함됨이 없이 하려 함에 자연 이렇게 일이 많도다."

9. 단원들이 방언 일을 진행할 때에 이웃 마을의 부호 한 사람이 이를 보고 곧 분쟁을 일으키어 자기도 간석지 개척원開拓願[16]을 관청에 제출한 후 관계 당국에 자주 출입하여 장차 토지 소유권 문제에 걱정되는 바가 적지 아니한지라 단원들이 그를 깊이 미워하거늘, 대종사 말씀하시기를 "공사

---

12 갯벌에 둑을 쌓음을 말한다. 소태산과 제자들은 회상 창립의 정신적·경제적 기초를 세우기 위해 1918년 5월부터 1년여간 간척사업을 펼쳐 2만 6천여평의 농지(수로 제방 포함 3만여 평)를 조성했다. 1919년 9월 16일자로 간석지 일부에 대한 첫 대부 허가(전라남도 국유 미간지 허가대장 제161)를 받았으며, 이 땅을 '정관평(貞觀坪)'이라 부른다.
13 근본적인 도를 밝히고 덕을 닦는 공부.
14 학문을 배워 알고 실천함을 의미하며, 특히 도학공부는 진리를 깨닫고 실행하는 모든 과정의 노력을 말한다.
15 일반적으로는 조직을 경영하는 경제적 활동을 말하는데, 종교인의 사업은 중생을 교화하는 제도사업을 의미한다.
16 개간 허가 및 토지 소유를 위해 제출하는 토지 대부 허가서.

중에 이러한 분쟁이 생긴 것은 하늘이 우리의 정성을 시험하심인 듯하니 그대들은 조금도 이에 끌리지 말고 또는 저 사람을 미워하고 원망하지도 말라. 사필 귀정事必歸正이 이치의 당연함이어니와 혹 우리의 노력한 바가 저 사람의 소유로 된다 할지라도 우리에 있어서는 양심에 부끄러울 바가 없으며, 또는 우리의 본의가 항상 공중公衆을 위하여 활동하기로 한 바인데 비록 처음 계획과 같이 널리 사용되지는 못하나 그 사람도 또한 중인衆人 가운데 한 사람은 되는 것이며, 이 빈궁한 해변 주민들에게 상당한 논이 생기게 되었으니 또한 대중에게 이익을 주는 일도 되지 않는가. 이때에 있어서 그대들은 자타의 관념을 초월하고 오직 공중을 위하는 본의로만 부지런히 힘쓴다면 일은 자연 바른 대로 해결되리라."

10. 하루는 이춘풍李春風이 와서 뵈오니, 대종사 말씀하시기를 "저 사람들이 나를 찾아온 것은 도덕을 배우려 함이어늘, 나는 무슨 뜻으로 도덕은 가르치지 아니하고 이 같이 먼저 언堰을 막으라 하였는지 그 뜻을 알겠는가." 춘풍이 사뢰기를 "저 같은 소견으로 어찌 깊으신 뜻을 다 알으오리까마는 저의 생각에는 두가지 이유가 있는 듯하오니, 첫째는 이 언을 막아서 공부하는 비용을 준비하게 하심이요, 다음은 동심 합력으로 나아가면 이루지 못할 일이 없다는 증거를 보이시기 위함인가 하나이다." 대종사 말씀하시기를 "그대의 말이 대개 옳으나 그 밖에도 나의 뜻을 더 들어보라. 저 사람들이 원래에 공부를 목적하고 온 것이므로 먼저 굳은 신심이 있고 없음을 알아야 할 것이니, 수만년 불고不顧하던 간석지를 개척하여 논을 만들기로 하매 이웃 사람들의 조소를 받으며 겸하여 노동의 경험도 없는 사람들로서 충분히 믿기 어려운 이 일을 할 때에 그것으로 참된 신심이 있고 없음을 알게 될 것이요, 또는 이 한 일의 시始와 종終을 볼 때에 앞으로 모든 사업을 성취할 힘이 있고 없는 것을 알 수 있을 것이요, 또는 소비 절약과 근로 작업으로 자작 자급하는 방법을 보아서 복록福祿[17]이 어디로부터

오는 근본을 알게 될 것이요, 또는 그 괴로운 일을 할 때에 솔성率性하는 법이 골라져서 스스로 괴로움을 이길 만한 힘을 얻을 수 있을 것이니, 이 모든 생각으로 이 일을 착수시켰노라."

11. 방언 일이 준공되니 단원들이 서로 말하기를 "처음 시작할 때에는 평지에 태산을 쌓을 것같이 어려운 생각이 들더니, 이제 이만큼 되고 보니 방언은 오히려 쉬운 일이나 앞으로 도道 이룰 일은 얼마나 어려울꼬" 하는지라, 대종사 들으시고 말씀하시기를 "그대들이 지금은 도 이루는 법을 알지 못하므로 그러한 말을 하거니와, 알고 보면 밥 먹기보다 쉬운 것이니 그 넉넉하고 한가한 심경이 어찌 저 언 막기 같이 어려우리요. 그대들이 이 뜻이 미상하거든 잘 들어두었다가 공부 길을 깨친 뒤에 다시 생각하여보라."

12. 길룡리 옥녀봉玉女峰 아래에 이 회상 최초의 교당[18]을 건축할 때, 대종사 그 상량에 쓰시기를 "사원기일월梭圓機日月 직춘추법려織春秋法呂"[19]라 하시고 또 그 아래에 쓰시기를 "송수만목여춘립松收萬木餘春立 계합천봉세우명溪合千峰細雨鳴"[20]이라 하시니라.

13. 대종사 구인九人 단원에게 말씀하시기를 "지금 물질 문명은 그 세력

---

17 스스로 복을 지어 받게 되는 결과.

18 총 아홉 칸의 초가집이라고 해서 구간도실(九間道室)이라 부른다.

19 "두렷한 기틀에 해와 달이 북질하여/춘·하·추·동의 법률이 짜여져간다." 정산은 '직춘추법려'를 해석하면서 "이 우주에 일월이 왕래하여 사시(四時)가 짜여져간다는 의미와 아울러 그를 본받아 성현이 인간의 법도를 짠다는 의미도 포함되어 있다"(『한 울안 한 이치에』, 일원의 진리 63, 원불교출판사 1982, 60면)라고 말했다. 이하 한문구 해석은 원불교100년기념성업회 『주석 원불교 대종경』, 오광익 해의 『경전산책: 원불교 경전 한문구 해설 1·2』를 주로 참고했다.

20 "소나무는 많은 나무의 남은 봄을 거두어 섰고/시냇물은 일천 봉우리의 가는 비를 합하여 운다."

이 날로 융성하고 물질을 사용하는 사람의 정신은 날로 쇠약하여, 개인·가정·사회·국가가 모두 안정을 얻지 못하고 창생蒼生의 도탄이 장차 한이 없게 될지니, 세상을 구할 뜻을 가진 우리로서 어찌 이를 범연凡然히[21] 생각하고 있으리요. 옛 성현들도 창생을 위하여 지성으로 천지에 기도하여 천의天意를 감동시킨 일이 없지 않나니, 그대들도 이때를 당하여 전일專一한 마음과 지극한 정성으로 모든 사람의 정신이 물질에 끌리지 아니하고 물질을 사용하는 사람이 되어주기를 천지에 기도하여 천의에 감동이 있게 하여볼지어다. 그대들의 마음은 곧 하늘의 마음이라 마음이 한번 전일하여 조금도 사私가 없게 되면 곧 천지로 더불어 그 덕을 합하여 모든 일이 다 그 마음을 따라 성공이 될 것이니, 그대들은 각자의 마음에 능히 천의를 감동시킬 요소가 있음을 알아야 할 것이며, 각자의 몸에 또한 창생을 제도할 책임이 있음을 항상 명심하라" 하시고, 일자와 방위를 지정하시어 일제히 기도를 계속하게 하시니라.[22]

14. 원기 사년 팔월 이십일일(음 7월 26일)에 생사를 초월한 구인 단원의 지극한 정성이 드디어 백지 혈인白指血印의 이적[23]으로 나타남을 보시고, 대종사 말씀하시기를 "그대들의 마음은 천지 신명이 이미 감응하였고 음부 공사陰府公事[24]가 이제 판결이 났으니 우리의 성공은 이로부터 비롯

21 소홀히 또는 안이하게.
22 이 기도를 통해 법계(法界)로부터 창생을 제도할 회상임을 인증(認證) 받았다 하여 법인기도(法認祈禱)라고 부른다. 기도는 1919년 음력 3월 26일부터 동년 10월 6일까지 매월 6일, 16일, 26일에 실시했다. 구인 단원은 10일간 재계하고 기도날 저녁 8시에 옥녀봉 아래 구간도실에 모여 소태산의 지도를 받은 후, 저녁 9시에 각자의 기도 장소로 출발하여 저녁 10시부터 자정까지 기도했다. 기도를 마치면 다시 구간도실에 모여 소태산의 하명을 받은 후 해산했다.
23 9인이 기도터로 떠나기 전 구간도실에 모여, 죽어도 여한이 없다는 '사무여한(死無餘恨)'이 적힌 증서에 인주 없이 지장을 찍어 마지막 결의를 다짐하고 각자의 기도터로 향할 즈음, 그 종이에 혈인(血印)의 흔적이 나타난 사건을 말한다.
24 보이지 않은 세계. 또는 영계(靈界)에서 이루어지는 일.

하였도다. 이제, 그대들의 몸은 곧 시방 세계에 바친 몸이니, 앞으로 모든 일을 진행할 때에 비록 천신 만고와 함지 사지를 당할지라도 오직 오늘의 이 마음을 변하지 말고, 또는 가정 애착과 오욕五欲의 경계를 당할 때에도 오직 오늘 일만 생각한다면 거기에 끌리지 아니할 것인즉, 그 끌림 없는 순일한 생각으로 공부와 사업에 오로지 힘쓰라" 하시고, 법호法號와 법명法名을 주시며 말씀하시기를 "그대들의 전날 이름은 곧 세속의 이름이요 개인의 사사私私 이름이었던바 그 이름을 가진 사람은 이미 죽었고, 이제 세계 공명公名인 새 이름을 주어 다시 살리는 바이니 삼가 받들어 가져서 많은 창생을 제도하라."

15. 대종사 말씀하시기를 "이제는 우리가 배울 바도 부처님의 도덕이요, 후진을 가르칠 바도 부처님의 도덕이니, 그대들은 먼저 이 불법의 대의를 연구해서 그 진리를 깨치는 데에 노력하라. 내가 진작 이 불법의 진리를 알았으나 그대들의 정도가 아직 그 진리 분석에 못 미치는 바가 있고, 또는 불교가 이 나라에서 여러 백년 동안 천대를 받아온 끝이라 누구를 막론하고 불교의 명칭을 가진 데에는 존경하는 뜻이 적게 된지라 열리지 못한 인심에 시대의 존경을 받지 못할까 하여, 짐짓 법의 사정邪正 진위를 물론하고 오직 인심의 정도를 따라 순서 없는 교화로 한갓 발심 신앙[25]에만 주력하여왔거니와, 이제 그 근본적 진리를 발견하고 참다운 공부를 성취하여 일체 중생의 혜·복慧福 두 길을 인도하기로 하면 이 불법으로 주체를 삼아야 할 것이며, 뿐만 아니라 불교는 장차 세계적 주교主教가 될 것이니라. 그러나, 미래의 불법은 재래와 같은 제도의 불법이 아니라 사·농·공·상을 여의지 아니하고, 또는 재가 출가[26]를 막론하고 일반적으로 공부하는 불법이

---

25   정법(正法)에 대한 믿음을 일으키기 위해 일시적으로 시행하는 방편적 신앙을 말한다.

26   재가 교도와 출가 교도의 줄임말로, 교역(教役)에 전무하는 자를 출가라 하고 일반 교도를 재가라 한다.

될 것이며, 부처를 숭배하는 것도 한갓 국한된 불상에만 귀의하지 않고, 우주 만물 허공 법계를 다 부처로 알게 되므로 일과 공부가 따로 있지 아니하고, 세상일을 잘하면 그것이 곧 불법 공부를 잘하는 사람이요, 불법 공부를 잘하면 세상일을 잘하는 사람이 될 것이며, 또는 불공하는 법도 불공할 처소와 부처가 따로 있는 것이 아니라, 불공하는 이의 일과 원을 따라 그 불공하는 처소와 부처가 있게 되나니, 이리 된다면 법당과 부처가 없는 곳이 없게 되며, 부처의 은혜가 화피초목化被草木 뇌급만방賴及萬方[27]하여 상상하지 못할 이상의 불국토佛國土[28]가 되리라. 그대들이여! 시대가 비록 천만번 순환하나 이 같은 기회 만나기가 어렵거늘 그대들은 다행히 만났으며, 허다한 사람 중에 아는 사람이 드물거늘 그대들은 다행히 이 기회를 알아서 처음 회상의 창립주가 되었나니, 그대들은 오늘에 있어서 아직 증명하지 못할 나의 말일지라도 허무하다 생각하지 말고, 모든 지도에 의하여 차차 지내가면 멀지 않은 장래에 가히 그 실지를 보게 되리라."

16. 대종사 말씀하시기를 "불교는 조선에 인연이 깊은 교로서 환영도 많이 받았으며 배척도 많이 받아왔으나, 환영은 여러 백년 전에 받았고 배척 받은 지는 오래지 아니하여, 정치의 변동이며 유교의 세력에 밀려서 세상을 등지고 산중에 들어가 유야 무야 중에 초인간적 생활[29]을 하고 있었으므로 일반 사회에서는 그 법을 아는 사람이 적은지라, 이에 따라 혹 안다는 사람은 말하되 산수와 경치가 좋은 곳에는 사원이 있다고 하며, 그 사원에는 승려와 불상이 있다고 하며, 승려와 불상이 있는 데 따라 세상에 사는 사람은 복을 빌고 죄를 사하기 위하여 불공을 다닌다 하며, 승려는 불상의 제자가 되어가지고 처자 없이 독신 생활을 한다 하며, 삭발을 하고 검박

---

27 만물이 두루 덕과 은혜를 입고, 나아가 온 세상에 고루 미침.
28 부처님의 가르침이 실현되는 곳.
29 세속을 떠나 사는 초연한 삶.

한 옷을 입으며, 단주短珠를 들고 염불이나 송경誦經을 하며, 바랑을 지고 동령30을 하며, 혹 세속 사람을 대하면 아무리 천한 사람에게라도 문안을 올린다 하며, 어육 주초魚肉酒草를 먹지 아니한다 하며, 모든 생명을 죽이지 아니한다 하나, 우리 세상 사람은 양반이라든지 부자라든지 팔자가 좋은 사람이라면 승려가 아니 되는 것이요, 혹 사주를 보아서 운명이 좋지 못하다는 사람이나 혹 세간사에 실패하고 낙오한 사람들이 승려가 되는 것이라 하며, 승려 중에도 공부를 잘하여 도승이 되고 보면 사람 사는 집터나 백골을 장사하는 묘지나 호풍 환우呼風喚雨나 이산 도수移山渡水하는 것을 마음대로 한다고도 하지마는, 그런 사람은 천에 하나나 만에 하나가 되는 것이니, 불법이라는 것은 허무한 도요 세상 사람은 못 하는 것이라 하며, 우리는 경치 찾아서 한번씩 놀다 오는 것은 좋다고 하며, 누가 절에 다닌다든지 승려가 된다든지 하면 그 집은 망할 것이라 하며, 시체를 화장하니 자손이 도움을 얻지 못할 것이라 하여, 불법을 믿는 승려라면 별다른 사람같이 알아왔나니라. 그러나, 승려들의 실생활을 들어 말하자면 풍진 세상을 벗어나서 산수 좋고 경치 좋은 곳에 정결한 사원을 건축하고 존엄하신 불상을 모시고, 사방에 인연 없는 단순한 몸으로 몇 사람의 동지와 송풍 나월松風蘿月에 마음을 의지하여, 새 소리 물 소리 자연의 풍악을 사면으로 둘러놓고, 신자들이 가져다주는 의식으로 걱정 없이 살며, 목탁을 울리는 가운데 염불이나 송경도 하고 좌선을 하다가 화려하고 웅장한 대건물 중에서 나와 수림 사이에 소요逍遙하는 등으로 살아왔나니, 일반 승려가 다 그러한 것은 아니나 거개擧皆가 이와 같이 한가한 생활, 정결한 생활, 취미 있는 생활을 하여왔나니라. 그러나, 이와 같은 생활을 계속하여오는 동안에 부처님의 무상 대도無上大道는 세상에 알려지지 못하고 승려들은 독선 기신獨善其身의 소승小乘에 떨어졌나니 이 어찌 부처님의 본회本懷시리요. 그

---

30 '동냥'의 전라도 사투리로, 승려가 시주(施主)를 얻기 위해 돌아다니는 일을 말함.

러므로, 부처님의 무상 대도에는 변함이 없으나 부분적인 교리와 제도는 이를 혁신하여, 소수인의 불교를 대중의 불교로, 편벽된 수행을 원만한 수행으로 돌리자는 것이니라."[31]

17. 대종사 이어서 말씀하시기를 "부처님의 무상 대도는 한량없이 높고, 한량없이 깊고, 한량없이 넓으며, 그 지혜와 능력은 입으로나 붓으로 다 성언成言[32]하고 기록할 수 없으나, 대략을 들어 말하자면 우리는 모든 중생이 생사 있는 줄만 알고 다생이 있는 줄은 모르는데, 부처님께서는 생사 없는 이치와 다생 겁래多生劫來[33]에 한없는 생이 있는 줄을 더 알으셨으며, 우리는 우리 일신의 본래 이치도 모르는데 부처님께서는 우주 만유의 본래 이치까지 더 알으셨으며, 우리는 선도善道와 악도惡道의 구별이 분명하지 못하여 우리가 우리 일신一身을 악도에 떨어지게 하는데 부처님께서는 자신을 제도하신 후에 시방 세계 일체 중생을 악도에서 선도로 제도하는 능력이 계시며, 우리는 우리가 지어서 받는 고락도 모르는데 부처님께서는 중생이 지어서 받는 고락과 우연히 받는 고락까지 알으셨으며, 우리는 복락을 수용하다가도 못하게 되면 할 수 없는데 부처님께서는 못하게 되는 경우에는 복락을 다시 오게 하는 능력이 계시며, 우리는 지혜가 어두웠든지 밝았든지 되는 대로 사는데 부처님께서는 지혜가 어두워지면 밝게 하는 능력이 계시고, 밝으면 계속하여 어두워지지 않게 하는 능력이 계시며, 우리는 탐심이나 진심이나 치심에 끌려서 잘못하는 일이 많이 있는데 부처님께서는 탐·진·치에 끌리는 바가 없으시며, 우리는 우주 만유 있는 데에 끌려서 우주 만유 없는 데를 모르는데 부처님께서는 있는 데를 당할 때에 없는 데까지 알으시고 없는 데를 당할 때에 있는 데까지 알으시며, 우리는

---

31   서품 16~19는 소태산의 저술인 『조선불교혁신론』(1935)의 내용을 담고 있다.
32   말이나 글로 표현함.
33   아주 오랜 시간 계속된 생.

천도天道 인도人道 수라修羅 축생畜生 아귀餓鬼 지옥地獄의 육도六途와 태란
습화胎卵濕化 사생四生이 무엇인지 알지도 못하는데 부처님께서는 이 육도
사생의 변화하는 이치까지 알으시며, 우리는 남을 해하여다가 자기만 좋
게 하려 하는데 부처님께서는 사물을 당할 때에 자리 이타로 하시다가 못
하게 되면 이해와 생사를 불고하고 남을 이롭게 하는 것으로써 자신의 복
락을 삼으시며, 우리는 현실적으로 국한된 소유물 밖에 자기의 소유가 아
니요, 현실적으로 국한된 집 밖에 자기의 집이 아니요, 현실적으로 국한된
권속 밖에 자기의 권속이 아닌데, 부처님께서는 우주 만유가 다 부처님의
소유요 시방 세계가 다 부처님의 집이요 일체 중생이 다 부처님의 권속이
라 하였으니, 우리는 이와 같은 부처님의 지혜와 능력을 얻어가지고 중생
제도하는 데에 노력하자는 바이니라.”

18. 대종사 또 말씀하시기를 “과거의 불교는 출세간 생활을 본위로 하여
교리와 제도가 조직이 되었으므로, 세간 생활하는 일반 사람에 있어서는
모든 것이 잘 맞지 아니하였으며, 세간 생활하는 신자는 주가 되지 못하고
객과 같이 되었으므로 그중에서 특수한 사업과 특별한 공부를 한 사람이
있다면이어니와, 그렇지 못한 보통 신자는 출세간 공부하는 승려와 같이
부처님의 직통 제자로나 불가의 조상으로 들어가기가 어렵게 되었으며,
또는 종교라 하는 것은 인간을 상대로 된 것인데, 인간이 없는 산간에 교당
을 두었으니 세간 생활에 분망한 사람들이 어느 여가에 세간을 벗어나서
그 가르침을 받을 것이며, 또는 일반 사람이 배우기도 어렵고 알기도 어려
운 숙어와 명사로 경전이 되어 있으므로 유무식·남녀·노소를 망라하여 가
르쳐주기가 어렵게 되었으며, 의식 생활에 있어서도 사·농·공·상의 직업
을 놓아버리고 불공이나 시주나 동령으로써 생활을 하였으니 어찌 대중이
다 할 생활이며, 결혼에 있어서도 출세간 공부인에게는 절대로 금하게 되
었으며, 예법에 있어서도 여러 가지 형식 불공形式佛供[34]만 밝히고 세간 생

활에 대한 예법은 밝히지 아니하였으니 어찌 그 생활이 또한 넓다 할 것인가. 그러므로, 우리는 재가와 출가에 대하여 주객의 차별이 없이 공부와 사업의 등위等位만 따를 것이며, 불제자의 계통에 있어서도 재가 출가의 차별이 없이 할 것이며, 수도하는 처소도 신자를 따라 어느 곳이든지 설치할 것이며, 경전도 그 정수精髓를 가려서 일반 대중이 다 배울 수 있도록 쉬운 말로 편찬할 것이며, 출가 공부인의 의식 생활도 각자의 처지를 따라 직업을 갖게 할 것이며, 또는 결혼도 각자의 원에 맡길 것이며, 예법도 번잡한 형식 불공법을 다 준행할 것이 아니라 사실 불공35을 주로 하여 세간 생활에 적절하고 유익한 예법을 더 밝히자는 것이니라. 또는 출가를 하는 것도 특수한 경우를 제외하고는, 유년기에는 문자를 배우게 하고, 장년기에는 도학을 배우며 제도 사업濟度事業36에 노력하게 하고, 노년기에는 경치 좋고 한적한 곳에 들어가 세간의 애착·탐착을 다 여의고 생사 대사를 연마하면서 춘추春秋로는 세간 교당을 순회하여 교화에 노력하고, 동하冬夏에는 다시 수양 생활을 주로 하여서, 이와 같이 일생 생활에 결함된 점이 없게 하자는 것이며, 이 교리 이 제도를 운전하는 기관에 있어서도 시대와 인심을 따라 결함됨이 없도록 하자는 것이니라."

19. 대종사 또 말씀하시기를 "과거 불가에서 가르치는 과목은 혹은 경전을 가르치며, 혹은 화두話頭를 들고 좌선하는 법을 가르치며, 혹은 염불하는 법을 가르치며, 혹은 주문을 가르치며, 혹은 불공하는 법을 가르치는데, 그 가르치는 본의가 모든 경전을 가르쳐서는 불교에 대한 교리나 제도나 역사를 알리기 위함이요, 화두를 들려서 좌선을 시키는 것은 경전으로 가르치기도 어렵고 말로 가르치기도 어려운 현묘한 진리를 깨치게 함이

---

34 절차나 외형에만 치우치고 실생활에는 적합하지 못한 불공.
35 사실적이고 진리적인 방법으로 죄복의 권능을 가진 당처에 하는 불공.
36 고통받는 일체생령을 광대무량한 낙원으로 이끄는 일.

요, 염불과 주문을 읽게 하는 것은 번거한 세상에 사는 사람이 애착 탐착이 많아서 정도正道에 들기가 어려운 고로 처음 불문에 오고 보면 번거한 정신을 통일시키기 위하여 가르치는 법이요, 불공법은 신자의 소원 성취와 불사佛事에 도움을 얻기 위하여 가르치나니, 신자에 있어서는 이 과목을 한 사람이 다 배워야 할 것인데 이 과목 중에서 한 과목이나 혹은 두 과목을 가지고 거기에 집착하여 편벽된 수행길로써 서로 파당을 지어 신자의 신앙과 수행에 장애가 되었으므로, 우리는 이 모든 과목을 통일하여 선종禪宗의 많은 화두와 교종敎宗의 모든 경전을 단련하여, 번거한 화두와 번거한 경전은 다 놓아버리고 그중에 제일 강령과 요지를 밝힌 화두와 경전으로 일과 이치에 연구력 얻는 과목을 정하고, 염불·좌선·주문을 단련하여 정신 통일하는 수양 과목을 정하고, 모든 계율과 과보 받는 내역과 사은四恩의 도를 단련하여 세간 생활에 적절한 작업 취사의 과목을 정하고, 모든 신자로 하여금 이 삼대 과목을 병진하게 하였으니, 연구 과목을 단련하여서는 부처님과 같이 이무애理無碍 사무애事無碍[37] 하는 연구력을 얻게 하며, 수양 과목을 단련하여서는 부처님과 같이 사물에 끌리지 않는 수양력을 얻게 하며, 취사 과목을 단련하여서는 부처님과 같이 불의와 정의를 분석하고 실행하는 데 취사력을 얻게 하여, 이 삼대력三大力으로써 일상 생활에 불공하는 자료를 삼아 모든 서원을 달성하는 원동력을 삼게 하면 교리가 자연 통일될 것이요 신자의 수행도 또한 원만하게 될 것이니라."

---

37   이치에 걸림이 없고, 일에 막힘이 없음.

제2 교의품敎義品

　1. 대종사 말씀하시기를 "과거에 모든 교주敎主가 때를 따라 나오시어
인생의 행할 바를 가르쳐왔으나 그 교화의 주체는 시대와 지역을 따라 서
로 달랐나니, 비유하여 말하자면 같은 의학 가운데도 각기 전문 분야가 있
는 것과 같나니라. 그러므로, 불가佛家에서는 우주 만유의 형상 없는 것을
주체 삼아서 생멸 없는 진리와 인과 보응의 이치를 가르쳐 전미 개오轉迷
開悟의 길을 주로 밝히셨고, 유가儒家에서는 우주 만유의 형상 있는 것을
주체 삼아서 삼강·오륜과 인·의·예·지를 가르쳐 수·제·치·평修齊治平[1]의
길을 주로 밝히셨으며, 선가仙家에서는 우주 자연의 도를 주체 삼아서 양
성養性하는 방법을 가르쳐 청정 무위淸靜無爲의 길을 주로 밝히셨나니, 이
세가지 길이 그 주체는 비록 다를지라도 세상을 바르게 하고 생령을 이롭
게 하는 것은 다 같은 것이니라. 그러나, 과거에는 유불선儒佛仙 삼교三敎가
각각 그 분야만의 교화를 주로 하여왔지마는, 앞으로는 그 일부만 가지고
는 널리 세상을 구원하지 못할 것이므로 우리는 이 모든 교리를 통합하여

1　　『대학』의 수신제가치국평천하(修身齊家治國平天下).

수양·연구·취사의 일원화—圓化[2]와 또는 영육 쌍전靈肉雙全·이사 병행理事並行[3] 등 방법으로 모든 과정을 정하였나니, 누구든지 이대로 잘 공부한다면 다만 삼교의 종지를 일관할 뿐 아니라 세계 모든 종교의 교리며 천하의 모든 법이 다 한 마음에 돌아와서 능히 사통 오달의 큰 도를 얻게 되리라."

2. 한 제자 여쭙기를 "어떠한 것을 큰 도라 이르나이까." 대종사 말씀하시기를 "천하 사람이 다 행할 수 있는 것은 천하의 큰 도요, 적은 수만 행할 수 있는 것은 작은 도라 이르나니, 그러므로 우리의 일원 종지宗旨[4]와 사은 사요 삼학 팔조는 온 천하 사람이 다 알아야 하고 다 실행할 수 있으므로 천하의 큰 도가 되나니라."

3. 광전光田이 여쭙기를 "일원상—圓相과 인간과의 관계가 어떠하오니까." 대종사 말씀하시기를 "네가 큰 진리를 물었도다. 우리 회상에서 일원상을 모시는 것은 과거 불가에서 불상을 모시는 것과 같으나, 불상은 부처님의 형체形體를 나타낸 것이요, 일원상은 부처님의 심체心體[5]를 나타낸 것이므로, 형체라 하는 것은 한 인형에 불과한 것이요, 심체라 하는 것은 광대 무량하여 능히 유와 무를 총섭總攝[6]하고 삼세를 관통하였나니, 곧 천지 만물의 본원이며 언어도단의 입정처入定處라, 유가에서는 이를 일러 태극太極 혹은 무극無極이라 하고, 선가에서는 이를 일러 자연 혹은 도라 하고, 불가에서는 이를 일러 청정 법신불이라 하였으나, 원리에 있어서는 모두 같은 바로서 비록 어떠한 방면 어떠한 길을 통한다 할지라도 최후 구경究竟에 들어가서는 다 이 일원의 진리에 돌아가나니, 만일 종교라 이름하여

---

2   일원의 진리에 돌아와 모든 교리를 통합하여 한 덩어리가 되게 함.
3   이치를 깨닫고 실천하는 공부와, 중생 제도를 포함한 현실의 일을 아울러 수행해나감.
4   원불교 교리와 사상의 근본이 되는 일원의 진리를 말함.
5   마음의 본체로서 부처님의 마음자리를 의미함.
6   모두를 포함하고 거느림.

이러한 진리에 근원을 세운 바가 없다면 그것은 곧 사도邪道라, 그러므로 우리 회상에서는 이 일원상의 진리로써 우리의 현실 생활과 연락連絡[7]시키는 표준을 삼았으며, 또는 신앙과 수행의 두 문을 밝히었나니라."

4. 또 여쭙기를 "일원상의 신앙은 어떻게 하나이까." 대종사 말씀하시기를 "일원상을 신앙의 대상으로 하고 그 진리를 믿어 복락을 구하나니, 일원상의 내역內譯을 말하자면 곧 사은이요, 사은의 내역을 말하자면 곧 우주 만유로서 천지 만물 허공 법계가 다 부처 아님이 없나니, 우리는 어느 때 어느 곳이든지 항상 경외심을 놓지 말고 존엄하신 부처님을 대하는 청정한 마음과 경건한 태도로 천만 사물에 응할 것이며, 천만 사물의 당처에 직접 불공하기를 힘써서 현실적으로 복락을 장만할지니, 이를 몰아 말하자면 편협한 신앙[8]을 돌려 원만한 신앙을 만들며, 미신적 신앙[9]을 돌려 사실적 신앙을 하게 한 것이니라."

5. 또 여쭙기를 "일원상의 수행은 어떻게 하나이까." 대종사 말씀하시기를 "일원상을 수행의 표본으로 하고 그 진리를 체받아서 자기의 인격을 양성하나니 일원상의 진리를 깨달아 천지 만물의 시종 본말始終本末과 인간의 생·로·병·사와 인과 보응의 이치를 걸림 없이 알자는 것이며, 또는 일원과 같이 마음 가운데에 아무 사심私心이 없고 애욕과 탐착에 기울고 굽히는 바가 없이 항상 두렷한 성품 자리를 양성하자는 것이며, 또는 일원과 같이 모든 경계를 대하여 마음을 쓸 때 희·로·애·락과 원·근·친·소에 끌리지 아니하고 모든 일을 오직 바르고 공변되게 처리하자는 것이니, 일원

---

7   서로를 긴밀하게 이어지고 통하게 함.

8   각자의 신앙처에만 의지해 화복(禍福)이 오직 그곳에서만 나온다고 믿고 거기에만 정성과 공경을 다하고 그 외에는 널리 공경하지 않는 좁은 신앙을 말한다.

9   경우를 따라 죄복 인과가 직접 실현되는 당처를 알지 못하고 공상적 발원으로 미혹되고 어리석은 방식으로 하는 신앙이다.

의 원리를 깨닫는 것은 견성見性이요, 일원의 체성을 지키는 것은 양성養性이요, 일원과 같이 원만한 실행을 하는 것은 솔성率性인바, 우리 공부의 요도인 정신 수양·사리 연구·작업 취사도 이것이요, 옛날 부처님의 말씀하신 계·정·혜戒定慧 삼학도 이것으로서, 수양은 정이며 양성이요, 연구는 혜며 견성이요, 취사는 계며 솔성이라, 이 공부를 지성으로 하면 학식 있고 없는 데에도 관계가 없으며 총명 있고 없는 데에도 관계가 없으며 남녀 노소를 막론하고 다 성불함을 얻으리라."

6. 또 여쭙기를 "그러하오면 도형圖形으로 그려진 저 일원상 자체에 그러한 진리와 위력과 공부법이 그대로 갊아 있다[10]는 것이오니까." 대종사 말씀하시기를 "저 원상은 참 일원을 알리기 위한 한 표본이라, 비하건대 손가락으로 달을 가리킴에 손가락이 참 달은 아닌 것과 같나니라. 그런즉 공부하는 사람은 마땅히 저 표본의 일원상으로 인하여 참 일원을 발견하여야 할 것이며, 일원의 참된 성품을 지키고, 일원의 원만한 마음을 실행하여야 일원상의 진리와 우리의 생활이 완전히 합치되리라."

7. 대종사 말씀하시기를 "일원의 진리를 요약하여 말하자면 곧 공空과 원圓과 정正이니, 양성養性에 있어서는 유무 초월한 자리를 관觀하는 것이 공이요, 마음의 거래 없는 것이 원이요, 마음이 기울어지지 않는 것이 정이며, 견성에 있어서는 일원의 진리가 철저하여 언어의 도가 끊어지고 심행처心行處[11]가 없는 자리를 아는 것이 공이요, 지량知量이 광대하여 막힘이 없는 것이 원이요, 아는 것이 적실的實하여 모든 사물을 바르게 보고 바르게 판단하는 것이 정이며, 솔성에 있어서는 모든 일에 무념행無念行[12]을 하

---

10 함유 또는 함장(含藏)되어 있음.
11 마음이 분별 작용하여 가는 곳.
12 일체의 관념과 상을 떠나서 흔적 없는 마음으로 행함.

는 것이 공이요, 모든 일에 무착행無着行을 하는 것이 원이요, 모든 일에 중도행中道行을 하는 것이 정이니라."

8. 대종사 말씀하시기를 "공부하는 사람들이 현묘한 진리를 깨치려 하는 것은 그 진리를 실생활에 활용하고자 함이니 만일 활용하지 못하고 그대로 둔다면 이는 쓸데없는 일이라, 이제 법신불 일원상을 실생활에 부합시켜 말해주리라. 첫째는 일원상을 대할 때마다 견성 성불見性成佛하는 화두話頭를 삼을 것이요, 둘째는 일상 생활에 일원상과 같이 원만하게 수행하여 나아가는 표본을 삼을 것이며, 셋째는 이 우주 만유 전체가 죄복을 직접 내려주는 사실적 권능이 있는 것을 알아서 진리적으로 믿어 나아가는 대상을 삼을 것이니, 이러한 진리를 아는 사람은 일원상을 대할 때마다 마치 부모의 사진같이 숭배될 것이니라."

9. 한 사람이 여쭙기를 "귀교貴敎에서는 어느 부처님을 본사本師로 모시나이까." 대종사 말씀하시기를 "석가모니 불을 본사로 숭배하노라." 또 여쭙기를 "석가모니 불이 본사일진대 법당에 어찌 석가모니 불상을 모시지 아니하고 일원상을 모셨나이까." 대종사 말씀하시기를 "석가모니 불상이 우리에게 죄 주고 복 주는 증거는 사실적으로 해석하여 가르치기가 어려우나, 일원상은 곧 청정 법신불을 나타낸 바로서 천지·부모·동포가 다 법신불의 화신化身이요, 법률도 또한 법신불의 주신 바이라 이 천지·부모·동포·법률이 우리에게 죄 주고 복 주는 증거는 얼마든지 해석하여 가르칠 수가 있으므로 일원상을 신앙의 대상으로 모신 것이니라." 또 여쭙기를 "그러하오면 석가모니 불을 본사로 모신다는 것은 말뿐이요, 특별히 숭배하는 행사는 없지 아니하나이까." 대종사 말씀하시기를 "비록 법당에 불상을 모시지는 아니하였으나, 일반 신자들에게 부처님을 지극히 존숭하도록 신심을 인도하는 동시에 참다운 숭배는 부처님의 말씀하신 근본 정신을

존중히 받들고 또한 육근을 작용할 때에 그대로 행을 닦아서 부처님의 법통과 사업을 영원히 계승 발전시킴에 있다는 뜻을 역설하는 바인즉, 어찌 불상을 모시고 조석 예불하는 것만을 숭배라 하리요."

10. 또 여쭙기를 "일원상을 모시고 죄복의 출처를 사실적으로 해석하여 가르치는 것이 인지가 발달된 이 시대에 지혜 있는 사람들에게는 극히 적합할 일이오나, 어느 세상을 물론하고 지혜 있는 사람은 적고 어리석은 사람이 많은 것은 사실이오니, 어리석은 대중에게 신심을 넣어주는 데에는 불상을 모시는 것이 더 유리하지 아니하겠나이까." 대종사 말씀하시기를 "법신불 사은이 우리에게 죄 주고 복 주는 증거는 아무리 어리석은 사람이라도 자상히 설명하여주면 알기도 쉽고 믿기도 쉬울 줄로 생각하는 바이나, 불상이 아니면 신심이 나지 않는 사람은 불상을 모신 곳에서 제도를 받아도 또한 좋을 것이니, 그리한다면 불상을 믿는 사람도 제도할 수 있고 일원상을 믿는 사람도 제도할 수가 있지 아니하겠는가."

11. 또 여쭙기를 "일원상과 석가모니 불과의 관계는 어떠하오니까." 대종사 말씀하시기를 "일원은 곧 모든 진리의 근원이요, 석가모니 불은 이 진리를 깨치사 우리에게 가르쳐주신 스승님이시니, 비록 이 세상에 아무리 좋은 진리가 있다 할지라도 그를 발견하여 가르쳐주시는 분이 없다면 그 진리가 우리에게 활용되지 못할 것이요, 비록 석가모니 불이 이 세상에 나오셨다 할지라도 이 세상에 일원상의 진리가 없었다면 석가모니 불이 되실 수도 없고, 또는 사십구년 동안 설법하실 자료도 없었을지라, 그러므로 우리는 법신불 일원상을 진리의 상징으로 하고 석가모니 불을 본사로 하여 법신 여래法身如來와 색신 여래色身如來[13]를 같이 숭배하노라. 그러나,

---

13 '법신여래'는 진리 그 자체를, '색신여래'는 석가모니 불과 같이 법신여래를 깨달은 분을 말한다.

이것은 일원상과 석가모니 불을 구별하여 보는 자리에서 하는 말이요 만일 구별 없는 진리 자리에서 본다면 일원상과 석가모니 불이 둘이 아님을 또한 알아야 하리라."

12. 한 제자 여쭙기를 "불상 숭배와 일원상 숭배의 다른 점은 어떠하옵나이까." 대종사 말씀하시기를 "불상 숭배는 부처님의 인격에 국한하여 후래 제자로서 그 부처님을 추모 존숭하는 데에 뜻이 있을 뿐이나, 일원상 숭배는 그 뜻이 실로 넓고 크나니, 부처님의 인격만 신앙의 대상으로 모시는 것보다 우주 만유 전체를 다 부처님으로 모시고 신앙하여 모든 죄복과 고락의 근본을 우주 만유 전체 가운데에 구하게 되며, 또는 이를 직접 수행의 표본으로 하여 일원상과 같이 원만한 인격을 양성하자는 것이니, 그 다른 점이 대개 이러하나니라."

13. 대종사 말씀하시기를 "불상을 숭배하는 것이 교화 발전에 혹 필요가 있기도 하였으나 현재로부터 미래를 생각하면 그렇지 못할 것이 사실이니, 사람들이 저 불상을 수천년이나 모셔보았으므로 이제는 점차 그 위력에 대한 각성이 생겨날 것이요, 각성이 생겨난다면 무상 대도無上大道의 이치는 알지 못하고 다만 그 한 방편만 허무하다 하여 믿지 않게 될 것이라 어찌 발전에 장해가 없을 것이며, 또는 존엄하신 불상을 한갓 각자의 생활 도모하는 수단으로 모시는 사람도 적지 아니할 것이니 어찌 유감스럽지 아니하리요. 그러므로, 우리는 법신불 일원상을 모시기로 한 것이니라."

14. 또 말씀하시기를 "이 시대는 전세계 인류가 차차 장년기에 들어 그 지견知見이 발달되는지라, 모든 사람이 고락 경계를 당할 때에는 혹 죄복에 대한 이해가 있을 것이며, 죄복에 대한 이해가 있고 보면 그 죄복의 근본처를 찾을 것이며, 찾고 보면 그 뜻이 드러날 것이요, 그 뜻이 드러나고

보면 잘 믿을 것이니, 사실로 이해하기 좋은 신앙처를 발견하여 숭배하면 지자智者와 우자를 막론하고 안심 입명安心立命을 얻을 것이며, 또는 과거와 같이 자기 불공을 다른 사람에게 의뢰할 것이 아니라, 자기 불공은 자기가 주로 하여야 할 것이며 불공하는 방식도 신자에 있어서는 다 알아야 할 것이니 그 방법의 강령은 곧 이 교리와 제도라 할 것이며, 불공하는 방법을 알아 불공을 한 후에 성공을 하는 것도 또한 구분이 있나니, 그 일의 형세를 따라서 정성을 계속하여야 성공이 있으리라. 그러므로, 인연 작복因緣作福을 잘하고 못하는 것과 부귀 빈천 되는 것이 다 다생 겁래를 왕래하면서 불공 잘하고 못하는 데 있나니, 복이 많고 지혜가 많은 사람은 법신불 일원상의 이치를 깨치어 천지 만물 허공 법계를 다 부처님으로 숭배하며, 성공의 기한 구별도 분명하며, 죄복의 근원처를 찾아서 불공하므로 무슨 서원이든지 반드시 성공할 것이니, 그러므로 우리는 불상 한분만 부처로 모실 것이 아니라 천지 만물 허공 법계를 다 부처님으로 모시기 위하여 법신불 일원상을 숭배하자는 것이니라."

15. 대종사 봉래정사蓬萊精舍에 계실 때에 하루는 어떤 노인 부부가 지나가다 말하기를, 자기들의 자부子婦가 성질이 불순하여 불효가 막심하므로 실상사實相寺 부처님께 불공이나 올려볼까 하고 가는 중이라고 하는지라, 대종사 들으시고 말씀하시기를 "그대들이 어찌 등상불等像佛[14]에게는 불공할 줄을 알면서 산 부처에게는 불공할 줄을 모르는가." 그 부부 여쭙기를 "산 부처가 어디 계시나이까." 대종사 말씀하시기를 "그대들의 집에 있는 자부가 곧 산 부처이니, 그대들에게 효도하고 불효할 직접 권능이 그 사람에게 있는 연고라, 거기에 먼저 공을 드려봄이 어떠하겠는가." 그들이 다시 여쭙기를 "어떻게 공을 드리오리까." 대종사 말씀하시기를 "그대들

---

14   석가모니 불의 모습을 표현한 불상.

이 불공할 비용으로 자부의 뜻에 맞을 물건도 사다주며 자부를 오직 부처 님 공경하듯 위해 주어보라. 그리하면, 그대들의 정성을 따라 불공한 효과 가 나타나리라." 그들이 집에 돌아가 그대로 하였더니, 과연 몇 달 안에 효 부가 되는지라 그들이 다시 와서 무수히 감사를 올리거늘, 대종사 옆에 있 는 제자들에게 말씀하시기를 "이것이 곧 죄복을 직접 당처에 비는 실지 불 공實地佛供이니라."

16. 김영신金永信이 여쭙기를 "사은 당처에 실지 불공하는 외에 다른 불 공법은 없나이까." 대종사 말씀하시기를 "불공하는 법이 두가지가 있으 니, 하나는 사은 당처에 직접 올리는 실지 불공이요, 둘은 형상 없는 허공 법계를 통하여 법신불께 올리는 진리 불공이라, 그대들은 이 두가지 불공 을 때와 곳과 일을 따라 적당히 활용하되 그 원하는 일이 성공되도록까지 정성을 계속하면 시일의 차이는 있을지언정 이루지 못할 일은 없으리라." 또 여쭙기를 "진리 불공은 어떻게 올리나이까." 대종사 말씀하시기를 "몸 과 마음을 재계齋戒하고 법신불을 향하여 각기 소원을 세운 후 일체 사념 邪念을 제거하고, 선정禪定에 들든지 또는 염불과 송경을 하든지 혹은 주문 등을 외어 일심으로 정성을 올리면 결국 소원을 이루는 동시에 큰 위력이 나타나 악도 중생을 제도할 능력과 백천 사마百千邪魔라도 귀순시킬 능력 까지 있을 것이니, 이렇게 하기로 하면 일백 골절一百骨節이 다 힘이 쓰이 고 일천 정성이 다 사무쳐야 되나니라."

17. 한 제자 심고心告[15]의 감응되는 이치를 여쭙거늘 대종사 말씀하시기 를 "심고의 감응은 심고하는 사람의 정성에 따라 무위 자연한 가운데 상상 하지 못할 위력을 얻게 되는 것이라, 말로써 이를 다 증거하기가 어려우나,

---

15　마음속으로 법신불 사은 전에 기원하는 것. 원불교에서는 아침 저녁으로 하는 조석 심고, 법 회나 의식 중 또는 혼자서 하는 묵상 심고 등이 있다. 자세한 내용은 『정전』 심고와 기도 참조.

가령 악한 마음이 자주 일어나 없애기가 힘이 드는 때에 정성스럽게 심고를 올리면 자연 중 그 마음이 나지 않고 선심으로 돌아가게 되며, 악을 범하지 아니하려 하나 전일前日의 습관으로 그 악이 자주 범하여지는 경우에 그 죄과를 실심實心으로 고백하고 후일의 선행을 지성으로 발원하면 자연히 개과 천선의 힘이 생기기도 하나니, 이것이 곧 감응을 받는 가까운 증거의 하나이며, 과거 전설에 효자의 죽순이나 충신의 혈죽血竹이나 우리 구인九人의 혈인이 다 이 감응의 실적으로 나타난 바이니라. 그러나, 지성스러운 마음으로 꾸준히 그 서원을 계속하며, 한번 고백한 서원에 결코 위반되는 일이 없어야만 결국 큰 감응과 위력이 나타나는 것이니, 이 점에 특히 명심하여야 할 것이며, 만일 이와 같이 하여 확호한 심력心力을 얻으면 무궁한 천권天權16을 잡아 천지 같은 위력을 발휘할 수도 있나니라."

18. 대종사 말씀하시기를 "우리 공부의 요도 삼학三學은 우리의 정신을 단련하여 원만한 인격을 이루는 데에 가장 필요한 법이며, 잠깐도 떠날 수 없는 법이니, 예를 들면 육신에 대한 의·식·주 삼건三件과 다름이 없다 하노라. 즉, 우리의 육신이 이 세상에 나오면 먹고 입고 거처할 집이 있어야 하나니, 만일 한가지라도 없으면 우리의 생활에 결함이 있게 될 것이요, 우리의 정신에는 수양·연구·취사의 세가지 힘이 있어야 살 수 있나니, 만일 한가지라도 부족하다면 모든 일을 원만히 이룰 수 없나니라. 그러므로, 나는 영육 쌍전의 견지에서 육신에 관한 의·식·주 삼건과 정신에 관한 일심·알음알이·실행의 삼건을 합하여 육대 강령이라고도 하나니, 이 육대 강령은 서로 떠날 수 없는 관계를 가지고 한가지 우리의 생명선이 되나니라. 그러나, 보통 사람들은 육신에 관한 세가지 강령은 소중한 줄 알면서도 정신에 관한 세가지 강령이 중한 줄은 알지 못하나니, 이 어찌 어두운 생각

---

16 하늘의 권능 또는 천지가 행하는 도와 그에 따라 나타나는 위력을 말한다. 『정전』에서는 천지의 도와 덕으로 밝히고 있다.

이 아니리요. 그 실은 정신의 세가지 강령을 잘 공부하면 육신의 세가지 강령이 자연히 따라오는 이치를 알아야 할 것이니, 이것이 곧 본本과 말末을 알아서 행하는 법이니라."

19. 대종사 말씀하시기를 "보통 사람들의 생활은 한갓 의·식·주를 구하는 데만 힘을 쓰고, 그 의·식·주를 나오게 하는 원리는 찾지 아니하나니 이것이 실로 답답한 일이라, 육신의 의·식·주가 필요하다면 육신 생활을 지배하는 정신에 일심과 알음알이와 실행의 힘은 더 필요할 것이 아닌가. 정신에 이 세가지 힘이 양성되어야 그에 따라 의·식·주가 잘 얻어질 것이요, 이것으로 그 사람의 원만한 인격도 이루어질 것이며, 각자의 마음 근본을 알고 그 마음을 마음대로 쓰게 되어야 의·식·주를 얻는 데에도 정당한 도가 실천될 것이며, 생·로·병·사를 해탈하여 영생의 길을 얻고 인과의 이치를 알아 혜복을 구하게 될 것이니, 이것이 또한 참답고 영원한 의·식·주 해결의 길이라, 그러므로 정신의 삼강령이 곧 의·식·주 삼건의 근본이 된다 하노라."

20. 대종사 선원 대중에게 말씀하시기를 "재래 사원에서는 염불종念佛宗은 언제나 염불만 하고, 교종敎宗은 언제나 간경看經만 하며, 선종禪宗은 언제나 좌선만 하고, 율종律宗은 언제나 계戒만 지키면서, 같은 불법 가운데 서로 시비 장단을 말하고 있으나 그것은 다 계·정·혜 삼학의 한 과목들이므로 우리는 이것을 병진하게 하되, 매일 새벽에는 좌선을 하게 하고, 낮과 밤에는 경전·강연·회화·의두·성리·일기·염불 등을 때에 맞추어 하게 하여, 이 여러 가지 과정으로 고루 훈련하나니, 누구든지 이대로 정진한다면 재래의 훈련에 비하여 몇 배 이상의 실 효과를 얻을 수 있으리라."

21. 또 말씀하시기를 "우리가 경전으로 배울 때에는 삼학이 비록 과목은

각각 다르나, 실지로 공부를 해나가는 데에는 서로 떠날 수 없는 연관이 있어서 마치 쇠스랑의 세 발과도 같나니, 수양을 하는 데에도 연구·취사의 합력이 있어야 할 것이요, 연구를 하는 데에도 수양·취사의 합력이 있어야 할 것이요, 취사를 하는 데에도 수양·연구의 합력이 있어야 하나니라. 그러므로, 삼학을 병진하는 것은 서로 그 힘을 어울려 공부를 지체 없이 전진하게 하자는 것이며, 또는 선원에서 대중이 모이어 공부에 대한 의견을 교환하는 것은, 그에 따라 혜두慧頭가 고루 발달되어 과한 힘을 들이지 아니하여도 능히 큰 지견을 얻을 수 있게 하자는 것이니라."

22. 대종사 말씀하시기를 "공부하는 사람은 세상의 천만 경계에 항상 삼학의 대중을 놓지 말아야 할 것이니, 삼학을 비유하여 말하자면 배를 운전히는 데 지남침 같고 기관수 같은지라, 지남침과 기관수가 없으면 그 배가 능히 바다를 건너지 못할 것이요, 삼학의 대중이 없으면 사람이 능히 세상을 잘 살아나가기가 어렵나니라."

23. 대종사 말씀하시기를 "나의 교화하는 법은 비하건대 나무의 가지와 잎사귀로부터 뿌리에 이르게도 하고, 뿌리로부터 가지와 잎사귀에 이르게도 하나니, 이는 각각 그 사람의 근기根機[17]를 따라 법을 베푸는 연고이니라."

24. 송도성宋道性이 여쭙기를 "제가 전일에 옛 성인의 경전도 혹 보았고 그 뜻의 설명도 들어보았사오나 그때에는 한갓 읽어서 욀 뿐이요, 도덕의 참뜻이 실지로 해득되지 못하옵더니 대종사를 뵈온 후로는 차차 사리에 밝아짐이 있사오나, 알고 보니 전에 보던 그 글이요, 전에 듣던 그 말씀이

---

17 각자의 품성이나 지혜, 또는 가르침을 믿고 수행할 수 있는 정도나 역량을 말한다. 공부인의 근기는 대체로 상중하로 나누며, 각 근기에 관한 설명은 『대종경』 신성품 2를 참조.

온데, 어찌하여 모든 것이 새로 알아지는 감이 있사온지 그 이유를 알고자 하나이다." 대종사 말씀하시기를 "옛 경전은, 비유하여 말하자면, 이미 지어놓은 옷과 같아서 모든 사람의 몸에 고루 다 맞기가 어려우나 직접 구전 심수口傳心授로 배우는 것은 그 몸에 맞추어 새 옷을 지어 입는 것과 같아서 옷이 각각 그 몸에 맞으리니, 각자의 근기와 경우를 따라 각각 그에 맞는 법으로 마음 기틀[18]을 계발啓發하는 공부가 어찌 저 고정한 경전만으로 하는 공부에 비할 바이리요."

25. 목사 한 사람이 말하기를 "예로부터 어느 교단을 막론하고 대개 계율戒律을 말하였으나 저의 생각으로는 그것이 도리어 사람의 순진한 천성을 억압하고 자유의 정신을 속박하여 사람을 교화하는 데 적지 않은 지장이 되는가 하나이다." 대종사 말씀하시기를 "어떠한 점에서 그러한 생각을 하게 되었는가." 목사 말하기를 "세상 사람들이 종교의 진리를 이해하지 못하여 공연히 배척하는 수도 없지 않지마는 대개는 교리의 신성함은 느끼면서도 사실로 믿음에 들지 않는 것은 그 이면에 계율을 꺼리어 주저하는 수도 적지 않사오니 이러한 사람들은 계율이 없었으면 구제의 범위에 들었을 것이 아니오니까." 대종사 말씀하시기를 "귀하는 다만 그러한 사람들이 제도의 범위에 들지 못하는 것만 애석히 알고 다른 곳에 큰 영향이 미칠 것은 생각지 아니하는가. 우리에게도 서른가지 계문이 있으나 한 가지도 삭제할 만한 것이 없으므로 그대로 지키게 하노라. 다만 계율을 주는 방법에 있어서는 사람의 정도를 따라 계단적으로 주나니, 누구나 처음 입교하면 저 세상에서 젖은 습관이 쉽게 떨어지지 않을 것이므로 그들에게 능히 지킬 만한 정도로 먼저 십계十戒[19]를 주고 또 계단을 밟는 대로 십

---

18 마음 바탕과 형세.

19 법위등급 중 보통급에게 주는 10계문을 말한다. 보통급에서 예비특신급으로 승급하면 특신급 10계문을, 특신급에서 예비법마상전급으로 승급하면 법마상전급 10계문을 준다.

계씩을 주며 삼십계를 다 마친 후에는 계율을 더 주지 아니하고 자유에 맡기나니, 그 정도에 이른 사람은 부당한 일과 당연한 일을 미리 알아 행하는 까닭이니라. 그러나, 그렇지 못한 사람은 도저히 그대로 방임할 수 없나니 자각 있는 공부인과 초학자 다스리는 방식이 어찌 서로 같을 수 있으리요. 세상에는 어리석은 사람이 더 많거늘 방금 귀하의 주장은 천만인 가운데 한두 사람에게나 적당할 법이라 어찌 한두 사람에게 적당할 법으로 천만인을 등한시하리요. 또는, 사람이 혼자만 생활한다면 자행 자지하여도 별 관계가 없을지 모르나 세상은 모든 법망法網이 정연히 벌여 있고 일반 사회가 고루 보고 있나니, 불의의 행동을 자행한다면 어느 곳을 향하여 설 수 있겠는가. 그러므로, 나는 생각하기를 사람이 세상에 나서면 일동 일정을 조심하여 엷은 얼음 밟는 것같이 하여야 인도人道에 탈선됨이 없을 것이며, 그러므로 공부인에게 계율을 주지 않을 수 없다 하노라.”

26. 대종사 부산 지방에 가시었더니, 교도 몇 사람이 와서 뵈옵고 말하기를 “저희들이 대종사의 법을 한량없이 흠앙하오나, 다만 어업으로써 생계를 삼으므로 항상 첫 계문[20]을 범하게 되오니, 이것이 부끄러워 스스로 퇴굴심退屈心[21]이 나나이다.” 대종사 말씀하시기를 “근심하지 말라. 사람의 생업生業은 졸지에 바꾸기 어렵나니, 그대들의 받은 삼십 계문 가운데에 그 한 계문은 비록 범한다 할지라도 그 밖의 스물아홉 계를 성심誠心으로 지킨다면 능히 스물아홉 선善을 행하여 사회에 무량한 공덕이 나타나리니, 어찌 한 조목을 수행하지 못한다 하여 가히 지킬 만한 남은 계문까지 범하게 되어 더욱 죄고의 구렁에 들어가리요. 또는, 남은 계문을 다 능히 지키면 그 한 계문도 자연히 지킬 길이 생기게 되리니 이와 같은 신념으로 공부에 조금도 주저하지 말라.”

---

20   보통급 십계문의 첫번째 조목인 “연고 없이 살생을 말며”를 말한다.
21   스스로 포기하거나 타락하여 본래 서원과 공부심이 후퇴하는 마음.

27. 대종사 선원에 출석하여 말씀하시기를 "이인의화李仁義華가 지금 큰 발심이 나서 영업하는 것도 잊어버리고, 예회를 본다 선원에 참예한다 하여 그 신성이 대단하므로 상을 주는 대신에 이 시간을 인의화에게 허락하노니 물을 일이 있거든 물어보라." 인의화 여쭙기를 "어떤 사람이 너희 교에서는 무엇을 가르치고 배우느냐고 묻는다면 어떻게 대답하오리까." 대종사 말씀하시기를 "원래 불교는 일체유심조一切唯心造 되는 이치를 스스로 깨쳐 알게 하는 교이니 그 이치를 가르치고 배운다고 하면 될 것이요, 그 이치를 알고 보면 불생 불멸의 이치와 인과 보응의 이치까지도 다 해결되나니라." 또 여쭙기를 "그 이치를 안 후에는 어떻게 공부를 하나이까." 대종사 말씀하시기를 "마음이 경계를 대하여 요란하지도 않고 어리석지도 않고 그르지도 않게 하나니라."

28. 대종사 김영신에게 물으시기를 "사람이 세상에서 생활하기로 하면 어떠한 것이 제일 긴요한 것이 되겠느냐." 영신이 사뢰기를 "의·식·주에 관한 것이 제일 긴요하다고 생각하나이다." 또 물으시기를 "네가 학교에서 배운 여러 과목 중에서는 어떠한 과목이 제일 긴요한 것이 되겠느냐." 영신이 사뢰기를 "수신修身하는 과목이 제일 긴요하다고 생각되나이다." 대종사 말씀하시기를 "네 말이 옳도다. 사람이 육신 생활하는 데에는 의·식·주가 중요하고 공부를 하는 데에는 수신이 중요하나니, 이는 곧 의·식·주나 수신이 생활과 공부의 근본이 되는 까닭이니라. 그러나, 지금 학교에서 가르치는 수신 과목만으로는 수신의 법이 충분하지 못할 것이요, 오직 마음 닦는 공부를 주장하는 도가道家가 아니면 그 진경을 다 발휘하지 못할 것이니, 그러므로, 도학 공부는 모든 학술의 주인이요, 모든 공부의 근본이 되는 줄을 항상 명심하라."

29. 대종사 선원禪院 대중에게 물으시기를 "그대들은 여기서 무엇을 배우느냐고 묻는 이가 있다면 어떻게 대답하겠는가" 하시니, 한 선원禪員은 "삼대력 공부를 한다 하겠나이다" 하고, 또 한 선원은 "인생의 요도를 배운다 하겠나이다" 하며, 그 밖에도 여러 사람의 대답이 한결같지 아니한지라, 대종사 들으시고 말씀하시기를 "그대들의 말이 다 그럴듯하나 나도 또한 거기에 부연하여 한 말 하여주리니 자세히 들으라. 무릇, 무슨 문답이나 그 상대편의 인물과 태도에 따라 그때에 적당한 대답을 하여야 할 것이나, 대체적으로 대답한다면 나는 모든 사람들의 마음 작용하는 법을 가르친다고 할 것이며, 거기에 다시 부분적으로 말하자면 지식 있는 사람에게는 지식 사용하는 방식을, 권리 있는 사람에게는 권리 사용하는 방식을, 물질 있는 사람에게는 물질 사용하는 방식을, 원망 생활하는 사람에게는 감사 생활하는 방식을, 복 없는 사람에게는 복 짓는 방식을, 타력 생활하는 사람에게는 자력 생활하는 방식을, 배울 줄 모르는 사람에게는 배우는 방식을, 가르칠 줄 모르는 사람에게는 가르치는 방식을, 공익심 없는 사람에게는 공익심이 생겨나는 방식을 가르쳐준다고 하겠노니, 이를 몰아 말하자면 모든 재주와 모든 물질과 모든 환경을 오직 바른 도로 이용하도록 가르친다 함이니라."

30. 또 말씀하시기를 "지금 세상은 물질 문명의 발전을 따라 사·농·공·상에 대한 학식과 기술이 많이 진보되었으며, 생활 기구도 많이 화려하여졌으므로 이 화려한 물질에 눈과 마음이 황홀하여지고 그 반면에 물질을 사용하는 정신은 극도로 쇠약하여, 주인 된 정신이 도리어 물질의 노예가 되고 말았으니 이는 실로 크게 근심될 현상이라. 이 세상에 아무리 좋은 물질이라도 사용하는 마음이 바르지 못하면 그 물질이 도리어 악용되고 마는 것이며, 아무리 좋은 재주와 박람 박식博覽博識이라도 그 사용하는 마음이 바르지 못하면 그 재주와 박람 박식이 도리어 공중公衆에 해독을 주게

되는 것이며, 아무리 좋은 환경이라도 그 사용하는 마음이 바르지 못하면 그 환경이 도리어 죄업을 돕지 아니하는가. 그러므로, 천하에 벌어진 모든 바깥 문명이 비록 찬란하다 하나 오직 마음 사용하는 법의 조종 여하에 따라 이 세상을 좋게도 하고 낮게도 하나니, 마음을 바르게 사용하면 모든 문명이 다 낙원을 건설하는 데 보조하는 기관이 되는 것이요, 마음을 바르지 못하게 사용하면 모든 문명이 도리어 도둑에게 무기를 주는 것과 같이 되나니라. 그러므로, 그대들은 새로이 각성하여 이 모든 법의 주인이 되는 용심법用心法[22]을 부지런히 배워서 천만 경계에 항상 자리 이타로 모든 것을 선용善用하는 마음의 조종사가 되며, 따라서 그 조종 방법을 여러 사람에게 교화하여 물심 양면으로 한가지 참 문명 세계를 건설하는 데에 노력할지어다."

31. 대종사 말씀하시기를 "안으로 정신 문명을 촉진하여 도학을 발전시키고 밖으로 물질 문명을 촉진하여 과학을 발전시켜야 영육이 쌍전하고 내외가 겸전하여 결함 없는 세상이 되리라. 그러나, 만일 현대와 같이 물질 문명에만 치우치고 정신 문명을 등한시하면 마치 철모르는 아이에게 칼을 들려준 것과 같아서 어느 날 어느 때에 무슨 화를 당할 지 모를 것이니, 이는 육신은 완전하나 정신에 병이 든 불구자와 같고, 정신 문명만 되고 물질 문명이 없는 세상은 정신은 완전하나 육신에 병이 든 불구자와 같나니, 그 하나가 충실하지 못하고 어찌 완전한 세상이라 할 수 있으리요. 그러므로, 내외 문명이 병진되는 시대라야 비로소 결함 없는 평화 안락한 세계가 될 것이니라."

32. 대종사 말씀하시기를 "세상 사람들이 물질 문명과 도덕 문명의 두

---

22   물(物)과 심(心)을 포함한 모든 법을 자리이타로 잘 사용하는 마음 작용법.

가지 혜택으로 그 생활에 한없는 편리와 이익을 받게 되나니, 여러 발명가와 도덕가에게 늘 감사하지 아니할 수 없나니라. 그러나, 물질 문명은 주로 육신 생활에 편리를 주는 것이므로 그 공효가 바로 현상에 나타나기는 하나 그 공덕에 국한이 있으며, 도덕 문명은 원래 형상 없는 사람의 마음을 단련하는 것이므로 그 공효가 더디기는 하나 그 공덕에 국한이 없나니, 제생 의세濟生醫世하는 위대한 힘이 어찌 물질 문명에 비할 것이며, 그 광명이 어찌 한 세상에 그치고 말 것이리요. 그러나, 지금 사람들은 아직까지 나타난 물질 문명은 찾을 줄 알면서도 형상 없는 도덕 문명을 찾는 사람은 적으니 이것이 당면한 큰 유감이니라."

33. 대종사 말씀하시기를 "과거에는 부처님께서 모든 출가 수행자에게 잘 입으려는 것과 잘 먹으려는 것과 잘 거처하려는 것과 세상 낙을 즐기려는 것들을 다 엄중히 말리시고 세상 낙에 욕심이 나면 오직 심신을 적적하게 만드는 것으로만 낙을 삼으라 하시었으나, 나는 가르치기를 그대들은 정당한 일을 부지런히 하고 분수에 맞게 의·식·주도 수용하며, 피로의 회복을 위하여 때로는 소창消暢[23]도 하라 하노니, 인지가 발달되고 생활이 향상되는 이 시대에 어찌 좁은 법만으로 교화를 할 수 있으리요. 마땅히 원융圓融한 불법으로 개인·가정·사회·국가·세계에 두루 활용되게 하여야 할 것이니 이것이 내 법의 주체이니라."

34. 대종사 영산에서 선원 대중에게 말씀하시기를 "지금 세상은 전에 없던 문명한 시대가 되었다 하나 우리는 한갓 그 밖으로 찬란하고 편리한 물질 문명에만 도취할 것이 아니라, 마땅히 그에 따르는 결함과 장래의 영향이 어떠할 것을 잘 생각해보아야 할 것이니, 지금 세상은 밖으로 문명의 도

---

23 몸의 피로와 답답한 마음을 풀고 동지 간의 화합을 도모하기 위한 활동.

수도數[24]가 한층 나아갈수록 안으로 병맥病脈[25]의 근원이 깊어져서 이것을 이대로 놓아두다가는 장차 구하지 못할 위경危境에 빠지게 될지라, 세도世道에 관심을 가진 사람들로 하여금 깊은 근심을 금하지 못하게 하는 바이니라. 그러면, 지금 세상은 어떠한 병이 들었는가. 첫째는 돈의 병이니, 인생의 온갖 향락과 욕망을 달성함에는 돈이 먼저 필요하다는 것을 알게 된 사람들은 의리나 염치보다 오직 돈이 중하게 되어 이로 인하여 모든 윤기倫氣[26]가 쇠해지고 정의情誼가 상하는 현상이라 이것이 곧 큰 병이며, 둘째는 원망의 병이니, 개인·가정·사회·국가가 서로 자기의 잘못은 알지 못하고 저편의 잘못만 살피며, 남에게 은혜 입은 것은 알지 못하고 나의 은혜 입힌 것만을 생각하여, 서로서로 미워하고 원망함으로써 크고 작은 싸움이 그칠 날이 없나니, 이것이 곧 큰 병이며, 셋째는 의뢰의 병이니, 이 병은 수백년 문약文弱의 폐弊[27]를 입어 이 나라 사람에게 더욱 심한 바로서 부유한 집안 자녀들은 하는 일 없이 놀고먹으려 하며, 자기의 친척이나 벗 가운데에라도 혹 넉넉하게 사는 사람이 있으면 거기에 의세하려 하여 한 사람이 벌면 열 사람이 먹으려 하는 현상이라 이것이 곧 큰 병이며, 넷째는 배울 줄 모르는 병이니, 사람의 인격이 그 구분九分[28]은 배우는 것으로 이루어지는지라 마치 벌이 꿀을 모으는 것과 같이 어느 방면 어느 계급의 사람에게라도 나에게 필요한 지식이 있다면 반드시 몸을 굽혀 그것을 배워야할 것이어늘 세상 사람들 중에는 제각기 되지 못한 아만심에 사로잡혀 그배울 기회를 놓치고 마는 수가 허다하나니, 이것이 곧 큰 병이며, 다섯째는 가르칠 줄 모르는 병이니, 아무리 지식이 많은 사람이라도 그 지식을 사물에 활용할 줄 모르거나, 그것을 펴서 후진에게 가르칠 줄을 모른다면 그것

---

24   문명이 발전한 정도.
25   병의 진행. 또는 병을 앓고 있는 사람의 맥박을 의미함.
26   도덕·윤리에 대한 감각이나 의식.
27   실용적이거나 실천적이지 못하고 관념에 떨어진 학문으로 인해 나타난 폐단.
28   10분의 9.

은 알지 못함과 다름이 없는 것이어늘 세상 사람들 중에는 혹 좀 아는 것
이 있으면 그것으로 자만自慢하고 자긍自矜하여 모르는 사람과는 상대도
아니하려 하는 수가 허다하나니, 이것이 곧 큰 병이며, 여섯째는 공익심이
없는 병이니, 과거 수천년 동안 내려온 개인주의가 은산 철벽銀山鐵壁같이
굳어져서 남을 위하여 일하려는 사람은 근본적으로 드물 뿐 아니라 일시
적 어떠한 명예에 끌려서 공중사公衆事를 표방하고 무엇을 하다가도 다시
사심私心의 발동으로 그 일을 실패 중지하여 이로 말미암아 모든 공익 기
관이 거의 피폐하는 현상이라 이것이 곧 큰 병이니라."

35. 대종사 이어서 말씀하시기를 "그런즉 이 병들을 고치기로 할진대 무
엇보다 먼저 도학을 장려하여 분수에 편안하는 도와, 근본적으로 은혜를
발견하는 도와, 자력 생활하는 도와, 배우는 도와, 가르치는 도와, 공익 생
활하는 도를 가르쳐서 사람 사람으로 하여금 안으로 자기를 반성하여 각
자의 병든 마음을 치료하게 하는 동시에, 선병자의先病者醫[29]라는 말과 같
이 밖으로 세상을 관찰하여 병든 세상을 치료하는 데에 함께 노력하여야
할지니, 지금 세상의 이 큰 병을 치료하는 큰 방문方文은 곧 우리 인생의 요
도인 사은 사요[30]와 공부의 요도인 삼학 팔조[31]라, 이 법이 널리 세상에 보
급된다면 세상은 자연 결함 없는 세계가 될 것이요, 사람들은 모두 불보살
이 되어 다시 없는 이상의 천국에서 남녀노소가 다 같이 낙원을 수용하게
되리라."

36. 대종사 말씀하시기를 "종교와 정치는 한 가정에 자모慈母와 엄부嚴

---

29 자기의 병을 치료한 사람이 같은 병에 걸린 타인을 치료할 수 있다는 말.
30 사은은 천지은·부모은·동포은·법률은, 사요는 자력 양성, 지자 본위, 타자녀 교육, 공도자
    숭배를 가리킴. 내용은 『정전』 사은·사요 참조.
31 삼학은 정신 수양, 사리 연구, 작업 취사, 팔조는 신·분·의·성(진행 사조), 불신·탐욕·나·우
    (사연 사조)를 가리킴. 내용은 『정전』 삼학·팔조 참조.

父 같나니 종교는 도덕에 근원하여 사람의 마음을 가르쳐 죄를 짓기 전에 미리 방지하고 복을 짓게 하는 법이요, 정치는 법률에 근원하여 일의 결과를 보아서 상과 벌을 베푸는 법이라, 자모가 자모의 도를 다하고 엄부가 엄부의 도를 다하여, 부모가 각각 그 도에 밝으면 자녀는 반드시 행복을 누릴 것이나 만일 부모가 그 도에 밝지 못하면 자녀가 불행하게 되나니, 자녀의 행과 불행은 곧 부모의 잘하고 못하는 데에 있는 것과 같이 창생의 행과 불행은 곧 종교와 정치의 활용 여하에 달려 있는지라 제생 의세를 목적하는 우리의 책임이 어찌 중하지 아니하리요. 그러므로, 우리는 먼저 우리의 교의敎義를 충분히 알아야 할 것이요, 안 후에는 이 교의를 세상에 널리 베풀어서 참다운 도덕에 근본한 선정 덕치善政德治를 베풀어 모든 생령과 한가지 낙원의 생활을 하여야 우리의 책임을 다하였다 하리라."

37. 대종사 선원 해제식解制式[32]에서 대중에게 말씀하시기를 "나는 선중禪中 삼개월 동안에 바람 불리는 법을 그대들에게 가르쳤노니, 그대들은 바람의 뜻을 아는가. 무릇, 천지에는 동남과 서북의 바람이 있고 세상에는 도덕과 법률의 바람이 있나니, 도덕은 곧 동남풍이요 법률은 곧 서북풍이라, 이 두 바람이 한가지 세상을 다스리는 강령이 되는바, 서북풍은 상벌을 주재하는 법률가에서 담당하였거니와 동남풍은 교화를 주재하는 도가에서 직접 담당하였나니, 그대들은 마땅히 동남풍 불리는 법을 잘 배워서 천지의 상생 상화相生相和하는 도를 널리 실행하여야 할 것이니라. 그런즉, 동남풍 불리는 법은 어떠한 것인가. 이것은 예로부터 모든 부처님과 성자들의 교법이나 지금 우리의 교의가 다 그 바람을 불리는 법이요, 이 선기禪期 중에 여러 가지의 과정이 또한 그 법을 훈련시킨 것이니, 그대들은 각자의 집에 돌아가 그 어떠한 바람을 불리겠는가. 엄동 설한에 모든 생령이 음

---

32   정기 훈련(동·하선)이나 강습회 등을 마무리하는 의식.

울한 공기 속에서 갖은 고통을 받다가 동남풍의 훈훈한 기운을 만나서 일제히 소생함과 같이 공포에 싸인 생령이 안심을 얻고, 원망에 싸인 생령이 감사를 얻고, 상극相克에 싸인 생령이 상생을 얻고, 죄고에 얽힌 생령이 해탈을 얻고, 타락에 처한 생령이 갱생을 얻어서 가정·사회·국가·세계 어느 곳에든지 당하는 곳마다 화化하게 된다면 그 얼마나 거룩하고 장한 일이겠는가. 이것이 곧 나의 가르치는 본의요, 그대들이 행할 바 길이니라. 그러나, 이러한 동남풍의 감화는 한갓 설교 언설만으로 주어지는 것이 아니요, 먼저 그대들의 마음 가운데에 깊이 이 동남풍이 마련되어서 심화 기화 心和氣和[33]하며 실천 궁행하는 데에 이루어지나니, 그대들은 이 선기 중에 배운바 모든 교의를 더욱 연마하고 널리 활용하여, 가는 곳마다 항상 동남풍의 주인공이 돼라."

38. 대종사 말씀하시기를 "종교와 정치가 세상을 운전하는 것은 수레의 두 바퀴 같나니, 만일 두 바퀴가 폐물이 되었다든지, 또는 한 바퀴라도 무슨 고장이 있다든지, 또는 그 운전사의 운전이 서투르다면 그 수레는 잘 운행되지 못할 것이니라. 그런즉, 어찌하여야 그 수레를 잘 운전하여 수레의 본분을 잃지 아니하게 할 것인가. 이는 곧 두가지 방법이 있나니, 하나는 수레를 자주 수선하여 폐물이 되거나 고장이 생기지 않게 하는 것이요, 하나는 그 수레를 운전하는 사람이 지리地理를 잘 알아서 그에 맞추어 안전하게 운전하는 것이라, 종교와 정치도 또한 이와 같아서 세상을 잘 운전하기로 하면 시대를 따라서 부패하거나 폐단이 생기지 않게 할 것이요, 그 지도자가 인심의 정도를 맞추어서 적당하게 법을 쓰고 정사政事를 하여야 할 것이니라."

---

[33] 상생·상화 하는 도덕을 실행하여 자신을 포함한 모든 생령의 마음과 기운을 조화롭게 함.

39. 대종사 물으시기를 "우리가 기위[34] 한 교문을 열었으니 어찌하여야 과거의 모든 폐단을 개선하고 새로운 종교로써 세상을 잘 교화하겠는가." 박대완朴大完이 사뢰기를 "모든 일이 다 가까운 데로부터 되는 것이오니 세상을 개선하기로 하오면 먼저 우리 각자의 마음을 개선하여야 하겠나이다." 송만경宋萬京이 사뢰기를 "우리의 교리와 제도가 이미 시대를 응하여 제정되었사오니 그 교리와 제도대로 실행만 하오면 자연 세상이 개선되겠나이다." 조송광曹頌廣이 사뢰기를 "저는 아직 대종사의 깊으신 뜻을 다 알지 못하오나 대종사의 법은 지극히 원만하고 지극히 평등하사 세계의 대운大運[35]을 따라 무위이화無爲而化로 모든 인류가 개선될 줄 믿나이다." 대종사 말씀하시기를 "그대들의 말이 다 옳도다. 사람이 만일 세상을 개선하기로 하면 먼저 자기의 마음을 개선하여야 할 것이요, 마음을 개선하기로 하면 먼저 그 개선하는 법이 있어야 하는데, 우리는 이미 법이 있고 또는 그대들이 이 공부하는 이치를 알았으니 더욱 정성을 다하여 오늘의 이 문답이 반드시 실천으로 나타나게 하라. 각 종교가 개선되면 사람들의 마음이 개선될 것이요, 사람들의 마음이 개선되면 나라와 세계의 정치도 또한 개선되리니 종교와 정치가 비록 분야는 다르나 그 이면에는 서로 떠나지 못할 연관이 있어서 한가지 세상의 선 불선善不善을 좌우하게 되나니라."

---

34 '이미', '벌써'를 뜻함.
35 미래의 정해진 운수를 말하는 것이 아니라, 앞으로 세상이 어떤 방향으로 추동해가는 큰 힘을 뜻함.

제3 수행품修行品

1. 대종사 말씀하시기를 "내가 그대들에게 '일상 수행의 요법'을 조석으로 외게 하는 것은 그 글만 외라는 것이 아니요, 그 뜻을 새겨서 마음에 대조하라는 것이니, 대체로는 날로 한번씩 대조하고 세밀히는 경계를 대할 때마다 잘 살피라는 것이라, 곧 심지心地에 요란함이 있었는가 없었는가, 심지에 어리석음이 있었는가 없었는가, 심지에 그름이 있었는가 없었는가, 신·분·의·성信忿疑誠[1]의 추진이 있었는가 없었는가, 감사 생활을 하였는가 못하였는가, 자력 생활을 하였는가 못하였는가, 성심으로 배웠는가 못 배웠는가, 성심으로 가르쳤는가 못 가르쳤는가, 남에게 유익을 주었는가 못 주었는가를 대조하고 또 대조하며 챙기고 또 챙겨서 필경은 챙기지 아니하여도 저절로 되어지는 경지에까지 도달하라 함이니라. 사람의 마음은 지극히 미묘하여 잡으면 있어지고 놓으면 없어진다 하였나니, 챙기지 아니하고 어찌 그 마음을 닦을 수 있으리요. 그러므로, 나는 또한 이 챙기는 마음을 실현시키기 위하여 '상시 응용 주의 사항'과 '교당 내왕 시 주의

---

1   『정전』 팔조 참조.

사항'을 정하였고 그것을 조사하기 위하여 '일기법'을 두어 물샐틈없이 그 수행 방법을 지도하였나니 그대들은 이 법대로 부지런히 공부하여 하루 속히 초범 입성超凡入聖[2]의 큰일을 성취할지어다."

2. 대종사 말씀하시기를 "공부인이 동動하고 정靜하는 두 사이에 수양력 修養力 얻는 빠른 방법은, 첫째는 모든 일을 작용할 때에 나의 정신을 시끄럽게 하고 정신을 빼앗아갈 일을 짓지 말며 또는 그와 같은 경계를 멀리할 것이요, 둘째는 모든 사물을 접응[3]할 때에 애착 탐착을 두지 말며 항상 담담한 맛을 길들일 것이요, 셋째는 이 일을 할 때에 저 일에 끌리지 말고 저 일을 할 때에 이 일에 끌리지 말아서 오직 그 일 그 일에 일심만 얻도록 할 것이요, 넷째는 여가 있는 대로 염불과 좌선하기를 주의할 것이니라. 또는, 동하고 정하는 두 사이에 연구력 얻는 빠른 방법은, 첫째는 인간 만사를 작용할 때에 그 일 그 일에 알음알이를 얻도록 힘쓸 것이요, 둘째는 스승이나 동지로 더불어 의견 교환하기를 힘쓸 것이요, 셋째는 보고 듣고 생각하는 중에 의심나는 곳이 생기면 연구하는 순서를 따라 그 의심을 해결하도록 힘쓸 것이요, 넷째는 우리의 경전 연습하기를 힘쓸 것이요, 다섯째는 우리의 경전 연습을 다 마친 뒤에는 과거 모든 도학가道學家의 경전을 참고하여 지견을 넓힐 것이니라. 또는, 동하고 정하는 두 사이에 취사력 얻는 빠른 방법은, 첫째는 정의正義인 줄 알거든 크고 작은 일을 막론하고 죽기로써 실행할 것이요, 둘째는 불의인 줄 알거든 크고 작은 일을 막론하고 죽기로써 하지 않을 것이요, 셋째는 모든 일을 작용할 때에 즉시 실행이 되지 않는다고 낙망하지 말고 정성을 계속하여 끊임없는 공을 쌓을 것이니라."

3. 대종사 말씀하시기를 "과거 도가道家에서 공부하는 것을 보면, 정靜할

---

2   범부의 삶에서 벗어나 성인의 대열에 들어감.
3   사물을 접촉하고 응대함.

때 공부에만 편중하여, 일을 하자면 공부를 못하고 공부를 하자면 일을 못한다 하여, 혹은 부모처자를 이별하고 산중에 가서 일생을 지내며 혹은 비가 와서 마당의 곡식이 떠내려가도 모르고 독서만 하였나니 이 어찌 원만한 공부법이라 하리요. 그러므로, 우리는 공부와 일을 둘로 보지 아니하고 공부를 잘하면 일이 잘되고 일을 잘하면 공부가 잘되어 동과 정 두 사이에 계속적으로 삼대력 얻는 법을 말하였나니 그대들은 이 동과 정에 간단間斷이 없는 큰 공부에 힘쓸지어다."

4. 대종사 선원 대중에게 말씀하시기를 "전문 입선入禪하는 것이 초학자에 있어서는 그 규칙생활에 혹 괴로운 감도 있고 혹 부자유한 생각도 있을 것이나, 공부가 점점 익어가고 심신이 차차 단련되는 때에는 이보다 편안하고 재미있는 생활이 더 없을 것이니, 그대들은 매일 과정을 지킬 때에 괴로운 생활을 하는가 편안한 생활을 하는가 늘 그 마음을 대조하여보라. 괴로운 생활을 하는 사람은 아직 진세塵世의 업연業緣이 남아 있는 것이요, 편안한 생활을 하는 사람은 점점 성불의 문이 열리는 것이니라."

5. 대종사 말씀하시기를 "사람이 무슨 일이나 그 하는 일에 정성이 있고 없는 것은 그 일이 자기에게 어떠한 관계가 있는가를 알고 모름에 있나니, 가령 의식衣食을 구하는 사람이 의식을 구하는 데에 정성이 있는 것은 그 의식이 자기의 생활 유지에 직접 관계있는 것을 아는 연고요, 병을 치료하는 사람이 치료에 정성이 있는 것은 그 치료가 자기의 건강 보존에 중요한 관계가 있는 것을 아는 연고며, 공부하는 사람이 공부에 정성이 있는 것은 그 공부가 자기의 앞날에 중대한 관계가 있는 것을 아는 연고라, 이 관계를 아는 사람은 공부하기에 비록 천만 고통이 있을지라도 이를 능히 극복할 것이며, 스승이나 동지들이 혹 자기에게 무슨 범연한 일이 있다 하여도 조금도 트집이 나지 아니할 것이나, 이 관계를 알지 못하는 사람은 공부하는

데에도 인내력이 없을 것이요, 스승이나 동지에게도 공연한 불만을 품기가 쉬우며, 공부나 사업하는 것이 남의 일을 하여주는 듯한 감을 가지게 되리니, 그대들은 이 공부를 하는 것이 각각 그대들에게 어떠한 관계가 있는 것을 깨치었는가 냉정한 정신으로 한번 더 생각하여보라."

6. 대종사 말씀하시기를 "사자나 범을 잡으러 나선 포수는 꿩이나 토끼를 보아도 함부로 총을 쏘지 아니하나니, 이는 작은 짐승을 잡으려다가 큰 짐승을 놓칠까 저어함이라, 큰 공부에 발심한 사람도 또한 이와 같아서 큰 발심을 이루는 데에 방해가 될까 하여 작은 욕심은 내지 않나니라. 그러므로, 성불을 목적하는 공부인은 세간의 모든 탐착과 애욕을 능히 불고不顧하여야 그 목적을 이룰 것이니 만일 소소한 욕심을 끊지 못하여 큰 서원과 목적에 어긋난다면, 꿩이나 토끼를 잡다가 사자나 범을 놓친 셈이라 그 어찌 애석하지 아니하리요. 그러므로, 나는 큰 발심이 있는 사람은 작은 욕심을 내지 말라 하노라."

7. 대종사 선원 대중에게 말씀하시기를 "영광靈光의 교도 한 사람은 품삯 얼마를 벌기 위하여 예회例會 날 교당 근처에서 일을 하고 있더라 하니 그대들은 그 사람을 어떻게 생각하는가." 한 제자 사뢰기를 "그 사람이 돈만 알고 공부에 등한한 것은 잘못이오나 만일 그날 하루의 먹을 것이 없어서 부모 처자가 주리게 되었다 하오면, 하루의 예회에 빠지고라도 식구들의 기한飢寒을 면하게 하는 것이 옳지 아니하오리까." 대종사 말씀하시기를 "그대의 말이 그럴듯하나 예회는 날마다 있는 것이 아니니 만일 공부에 참 발심이 있고 법의 가치를 중히 아는 사람이라면 그동안에 무엇을 하여서라도 예회 날 하루 먹을 것은 준비하여둘 것이어늘, 예회 날을 당하여 비로소 먹을 것을 찾는 것은 벌써 공부에 등한하고 법에 성의 없는 것이라, 그러므로 '교당 내왕 시 주의 사항'에도 미리 말하여둔 바가 있는 것이

며, 또는 혹 미리 노력을 하였으되 먹을 것이 넉넉지 못하더라도 그 사람의 마음 가운데 일호一毫의 사심私心이 없이 공부한다면 자연 먹을 것이 생기는 이치도 있나니, 예를 들어 말하자면 어린아이가 그 어머니의 배 밖에만 나오면 안 나던 젖이 나와져서 그 천록天祿⁴을 먹고 자라나는 것과 같나니라."

8. 대종사 예회에서 대중에게 말씀하시기를 "내가 오늘은 그대들에게 돈 버는 방식을 일러주려 하노니 잘 들어서 각각 넉넉한 생활들을 하여보라. 그 방식이라 하는 것은 밖으로 무슨 기술을 말하는 것이 아니라 안으로 각자의 마음 쓰는 법을 이름이니, 우리의 교법이 곧 돈을 버는 방식이 되나니라. 보라! 세상 사람들의 보통 생활에는 주색이나 잡기로 소모되는 금전이 얼마이며, 허영이나 외화外華로 낭비되는 물질이 얼마이며, 나태나 신용 없는 것으로 상실되는 재산이 또한 그 얼마인가. 생활의 표준이 없이 되는 대로 지내던 그 사람이 예회에 나와서 모든 법을 배우는 동시에 하라는 일과 말라는 일을 다만 몇 가지만 실행할지라도 공연히 허비하던 돈이 밖으로 새어 나가지 아니하고 근검과 신용으로 얻는 재산이 안에서 불어날 것이니, 이것이 곧 돈을 버는 방식이니라. 그러하거늘, 세상 사람들은 공부하는 것이 돈 버는 것과는 아무 관계가 없는 줄로 알고 돈이 없으니 공부를 못 한다 하며 돈을 벌자니 예회에 못 간다 하나니, 그 어찌 한편만 보는 생각이 아니리요. 그러므로, 이 이치를 아는 사람은 돈이 없으니 공부를 더 잘하고 돈을 벌자니 예회에 더 잘 나와야 하겠다는 신념을 얻어서 공부와 생활이 같이 향상의 길을 얻게 되리라."

9. 대종사 말씀하시기를 "보통 사람들은 항상 조용히 앉아서 좌선하고

---

4   하늘(진리)이 주는 복록.

염불하고 경전이나 읽는 것만 공부로 알고 실지 생활에 단련하는 공부가 있는 것은 알지 못하나니, 어찌 내정정內定靜 외정정外定靜[5]의 큰 공부법을 알았다 하리요. 무릇, 큰 공부는 먼저 자성自性의 원리를 연구하여 원래 착着이 없는 그 자리를 알고 실생활에 나아가서는 착이 없는 행行을 하는 것이니, 이 길을 잡은 사람은 가히 날을 기약하고 큰 실력을 얻으리라. 공부하는 사람이 처지 처지를 따라 이 일을 할 때 저 일에 끌리지 아니하고, 저 일을 할 때 이 일에 끌리지 아니하면 곧 이것이 일심 공부요, 이 일을 할 때 알음알이를 구하여 순서 있게 하고, 저 일을 할 때 알음알이를 구하여 순서 있게 하면 곧 이것이 연구 공부요, 이 일을 할 때 불의에 끌리는 바가 없고, 저 일을 할 때 불의에 끌리는 바가 없게 되면 곧 이것이 취사 공부며, 한가한 때에는 염불과 좌선으로 일심에 전공도 하고 경전 연습으로 연구에 전공도 하여, 일이 있는 때나 일이 없는 때를 오직 간단없이 공부로 계속한다면 저절로 정신에는 수양력이 쌓이고 사리事理에는 연구력이 얻어지고 작업에는 취사력이 생겨나리니, 보라! 송규는 입문入門한 이래로 지금까지 혹은 총부總部[6] 혹은 지방에서 임무에 노력하는 중 정식으로는 단 삼개월 입선入禪도 못하였으나, 현재 그의 실력을 조사하여본다면 정신의 수양력으로도 애착 탐착이 거의 떨어져서 희·로·애·락과 원·근·친·소에 끌리는 바가 드물고, 사리에 연구력으로도 일에 대한 시비 이해와 이치에 대한 대소 유무를 대체적으로 다 분석하고 작업에 취사력으로도 불의와 정의를 능히 분석하여 정의에 대한 실행이 십중팔구는 될 것이며, 사무에 바쁜 중에도 써 보낸 글들을 보면 진리도 깊으려니와 일반이 알기 쉬운 문체며 조리 강령이 분명하여 수정할 곳이 별로 없게 되었으니, 그는 오래지 아니하

---

5   정정(定靜)이란 마음이 안정되고 고요하다는 뜻으로, '내정정'이 안으로 마음이 요란하지 않게 하는 공부라면, '외정정'은 밖으로 경계에 마음이 흔들리지 않게 하여 입지가 부동하게 하는 공부를 말한다.

6   전북 익산에 위치한 원불교 중앙총부로, 종법실·교정원·감찰원 등 중요 기관이 속해 있다.

여 충분한 삼대력을 얻어 어디로 가든지 중인을 이익 주는 귀중한 인물이 될 것인바, 이는 곧 동정 간에 끊임없는 공부를 잘한 공덕이라, 그대들도 그와 같이 동정 일여動靜一如[7]의 무시선無時禪 공부에 더욱 정진하여 원하는 삼대력을 충분히 얻을지어다."

10. 대종사 말씀하시기를 "일이 없을 때에는 항상 일 있을 때에 할 것을 준비하고 일이 있을 때에는 항상 일 없을 때의 심경을 가질지니, 만일 일 없을 때에 일 있을 때의 준비가 없으면 일을 당하여 창황 전도蒼惶顚倒함을 면하지 못할 것이요, 일 있을 때에 일 없을 때의 심경을 가지지 못한다면 마침내 판국에 얽매인 사람이 되고 마나니라."

11. 회화會話 시간에 전음광全飮光이 공부인과 비공부인의 다른 점이란 문제로 말하는 가운데 "이 공부를 하지 않는 사람들도 어떠한 경우에 이르고 보면 또한 다 삼학을 이용하게 되나, 그들은 그때 그 일만 지나가면 방심이요 관심이 없기 때문에 평생을 지내도 공부상 아무 진보가 없지마는, 우리 공부인은 때의 동·정과 일의 유·무를 헤아릴 것 없이 이 삼학을 공부로 계속하는 까닭에 법대로 꾸준히만 계속한다면 반드시 큰 인격을 완성할 것이라" 하는지라, 대종사 들으시고 말씀하시기를 "음광의 말이 뜻이 있으나 내 이제 더욱 자상한 말로 그 점을 밝혀주리라. 가령, 여기에 세 사람이 모여 앉았는데 한 사람은 기계의 연구를 하고 있으며, 한 사람은 좌선을 하고 있으며, 한 사람은 그저 무료히 앉아 있다 하면, 외면으로 보아 그들이 앉아 있는 모양은 별로 다를 것이 없으나, 오랜 시일을 계속한 후에는 각각 큰 차이가 나타나게 될 것이니, 기계 연구를 한 사람은 어떠한 발명이 나타날 것이요, 좌선에 힘쓴 사람은 정신에 정력을 얻을 것이요, 무료 도일

---

7   동할 때나 정할 때나 한결같이 성품에 따라 수행함.

無聊度日한 사람은 아무 성과가 없을지라, 이와 같이 무엇이나 그 하는 것을 쉬지 않은 결과는 큰 차이가 있나니라. 또는, 내가 어려서 얼마 동안 같이 글 배운 사람 하나가 있는데, 그는 공부에는 뜻이 적고 광대소리 하기를 즐겨하여 책을 펴놓고도 그 소리, 길을 가면서도 그 소리이더니 마침내 백발이 성성하도록 그 소리를 놓지 못하고 숨은 명창 노릇하는 것을 연전年前에 보았고, 나는 또 어렸을 때부터 우연히 진리 방면에 취미를 가지기 시작하여 독서에는 별로 정성이 적고, 밤낮으로 생각하는 바가 현묘한 그 이치이어서 이로 인하여 침식寢食을 다 잊고 명상에 잠긴 적이 한두번이 아니었으며, 그로부터 계속되는 정성이 조금도 쉬지 않은 결과 드디어 이날까지 진리생활을 하게 되었으니, 이것을 두고 볼지라도 사람의 일생에 그 방향의 선택이 제일 중요한 것이며, 이미 방향을 정하여 옳은 데에 입각한 이상에는 사심邪心 없이 그 목적하는 바에 노력을 계속하는 것이 바로 성공의 기초가 되나니라."

12. 대종사 말씀하시기를 "선종禪宗의 많은 조사祖師가 선禪에 대한 천만 방편과 천만 문로門路를 열어놓았으나, 한 말로 통합하여 말하자면 망념妄念을 쉬고 진성眞性을 길러서 오직 공적 영지空寂靈知가 앞에 나타나게 하자는 것이 선이니, 그러므로 '적적寂寂한 가운데 성성惺惺함은 옳고 적적한 가운데 무기無記[8]는 그르며, 또는 성성한 가운데 적적함은 옳고 성성한 가운데 망상妄想은 그르다' 하는 말씀이 선의 강령이 되나니라."

13. 대종사 좌선 시간에 선원에 나오시어 대중에게 물으시기를 "그대들이 이와 같이 오는 잠을 참고 좌선을 하고 있으니 장차 무엇을 하려 함인가." 권동화權動華 사뢰기를 "사람의 정신은 원래 온전하고 밝은 것이오나,

---

8   정신이 깨어 있지 않고 멍함.

욕심의 경계를 따라 천지 만엽으로 흩어져서 온전한 정신을 잃어버리는 동시에 지혜의 광명이 또한 매매昧하게 되므로, 일어나는 번뇌를 가라앉히고 흩어지는 정신을 통일시키어 수양의 힘과 지혜의 광명을 얻기 위함이 옵니다." 대종사 말씀하시기를 "그대들이 진실로 수양에 대한 공덕을 안다면 누가 권장하지 아니할지라도 정성이 스스로 계속될 것이나, 한가지 주의할 일은 그 방법에 대하여 혹 자상히 알지 못하고 그릇 조급한 마음을 내거나 이상한 자취9를 구하여 순일한 선법禪法을 바로 행하지 못한다면, 공부하는 가운데 혹 병에 걸리기도 하고 사도邪道에 흐르기도 하며, 도리어 번뇌가 더 일어나는 수도 있나니, 우리의 좌선법에 자주 대조하고 또는 선진자先進者에게 매양 그 경로를 물어서 공부에 조금도 그릇됨이 없게 하라. 만일 바른 공부를 부지런히 잘 행한다면 쉽게 심신의 자유를 얻게 되나니, 모든 부처 모든 성인과 일체 위인이 다 이 선법으로써 그만한 심력을 얻었나니라."

14. 대종사 선원 대중에게 말씀하시기를 "근래에 선종 각파에서 선의 방법을 가지고 서로 시비를 말하고 있으나, 나는 그 가운데 단전주丹田住법을 취하여 수양하는 시간에는 온전히 수양만 하고 화두 연마는 적당한 기회에 가끔 한번씩 하라 하노니, 의두 깨치는 방법이 침울한 생각으로 오래 생각하는 데에만 있는 것이 아니요, 명랑한 정신으로 기틀을 따라 연마하는 것이 그 힘이 도리어 더 우월한 까닭이니라."

15. 한 제자 수승 화강水昇火降되는 이치를 묻자온데 대종사 말씀하시기를 "물의 성질은 아래로 내리는 동시에 그 기운이 서늘하고 맑으며, 불의 성질은 위로 오르는 동시에 그 기운이 덥고 탁하나니, 사람이 만일 번거한

---

9   신통이나 이적 등 수행 중 나타나는 특이한 모습이나 결과를 말함.

생각을 일어내어 기운이 오르면 머리가 덥고 정신이 탁하여 진액津液이 마르는 것은 불 기운이 오르고 물 기운이 내리는 연고이요, 만일 생각이 잠자고 기운이 평순平順하면 머리가 서늘하고 정신이 명랑하여 맑은 침이 입 속에 도나니 이는 물 기운이 오르고 불 기운이 내리는 연고이니라.”

16. 대종사 말씀하시기를 “수양력을 얻어나가는 데 두 길이 있나니, 하나는 기질氣質의 수양이요 둘은 심성心性의 수양이라, 예를 들면 군인이 실지 전쟁에서 마음을 단련하여 부동심不動心이 되는 것은 밖으로 기질을 단련한 수양이요, 수도인이 오욕의 경계 중에서 마군魔軍을 항복받아 순역 경계에 부동심이 되는 것은 안으로 심성을 단련한 수양이라, 군인이 비록 밖으로 기질의 수양력을 얻었다 할지라도 안으로 심성의 수양력을 얻지 못하면 완전한 수양력이 되지 못하고, 수도인이 또한 안으로 심성의 수양력은 얻었으나 실지의 경계에 단련하여 기질의 수양력을 얻지 못하면 또한 완전한 수양력이 되지 못하나니라.”

17. 양도신梁道信이 여쭙기를 “대종사께옵서 평시에 말씀하시기를, 이 일을 할 때 저 일에 끌리지 아니하며, 저 일을 할 때 이 일에 끌리지 아니하고, 언제든지 하는 그 일에 마음이 편안하고 온전해야 된다 하시므로 저희들도 그와 같이 하기로 노력하옵던바, 제가 이즈음에 바느질을 하면서 약을 달이게 되었사온데 온 정신을 바느질하는 데 두었삽다가 약을 태워버린 일이 있사오니, 바느질을 하면서 약을 살피기로 하오면 이 일을 하면서 저 일에 끌리는 바가 될 것이옵고, 바느질만 하고 약을 불고하오면 약을 또 버리게 될 것이오니, 이런 경우에 어떻게 하는 것이 공부의 옳은 길이 되나이까.” 대종사 말씀하시기를 “네가 그때 약을 달이고 바느질을 하게 되었으면 그 두가지 일이 그때의 네 책임이니 성심 성의를 다하여 그 책임을 잘 지키는 것이 완전한 일심이요 참다운 공부니, 그 한가지에만 정신이 뽑

혀서 실수가 있었다면 그것은 두렷한 일심이 아니라 조각의 마음이며 부주의한 일이라, 그러므로 열가지 일을 살피나 스무가지 일을 살피나 자기의 책임 범위에서만 할 것 같으면 그것은 방심이 아니고 온전한 마음이며, 동動할 때 공부의 요긴한 방법이니라. 다만, 내가 아니 생각하여도 될 일을 공연히 생각하고, 내가 안 들어도 좋을 일을 공연히 들으려 하고, 내가 안 보아도 좋을 일을 공연히 보려 하고, 내가 안 간섭하여도 좋을 일을 공연히 간섭하여, 이 일을 할 때에는 정신이 저 일로 가고 저 일을 할 때에는 정신이 이 일로 와서 부질없는 망상이 조금도 쉴 사이 없는 것이 비로소 공부인의 크게 꺼릴 바이라, 자기의 책임만 가지고 이 일을 살피고 저 일을 살피는 것은 비록 하루에 백천만건件을 아울러 나아간다 할지라도 일심 공부하는 데에는 하등의 방해가 없나니라.”

18. 대종사 말씀하시기를 “그대들이 일심 공부를 하는데 그 마음이 번거하기도 하고 편안하기도 하는 원인을 아는가. 그것은 곧 일 있을 때에 모든 일을 정당하게 행하고 못 하는 데에 원인이 있나니, 정당한 일을 행하는 사람은 처음에는 혹 복잡하고 어려운 일이 많은 것 같으나 행할수록 심신이 점점 너그럽고 편안하여져서 그 앞길이 크게 열리는 동시에 일심이 잘 될 것이요, 부정당한 일을 행하는 사람은 처음에는 혹 재미있고 쉬운 것 같으나 행할수록 심신이 차차 복잡하고 괴로워져서 그 앞길이 막히게 되는 동시에 일심이 잘 되지 않나니, 그러므로 오롯한 일심 공부를 하고자 하면 먼저 부당한 원을 제거하고 부당한 행을 그쳐야 하나니라.”

19. 대종사 이순순李旬旬에게 물으시기를 “그대는 재가 공부在家工夫[10]를 어떻게 하는가.” 순순이 사뢰기를 “마음 안정하기를 주장하나이다.” 또

---

10   재가자로서 하는 공부. 또는 정기 훈련에 대응하는 상시 훈련.

물으시기를 "어떠한 방법으로 안정을 주장하는가." 순순이 사뢰기를 "그저 안정하고자 할 따름이옵고 특별한 방법을 알지 못하나이다." 대종사 말씀하시기를 "무릇, 사람에게는 항상 동과 정 두 때가 있고 정정定靜을 얻는 법도 외정정과 내정정의 두가지 길이 있나니, 외정정은 동하는 경계를 당할 때에 반드시 대의大義를 세우고 취사를 먼저 하여 망녕妄佞되고 번거한 일을 짓지 아니하는 것으로 정신을 요란하게 하는 마魔의 근원을 없이 하는 것이요, 내정정은 일이 없을 때에 염불과 좌선도 하며 기타 무슨 방법으로든지 일어나는 번뇌를 잠재우는 것으로 온전한 근본 정신을 양성하는 것이니, 외정정은 내정정의 근본이 되고 내정정은 외정정의 근본이 되어, 내와 외를 아울러 진행하여야만 참다운 마음의 안정을 얻게 되리라."

20. 송도성이 신문을 애독하여 신문을 받으면 보던 사무라도 그치고 읽으며, 급한 일이 있을 때에는 기사의 제목이라도 본 후에야 안심하고 사무에 착수하더니, 대종사 하루는 경계하시기를 "네가 소소한 신문 하나 보는 데에 그와 같이 정신을 빼앗기니 다른 일에도 혹 그러할까 근심되노라. 사람마다 각각 하고 싶은 일과 하기 싫은 일이 있는데 범부는 그 하고 싶은 일을 당하면 거기에 끌리어 온전하고 참된 정신을 잃어버리고, 그 하기 싫은 일을 당하면 거기에 끌리어 인생의 본분을 잃어버려서 정당한 공도公道를 밟지 못하고 번민과 고통을 스스로 취하나니, 이러한 사람은 결코 정신의 안정과 혜광慧光을 얻지 못하나니라. 내가 이러한 작은 일에 너를 경계하는 것은 너에게 정신이 끌리는 실상을 잡아 보이는 것이니, 너는 마땅히 그 하고 싶은 데에도 끌리지 말고, 하기 싫은 데에도 끌리지 말고, 항상 정당한 도리만 밟아 행하여 능히 천만 경계를 응용하는 사람은 될지언정 천만 경계에 끌려 다니는 사람은 되지 말라. 그러하면, 영원히 너의 참되고 떳떳한 본성을 여의지 아니하리라."

21. 이청춘李靑春이 여쭙기를 "큰 도인도 애착심愛着心이 있나이까." 대종사 말씀하시기를 "애착심이 있으면 도인은 아니니라." 청춘이 여쭙기를 "정산鼎山도 자녀를 사랑하오니 그것은 애착심이 아니오니까." 대종사 말씀하시기를 "청춘은 감각 없는 목석을 도인이라 하겠도다. 애착이라 하는 것은 사랑에 끌리어 서로 멀리 떠나지를 못한다든지 갈려 있을 때에 보고 싶은 생각이 나서 자신 수도나 공사公事[11]에 지장이 있게 됨을 이름이니 그는 그러한 일이 없나니라."

22. 대종사 말씀하시기를 "세상 사람들은 경전을 많이 읽은 사람이라야 도가 있는 것으로 인증하여, 같은 진리를 말할지라도 옛 경전을 인거하여 말하면 그것은 미덥게 들으나, 쉬운 말로 직접 원리를 밝혀줌에 대하여는 오히려 가볍게 듣는 편이 많으니 이 어찌 답답한 생각이 아니리요. 경전이라 하는 것은 과거 세상의 성자 철인들이 세도 인심을 깨우치기 위하여 그 도리를 밝혀놓은 것이지마는, 그것이 오랜 시일을 지내오는 동안에 부연敷衍과 주해註解가 더하여 오거 시서五車詩書와 팔만 장경八萬藏經을 이루게 되었나니, 그것을 다 보기로 하면 평생 정력을 다하여도 어려운 바라, 어느 겨를에 수양·연구·취사의 실력을 얻어 출중 초범出衆超凡[12]한 큰 인격자가 되리요. 그러므로, 옛날 부처님께서도 정법正法과 상법像法과 계법季法[13]으로 구분하여 법에 대한 시대의 변천을 예언하신 바 있거니와, 그 변천되는 주요 원인은 이 경전이 번거하여 후래 중생이 각자의 힘을 잃게 되고 자력을 잃은 데 따라 그 행동이 어리석어져서 정법이 자연 쇠하게 되는지라, 그러므로 다시 정법 시대가 오면 새로이 간단한 교리와 편리한 방법으로 모

---

11   공중(公衆)을 위해 하는 일 또는 공도사업.

12   범부와 중생의 삶을 벗어남.

13   '정법'은 깨달음과 수행과 바른 가르침이 함께하는 시대를, '상법'은 깨달음 없이 수행과 가르침만 있는 시대를, '계법'은 깨달음과 수행은 없이 형식만 남은 시대를 말한다.

든 사람을 실지로 훈련하여 구전 심수口傳心授의 정법 아래 사람사람이 그 대도를 체험하고 깨치도록 하나니, 오거 시서는 다 배워 무엇하며 팔만 장경은 다 읽어 무엇하리요. 그대들은 삼가 많고 번거한 옛 경전들에 정신을 빼앗기지 말고, 마땅히 간단한 교리와 편리한 방법으로 부지런히 공부하여, 뛰어난 역량力量을 얻은 후에 저 옛 경전과 모든 학설은 참고로 한번 가져다 보라. 그러하면, 그때에는 십년의 독서보다 하루아침의 참고가 더 나으리라."

23. 대종사 말씀하시기를 "그대들 가운데 누가 능히 끊임없이 읽을 수 있는 경전을 발견하였는가. 세상 사람들은 사서 삼경四書三經이나 팔만 장경이나 기타 교회의 서적들만이 경전인 줄로 알고 현실로 나타나 있는 큰 경전은 알지 못하나니 어찌 답답한 일이 아니리요. 사람이 만일 참된 정신을 가지고 본다면 이 세상 모든 것이 하나도 경전 아님이 없나니, 눈을 뜨면 곧 경전을 볼 것이요, 귀를 기울이면 곧 경전을 들을 것이요, 말을 하면 곧 경전을 읽을 것이요, 동하면 곧 경전을 활용하여 언제 어디서나 조금도 끊임없이 경전이 전개되나니라. 무릇, 경전이라 하는 것은 일과 이치의 두 가지를 밝혀놓은 것이니, 일에는 시비 이해를 분석하고 이치에는 대소 유무를 밝히어, 우리 인생으로 하여금 방향을 정하고 인도人道를 밟도록 인도引導하는 것이라, 유교·불교의 모든 경전과 다른 교회의 모든 글들을 통하여 본다 하여도 다 여기에 벗어남이 없으리라. 그러나, 일과 이치가 글에 있는 것이 아니라 세상 전체가 곧 일과 이치 그것이니 우리 인생은 일과 이치 가운데에 나서 일과 이치 가운데에 살다가 일과 이치 가운데에 죽고 다시 일과 이치 가운데에 나는 것이므로 일과 이치는 인생이 여의지 못할 깊은 관계가 있는 것이며 세상은 일과 이치를 그대로 펴놓은 경전이라, 우리는 이 경전 가운데 시비 선악의 많은 일들을 잘 보아서 옳고 이로운 일을 취하여 행하고 그르고 해 될 일은 놓으며, 또는 대소 유무의 모든 이치

를 잘 보아서 그 근본에 깨침이 있어야 할 것이니, 그런다면 이것이 산 경전이 아니고 무엇이리요. 그러므로, 나는 그대들에게 많고 번거한 모든 경전을 읽기 전에 먼저 이 현실로 나타나 있는 큰 경전을 잘 읽도록 부탁하노라."

24. 한 제자 여쭙기를 "저는 늘 사물事物에 민첩하지 못하오니 어찌하면 사물에 밝아질 수 있사오리까." 대종사 말씀하시기를 "일을 당하기 전에는 미리 연마하고, 일을 당하여서는 잘 취사하고, 일을 지낸 뒤에는 다시 대조하는 공부를 부지런히 하며, 비록 다른 사람의 일이라도 마음 가운데에 매양 반조返照하는 공부를 잘 하면, 점점 사물에 능숙하여져서 모든 응용에 걸리고 막히지 아니하리라."

25. 대종사 예회에서 대중에게 말씀하시기를 "그대들이 법설이나 강연을 들을 때에는 반드시 큰 보화나 얻을 듯이 정신을 고누고[14] 들어야 할 것이니, 법사法師[15]나 강사講師가 아무리 유익한 말을 한다 하더라도 듣는 사람이 요령을 잡지 못하고 범연히 듣는다면 그 말이 다 실지 효과를 얻지 못하나니라. 그러므로, 무슨 말을 듣든지 내 공부와 내 경계에 대조하여 온전한 정신으로 마음에 새겨듣는다면 그 얻음이 많아지는 동시에 실지 행사實地行事[16]에 자연 반조가 되어 예회의 공덕이 더욱 드러나게 되리라."

26. 대종사 봉래정사蓬萊精舍에 계시사 등잔불을 가리키시며 말씀하시기를 "저 등잔불이 그 광명은 사면을 다 밝히는데 어찌하여 제 밑은 저같이 어두운고." 김남천金南天이 사뢰기를 "이는 실로 저와 같사오니, 저는

---

14 정신을 오롯이 집중하고.
15 가르침을 전하는 스승이라는 말로, 법위가 법강항마위 이상인 스승에 대한 존칭이다.
16 공부인의 실지 경계나 생활, 또는 처한 일.

대종사의 문하에 직접 시봉하온 지 벌써 여러 해가 되었사오나 모든 일에 아는 것과 행하는 것이 멀리서 내왕하는 형제들만 같지 못하나이다." 대종사 웃으시며 다시 송규에게 물으시니, 송규 사뢰기를 "저 등불은 불빛이 위로 발하여 먼 곳을 밝히고 등대는 가까운 데 있어서 아래를 어둡게 하오니, 이것을 비유하오면 혹 사람이 남의 허물은 잘 아나 저의 그름은 알지 못하는 것과 같다고 하겠나이다. 어찌하여 그런가 하면, 사람이 남의 일을 볼 때에는 아무것도 거리낌이 없으므로 그 장단과 고저를 바로 비춰 볼 수 있사오나, 제가 저를 볼 때에는 항상 나라는 상相이 가운데 있어서 그 그림자가 지혜 광명을 덮으므로 그 시비를 제대로 알지 못하나이다." 대종사 말씀하시기를 "그렇게 원만하지 못한 사람이 자타自他 없이 밝히기로 하면 어찌하여야 될꼬." 송규 사뢰기를 "희·로·애·락에 편착하지 아니하며, 마음 가운데에 모든 상을 끊어 없애면 그 아는 것이 자타가 없겠나이다." 대종사 말씀하시기를 "그대의 말이 옳다."

27. 대종사 말씀하시기를 "그대들이 원만한 사람이 되어 넓은 지견知見을 얻고자 하면 반드시 한편에 집착執着하지 말라. 지금 세상의 모든 사람들이 거의 다 각각 한편에 집착하여 원만한 도를 이루지 못하나니, 선비는 유가의 습관에, 승려는 불가의 습관에, 그 외에 다른 종교나 사회의 사업가들은 또한 다 각각 자기의 아는 바와 하는 바에 편착하여, 시비 이해를 널리 알지 못하고 다른 사람의 법을 취하여 쓸 줄 모르므로 원만한 사람을 이루지 못하나니라." 한 제자 여쭙기를 "만일 자가自家의 전통과 주장을 벗어난다면 혹 주견主見을 잃지 않겠나이까." 대종사 말씀하시기를 "이 말은 자가의 주견을 잃고 모든 법을 함부로 쓰라는 것이 아니라 정당한 주견을 세운 후에 다른 법을 널리 응용하라는 것이니 이 뜻을 또한 잘 알아야 하나니라."

28. 대종사 말씀하시기를 "범상凡常한 사람에게는 무슨 일에나 지혜 어두워지게 하는 두가지 조건이 있나니, 하나는 욕심에 끌려 구하므로 중도를 잃어서 그 지혜가 어두워지는 것이요, 또 하나는 자기의 소질 있는 데에만 치우쳐 집착되므로 다른 데에는 어두워지는 것이라, 수도하는 사람은 이 두가지 조건에 특히 조심하여야 하나니라."

29. 동학東學의 한 교인이 와서 뵈옵고 말하기를 "제가 선생의 고명高名을 듣고 멀리 왔사오니 길이 애호하여주소서." 대종사 말씀하시기를 "그대의 뜻이 그러할진대 마음에 무엇을 구함이 있으리니 말하라." 그 사람이 사뢰기를 "어찌하면 지식이 넓어지오리까." 대종사 말씀하시기를 "그대가 나를 찾아와서 묻는 것이 곧 지식을 넓히는 법이요, 나는 그대를 대하여 그대의 말을 듣는 것이 또한 지식을 넓히는 법이라, 예를 들면 살림하는 사람이 살림 기구에 부족함이 있으면 저자에서 기구를 사오게 되고, 사업하는 사람이 사업의 지식에 부족함이 있으면 곧 세상에서 지식을 얻어 오나니라. 그러므로, 나는 무슨 일이든지 나 혼자 연구하여서만 아는 것이 아니요, 여러 사람을 응대할 때에 거기서 지식을 취하여 쓰노니, 그대를 대할 때에는 동학의 지식을 얻게 되고, 또 다른 교인을 대할 때에는 그 교의 지식을 얻게 되노라."

30. 대종사 말씀하시기를 "사람의 성품은 원래 선악이 없는 것이나 습관에 따라 선악의 인품人品이 있어지나니 습관은 곧 당인의 처음 한 생각이 좌우의 모든 인연에 응하고 또 응하는 가운데 이루어지는 것이라, 가령 그대들이 공부에 발심하여 처음으로 이 도량道場에 와서 스승과 동지를 만나고 법과 규칙을 지켜나갈 때에, 처음에는 모든 일이 서투르고 맞지 아니하여 감내하기가 어려우나, 그 발심을 변하지 아니하고 오래 계속하면 차차 마음과 행동이 익어져서, 필경에는 힘들지 아니하고도 자연히 골라지게

되나니 이것이 곧 습관이라, 이와 같이 좌우의 인연을 따라 습관 되는 이치가 선과 악이 서로 다르지 아니하나, 선한 일에는 습관 되기가 어렵고 악한 일에는 습관 되기가 쉬우며, 또는 선한 습관을 들이기 위하여 공부하는 중에도 조금만 방심하면 알지 못하는 가운데 악한 경계에 흘러가서 처음 목적한 바와는 반대로 되기 쉽나니 이 점에 늘 주의하여야 착한 인품을 이루게 되리라."

31. 대종사 말씀하시기를 "많은 남녀 학인學人들을 지내본 가운데 남자들은 대체로 너그러우나 허虛한 듯하여 견실성堅實性 없는 것이 병이 되고, 여자들은 대체로 주밀周密하나 고정하여 용납성 없는 것이 병이 되므로, 사람이 원만한 인품을 이루려 하면 남자는 너그러운 가운데 내심內心이 견고하고 진실되기에 주로 노력하고, 여자는 주밀한 가운데 내심이 원만하고 관대하기에 주로 노력하여야 되리라."

32. 한 제자 급히 밥을 먹으며 자주 말을 하는지라, 대종사 말씀하시기를 "사람이 밥 하나 먹고 말 한마디 하는 데에도 공부가 있나니, 만일 너무 급히 먹거나 과식을 하면 병이 따라 들기 쉽고, 아니 할 말을 하거나 정도에 벗어난 말을 하면 재앙이 따라붙기 쉬운지라, 밥 하나 먹고 말 한마디 하는 것을 작은 일이라 하여 어찌 방심하리요. 그러므로, 공부하는 사람은 무슨 일을 당하든지 공부할 기회가 이르렀다 하여 그 일 그 일을 잘 처리하는 것으로 재미를 삼나니 그대도 이 공부에 뜻을 두라."

33. 문정규文正奎 여쭙기를 "경계를 당할 때에 무엇으로 취사하는 대중을 삼으오리까." 대종사 말씀하시기를 "세가지 생각으로 취사하는 대중을 삼나니, 첫째는 자기의 본래 서원誓願을 생각하는 것이요, 둘째는 스승이 가르치는 본의를 생각하는 것이요, 셋째는 당시의 형편을 살펴서 한편에

치우침이 없는가를 생각하는 것이라, 이 세가지로 대중을 삼은즉 공부가 항상 매昧하지 아니하고 모든 처사가 자연 골라지나니라."

34. 대종사 이춘풍으로 더불어 청련암靑蓮庵 뒷산 험한 재를 넘으시다가 말씀하시기를 "험한 길을 당하니 일심 공부가 저절로 되는도다. 그러므로, 길을 가되 험한 곳에서는 오히려 실수가 적고 평탄한 곳에서 실수가 있기 쉬우며, 일을 하되 어려운 일에는 오히려 실수가 적고 쉬운 일에 도리어 실수가 있기 쉽나니, 공부하는 사람이 험하고 평탄한 곳이나 어렵고 쉬운 일에 대중[17]이 한결같아야 일행 삼매一行三昧[18]의 공부를 성취하나니라."

35. 대종사 말씀하시기를 "그대들은 하늘 사람을 보았는가. 하늘 사람이 하늘나라에 멀리 있는 것이 아니요, 저 어린이들이 바로 하늘 사람이니 저들은 마음 가운데 일호一毫의 사심私心이 없으므로 어머니를 통하여 천록天祿이 나오나니라. 그러나, 차차 사심이 생기면 천록도 따라서 그치게 되나니, 수도인들도 사심만 없고 보면 한량없는 천록이 따르지마는 사심이 일어나면 천록 길이 따라서 막히게 되나니라."

36. 한 제자 여쭙기를 "무슨 방법으로 수양하여야 오욕五慾을 다 없애고 수도에 전일專一하여 부처님과 같이 한가롭고 넉넉한 생활을 하오리까." 대종사 말씀하시기를 "욕심은 없앨 것이 아니라 도리어 키울 것이니, 작은 욕심을 큰 서원으로 돌려 키워서 마음이 거기에 전일하면 작은 욕심들은 자연 잠잘 것이요, 그러하면 저절로 한가롭고 넉넉한 생활을 하게 되리라."

---

17 마음속으로 표준을 잡아감.
18 동(動)하는 가운데 그 일 그 일에 일심하는 삼매에 든다는 뜻. 정(靜)할 때의 삼매는 일상삼매(一相三昧)라고 한다.

37. 대종사 말씀하시기를 "나는 그대들에게 희·로·애·락의 감정을 억지로 없애라고 가르치는 것이 아니라, 희·로·애·락을 곳과 때에 마땅하게 써서 자유로운 마음 기틀을 걸림 없이 운용하되 중도에만 어그러지지 않게 하라고 하며, 가벼운 재주와 작은 욕심을 미워할 것이 아니라 그 재주와 발심의 크지 못함을 걱정하라 하노니, 그러므로 나의 가르치는 법은 오직 작은 것을 크게 할 뿐이며, 배우는 사람도 작은 데에 들이던 그 공력을 다시 큰 데로 돌리라는 것이니, 이것이 곧 큰 것을 성취하는 대법이니라."

38. 대종사 말씀하시기를 "그대들이 공부와 사업을 진행하는 가운데 크게 위태한 때가 있음을 미리 알아야 할 것이니, 공부하는 사람에게 크게 위태한 때는 곧 모든 지혜가 열리는 때요, 사업하는 사람에게 크게 위태한 때는 곧 모든 권리가 돌아오는 때라, 어찌하여 그런가 하면 근기가 낮은 사람은 약간의 지혜가 생김으로써 큰 공부를 하는 데 성의가 없어지고 작은 지혜에 만족하기 쉬우며, 약간의 권리가 생김으로써 사욕이 동하고 교만이 나게 되어 더 전진을 보지 못하는 까닭이라, 공부와 사업하는 사람이 이런 때를 조심하지 못하고 보면 스스로 한없는 구렁에 빠지게 되나니라."

39. 한 제자 수십년간 독실한 신信을 바치고 특히 좌선 공부에 전력하더니 차차 정신이 맑아져서 손님의 내왕할 것과 비 오고 그칠 것을 미리 아는지라, 대종사 말씀하시기를 "그는 수행하는 도중에 혹 반딧불같이 나타나는 허령虛靈[19]에 불과하나니 그대는 정신을 차려 그 마음을 제거하라. 만일 그것에 낙을 붙이면 큰 진리를 깨닫지 못할 뿐 아니라 사도邪道에 떨어져서 아수라阿修羅의 유類가 되기 쉽나니 어찌 정법 문하에 그런 것을 용납

19　일부러 생각하지 않아도 마음 가운데 어른어른 나타나서 알아지는 것.

하리요."

40. 송벽조宋碧照 좌선에만 전력하여 수승 화강을 조급히 바라다가 도리어 두통을 얻게 된지라, 대종사 말씀하시기를 "이것이 공부하는 길을 잘 알지 못하는 연고라, 무릇 원만한 공부법은 동과 정 두 사이에 공부를 여의지 아니하여 동할 때에는 모든 경계를 보아 취사하는 주의심을 주로 하여 삼대력을 아울러 얻어나가고, 정할 때에는 수양과 연구를 주로 하여 삼대력을 아울러 얻어나가는 것이니, 이 길을 알아 행하는 사람은 공부에 별 괴로움을 느끼지 아니하고 바람 없는 큰 바다의 물과 같이 한가롭고 넉넉할 것이요, 수승 화강도 그 마음의 안정을 따라 자연히 될 것이나 이 길을 알지 못하면 공연한 병을 얻어서 평생의 고초를 받기 쉽나니 이에 크게 주의할지니라."

41. 대종사 말씀하시기를 "나의 법은 인도상 요법人道上要法[20]을 주체 삼아 과거에 편벽된 법을 원만하게 하며 어려운 법을 쉽게 하여 누구나 바로 대도에 들게 하는 법이어늘, 이 뜻을 알지 못하고 묵은 생각을 버리지 못하는 사람은 공부를 하려면 고요한 산중에 들어가야 한다고 하며, 혹은 특별한 신통神通을 얻어서 이산 도수移山渡水와 호풍 환우呼風喚雨를 마음대로 하여야 한다고 하며, 혹은 경전·강연·회화는 쓸데없고 염불·좌선만 해야 한다고 하여, 나의 가르침을 바로 행하지 않는 수가 간혹 있나니, 실로 통탄할 일이니라. 지금 각도 사찰 선방이나 심산 궁곡에는 평생 아무 직업 없이 영통靈通이나 도통道通[21]을 바라고 방황하는 사람이 그 수가 적지 아니하나, 만일 세상을 떠나서 법을 구하며 인도를 여의고 신통만 바란다면 이

---

20   사람이 마땅히 행해야 할 핵심적인 가르침.

21   '영통'은 보고 듣고 생각하지 않아도 천지 만물의 변태와 인간 삼세의 인과 보응을 여실히 알게 됨을, '도통'은 천조의 대소 유무와 인간의 시비 이해에 능통함을 뜻함.

는 곧 사도邪道니라. 그런즉, 그대들은 먼저 나의 가르치는바 인생의 요도와 공부의 요도에 따라 세간 가운데서 공부를 잘하여 나아가라. 그리한다면, 마침내 복혜 양족福慧兩足[22]을 얻는 동시에 신통과 정력定力도 그 가운데 있을 것이니 이것이 곧 순서 있는 공부요 근원 있는 대도니라."

42. 대종사 말씀하시기를 "정법 회상에서 신통을 귀하게 알지 않는 것은 신통이 세상을 제도하는 데에 실다운 이익이 없을 뿐 아니라, 도리어 폐해가 되는 까닭이니, 어찌하여 그런가 하면 신통을 원하는 사람은 대개 세속을 피하여 산중에 들며 인도人道를 떠나 허무에 집착하여 주문이나 진언眞言 등으로 일생을 보내는 것이 예사이니, 만일 온 세상이 다 이것을 숭상한다면 사·농·공·상이 무너질 것이요, 인류 강기人倫綱紀[23]가 묵어질 것[24]이며, 또는 그들이 도덕의 근원을 알지 못하고 차서次序 없는 생각과 옳지 못한 욕심으로 남다른 재주를 바라고 있으니, 한때 허령으로 혹 무슨 이적異蹟이 나타난다면 그것을 악용하여 세상을 속이고 사람을 해롭게 할 것이라, 그러므로 성인이 말씀하시기를 '신통은 말변末邊[25]의 일이라' 하였고, '도덕의 근거가 없이 나타나는 신통은 다못 일종의 마술魔術이라'고 하였나니라. 그러나, 사람이 정도正道를 잘 수행하여 욕심이 담박하고 행실이 깨끗하면 자성의 광명을 따라 혹 불가사의不可思議한 자취가 나타나는 수도 있으나 이것은 구하지 아니하되 자연히 얻어지는 것이라, 어찌 삿邪된 생각을 가진 중생의 견지로 이를 추측할 수 있으리요."

43. 대종사 말씀하시기를 "처음 발심한 사람이 저의 근기도 잘 모르고

---

22 복과 지혜를 두루 갖춤.
23 인간사회의 마땅한 윤리나 법도, 질서.
24 상태가 오래되어 쓸모가 없어지거나 작동하지 않음.
25 부차적인. 또는 중요하지 않은.

일시적 독공篤工으로 바로 큰 이치를 깨치고자 애를 쓰는 수가 더러 있으나 그러한 마음을 가지면 몸에 큰 병을 얻기 쉽고, 마음대로 되지 않을 때에는 퇴굴심退屈心이 나서 수도 생활과 멀어질 수도 있나니 조심할 바이니라. 그러나, 혹 한번 뛰어서 불지佛地에 오르는 도인도 있나니 그는 다생 겁래에 많이 닦아온 최상의 근기요 중·하中下의 근기[26]는 오랜 시일을 두고 공을 쌓고 노력하여야 되나니, 그 순서는 첫째 큰 원願이 있은 뒤에 큰 신信이 나고, 큰 신이 난 뒤에 큰 분忿이 나고, 큰 분이 난 뒤에 큰 의심이 나고, 큰 의심이 있은 뒤에 큰 정성이 나고, 큰 정성이 난 뒤에 크게 깨달음이 있으며, 깨달아 아는 것도 한번에 끝나는 것이 아니라 천통 만통千通萬通이 있나니라."

44. 대종사 말씀하시기를 "어리석은 사람은 한 생각 나는 즉시로 초범월성超凡越聖[27]의 큰 지혜를 얻으려 하나 그것은 크게 어긋난 생각이라, 저 큰 바다의 물도 작은 방울 물이 합하여 이룬 것이요, 산야의 대지도 작은 먼지의 합한 것이며, 제불 제성의 대과大果를 이룬 것도 형상 없고 보이지도 않는 마음 적공積功을 합하여 이룬 것이니, 큰 공부에 뜻하고 큰일을 착수한 사람은 먼저 마땅히 작은 일부터 공을 쌓기 시작하여야 되나니라."

45. 대종사 말씀하시기를 "도를 구하기 위하여 출가한 사람이 중간에 혹 본의를 잊어버리고 외학外學과 외지外知[28] 구하는 데에 정신을 쓰는 수도 더러 있으나, 이러한 사람은 박식博識은 될지언정 정신 기운은 오히려 약해져서 참 지혜를 얻기가 어려울 것이니, 참 도를 구하는 사람은 발심한 본

---

26   중근기와 하근기. 이에 대한 자세한 설명은 『대종경』 신성품 2 참조.
27   범부의 삶을 벗어나 성인의 경지로 뛰어넘음.
28   '외학'이란 서원에 입각한 바른길을 밟지 않고 하는 공부를, '외지'는 외학의 결과로 얻는 지식을 말한다.

의를 반성하여 여러 방면으로 흩어지는 마음을 바로잡아 삼대력 쌓는 데에 공을 들이면 자연히 외학과 외지의 역량도 갖추어지나니라."

46. 대종사 말씀하시기를 "내가 한 생각을 얻기 전에는 혹 기도도 올렸고, 혹은 문득 솟아오르는 주문도 외웠으며, 혹은 나도 모르는 가운데 적묵寂默에 잠기기도 하였는데, 우연히 한 생각을 얻어 지각知覺이 트이고 영문靈門[29]이 열리게 된 후로는, 하루에도 밤과 낮으로, 한 달에도 선후 보름으로 밝았다 어두웠다 하는 변동이 생겼고, 이 변동에서 혜문慧門[30]이 열릴 때에는 천하에 모를 일과 못 할 일이 없이 자신이 있다가도 도로 닫히고 보면 내 몸 하나도 어찌할 방략이 없어서, 나의 앞길을 어떻게 하면 좋을까 하는 걱정이 새로 나며 무엇에 홀린 것 같은 의심도 나더니, 마침내 그 변동이 없어지고 지각이 한결같이 계속되었노라."

47. 대종사 겨울철에는 매양 해수咳嗽로 괴로움이 되시사 법설을 하실 때마다 기침이 아울러 일어나는지라 인하여 대중에게 말씀하시기를 "나의 자라난 길룡리는 그대들이 아는 바와 같이 생활의 빈궁함과 인지의 미개함이 세상에 드문 곳이라, 내가 다행히 전세의 습관으로 어릴 때에 발심하여 성심으로 도는 구하였으나 가히 물을 곳이 없고 가히 지도받을 곳이 없으므로, 홀로 생각을 일어내어 난행 고행難行苦行을 하지 아니함이 없었나니, 혹은 산에 들어가서 밤을 지내기도 하고, 혹은 길에 앉아서 날을 보내기도 하며, 혹은 방에 앉아 뜬눈으로 밤을 새우기도 하고, 혹은 얼음물에 목욕도 하며, 혹은 절식絶食도 하고, 혹은 찬 방에 거처도 하여, 필경 의식意識을 다 잊는 경계에까지 들었다가 마침내 그 의심한 바는 풀리었으나, 몸

---

29 동정 간에 마음이 막힘없이 통하는 경지. 또는 영통에 따른 마음 상태.

30 일과 이치에 막힘없이 알게 되는 경지.

에 병근病根은 이미 깊어져서 기혈氣血[31]이 쇠함을 따라 병고는 점점 더해 가나니, 나는 당시에 길을 몰랐는지라 어찌할 수 없었지마는, 그대들은 다행히 나의 경력을 힘입어서 난행 고행을 겪지 아니하고도 바로 대승 수행의 원만한 법을 알게 되었으니 이것이 그대들의 큰 복이니라. 무릇, 무시선 무처선[32]의 공부는 다 대승 수행의 빠른 길이라 사람이 이대로 닦는다면 사반 공배事半功倍가 될 것이요, 병들지 아니하고 성공하리니 그대들은 삼가 나의 길 얻지 못할 때의 헛된 고행을 증거하여 몸을 상하는 폐단에 들지 않기를 간절히 부탁하노라."

48. 대종사 말씀하시기를 "저 학교에서도 학기 말이나 학년 말에는 시험이 있는 것과 같이 수도인에게도 법위가 높아질 때에나 불지佛地에 오를 때에는 순경 역경을 통하여 여러 가지로 시험이 있나니, 그러므로 부처님께서도 성도成道하실 무렵에 마왕 파순波旬이가 팔만 사천 마군을 거느리고 대적하였다 하며 후래 수행자들도 역시 그러한 경계를 지냈나니, 내가 지금 그대들을 살펴볼 때에 그대들 중에도 시험에 걸려서 고전苦戰을 하고 있는 사람과 패전하여 영생 일을 그르쳐가는 사람과 또는 좋은 성적으로 시험을 마쳐서 그 앞길이 양양한 사람도 있나니, 각자의 정도를 살피어 그 시험에 실패가 없기를 바라노라."

49. 대종사 말씀하시기를 "기술을 배우는 사람은 그 스승에게 기술의 감정勘定을 받아야 할 것이요, 도학을 배우는 사람은 그 스승에게 시비의 감정을 받아야 하나니, 기술을 배우는 사람이 기술의 감정을 받지 아니하면

---

31 생명 활동의 핵심 요소인 기력.
32 언제 어디서나 선을 닦는다는 뜻으로, 일상생활 속에서 자성을 떠나지 않고 삼학을 병진해 가는 원불교 수행법을 표어로 나타낸 말. 자세한 내용은 『정전』 무시선법 참조.

그 기술은 줄맞은[33] 기술이 되지 못할 것이요, 도학을 배우는 사람이 시비의 감정을 받지 아니하면 그 공부는 요령 있는 공부가 되지 못하리라. 그러므로, 내가 항상 그대들에게 일과 이치 간에 잘한다 잘못한다 하는 감정을 내리는 것은 그대들로 하여금 굽은 길을 피하고 바른길을 밟게 하고자 함이어늘, 만일 나에게 감정받기를 꺼린다든지 그 잘한다 잘못한다 하는 데에 불만을 가진다면 본래 배우러 온 목적이 그 무엇이며 공부는 어떻게 진취될 것인가. 나뿐 아니라, 누구든지 정당한 비판과 충고는 그대들의 전도前途에 보감이 되는 것이어늘, 그 전도를 열어주는 은인恩人에게 혹 원망을 가진다면 또한 배은자가 되지 아니하겠는가. 그런즉, 그대들은 내가 그대들에게 잘한다 잘못한다 하는 데에나 세상이 잘한다 잘못한다 하는 데에나 다 같이 감사하는 동시에 공부의 참된 요령을 얻어나가기에 더욱 힘쓸지어다."

50. 대종사 말씀하시기를 "수도인이 경계를 피하여 조용한 곳에서만 마음을 길들이려 하는 것은 마치 물고기를 잡으려는 사람이 물을 피함과 같나니 무슨 효과를 얻으리요, 그러므로 참다운 도를 닦고자 할진대 오직 천만 경계 가운데에 마음을 길들여야 할 것이니 그래야만 천만 경계에 마음이 흔들리지 않는 큰 힘을 얻으리라. 만일, 경계 없는 곳에서만 마음을 단련한 사람은 경계 중에 나오면 그 마음이 바로 흔들리나니 이는 마치 그늘에서 자란 버섯이 태양을 만나면 바로 시드는 것과 같나니라. 그러므로, 『유마경維摩經』에 이르시기를 '보살은 시끄러운 데 있으나 마음은 온전하고, 외도外道는 조용한 곳에 있으나 마음은 번잡하다' 하였나니, 이는 오직 공부가 마음 대중에 달린 것이요, 바깥 경계에 있지 아니함을 이르심이니라."

33　법이나 기술 등이 바르게 전수되거나 전해진다는 뜻이다.

51. 대종사 여러 제자에게 말씀하시기를 "그대들은 마땅히 불법을 활용하여 생활의 향상을 도모할지언정 불법에 사로잡힌 바 되어 일생을 헛되이 지내지 말라. 무릇, 불법은 원래 세상을 건지는 큰 도이거늘, 도리어 세속을 피하고 산에 들어가서 다만 염불이나 간경看經이나 좌선 등으로 일없이 일생을 보내고 마침내 아무런 제중의 실적도 없다면 이러한 사람은 다 불법에 사로잡힌 바이라, 자신에도 별 성공이 없으려니와 세상에도 아무 이익이 없나니라."

52. 대종사 대중에게 말씀하시기를 "사람이 도를 알고자 하는 것은 용처用處에 당하여 쓰고자 함이니, 만일 용처에 당하여 쓰지 못한다면 도리어 알지 못함과 같을지라 무슨 이익이 있으리요" 하시고, 가지셨던 부채를 들어 보이시며 "이 부채를 가졌으나 더위를 당하여 쓸 줄을 모른다면 부채 있는 효력이 무엇이리요" 하시니라.

53. 대종사 말씀하시기를 "공부하는 사람이 밖으로는 능히 모든 인연에 대한 착심을 끊고 안으로는 또한 일심의 집착까지도 놓아야 할 것이니 일심에 집착하는 것을 법박法縛이라고 하나니라. 사람이 만일 법박에 걸리고 보면 눈 한번 궁글리고 몸 한번 동작하는 사이에도 법에 항상 구애되어 자재自在함을 얻지 못하나니, 어찌 큰 해탈解脫의 문에 들 수 있으리요. 그러므로, 공부하는 사람이 성품을 기르되 모름지기 자연스럽게 기르고 활발하게 운전하여 다만 육근이 일 없을 때에는 그 잡념만 제거하고 일 있을 때에는 그 불의만 제거할 따름이라, 어찌 일심 가운데 다시 일심에 집착하리요. 비하건대, 아기를 보는 사람이 아기의 가고 옴과 노는 것을 자유에 맡겨서 그 심신을 활발하게 하되, 다만 위태한 곳에 당하거든 붙잡아서 가지 못하게 하고 위태한 물건을 가지거든 빼앗아서 가지지 못하게만 하면

가히 아기를 잘 본다고 할 것이어늘, 아기를 본다 하여 아기를 붙잡고 굳게 앉아서 종일토록 조금도 움직이지 아니하면 아기는 자연히 구속에 괴로워할 것이니 일심에 집착하는 폐단도 또한 이에 다름이 없나니라."

54. 대종사 김남천에게 말씀하시기를 "내가 일전日前에 어떤 사람이 소를 타고 가는 것을 보니, 사람의 권리대로 소를 끌지 못하고 소의 권리에 사람이 끌려가는데, 그 소가 가시밭이나 구렁으로 들어가면 가시밭이나 구렁으로 끌려 들어가고 산이나 들로 가면 산이나 들로 끌려가서 자빠지고 엎어지니 의복은 찢어지고 몸은 상하여 차마 볼 수 없더라. 내가 그 광경을 보다가 그에게 말하기를 그 소를 단단히 잡아서 함부로 가지 못하게 하고 꼭 길로만 몰아가면 그런 봉변이 없을 것이 아닌가 한즉, 그 사람이 말하기를 그러하면 오죽 좋으리요마는 제가 무식하여 이 소를 길들이지 못하고 모든 권리를 소에게 맡겼더니 저는 점점 늙어지고 소는 차차 거칠어져서 이제는 도저히 어거駆車할 능력이 없다 하더라. 오늘 그대의 오는 것을 본즉 역시 소를 타고 오니 그 소는 어디 있는가." 남천이 사뢰기를 "방금 타고 있나이다." 대종사 말씀하시기를 "그 소의 모양은 어떻게 생겼는가." 남천이 사뢰기를 "키는 한길이요, 빛은 누른빛이요, 신은 삼으로 만든 신이오며, 수염은 혹 검고 혹 희게 났나이다." 대종사 웃으시며 말씀하시기를 "그대가 소의 모양은 알았거니와 그러면 그대의 소는 그대의 하자는 대로 잘 하는가 그대도 역시 소에게 끌려다니게 되는가." 남천이 사뢰기를 "소가 대체로 저의 하자는 대로 하나이다. 만일 정당한 일에 소가 게으름을 부리오면 호령하여 아무쪼록 그 일을 하게 하오며, 부당한 일에 소가 동하려 하오면 또한 호령하여 그 일을 하지 못하도록 하나이다." 대종사 말씀하시기를 "그대가 소를 이미 발견하였고, 길들이는 법을 또한 알았으며, 더구나 소가 그대의 말을 대체로 듣게 되었다 하니, 더욱 힘을 써서 백천 만사百千萬事를 다 자유자재하도록 길을 들이라."

55. 대종사 선원 대중에게 말씀하시기를 "그대들의 입선入禪 공부는 비하건대 소 길들이는 것과 같나니 사람이 세상에서 도덕의 훈련이 없이 보는 대로 듣는 대로 생각나는 대로 자행자지하여 인도 정의人道正義에 탈선되는 행동을 하는 것은 어미 젖 떨어지기 전의 방종한 송아지가 자행 자지로 뛰어다닐 때와 같은 것이요, 사가私家를 떠나 선원에 입선하여 모든 규칙과 계율을 지켜나갈 때에 과거의 습관이 떨어지지 아니하여 지도인의 머리를 뜨겁게 하며, 각자의 마음에도 사심 잡념이 치성하여 이 공부 이 사업에 안심이 되지 못하는 것은 젖 뗀 송아지가 말뚝에 매달리어 어미 소를 부르고 몸살을 치며 야단을 할 때와 같은 것이며, 매일 모든 과정을 지켜나갈 때에 말귀도 차차 알아듣고 사심邪心과 잡념도 조금씩 가라앉으며 사리간에 모르던 것이 한가지 두가지 알아지는 데에 재미가 붙는 것은 그 소가 완전한 길은 들지 못하였으나 모든 일에 차차 안심을 얻어가는 때와 같은 것이요, 교의敎義의 해석과 수행에 탈선되는 일이 없으며 수양력과 연구력과 취사력이 익어가는 동시에 정신·육신·물질을 희사하여, 가는 곳마다 공중公衆을 이익 주게 되는 것은 길 잘 든 소가 무슨 일이나 시키면 잘하여 가는 곳마다 그 주인에게 이익을 주는 것과 같나니라. 이와 같이, 농가에서 농부가 소를 길들이는 뜻은 전답을 갈 때에 잘 부리자는 것이요, 선원에서 그대들에게 전문 훈련을 시키는 뜻은 인류 사회에 활동할 때에 유용하게 활용하라는 것이니, 그대들은 이런 기회에 세월을 허송하지 말고 부지런히 공부하여 길 잘 든 마음 소로 너른 세상에 봉사하여 제생 의세濟生醫世의 거룩한 사도使徒가 되어주기 바라노라."

56. 대종사 선원 결제식結制式[34]에서 대중에게 말씀하시기를 "그대들이

---

34   정기 훈련(동·하선)이나 강습회 등을 시작하는 의식.

선원에 입선하는 것은 마치 환자가 병원에 입원하는 것과 같나니, 사람의 육신에 병이 생기면 병원에서 의약으로 치료하게 되고, 마음에 병이 생기면 도가에서 도덕으로 치료하게 되는지라, 그러므로 부처님을 의왕醫王이라 함과 같이 그 교법을 약재라 하고 그 교당을 병원이라 할 수 있나니라. 그러나, 세상 사람들은 육신의 병은 병으로 알고 시간과 돈을 들여 치료에 힘쓰지마는 마음의 병은 병인 줄도 모르고 치료해볼 생각을 내지 않나니 이 어찌 뜻있는 이의 탄식할 바 아니리요. 육신의 병은 아무리 중하다 할지라도 그 고통이 일생에 그칠 것이요, 경輕하면 짧은 시일에 가히 치료할 수도 있으나 마음의 병은 치료하지 아니하고 그대로 두면 영원한 장래에 죄고의 종자가 되나니, 마음에 병이 있으면 마음이 자유를 잃고 외경의 유혹에 끌리게 되어 아니 할 말과 아니 할 일과 아니할 생각을 하게 되어 자기 스스로 죽을 땅에 들기도 하고, 자기 스스로 천대賤待를 불러들이기도 하고, 자기 스스로 고통을 만들기도 하여, 죄에서 죄로 고에서 고로 빠져들어가 다시 회복할 기약이 없게 되나니라. 그러나, 마음에 병이 없으면 시방세계 너른 국토에 능히 고락을 초월하고 거래에 자유하며 모든 복락을 자기 마음대로 수용할 수 있나니, 그대들이여! 이 선기 중에 각자의 마음 병을 잘 발견하여 그 치료에 정성을 다하여보라.”

57. 또 말씀하시기를 “공부하는 사람이 각자의 마음 병을 발견하여 그것을 치료하기로 하면 먼저 치료의 방법을 알아야 할 것이니, 첫째는 육신 병 환자가 의사에게 자기의 병증을 속임 없이 고백하여야 하는 것같이 그대들도 지도인에게 마음 병의 증세를 사실로 고백하여야 할 것이요, 둘째는 육신 병 환자가 모든 일을 의사의 지도에 순응하여야 하는 것같이 그대들도 지도인의 가르침에 절대 순응하여야 할 것이요, 셋째는 육신 병 환자가 그 병이 완치되도록까지 정성을 놓지 아니하여야 하는 것같이 그대들도 끝까지 마음 병 치료에 정성을 다하여야 할지니, 이와 같이 진실히 잘 이행

한다면 마침내 마음의 완전한 건강을 회복하는 동시에 마음 병에 허덕이는 모든 대중을 치료할 의술까지 얻게 되어, 너른 세상에 길이 제생 의세의 큰일을 성취하게 되리라."

58. 대종사 선원 대중에게 말씀하시기를 "우리의 공부법은 난리 세상을 평정할 병법兵法이요, 그대들은 그 병법을 배우는 훈련생과 같다 하노니, 그 난리란 곧 세상 사람의 마음 나라에 끊임없이 일어나는 난리라, 마음 나라는 원래 온전하고 평안하며 밝고 깨끗한 것이나, 사욕의 마군을 따라 어둡고 탁해지며 복잡하고 요란해져서 한없는 세상에 길이 평안할 날이 적으므로, 이와 같은 중생들의 생활하는 모양을 마음 난리라 한 것이요, 병법이라 함은 곧 우리의 마음 가운데 모든 마군을 항복 받는 법이니 그 법은 바로 정定과 혜慧와 계戒를 닦으며, 법法과 마魔를 구분하는 우리의 수행 길이라, 이것이 곧 더할 수 없는 세계 정란靖亂의 큰 병법이니라. 그러나, 세상 사람들은 이 마음 난리는 난리로 생각하지도 아니하나니 어찌 그 본말을 안다 하리요. 개인·가정과 사회·국가의 크고 작은 모든 전쟁도 그 근본을 추구해본다면 다 이 사람의 마음 난리로 인하여 발단되는 것이니, 그러므로 마음 난리는 모든 난리의 근원인 동시에 제일 큰 난리가 되고, 이 마음 난리를 평정하는 법이 모든 법의 조종祖宗인 동시에 제일 큰 병법이 되나니라. 그런즉, 그대들은 이 뜻을 잘 알아서 정과 혜를 부지런히 닦고 계율을 죽기로써 지키라. 오래오래 쉬지 아니하고 반복 수행하면 마침내 모든 마군을 항복받을 것이니, 그리된다면 법강항마의 법위를 얻게 되는 동시에 마음 난리에 편할 날이 없는 이 세상을 평정하는 훌륭한 도원수都元帥가 될 것으로 확신하노라."

59. 대종사 말씀하시기를 "본래에 분별과 주착이 없는 우리의 성품性稟에서 선악 간 마음 발하는 것이 마치 저 밭에서 여러 가지 농작물과 잡초

가 나오는 것 같다 하여 우리의 마음 바탕을 심전心田이라 하고 묵은 밭을 잘 개척하여 좋은 밭을 만들듯이 우리의 마음 바탕을 잘 단련하여 혜복을 갖추어 얻자는 뜻에서 심전 계발啓發이라는 말이 있게 되었나니라. 그러므로, 심전을 잘 계발하는 사람은 저 농사 잘 짓는 사람이 밭에 잡초가 나면 매고 또 매어 잡초는 없애고 농작물만 골라 가꾸어 가을에 많은 수확을 얻는 것같이, 선악 간에 마음 발하는 것을 잘 조사하고 또 조사하여 악심이 나면 제거하고 또 제거해서 악심은 없애고 양심만 양성하므로 혜복이 항상 넉넉할 것이요, 심전 계발을 잘 못하는 사람은 저 농사 잘 못 짓는 사람이 밭에 잡초가 나도 내버려두고 농작물이 나도 그대로 두어서 밭을 다 묵히어 가을에 수확할 것이 없는 것같이, 악한 마음이 나도 그대로 행하고 선한 마음이 나도 그대로 행하여 자행자지하는지라 당하는 것이 고뿐이요, 혜복의 길은 더욱 멀어지나니라. 그러므로, 우리의 천만 죄복이 다른 데에 있는 것이 아니요, 오직 이 심전 계발을 잘하고 못하는 데에 있나니, 이 일을 어찌 등한히 하리요."

60. 또 말씀하시기를 "예로부터 도가道家에서는 심전을 발견한 것을 견성見性이라 하고 심전을 계발하는 것을 양성養性과 솔성率性이라 하나니, 이 심전의 공부는 모든 부처와 모든 성인이 다 같이 천직天職으로 삼으신 것이요, 이 세상을 선도善導하는 데에도 또한 그 근본이 되는 것이니라. 그러므로, 우리 회상에서는 심전 계발의 전문 과목으로 수양·연구·취사의 세가지 강령을 정하고 그를 실습하기 위하여 일상 수행의 모든 방법을 지시하였나니, 수양은 심전 농사를 짓기 위하여 밭을 깨끗하게 다스리는 과목이요, 연구는 여러 가지 농사짓는 방식을 알리고 농작물과 풀을 구분하는 과목이요, 취사는 아는 그대로 실행하여 폐농을 하지 않고 많은 곡식을 수확하게 하는 과목이니라. 지금 세상은 과학 문명의 발달을 따라 사람의 욕심이 날로 치성하므로 심전 계발의 공부가 아니면 이 욕심을 항복 받을

수 없고 욕심을 항복 받지 못하면 세상은 평화를 보기 어려울지라, 그러므로 앞으로는 천하의 인심이 자연히 심전 계발을 원하게 될 것이요, 심전 계발을 원할 때에는 그 전문가인 참다운 종교를 찾게 될 것이며, 그중에 수행이 원숙圓熟한 사람은 더욱 한량없는 존대를 받을 것이니, 그대들은 이때에 한번 더 결심하여 이 심전 농사에 크게 성공하는 모범적 농부가 되어볼지어다."

61. 대종사 선원 대중에게 말씀하시기를 "내가 이번 선중에 많은 말을 하였는데 오늘도 말을 하게 되니 혹 싫은 생각이 날 사람도 있을지 모르나 내가 이와 같이 많은 말을 하고 또 하는 것은, 도덕에 대한 이해가 부족한 사람들에게는 자주 말을 하여주어야 자연히 모든 사리가 밝아져서 실행까지 하게 되는 연고라, 그러므로 과거의 모든 성현들도 모든 초학자初學者들을 교화 지도하실 때에는 먼저 일과 이치 간에 알리는 데에 노력하시고 그에 따라 차차 실행을 하도록 추진하셨나니, 한두 선禪 난 후에 지행이 바로 골라 맞지 못한다 하여 그것에 초조하고 답답하지도 말 것이며, 또는 그러한 사람을 비웃거나 책망하지도 말 것이니라. 그런즉, 그대들은 한번 들은 법을 듣고 또 듣는다 하여 거기에 쉬운 생각을 내지도 말며, 아는 그대로 바로 실행이 다 되지 못한다 하여 스스로 타락심을 내지도 말고, 듣고 또 들으며 행하고 또 행하면 마침내 지행이 겸전한 완전한 인격을 이루리라."

62. 대종사 선원 해제식解制式에서 대중에게 말씀하시기를 "오늘의 이 해제식은 작은 선원에는 해제를 하는 것이나, 큰 선원에는 다시 결제結制를 하는 것이니, 만일 이 식을 오직 해제식으로만 아는 사람은 아직 큰 공부의 법을 알지 못함이니라."

63. 김대거金大擧 여쭙기를 "법강항마위法强降魔位부터는 계문이 없사오

니 취사 공부는 다 된 것이오니까." 대종사 말씀하시기를 "법강항마위부터는 첫 성위聖位에 오르는지라, 법에 얽매이고 계문에 붙잡히는 공부는 아니하나, 안으로는 또한 심계心戒35가 있나니, 그 하나는 자신의 수도와 안일만 취하여 소승에 흐를까 조심함이요, 둘은 부귀 향락에 빠져서 본원本願이 매각될까 조심함이요, 셋은 혹 신통이 나타나 함부로 중생의 눈에 띄어 정법正法에 방해될까 조심함이라, 이 밖에도 수양·연구·취사의 삼학을 공부하여, 위로 불지를 더 갖추고 아래로 자비를 더 길러서 중생을 제도하는 것으로 공을 쌓아야 하나니라."

---

35   스스로 정하여 마음에 두고 취사의 표준을 삼는 계율.

제4 인도품 人道品

1. 새로 입교한 교도 한 사람이 여쭙기를 "저는 마침 계룡산鷄龍山 안에 살고 있사와, 산 안에 있는 여러 교회敎會[1]의 인물들과 많이 담화하게 되옵는바, 그들이 항상 각자의 교리를 자랑하며 말마다 도덕을 일컬으오나, 아직도 그 뜻에 밝은 해답을 듣지 못하였사오니 대종사께서 그 도덕의 뜻을 가르쳐주옵소서." 대종사 말씀하시기를 "그대가 이제 도덕을 알고자 하니 그 마음이 기특하나 도덕이라 하면 그 범위가 심히 넓어서 짧은 시간에 가히 다 설명할 수 없나니라. 그러므로, 그대가 이 공부를 시작하여 상당한 훈련을 받은 후에야 점차로 알게 될 것이나, 이제 그 궁금한 마음을 풀기 위하여 우선 도덕의 제목만을 대강 해석해줄 터이니 자세히 들으라. 무릇, 도道라 하는 것은 쉽게 말하자면 곧 길을 이름이요, 길이라 함은 무엇이든지 떳떳이 행하는 것을 이름이니, 그러므로 하늘이 행하는 것을 천도天道라 하고, 땅이 행하는 것을 지도地道라 하고, 사람이 행하는 것을 인도人道라 하는 것이며, 인도 가운데에도 또한 육신이 행하는 길과 정신이 행

---

1 근래에는 기독교의 회당만을 가리키지만 본래 모든 종교단체의 모임을 가리키는 말이다.

하는 길 두가지가 있으니, 이 도의 이치가 근본은 비록 하나이나 그 조목은 심히 많아서 가히 수로써 헤아리지 못하나니라. 그러므로, 이 여러 가지 도 가운데에 우선 인도 하나만 들어 말하여도, 저 육신이 행하는 도로의 선線이 어느 지방을 막론하고 큰 길 작은 길이 서로 연락하여 산과 물과 들과 마을에 천만 갈래로 뻗어나간 수가 한이 없는 것같이, 정신이 행하는 법의 길도 어느 세상을 막론하고 큰 도와 작은 도가 서로 병진하여 개인·가정·사회·국가에 경계를 따라 나타나서 그 수가 실로 한이 없나니라. 그러나, 이제 몇 가지 예를 들면 부모·자녀 사이에는 부모·자녀의 행할 바 길이 있고, 상하 사이에는 상하의 행할 바 길이 있고, 부부 사이에는 부부의 행할 바 길이 있고, 붕우 사이에는 붕우의 행할 바 길이 있고, 동포 사이에는 동포의 행할 바 길이 있으며, 그와 같이 사사물물事事物物을 접응할 때마다 각각 당연한 길이 있나니, 어느 곳을 막론하고 오직 이 당연한 길을 아는 사람은 곧 도를 아는 사람이요, 당연한 길을 모르는 사람은 곧 도를 모르는 사람이며, 그중에 제일 큰 도로 말하면 곧 우리의 본래 성품인 생멸 없는 도와 인과 보응되는 도이니, 이는 만법을 통일하며 하늘과 땅과 사람이 모두 여기에 근본하였으므로 이 도를 아는 사람은 가장 큰 도를 알았다 하나니라.”

2. 대종사 이어서 말씀하시기를 “덕德이라 하는 것은 쉽게 말하자면 어느 곳 어느 일을 막론하고 오직 은혜恩惠가 나타나는 것을 이름이니, 하늘이 도를 행하면 하늘의 은혜가 나타나고, 땅이 도를 행하면 땅의 은혜가 나타나고, 사람이 도를 행하면 사람의 은혜가 나타나서, 천만가지 도를 따라 천만가지 덕이 화하나니라. 그러므로, 이 여러 가지 덕 가운데에 우선 사람의 덕만 해석하여본다 하여도 그 조건이 또한 한이 없나니, 부모 자녀 사이에 도를 행하면 부모 자녀 사이의 덕이 나타나고, 상하 사이에 도를 행하면 상하 사이의 덕이 나타나고, 부부 사이에 도를 행하면 부부 사이의 덕이 나

타나고, 붕우 사이에 도를 행하면 붕우 사이의 덕이 나타나고, 동포 사이에 도를 행하면 동포 사이의 덕이 나타나서, 개인에 당하면 개인이 화化하고, 가정에 당하면 가정이 화하고, 사회에 당하면 사회가 화하고, 국가에 당하면 국가가 화하고, 세계에 당하면 세계가 화하는 것이며, 그중에 제일 큰 덕으로 말하면 곧 대도를 깨달은 사람으로서 능히 유무를 초월하고 생사를 해탈하며 인과에 통달하여 삼계 화택三界火宅에 헤매이는 일체 중생으로 하여금 한가지 극락에 안주하게 하는 것이니, 이러한 사람은 가히 대덕을 성취하였다 하리라."

3. 대종사 이어서 말씀하시기를 "그러나 만일 도덕의 원리를 알지 못하고 사사邪邪하고 기괴한 것을 찾으며 역리逆理와 패륜悖倫의 일을 행하면서 입으로만 도덕을 일컫는다면 이것은 사도邪道와 악도를 행하는 것이니, 그 참 도에 무슨 상관이 있으며, 또는 무슨 덕이 화化할 수 있으리요. 그러므로, 도덕을 배우고자 하는 사람은 반드시 먼저 도의 원리를 알아야 할 것이며, 도의 원리를 안 이상에는 또한 정성스럽게 항상 덕을 닦아야 할 것이니, 그리한다면 누구를 막론하고 점점 도를 통하고 덕을 얻으리라. 그러나, 범상한 사람들은 도덕의 대의를 알지 못하므로 사람 가운데에 대소 유무의 근본 이치는 알거나 모르거나 어떠한 이상한 술법만 있으면 그를 도인이라 말하고 또는 시비 이해의 분명한 취사는 알거나 모르거나 마음만 한갓 유순하면 그를 덕인이라 하나니 어찌 우습지 아니하리요. 그대가 이제 새로 입교한 사람으로서 먼저 도덕을 알고자 하는 것은 배우는 순서에 당연한 일이니, 나의 한 말을 명심하여 항상 도덕의 대의에 철저하고 사사邪邪한 도에 흐르지 말기를 바라노라."

4. 대종사 말씀하시기를 "사람이 인도人道를 행하기로 하면 한때도 가히 방심할 수 없나니 부모·자녀 사이나, 스승·제자 사이나, 상하 사이나, 부부

사이나, 붕우 사이나, 일체 동포 사이나, 어느 처지에 있든지 그 챙기는 마음을 놓고 어찌 가히 인도를 다할 수 있으리요. 그러므로, 예로부터 모든 성인이 때를 따라 출세하사 정당한 법도를 제정하여 각각 그 사람답게 사는 길을 밝히셨나니, 만일 그 법도를 가벼이 알고 자행 자지를 좋아한다면 그러한 사람은 현세에서도 사람의 가치를 나타내지 못할 것이요, 내세에는 또한 악도에 떨어져서 죄고를 면하지 못하리라."

5. 대종사 말씀하시기를 "무릇, 천하 만사가 다 본말本末과 주종主從이 있나니, 근본을 알아서 근본에 힘쓰면 끝도 자연히 좋아질 것이나, 끝을 따라 끝에만 힘쓰면 근본은 자연 매昧하여질 것이요, 또한 주主를 알아서 주에 힘쓰면 종從도 자연히 좋아질 것이나, 종을 따라 종에만 힘쓰면 주가 자연 매하여질 것이니, 예를 들면 사람에 있어서 마음은 근본이 되고 육신은 끝이 되며, 세상에 있어서 도학은 주가 되고 과학은 종이 되는바 이 본말과 주종을 분명히 알아야만 비로소 도를 아는 사람이라, 이러한 사람이라야 능히 천하사도 바로잡을 수 있나니라."

6. 대종사 이동진화李東震華에게 말씀하시기를 "사람이 세상에 나서 할 일 가운데 큰일이 둘이 있으니 그 하나는 정법의 스승을 만나서 성불하는 일이요, 그 둘은 대도를 성취한 후에 중생을 건지는 일이라, 이 두가지 일이 모든 일 가운데 가장 근본이 되고 큰일이 되나니라."

7. 대종사 "그 의義만 바루고 그 이利를 도모하지 아니하며, 그 도만 밝히고 그 공을 계교하지 아니한다〔正其義而不謀其利 明其道而不計其功〕"한 동중서董仲舒의 글을 보시고 칭찬하신 후 그 끝에 한 귀씩 더 붙이시기를 "그 의만 바루고 그 이를 도모하지 아니하면 큰 이가 돌아오고 그 도만 밝히고 그 공을 계교하지 아니하면 큰 공이 돌아오나니라〔正其義而不謀其利大利生焉

明其道而不計其功大功生焉)”하시니라.

8. 대종사 말이 수레를 끌고 가는 것을 보시고 한 제자에게 물으시기를 “저 수레가 가는 것이 말이 가는 것이냐 수레가 가는 것이냐.” 그가 사뢰기를 “말이 가매 수레가 따라서 가나이다.” 또 말씀하시기를 “혹 가다가 가지 아니할 때에는 말을 채찍질하여야 하겠느냐, 수레를 채찍질하여야 하겠느냐.” 그가 사뢰기를 “말을 채찍질하여야 하겠나이다.” 또 말씀하시기를 “그대의 말이 옳으니 말을 채찍질하는 것이 곧 근본을 다스림이라, 사람이 먼저 그 근본을 찾아서 근본을 다스려야 모든 일에 성공을 보나니라.”

9. 김기천金幾千이 여쭙기를 “사람이 어찌하면 순順과 역逆을 알게 되오리까.” 대종사 말씀하시기를 “순이라 함은 저 춘·하·추·동 사시의 변천이 차서次序를 잃지 아니함과 같이 모든 일에 그 순서를 찾아서 하는 것이요, 역이라 함은 일의 순서를 알지 못하고 힘에 감당 못할 일을 구태여 하고자 하며, 남의 원 없는 일을 구태여 권하며, 남의 마음을 매양 거슬려주는 것이니, 사람이 무슨 일을 할 때에 먼저 이 순과 역을 잘 구분해서 순을 주로 하여 행한다면 성공하지 못할 일이 거의 없으리라.”

10. 대종사 말씀하시기를 “사람이 누구나 자기를 좋게 하려는 한 생각이 없지 아니하나, 구하는 데에 있어서는 혹은 순리로, 혹은 역리로, 혹은 사실로, 혹은 허망하게 각각 그 지견과 역량을 따라 구하므로 드디어 성공과 실패의 차를 내게 되나니라. 순리로 구하는 사람은 남을 좋게 하면서 자기가 좋아지는 도를 행하므로 한없는 낙원을 개척하게 되고, 역리로 구하는 사람은 자기만 좋고자 하여 남을 해하므로 한없는 죄고에 빠지게 되는 것이며, 사실로 구하는 사람은 모든 복락을 이치에 따라 당처에 구하므로 그

성과를 얻게 되고, 허망으로 구하는 사람은 모든 복락을 알 수 없는 미신처에 구하므로 필경 아무 성과를 얻지 못하나니라. 그런데, 세상에 순리와 사실로 구하는 사람은 적고 역리와 허망하게 구하는 사람이 많은 것은 아직도 정법이 널리 미치지 못한 연고요, 일체 인류의 정신이 고루 깨치지 못한 까닭이라. 만일 순리로 구하는 도와 사실로 구하는 도가 밝아질 때에는 곧 태양의 광명이 중천中天에 오름과 같아서 자타와 피차가 다 화化함을 얻으리라."

11. 대종사 말씀하시기를 "자기 가정에서 부모에게 효도하고 형제 간에 우애하는 사람으로 남에게 악할 사람이 적고, 부모에게 불효하고 형제 간에 불목하는 사람으로 남에게 선할 사람이 적나니, 그러므로 유가에서 '효孝는 백행百行의 근본이라' 하였고, '충신忠臣을 효자의 문에서 구한다' 하였나니, 다 사실에 당연한 말씀이니라."

12. 대종사 말씀하시기를 "내가 못 당할 일은 남도 못 당하는 것이요, 내게 좋은 일은 남도 좋아하나니, 내 마음에 섭섭하거든 나는 남에게 그리 말고, 내 마음에 만족하거든 나도 남에게 그리하라. 이것은 곧 내 마음을 미루어 남의 마음을 생각하는 법이니, 이와 같이 오래오래 공부하면 자타의 간격이 없이 서로 감화를 얻으리라."

13. 대종사 말씀하시기를 "큰 재주 있는 사람은 남의 재주를 자기 재주 삼을 줄 아나니, 그런 사람이 가정에 있으면 그 가정을 흥하게 하고, 나라에 있으면 나라를 흥하게 하고, 천하에 있으면 천하를 흥하게 하나니라."

14. 대종사 말씀하시기를 "사람이 그 본의는 저편에게 이利를 주고자 한 일이 혹 잘못되어 해를 주는 수도 있나니, 남을 위하여 무슨 일을 할 때에

는 반드시 미리 조심해야 할 것이요, 그러한 경우로 해를 입은 사람은 그 본의를 생각하여 감사할지언정 그 결과의 해로운 것만 들어서 원망하지 말아야 하나니라."

15. 대종사 영산靈山에 계실 때에 새로 입교한 교도 한 사람이 음식과 폐백을 갖추어 올리는지라, 대종사 받으시고 말씀하시기를 "그대가 이와 같이 예를 표하는 것은 감사하나 그대의 마음 여하에 따라서는 오늘의 정의情誼가 후일에 변하기도 하나니, 그대는 그 이치를 아는가." 그 사람이 사뢰기를 "어찌 공연히 변할 리가 있겠나이까." 대종사 말씀하시기를 "그것은 그대의 구하는 마음 여하에 따라 좌우되나니, 그대가 나를 상종하되 그 구하는 것이 나에게 있는 것이라면 영구한 인연이 되려니와 만일 나에게 없는 것이라면 우리의 사귐은 오래 가지 못하나니라."

16. 대종사 말씀하시기를 "사람이 서로 사귀는데 그 좋은 인연이 오래 가지 못하는 것은 대개 유념할 자리에 유념하지 못하고 무념할 자리에 무념하지 못하는 연고이니, 유념할 자리에 유념하지 못한다는 것은 자기가 무슨 방면으로든지 남에게 은혜를 입고도 그 은혜를 잊어버리며 그에 따라 혹 은혜 준 처지에서 나에게 섭섭함을 줄 때에는 의리義理 없이 상대하는 것 등이요, 무념할 자리에 무념하지 못한다는 것은 자기가 무슨 방면으로든지 남에게 은혜를 준 후에 보답을 바라는 마음이 있으며 저 은혜 입은 사람이 혹 나에게 잘못 할 때에는 전일에 은혜 입혔다는 생각으로 더 미워하는 마음을 일어내는 것이라, 그러므로 그 좋은 인연이 오래 가지 못하고 도리어 원진怨嗔2으로 변하여지는 것이니, 그대들은 이 이치를 잘 알아서 유념할 자리에는 반드시 유념하고 무념할 자리에는 반드시 무념하여 서로

---

2   원망하고 증오하는 마음.

사귀는 사이에 그 좋은 인연이 오래 가게 할지언정 그 인연이 낮은 인연으로 변하지 않도록 주의할지어다."

17. 이공주李共珠 사뢰기를 "제가 저번에 이웃집 가난한 사람에게 약간의 보시를 하였삽더니 그가 그 후로는 저의 집 일에 몸을 아끼지 아니하오니 복은 지을 것이옵고 지으면 받는 것이 그와 같이 역력함을 알았나이다." 대종사 말씀하시기를 "그대가 복을 지으면 받아지는 이치는 알았으나 잘못하면 그 복이 죄로 화化하는 이치도 아는가." 공주 사뢰기를 "복이 어찌 죄로 화하겠나이까." 대종사 말씀하시기를 "지어놓은 그 복이 죄가 되는 것이 아니라 복을 지은 그 마음이 죄를 짓는 마음으로 변하기도 한다 함이니, 범상한 사람들은 남에게 약간의 은혜를 베풀어놓고는 그 관념과 상을 놓지 못하므로 저 은혜 입은 사람이 혹 그 은혜를 몰라주거나 배은 망덕背恩忘德을 할 때에는 그 미워하고 원망하는 마음이 몇 배나 더하여 지극히 사랑하는 데에서 도리어 지극한 미움을 일어내고, 작은 은혜로 도리어 큰 원수를 맺으므로, 선을 닦는다는 것이 그 선을 믿을 수 없고 복을 짓는다는 것이 죄를 만드는 수가 허다하나니, 그러므로 달마達磨께서는 '응용 무념應用無念을 덕이라 한다' 하셨고, 노자老子께서는 '상덕上德은 덕이라는 상相이 없다' 하셨으니, 공부하는 사람이 이 도리를 알고 이 마음을 응용하여야 은혜가 영원한 은혜가 되고 복이 영원한 복이 되어 천지로 더불어 그 덕을 합하게 될 것이니, 그대는 그 상相 없는 덕과 변함없는 복을 짓기에 더욱 꾸준히 힘쓸지어다."

18. 이정원李正圓이 여쭙기를 "어떻게 하여야 증애憎愛에 끌리지 아니하고 원만한 마음을 가질 수 있겠나이까." 대종사 말씀하시기를 "증애에 끌리지 않는 방법은 매양 한 생각을 잘 돌리는 데에 있나니, 가령 저 사람이 나를 미워하거든 다만 생각 없이 같이 미워하지 말고, 먼저 그 원인을 생각

하여보아서 미움을 받을 만한 일이 나에게 있었거든 고치기에 힘쓸 것이요, 그러한 일이 없거든 전세前世의 밀린 업으로 알고 안심하고 받을 것이며, 한편으로는 저 사람이 나를 미워할 때에 나의 마음이 잠시라도 좋지 못한 것을 미루어 나는 누구에게든지 미움을 주지 않으리라고 결심하라. 그리하면, 나를 미워하는 사람이 곧 나의 마음 쓰는 법을 가르치는 선생이 될 것이니, 그를 나의 선생으로 인정할 때에는 어찌 미운 생각이 나겠는가. 이것이 곧 미운 데에 끌리지 않게 하는 방법이니라. 또는, 저 사람이 나를 사랑하거든 다만 생각 없이 좋아만 할 것이 아니라, 또한 먼저 그 원인을 생각하여보아서 그만한 사랑 받을 일이 있었거든 그 일을 영원히 변하지 않기로 명심하고, 만일 그만한 일이 없이 받는 사랑이거든 그것을 빚으로 알아야 할 것이며, 또한 사랑 가운데에는 정당한 사랑과 부정당한 사랑이 있나니, 정당한 사랑이면이어니와 부정당한 사랑이면 그것을 끊을 줄도 알아야 할 것이며, 정당한 사랑일지라도 거기에 집착하여 다른 일에 방해될 기미가 있거든, 반드시 용단심勇斷心을 일어내어 대체 행사에 그르침이 없도록 노력하라. 이것이 곧 애착에 끌리지 않는 방법이니라. 그대가 이 두가지에 끌리지 않는 공부를 계속하면 곧 원만한 마음을 얻게 되리라."

19. 한 제자 자기의 부하 임원에게 지나치게 엄책하는 것을 보시고, 대종사 말씀하시기를 "그대가 증애에 끌린 바가 없이 훈계하였다면 그 말이 법이 될 것이나, 만일 끌린 바가 있었다면 법이 되지 못하리라. 천지의 이치도 더위나 추위가 극하면 변동이 생기는 것같이 사람의 처사하는 것도 너무 극하면 뒷날의 쇠衰함을 불러들이나니라."

20. 한 제자 어린아이에게 경박한 말을 쓰는지라, 대종사 말씀하시기를 "사람이 어른을 대할 때에는 어른 섬기는 도가 있고, 어린이를 대할 때에는 어린이 사랑하는 도가 있어서, 그 경우를 따라 형식은 같지 않을지라도

저편을 중히 알고 위해주는 정신은 다르지 아니하나니 어찌 어린아이라 하여 함부로 하리요."

21. 대종사 말씀하시기를 "우리 속담에 말하고 다니는 것을 나팔 불고 다닌다고도 하나니, 사람사람이 다 나팔이 있어 그 나팔을 불되 어떤 곡조는 듣는 사람의 마음을 편안하게 하고, 어떤 곡조는 듣는 사람의 마음을 불안하게 하며, 어떤 곡조는 슬프게 하고, 어떤 곡조는 즐겁게 하며, 어떤 곡조는 화합하게 하고, 어떤 곡조는 다투게 하여, 그에 따라 죄와 복의 길이 나누이게 되나니라. 그런즉, 그대들은 모든 경계를 당하여 나팔을 불 때에, 항상 좋은 곡조로 천만 사람이 다 화和하게 하며, 자기 일이나 공중의 일이 흥하게는 할지언정 서로 다투게 하고 망하게는 하지 않도록 하라. 그러하면, 그 나팔이 한량없는 복을 장만하는 좋은 악기가 되려니와 그렇지 못하면 그 나팔이 한량없는 죄를 불러들이는 장본이 되리라."

22. 대종사 말씀하시기를 "부모 자녀와 같이 무간無間한 사이라도 자기가 실행하지 못하는 조건으로 지도하면 그 지도를 잘 받지 아니하고, 부부와 같이 친절한 사이라도 내가 실행하지 못하는 조건으로 권면하면 그 권면을 잘 받지 아니하나니, 그러므로 남을 가르치는 방법은 먼저 내가 실행하는 데 있나니라."

23. 어느 날 밤에 조실祖室[3] 문을 지키던 개가 무슨 인기척에 심히 짖는지라, 한 제자 일어나서 개를 꾸짖거늘 대종사 말씀하시기를 "개의 책임은 짖는 데에 있거늘 그대는 어찌하여 그 책임 이행하는 것을 막는가. 이 세상에는 모든 사람과 모든 물건이 다 각각 책임이 있으며, 사람 하나에도 눈·

---

3   원불교의 최고 지도자인 종법사가 거처하는 곳으로, 종법실이라고도 한다.

귀·코·혀·몸·마음이 각각 다 맡은 책임이 있나니, 상하와 귀천을 막론하고 다 그 책임만 이행한다면 이 세상은 질서가 서고 진보가 될 것이니라. 그런즉, 그대들은 각자의 책임 이행도 잘 하려니와 또한 남의 책임 이행을 방해하지도 말라. 그런데, 이 모든 책임 가운데에는 모든 책임을 지배하는 중추中樞의 책임이 또한 있나니, 사람은 그 마음이 중추의 책임이 되고, 사회·국가는 모든 지도자가 그 중추의 책임이 되어 모든 기관을 운영하고 조종하게 되나니라. 그러므로, 중추의 책임을 가진 사람으로서 조금이라도 그 책임에 등한하다면 거기에 따른 모든 책임 분야가 다 같이 누그러져서 그 기관은 자연 질서를 잃게 되나니 그대들은 각자의 처지를 살펴보아서 어떠한 책임이든지 그 이행에 정성을 다할 것이며, 모든 책임의 중추가 되는 마음의 운용에 주의하여 자신의 운명과 대중의 전도前途에 지장이 없도록 하라."

24. 대종사 여러 제자들에게 말씀하시기를 "무릇, 세상은 강과 약 두가지로 구성이 되었나니 강자와 약자가 서로 마음을 화합하여 각각 그 도를 다 하면 이 세상은 영원한 평화를 이루려니와, 만일 그렇지 못하면 강자와 약자가 다 같이 재화를 입을 것이요, 세상의 평화는 영원히 얻지 못하리니, 옛 성현의 말씀에 윗사람이 아랫사람 보기를 적자赤子같이 하면 아랫사람이 윗사람 보기를 부모와 같이하고, 윗사람이 아랫사람 보기를 초개草芥같이 하면 아랫사람이 윗사람 보기를 원수같이 한다는 말이 다 이를 이름이니라."

25. 대종사 말씀하시기를 "모든 사람이 다 남에게 존대받는 사람 되기를 원하건마는 행하는 데 있어서는 홀대받을 일을 더 하나니 어찌 바라는 바를 이루리요. 저 사람의 존대를 받는 방법은 곧 내가 먼저 저 사람을 존대하며 위해주는 것이니, 내가 그를 존대하고 위해주면 그도 나를 존대하고

위해주나니라."

26. 대종사 말씀하시기를 "나는 항상 강자로서 강자 노릇할 줄 모르는 사람들을 애석히 여기노니, 자신이 이미 강자일진대 늘 저 약자를 도와주고 인도하여 그로 하여금 자기 같은 강자가 되도록 북돋아주어야 그 강이 영원한 강이 될 것이며, 어느 때까지라도 선진자先進者요 선각자先覺者로 받들어질 것이어늘, 지금 강자들은 흔히 약자를 억압하고 속이는 것으로 유일한 수단을 삼나니 어찌 영원한 강자가 될 수 있으리요. 약자라고 항상 약자가 아니라 점점 그 정신이 열리고 원기元氣를 회복하면 그도 또한 강자의 지위에 서게 될 것이요, 약자가 깨쳐서 강자의 지위에 서게 되면 전일에 그를 억압하고 속이던 강자의 지위는 자연 타락될 것이니, 그러므로 참으로 지각 있는 사람은 항상 남이 궁할 때에 더 도와주고 약할 때에 더 보살펴주어서 영원히 자기의 강을 보전하나니라."

27. 대종사 산업부産業部⁴에 가시니 목장의 돼지가 퍽 야위었는지라 그 연유를 물으시매, 이동안李東安이 사뢰기를 "금년 장마에 약간의 상한 보리를 사료로 주는 동안에는 살이 날마다 불어 오르더니, 얼마 전부터 다시 겨를 주기 시작하였삽더니 그동안 습관들인 구미를 졸지에 고치지 못하여 잘 먹지 아니하고 저 모양으로 점점 야위어가나이다." 대종사 말씀하시기를 "이것이 곧 산 경전이로다. 잘살던 사람이 졸지에 가난해져서 받는 고통이나, 권세 잡았던 사람이 졸지에 위位를 잃고 받는 고통이 이와 다를 것이 없으리라. 그러므로, 예로부터 성현들은 모두 이 인간 부귀를 심상尋常시하여 부귀가 온다고 그다지 기뻐하지도 아니하고 부귀가 간다고 그다지 근심하지도 아니하였나니, 옛날 순임금은 밭 갈고 질그릇 굽는 천역賤役을

---

4   원불교 창립 초기 행정기관 중 하나로 농업·원예·축산 등 생산을 담당했으며, 그 수입은 교단 자립 경영에 결정적인 역할을 했다.

하던 사람으로서 천자의 위를 받았으나 거기에 조금도 넘치심이 없으셨고, 석가세존께서는 돌아오는 왕위도 버리시고 유성 출가踰城出家하셨으나 거기에 조금도 애착됨이 없으셨나니, 이 분들의 부귀에 대한 태도가 그 얼마나 담박하였으며 고락을 초월하는 힘이 그 얼마나 장하였는가. 그런즉, 그대들도 도에 뜻하고 성현을 배우려거든 우선 편하고 우선 즐겁고, 우선 권세 잡는 데에 눈이 어둡지 말고 도리어 그것을 사양하며, 설사 부득이 그러한 경우에 처할지라도 거기에 집착하지도 말고 타락하지도 말라. 그러면 참으로 영원한 안락, 영원한 명예, 영원한 권위를 누리게 되리라.”

28. 대종사 안빈 낙도의 뜻을 설명하시기를 “무릇, 가난이라 하는 것은 무엇이나 부족한 것을 이름이니, 얼굴이 부족하면 얼굴 가난이요, 학식이 부족하면 학식 가난이요, 재산이 부족하면 재산 가난인바, 안분安分을 하라 함은 곧 어떠한 방면으로든지 나의 분수에 편안하라는 말이니, 이미 받는 가난에 안심하지 못하고 이를 억지로 면하려 하면 마음만 더욱 초조하여 오히려 괴로움이 더하게 되므로, 이미 면할 수 없는 가난이면 다 태연히 감수하는 한편 미래의 혜복을 준비하는 것으로 낙을 삼으라는 것이니라. 그런데, 공부인이 분수에 편안하면 낙도가 되는 것은 지금 받고 있는 모든 가난과 고통이 장래에 복락으로 변하여질 것을 아는 까닭이며, 한 걸음 나아가서 마음 작용이 항상 진리에 어긋나지 아니하고, 수양의 힘이 능히 고락을 초월하는 진경에 드는 것을 스스로 즐기는 연고라, 예로부터 성자 철인哲人이 모두 이러한 이치에 통하며 이러한 심경을 실지에 활용하셨으므로 가난하신 가운데 다시없는 낙도 생활을 하신 것이니라.”

29. 대종사 말씀하시기를 “세상 만사가 다 뜻대로 만족하기를 구하는 사람은 모래 위에 집을 짓고 천만년의 영화를 누리려는 사람같이 어리석나니, 지혜 있는 사람은 세상을 살아가는 데 십분의 육만 뜻에 맞으면 그에

만족하고 감사를 느끼며 또한 십분이 다 뜻에 맞을지라도 그 만족한 일을 혼자 차지하지 아니하고 세상과 같이 나누어 즐기므로, 그로 인하여 재앙을 당하지 않을뿐더러 복이 항상 무궁하나니라."

30. 대종사 말씀하시기를 "사람의 큰 죄악이 처음에는 작은 허물로부터 시작되는 수가 허다하나니, 그대들은 마땅히 때때로 자기의 행동을 살펴서 작은 허물이라도 발견되거든 미루지 말고 고치기에 힘쓰라. 남방의 성성猩猩이라는 짐승은 그 힘이 세고 날래어 사람이 힘으로는 잡지 못하나, 그가 술을 즐겨하므로 술을 큰 그릇에 가득 담아서 그의 내왕하는 길목에 두어두면 그가 지나면서 그것을 보고 처음에는 웃으며 그대로 가다가 다시 돌아와서 조금 마시고, 또 가다가 다시 돌아와서 더 마시고 하기를 여러 차례 한 뒤에는 그만 정신없이 그 술을 다 마시고, 마침내 취하여 쓰러지면 그때에 사람이 나와서 잡아간다고 하니, 그가 처음에는 조금만 마시기로 한 술이 커져서 한 동이에 이르렀으며, 마침내 제 생명을 잃기도 하고 혹은 생포生捕도 당하게 되는 것이니라. 사람도 또한 그와 같아서 처음에는 한두가지의 작은 허물을 고치지 못하다가, 그 허물이 쌓이고 쌓이면 마침내 큰 죄업을 저질러서 전도前途를 크게 그르치나니 어찌 조심하지 아니하리요."

31. 대종사 젊은 남녀 가운데 혹 공부의 바른길을 잡지 못하여 헤매는 사람을 걱정하시며, 말씀하시기를 "그대들 가운데 처음에는 잘하다가 나중에는 잘 못하는 사람도 있고 처음에는 잘 못하다가 나중에는 잘하는 사람도 있으므로, 내가 미리 짐작하여 각각 적당하게 지도하나, 나이가 삼십이 넘으면 그 사람의 일생 인품이 대개 틀 잡히는 때라, 만일 그때까지 철이 들지 못하는 사람은 실상 나도 근심이 되지마는 자신들도 큰 걱정이 될 일이니라."

32. 대종사 봉래정사蓬萊精舍에 계실 때에 마침 큰 장마로 초당草堂 앞 마른 못에 물이 가득하매 사방의 개구리가 모여들어 많은 올챙이가 생기었더니, 얼마 후에 비가 개이고 날이 뜨거우매 물이 점점 줄어들어 며칠이 못 가게 되었건마는 올챙이들은 그 속에서 꼬리를 흔들며 놀고 있는지라, 대종사 보시고 말씀하시기를 "참으로 안타까운 일이로다. 일분 이분 그 생명이 줄어가고 있는 줄도 모르고 저와 같이 기운 좋게 즐기는도다. 그러나, 어찌 저 올챙이들뿐이리요. 사람도 또한 그러하나니, 수입 없이 지출만 하는 사람과 현재의 강强을 남용만 하는 사람들의 장래를 지혜 있는 사람이 볼 때에는 마르는 물속에 저 올챙이들과 조금도 다름없이 보이나니라."

33. 대종사 대중에게 말씀하시기를 "오늘은 그대들에게 마음 지키고 몸 두호하는 데에 가장 필요한 방법을 말하여주리니 잘 들어서 모든 경계에 항상 공부하는 표어를 삼을지어다. 표어란 곧 경외심敬畏心을 놓지 말라 함이니, 어느 때 어디서 어떠한 사람을 대하거나 어떠한 물건을 대하거나 오직 공경하고 두려워하는 마음을 가지고 대하라 함이니라. 사람이 공경하고 두려워하는 마음을 놓고 보면 아무리 친절하고 사이 없는 부자·형제·부부 사이에도 반드시 불평과 원망이 생기는 것이며, 대수롭지 않은 경계와 하찮은 물건에도 흔히 구속과 피해를 당하나니, 그것은 처지가 무간하고 경계가 가볍다 하여 마음 가운데 공경과 두려움을 놓아버리고 함부로 행하는 연고라, 가령 어떤 사람이 어느 가게에서 성냥 한갑을 훔치다가 주인에게 발각되었다면 그 주인이 하찮은 성냥 한갑이라 하여 그 사람을 그저 돌려보내겠는가. 극히 후한 사람이라야 꾸짖음에 그칠 것이요, 그렇지 아니하면 모욕을 가할 수도 있을 것이니, 이것은 곧 그 성냥 한갑이 들어서 그 사람을 꾸짖고 모욕한 것이며, 다시 생각하면 성냥을 취하려는 욕심이 들어서 제가 저를 무시하고 욕보인 것이요, 그 욕심은 성냥 한갑에 대한 경

외심을 놓은 데서 난 것이니, 사람이 만일 경외심을 놓고 보면 그 감각 없고 하찮은 성냥 한갑도 그만한 권위를 나타내거든, 하물며 그 이상의 물질이며 더구나 만능의 힘을 가진 사람이리요. 그러므로, 우리는 항상 공경하고 두려워하자 함이니, 우리가 무엇이나 공경하고 두려워하는 마음을 가지고 의義로써 살아간다면 위로 창창한 하늘을 우러러보나, 아래로 광막한 대지를 굽어보나, 온 우주에 건설되어 있는 모든 물건은 다 나의 이용물이요, 이 세상에 시행되는 모든 법은 다 나의 보호 기관이지마는, 만일 공경과 두려움을 놓아버리고 함부로 동한다면 우주 안의 모든 물건은 도리어 나를 상해하려는 도구요, 이 세상 모든 법은 도리어 나를 구속하려는 포승이니, 어찌 두렵지 아니하리요. 그러므로, 그대들에게 이르노니, 물결 거센 이 세간에 나타난 그대들로서 마음을 잘 지키고 몸을 잘 두호하려거든 마땅히 이 표어를 마음에 깊이 새겨두고 매사를 그대로 진행하라."

34. 대종사 신년을 당하여 말씀하시기를 "내가 오늘 여러 사람에게 세배를 받았으니 세속 사람들 같으면 음식이나 물건으로 답례를 하겠으나, 나는 돌아오는 난세를 무사히 살아갈 비결秘訣 하나를 일러줄 터인즉 보감을 삼으라" 하시고 선현先賢의 시 한편을 써 주시니 곧 "처세에는 유한 것이 제일 귀하고〔處世柔爲貴〕강강함은 재앙의 근본이니라〔剛强是禍基〕말하기는 어눌한 듯 조심히 하고〔發言常欲訥〕일 당하면 바보인 듯 삼가 행하라〔臨事當如痴〕급할수록 그 마음을 더욱 늦추고〔急地尙思緩〕편안할 때 위태할 것 잊지 말아라〔安時不忘危〕일생을 이 글대로 살아간다면〔一生從此計〕그 사람이 참으로 대장부니라〔眞個好男兒〕" 한 글이요, 그 글 끝에 한 귀를 더 쓰시니 "이대로 행하는 이는 늘 안락하리라〔右知而行之者常安樂〕" 하시니라.

35. 하루는 여러 제자들이 신문을 보다가 시사時事에 대하여 가부 평론함이 분분하거늘, 대종사 들으시고 말씀하시기를 "그대들이 어찌 남의 일

에 대하여 함부로 말을 하는가. 참된 소견을 가진 사람은 남의 시비를 가벼이 말하지 아니하나니라. 신문을 본다 하여도 그 가운데에서 선악의 원인과 그 결과 여하를 자상히 살펴서 나의 앞길에 거울을 삼는 것이 공부인의 떳떳한 행실이요, 참된 이익을 얻는 길이니, 이것이 곧 모든 법을 통해다가 한 마음을 밝히는 일이라, 이러한 정신으로 신문을 보는 사람은 신문이 곧 산 경전이 될 것이요, 혜복의 자료가 될 것이나, 그렇지 못한 사람은 도리어 날카로운 소견과 가벼운 입을 놀려 사람의 시비 평론하는 재주만 늘어서 죄의 구렁에 빠지기 쉽나니 그대들은 이에 크게 주의하라."

36. 대종사 무슨 일로 김남천을 꾸짖으시고, 문정규에게 말씀하시기를 "내가 남천을 꾸짖는 것이 남천에게만 한한 것이 아닌데 정규는 어떻게 생각하는가. 내가 어떤 사람을 꾸짖든지 정규는 먼저 정규의 행실을 살펴보아서 그러한 일이 있으면 고칠 것이요 없으면 명심하였다가 후일에도 범하지 않기로 할 것이며, 결코 책망당하는 그 사람을 흉보거나 비웃지 말라. 어리석은 사람은 남의 허물만 밝히므로 제 앞이 늘 어둡고, 지혜 있는 사람은 자기의 허물을 살피므로 남의 시비를 볼 여가가 없나니라."

37. 대종사 말씀하시기를 "사람이 세상에서 무슨 일을 할 때에는 혹 남의 찬성도 받고 또는 비난도 받게 되나니, 거기에 대하여 아무 생각 없이 한갓 좋아만 하거나 싫어만 하는 것은 곧 어린아이와 같은 일이니라. 남들이 무엇이라고 할 때에는 나는 나의 실지를 조사하여 양심에 부끄러울 바가 없는 일이면 비록 천만 사람이 비난을 하더라도 백절불굴百折不屈의 용력勇力으로 꾸준히 진행할 것이요, 남이 아무리 찬성을 하더라도 양심상 하지 못할 일이면 헌신같이 버리기를 주저하지 말 것이니, 이것이 곧 자력 있는 공부인이 하는 일이니라."

38. 대종사 말씀하시기를 "사람이 무슨 일을 시작하여 한가지도 그르침이 없을 때에는 그 일을 잘 해보려는 성의가 계속되다가도 중간에 혹 한두 번 실수를 하고 보면 그만 본래 마음을 다 풀어버리고 되는 대로 하는 수가 허다하나니, 이것은 마치 새 옷을 입은 사람이 처음에는 그 옷을 조심하여 입다가도 때가 묻고 구김이 지면 그 주의를 놓아버리는 것과 같나니, 모든 일을 다 이와 같이 한다면 무슨 성공이 있으리요. 오직 철저한 생각과 큰 경륜을 가진 사람은 무슨 일을 하다가 혹 어떠한 실수를 할지라도 그것을 전감前鑑 삼아 미래를 더욱 개척은 할지언정 거기에 뜻이 좌절되어 당초의 대중을 놓아버리지는 아니하나니, 이러한 사람에게는 작은 실수가 도리어 큰 성공의 바탕이 되나니라."

39. 대종사 말씀하시기를 "사람이 누구나 이로운 일을 원하나 하는 바는 해로울 일을 많이 하며, 부귀하기를 원하나 빈천할 일을 많이 하며, 찬성 받기를 원하나 조소 받을 일을 많이 하여, 마음에 원하는 바와 몸으로 행하는 바가 서로 같지 못한 수가 허다하나니, 이것이 다 고락의 근원을 알지 못하는 연고이며, 설사 안다 할지라도 실행이 없는 연고라, 그대들은 이 원인을 깊이 생각하고 밝게 판단하며 그 실행을 철저히 하여 항상 그 원하는 바와 행하는 바가 서로 모순되지 않게 하라. 그리하면 모든 일이 다 뜻대로 성취되리라."

40. 대종사 말씀하시기를 "사람의 직업 가운데에 복을 짓는 직업도 있고 죄를 짓는 직업도 있나니, 복을 짓는 직업은 그 직업을 가짐으로써 모든 사회에 이익이 미쳐가며 나의 마음도 자연히 선하여지는 직업이요, 죄를 짓는 직업은 그 직업을 가짐으로써 모든 사회에 해독이 미쳐가며 나의 마음도 자연히 악해지는 직업이라, 그러므로 사람이 직업을 가지는 데에도 반드시 가리는 바가 있어야 할 것이며, 이 모든 직업 가운데에 제일 좋은 직

업은 일체 중생의 마음을 바르게 인도하여 고해에서 낙원으로 제도하는 부처님의 사업이니라."

41. 대종사 말씀하시기를 "한 가정의 흥망이 호주戶主의 정신 여하에도 달려 있나니, 한 가정이 흥하기로 하면 첫째는 호주의 정신이 근실하여야 할 것이요, 둘째는 집안 사람들이 서로 화합하여 모든 일에 힘을 모을 것이요, 셋째는 무슨 실업이든지 먼저 지견과 경험을 얻은 뒤에 착수할 것이요, 넷째는 이소성대以小成大의 준칙으로 순서 있게 사업을 키워나갈 것이요, 다섯째는 폐물廢物 이용의 법을 잘 이용할 것이요, 여섯째는 원업元業과 부업副業을 적당하게 하며 생산 부분을 서로 연락 있게 할 것이요, 일곱째는 그 생산이 예정한 목표에 이르기 전에는 그 자금을 다른 곳에 함부로 유용流用하지 말 것이요, 여덟째는 목표에 달한 뒤에라도 무리한 폭리는 꾀하지 말고 매양 근거 있고 믿음 있는 곳에 자본을 심을 것이요, 아홉째는 수지收支를 항상 살펴서 정당한 지출은 아끼지 말고 무용한 낭비는 단단히 방지하여, 이와 같은 방법으로 치가治家에 전력하면 그대들의 살림이 자연 불어나고 그에 따라 마음 공부하는 데에도 또한 서로 도움이 되리라."

42. 대종사 말씀하시기를 "한 가정은 한 나라를 축소하여놓은 것이요, 한 나라는 여러 가정들을 모아놓은 것이니, 한 가정은 곧 작은 나라인 동시에 큰 나라의 근본이 되나니라. 그러므로, 한 가정을 잘 다스리는 사람은 사회 국가에 나가도 그 사회 그 국가를 잘 다스릴 것이며, 또는 각자 각자가 그 가정 가정을 잘 다스리고 보면 국가는 따라서 잘 다스려질 것이니, 한 가정을 다스리는 호주의 책임이 중하고 큼을 알아야 할지니라."

43. 대종사 말씀하시기를 "모범적인 가정을 이룩함에는 첫째 온 집안이 같이 신앙할 만한 종교를 가지고 늘 새로운 정신으로 새 생활을 전개해야

할 것이며, 둘째는 호주가 집안 다스릴 만한 덕위德威와 지혜와 실행을 갖추어야 할 것이며, 셋째는 호주가 무슨 방법으로든지 집안 식구들을 가르치기로 위주하되 자신이 먼저 많이 배우고 먼저 경험하여 집안의 거울이 되어야 할 것이며, 넷째는 온 식구가 놀고먹지 아니하며 나날이 수지를 맞추고 예산을 세워서 약간이라도 저축이 되게 할 것이며, 다섯째는 직업을 가지되 가림이 있어서 살생하는 직업이나 남의 정신 마취시키는 직업을 가지지 말며, 또는 권리를 남용하여 남의 생명·재산을 위협하거나 가슴을 아프게 하는 일이 없게 할 것이며, 여섯째는 될 수 있는 대로 부부 사이에도 물질적 생활을 각자 자립적으로 하면서 서로 부유한 가정과 부유한 국가·사회를 만들기에 힘쓸 것이며, 일곱째는 국가·사회에 대한 의무와 책임을 충실히 이행하며 특히 자력 없는 사람을 보호하는 기관과 교화·교육의 기관에 힘 미치는 대로 협력할 것이며, 여덟째는 자녀에게 과학과 도학을 아울러 가르치며 교육을 받은 후에는 상당한 기간을 국가나 사회나 교단에 봉사하게 할 것이며, 아홉째는 자녀에게 재산을 전해줄 때에는 그 생활 토대를 세워주는 정도에 그치고 국가나 사회나 교단의 공익 기관에 희사喜捨할 것이며, 열째는 복잡한 인간 세상을 살아가는 데 몸과 마음을 수양하기 위하여 매월 몇 차례나 매년 몇 차례씩 적당한 휴양으로 새 힘을 기를 것이니라."

44. 대종사 임신한 부인을 대하시면 매양 "모진 마음을 내지 말며, 모진 말을 하지 말며, 모진 행동을 하지 말라" 하시고 특히 살생을 금하시며 말씀하시기를 "태아胎兒가 모태 가운데 있을 때는 그 영식靈識[5]이 어리는 때라, 그 부모의 마음과 말과 행동이 태아의 장래 성질에 영향을 주기 쉽나니 그동안 태모의 근신勤愼이 극히 중요하나니라."

---

5   신령스러운 앎이라는 뜻으로, 지식적으로 배워 아는 것과는 달리 사람의 근본 성품이 본래 신령스럽게 아는 마음 작용을 말함.

45. 대종사 말씀하시기를 "자녀를 가르치는 데에 네가지 법이 있나니, 첫째는 심교心教라 마음에 신앙처를 두고 바르고 착하고 평탄하게 마음을 가져서 자녀로 하여금 먼저 그 마음을 체받게 하는 것이요, 둘째는 행교行教라 자신이 먼저 실행하고 행동에 법도가 있어서 자녀로 하여금 저절로 그 실행을 체받게 하는 것이요, 셋째는 언교言教라 매양 불보살 성현들과 위인 달사達士들의 가언 선행嘉言善行을 많이 일러주어 그것을 기억하여 체받게 하며 모든 사리를 순순히 타일러서 가르치는 것이요, 넷째는 엄교嚴教라 이는 철없는 때에 부득이 위엄으로 가르치는 법이니 이는 자주 쓸 법은 아니니라. 그러므로, 한 가정에서 자녀를 가르치되 어머니 태중으로 비롯하여 성인成人이 되기까지 이 네가지 법을 아울러 쓰면 착한 사람 되게 하는 데 큰 도움이 되리라."

46. 대종사 말씀하시기를 "자녀를 가르치는 데에는 부모 자신이 먼저 상 봉하솔의 도에 어긋남이 없어야 할 것이니, 만일 자녀의 보는 바에 자신이 직접 불효를 한다든지 불경不敬을 한다든지 기타 무슨 일이나 좋지 못한 행동을 한다면 그 자녀를 지도할 위신이 없게 되는 것이요, 둘째는 그 언 동이 근엄謹嚴하여야 할 것이니 만일 부모를 무난하게 아는 때에는 그 자 녀를 정당한 규율로 지도하기가 어려운 것이요, 셋째는 친애親愛를 주어야 할 것이니 만일 근엄하기만 하고 친애하는 정이 건네지 아니하면 그 자녀 를 진정으로 감화하지 못하는 것이요, 넷째는 모든 언약에 신용을 잃지 말 아야 할 것이니 만일 신용을 잃고 보면 그 자녀에게 철저한 영令[6]을 세우지 못하는 것이요, 다섯째는 상벌을 분명히 할 것이니 만일 상벌이 분명하지 못하면 그 자녀에게 참다운 각성을 주지 못하는 것이요, 여섯째는 어릴 때

---

6   영을 세운다는 것은 남이 따르도록 하는 힘이나 권위가 서게 한다는 뜻이다.

부터 정당한 신앙심을 넣어주어야 할 것이니 만일 신앙심이 없으면 자라는 도중에 다른 외경의 유혹을 받기 쉬운 것이요, 일곱째는 어릴 때부터 공익심을 권장하여야 할 것이니 만일 공익심의 권장이 없으면 자연히 이기주의의 싹이 커나는 것이요, 여덟째는 어릴 때부터 남의 악평이나 훼담毀談[7] 등을 금해야 할 것이니 만일 그것을 금하지 아니하면 자연 경박한 습관이 커나서 구화口禍의 문이 열리게 되는 것이요, 아홉째는 어릴 때부터 예 아닌 물건은 비록 적은 것이라도 취하지 못하게 할 것이니 만일 예 아닌 물건을 취하여 오게 하면 자연 염치없는 습관이 커나게 되나니라."

47. 대종사 말씀하시기를 "사람이 어릴 때에는 대개 그 부모의 하는 것을 보고 들어서 그 정신을 이어받기가 쉽나니, 사람의 부모 된 처지에서는 그 자손을 위하여서라도 직업의 선택에 신중하며 바른 사업과 옳은 길을 밟기에 노력하여야 하나니라."

48. 대종사 희사위喜捨位[8] 기념식에서 말씀하시기를 "우리 회상에서는 우리 회상의 창립에 귀중한 자녀를 생육 희사한 부모들의 공덕을 존숭하기 위하여 그분들에게 희사위의 존호를 올리고 기념하나니, 과거나 현재의 세속 인심은 대개가 이기심에 충만하여 정신·육신·물질의 삼 방면으로 다른 사람에게 이익을 주는 사람은 극히 적으며, 자녀를 둔 사람으로서도 우선 자기 일신을 의뢰할 생각만 주로 하여 설혹 훌륭한 자질이 있는 자녀라도 애석하게 일생을 한 가정에 매어 있게 한 일이 허다하였는데, 희사위 여러분은 일찍부터 이러한 생각에서 초월하여 자기의 영화榮華와 안일을 불고하고, 그 귀중한 자녀들을 이 큰 세계 사업에 희사하였나니, 이는 곧

---

7   남을 헐뜯는 말.
8   법위가 법강항마위 이상인 자녀를 둔 부모에게 드리는 존위로, 자녀가 공도(公道)사업 하도록 낳고 길러 인도해준 공덕에 대한 교단적 예우를 말한다.

자비한 보살행의 일단이라, 우리는 이 희사위 여러분의 정신과 공덕을 영원히 추모하며 그 뜻을 받들어 어느 세상을 가든지 항상 공중을 위하는 참된 인물이 되어야 할 것이니라."

49. 대종사 봉래정사에서 모친 환후患候의 소식을 들으시고 급거히 영광 본가에 가시사 시탕侍湯하시다가 아우 동국東局에게 이르시기를 "도덕을 밝힌다는 나로서는 모친의 병환을 어찌 불고하리요마는, 나의 현재 사정이 시탕을 마음껏 하지 못하게 된 것은 너도 아는 바와 같이 나를 따라 배우기를 원하는 사람이 벌써 많은 수에 이르러 나 한 사람이 돌보지 아니하면 그들의 전도前途에 지장이 있을 것이요, 이제까지 하여온 모든 사업도 큰 지장이 많을 것이니, 너는 나를 대신하여 모친 시탕을 정성껏 하라. 그러하면 나도 불효의 허물을 만일이라도 벗을 수 있을 것이요, 너도 이 사업에 큰 창립주가 될 것이다" 하시고, 또한 모친에게 위로하시기를 "인간의 생사는 다 천명天命이 있는 것이오니 모친께서는 안심하시고 항상 일심 청정의 진경에 주住하시옵소서" 하시고 강연強然히[9] 그곳을 떠나 정사精舍로 돌아오시어 제도 사업에 전심專心하시니라.

50. 한 제자 여쭙기를 "관·혼·상·제冠婚喪祭의 모든 예식에 다 절약을 주로 함이 옳사오리까." 대종사 말씀하시기를 "모든 예식에 과도한 낭비는 다 삼갈 것이나, 공익 사업에 헌공獻貢하는 바도 없이 한갓 인색한 마음으로 절약만 하는 것은 혁신 예법[10]의 본의가 아니며 또한 같은 절약 가운데도 혼례婚禮는 새 생활의 비롯이니 절약을 주로 하여 생활의 근거를 세워줌이 더욱 옳을 것이요, 장례葬禮는 일생의 마침이니 열반인의 공덕에 비

---

9   단호히 또는 결연히.

10   소태산이 제정한 예법을 말하는데, 번다한 형식과 낭비를 줄이고 미신적인 것을 타파하여 생활에 적합하고 진리에 부합되며 공익성을 지향하는 것이 특징이다.

추어 후인의 도리에 소홀함이 없게 하는 것이 또한 옳으리라."

51. 대종사 하루는 근동近洞 아이들의 노는 것을 보고 계시더니, 그중 두 아이가 하찮은 물건 하나를 서로 제 것이라 하여 다투다가 대종사께 와서 해결하여주시기를 청하면서 다른 한 아이를 증인으로 내세웠으나 그 아이는 한참 생각하다가 제게 아무 이해가 없는 일이라 저는 잘 모른다고 하는지라, 대종사 그 일을 해결하여주신 뒤에 인因하여 제자들에게 말씀하시기를 "저 어린 것들도 저에게 직접 이해가 있는 일에는 서로 다투고 힘을 쓰나 저에게 이해가 없는 일에는 별로 힘을 쓰지 아니하나니, 자기의 이해를 떠나 남을 위하여 일하는 사람이 어찌 많을 수 있으리요. 그러므로, 자기의 이욕이나 권세를 떠나 대중을 위하여 일하는 사람은 대중이 숭배해야 할 가치가 있는 사람이며, 또한 마음이 투철하게 열린 사람은 대중을 위하여 일하지 아니할 수 없는 것이니라."

52. 대종사 말씀하시기를 "이충무공李忠武公은 그 마음 쓰는 것이 도道가 있었도다. 그는 높은 위에 있으나 마음에 넘치는 바가 없이 모든 군졸과 생사고락을 같이하였고, 권세를 잃어 일개 마졸馬卒[11]이 되었으나 또한 마음에 원망과 타락이 없이 말 먹이는 데에 전력을 다하여 말을 살찌게 하며, 때로 말에게 이르기를 '네 비록 짐승일지언정 국록國祿을 먹고 이만큼 자랐으니 국가 존망의 시기를 당하여 힘을 다하라'고 타일렀다 하며, 편안하

---

11   말을 관리하는 졸병이라는 뜻이다. 전라좌도수군절도사 겸 삼도수군통제사로 큰 공을 세운 이순신은 간신들의 모략으로 1597년 파직, 옥고를 치렀다. 사형 직전까지 갔으나 가까스로 풀려났고, 동년 4월부터 8월까지 백의종군한다. 어머니의 갑작스러운 열반까지 겹치며 큰 시련을 겪었던 이 시기, 이순신은 공식적인 직책 없이 장수들의 군사 자문 역할을 했고, 말 돌보는 일에 관심을 두며 시간을 보냈다고 한다. 이러한 정황을 종합하면, '마졸'은 특정한 직책이 아니라 백의종군 중 국가 존망을 걱정하며 직 없이 말을 돌보던 이순신의 형편을 묘사한 표현이라 할 수 있다.

고 명예스러운 일은 다른 장군에게 돌리고 어렵고 명색 없는 일은 자신이 차지하여 오직 위를 섬김에 충성을 다하였고 아래를 거느림에 사랑을 다하였으니, 과연 그는 지智와 덕德을 겸비한 성장聖將이라, 나라 일이나 천하 일을 하는 사람들이 다 같이 거울삼을 만한 분이니라."

53. 대종사 유허일柳虛一에게 『서전書傳』[12] 서문을 읽으라 하시고 "이제 二帝와 삼왕三王은 이 마음을 보존한 이요, 하걸夏桀과 상수商受[13]는 이 마음을 잃은 이라" 한 구절에 이르매, 말씀하시기를 "이 귀절이 돌아오는 시대에 큰 비결秘訣이 되리라. 부귀와 권세를 탐하여 마음을 잊어버리는 사람은 장차 집이 패하고 몸이 망할 뿐 아니라, 국가나 세계의 영도자가 그러하면 그 화가 장차 국가와 세계에 미치리니, 그대들은 부귀와 권세에 끌리지 말고 오직 의·식·주 생활에 자기의 분수를 지켜서 본심을 잃지 아니하여야, 어떠한 난세를 당할지라도 위험한 일이 없을 것이요 따라서 천지의 좋은 운을 먼저 받으리라."

54. 부호富豪 한 사람이 흉년을 당하여 약간의 전곡錢穀으로 이웃 빈민들을 구제한 후에 항상 송덕頌德하여주기를 바라는지라 동민들이 의논하고 비碑 하나를 세웠더니, 그 사람이 오히려 만족하지 못하여 스스로 많은 돈을 들여 다시 비를 세우고 굉장한 비각碑閣을 건축하거늘 동민들이 그 행사를 우습게 생각하여 험담과 조소가 적지 아니한지라, 김광선이 이 말을 듣고 회화 시간에 발표하였더니, 대종사 들으시고 말씀하시기를 "이것이 곧 억지로 명예 구하는 사람들을 경계하는 산 경전이로다. 그 사람은 제 명

---

12 『서경(書經)』에 주해를 단 책. 『서경』은 『시경』·『역경』과 함께 유가의 삼경(三經) 중 하나로, 중국 고대 국가들의 정사(政事)에 관한 문서를 엮은 것이다.

13 하걸은 폭군으로 알려진 하나라 걸왕을, 상수는 상나라 주왕(紂王, 그의 휘諱가 수受임)을 말함.

예를 나타내기 위하여 그 일을 하였건마는 명예가 나타나기는 고사하고 그전의 명예까지 떨어진 것이 아닌가. 그러므로, 어리석은 사람은 명예를 구한다는 것이 도리어 명예를 손상하게 하며, 지혜 있는 사람들은 따로이 명예를 구하지 아니하나 오직 당연한 일만 행하는 중에 자연히 위대한 명예가 돌아오나니라."

55. 이춘풍이 여쭙기를 "지난번에 저의 자식이 산에 갔다가 포수의 그릇 쏜 탄환에 크게 놀란 일이 있사온데, 만일 그때에 불행한 일을 당하였다 하오면 그 일을 어떻게 처리하는 것이 좋사올지 취사가 잘 되지 아니하나이다." 대종사 말씀하시기를 "그대의 생각대로 한번 말하여보라." 춘풍이 사뢰기를 "법률이 이러한 일을 다스리기 위하여 있는 것이오니, 법에 사실을 알리어 부자된 심정을 표함이 옳을 듯하나이다." 대종사 다시 송적벽宋赤壁에게 물으시니, 그가 사뢰기를 "모든 일이 다 인과의 관계로 되는 것이오니, 그 일도 인과의 보응으로 생각하옵고 아무 일 없이 하겠나이다." 대종사 다시 오창건吳昌建에게 물으시니 그가 사뢰기를 "저도 공부하는 처지가 아니라면 반드시 법에 호소하겠사오나, 또한 천명天命으로 돌리고 그만두겠나이다." 대종사 말씀하시기를 "세 사람의 말이 다 중도를 잡지 못하였도다. 대개 지금의 법령 제도가 사람이 출생하거나 사망하면 반드시 관청에 신고하게 되어 있으며, 더욱 횡액橫厄을 당하였거나 의외의 급사를 하였을 때에는 비록 관계 없는 사람이라도 발견한 사람이 관청에 보고할 의무를 가졌나니, 외인도 그러하거든 하물며 부자의 관계를 가지고 있는 처지리요. 그러므로, 나는 오직 국민의 처지에서 부모로서 즉시 관청에 사유를 보고할 것이요, 그 후의 일은 법을 가진 관청의 처리에 맡기고 나의 알 바 아니라 하겠노라."

56. 대종사 하루는 역사 소설을 들으시다가 말씀하시기를 "문인들이 소

설을 쓸 때에 일반의 흥미를 돋우기 위하여 소인이나 악당의 심리와 행동을 지나치게 그려내어 더할 수 없는 악인을 만들어놓는 수가 허다하나니 이도 또한 좋지 못한 인연의 씨가 되나니라. 그러므로, 그대들은 옛사람의 역사를 말할 때에나 지금 사람의 시비를 말할 때에 실지보다 과장하여 말하지 말도록 주의하라."

57. 대종사 하루는 『남화경南華經』을 보시다가 공자孔子께서 도척盜拓을 제도하러 가시사 무수한 욕을 당하고 허망히 돌아오셨다는 귀절을 보시고, 말씀하시기를 "공자는 큰 성인이시라 스스로 위험과 욕됨을 무릅쓰고 그를 선으로 깨우치려 하사 후래 천만년에 제도의 본의를 보이셨으나 사람을 제도하는 방편은 시대를 따라 다른 것이니, 지금 세상 사람들을 제도함에는 말로만 권면하기에 힘쓰는 것보다 실지를 먼저 갖추어서 그 결과가 드러난 후에 사람들로 하여금 스스로 돌아오게 해야 하리라. 무슨 까닭이냐 하면, 지금 사람들은 대개가 각자의 실지는 갖춤이 없이 남을 권면하기로만 위주하여 결국 허위에 떨어지는 사람이 많으므로 모든 인심이 권면만 가지고는 진실로 믿어주지 않게 된 연고라, 그런다면 저 공자께서 직접 권면으로 도척을 제도하려 하심과는 그 방편이 서로 다르나, 직접 권면하는 것으로 세상을 제도하거나, 실지를 먼저 보이는 것으로 세상을 제도하거나, 그 본의는 다 같은 것이요, 오직 그 방편이 시기를 따라 다를 뿐이니라."

58. 대종사 하루는 주周의 무왕武王이 자기의 천자인 주紂를 치고 천하를 평정한 후[14]에 스스로 천자가 된 데 대하여 말씀하시기를 "나는 무왕의 경

---

14   폭군인 은(殷)나라의 천자 주(紂)를 멸하고 무왕(武王)이 주(周)나라를 세운 것을 말한다. 무왕의 아버지는 은나라의 제후(제후국 이름이 주周였음)였고, 무왕이 뒤를 이어 주의 제후로서 폭군인 천자 주(紂)를 멸하고 스스로 천자가 되었다.

우를 당하면 백성의 원願을 좇아 주를 치는 일은 부득이 행하려니와 그 위位는 다른 어진 이에게 사양하겠노라. 그러나, 어진 이가 없거나 그 위를 사양하여도 천하 사람들이 듣지 아니할 때에는 또한 어찌할 수 없나니라."

59. 어떤 사람이 금강산金剛山을 유람하고 돌아와서, 대종사께 사뢰기를 "제가 유람하는 중에 가마귀나 뱀을 임의로 부르기도 하고 보내기도 하는 사람을 보고 왔사오니 그가 참 도인인가 하나이다." 대종사 말씀하시기를 "가마귀는 가마귀와 떼를 짓고 뱀은 뱀과 유類를 하나니 도인이 어찌 가마귀와 뱀의 총중에 섞여 있으리요." 그가 여쭙기를 "그러하오면 어떠한 사람이 참 도인이오니까." 대종사 말씀하시기를 "참 도인은 사람의 총중에서 사람의 도를 행할 따름이니라." 그가 여쭙기를 "그러하오면 도인이라고 별다른 표적이 없나이까." 대종사 말씀하시기를 "없나니라." 그가 여쭙기를 "그러하오면 어떻게 도인을 알아보나이까." 대종사 말씀하시기를 "자기가 도인이 아니면 도인을 보아도 도인인 줄을 잘 알지 못하나니, 자기가 외국 말을 할 줄 알아야 다른 사람이 그 외국 말을 잘하는지 못하는지를 알 것이며 자기가 음악을 잘 알아야 다른 사람의 음악이 맞고 안 맞는 것을 알 것이니라. 그러므로, 그 사람이 아니면 그 사람을 잘 알지 못한다 하노라."

제5 인과품因果品

1. 대종사 말씀하시기를 "우주의 진리는 원래 생멸이 없이 길이 길이 돌고 도는지라, 가는 것이 곧 오는 것이 되고 오는 것이 곧 가는 것이 되며, 주는 사람이 곧 받는 사람이 되고 받는 사람이 곧 주는 사람이 되나니, 이 것이 만고에 변함없는 상도常道니라."

2. 대종사 말씀하시기를 "천지에 사시 순환하는 이치를 따라 만물에 생·로·병·사의 변화가 있고 우주에 음양 상승陰陽相勝하는 도를 따라 인간에 선악 인과의 보응이 있게 되나니, 겨울은 음陰이 성盛할 때이나 음 가운데 양陽이 포함되어 있으므로 양이 차차 힘을 얻어 마침내 봄이 되고 여름이 되며, 여름은 양이 성할 때이나 양 가운데 음이 포함되어 있으므로 음이 차차 힘을 얻어 마침내 가을이 되고 겨울이 되는 것과 같이, 인간의 일도 또한 강과 약이 서로 관계하고 선과 악의 짓는 바에 따라 진급 강급과 상생 상극의 과보가 있게 되나니, 이것이 곧 인과 보응의 원리니라."

3. 대종사 말씀하시기를 "식물들은 뿌리를 땅에 박고 살므로 그 씨나 뿌

리가 땅속에 심어지면 시절의 인연을 따라 싹이 트고 자라나며, 동물들은 하늘에 뿌리를 박고 살므로 마음 한번 가지고 몸 한번 행동하고 말 한번 한 것이라도 그 업인業因이 허공 법계에 심어져서, 제 각기 선악의 연緣을 따라 지은 대로 과보가 나타나나니, 어찌 사람을 속이고 하늘을 속이리요."

4. 대종사 말씀하시기를 "사람이 주는 상벌은 유심有心으로 주는지라 아무리 밝다 하여도 틀림이 있으나, 천지에서 주는 상벌은 무심無心으로 주는지라 진리를 따라 호리毫釐도 틀림이 없어서 선악 간 지은 대로 역연히 보응을 하되 그 진리가 능소 능대能小能大하고 시방에 두루 있나니, 어찌 그를 속일 수 있으며 그 보응을 두려워하지 아니하리요. 그러므로, 지각 있는 사람은 사람이 주는 상벌보다 진리가 주는 상벌을 더 크고 중하게 여기나니라."

5. 대종사 말씀하시기를 "그 사람이 보지 않고 듣지 않는 곳에서라도 미워하고 욕하지 말라. 천지는 기운이 서로 통하고 있는지라 그 사람 모르게 미워하고 욕 한번 한 일이라도 기운은 먼저 통하여 상극의 씨가 묻히고, 그 사람 모르게 좋게 여기고 칭찬 한번 한 일이라도 기운은 먼저 통하여 상생의 씨가 묻히었다가 결국 그 연을 만나면 상생의 씨는 좋은 과果를 맺고 상극의 씨는 나쁜 과를 맺나니라. 지렁이와 지네는 서로 상극의 기운을 가진지라 그 껍질을 불에 태워보면 두 기운이 서로 뻗지르고 있다가 한 기운이 먼저 사라지는 것을 볼 수 있나니, 상극의 기운은 상극의 기운 그대로 상생의 기운은 상생의 기운 그대로 상응되는 이치를 이것으로도 알 수 있나니라."

6. 대종사 말씀하시기를 "천지의 일기日氣도 어느 때에는 명랑하고 어느

때에는 음울한 것과 같이, 사람의 정신 기운도 어느 때에는 상쾌하고 어느 때에는 침울하며, 주위의 경계도 어느 때에는 순하고 어느 때에는 거슬리나니, 이것도 또한 인과의 이치에 따른 자연의 변화라, 이 이치를 아는 사람은 그 변화를 겪을 때에 수양의 마음이 여여如如하여 천지와 같이 심상尋常하나, 이 이치를 모르는 사람은 그 변화에 마음까지 따라 흔들려서 기쁘고 슬픈 데와 괴롭고 즐거운 데에 매양 중도를 잡지 못하므로 고해가 한이 없나니라."

7. 대종사 말씀하시기를 "남에게 은의恩義로 준 것은 은의로 받게 되고, 악의惡意로 빼앗은 것은 악의로 빼앗기되, 상대편의 진·강급進降級 여하를 따라서 그 보응이 몇 만배 더할 수도 있고, 몇 만분으로 줄어질 수도 있으나, 아주 없게 되지는 아니하며, 또는 혹 상대자가 직접 보복을 아니할지라도 자연히 돌아오는 죄복이 있나니, 그러므로 남이 지은 죄복을 제가 대신 받아올 수도 없고, 제가 지은 죄복을 남이 대신 받아갈 수도 없나니라."

8. 조전권曹專權이 여쭙기를 "부처님들께서는 다생 겁래多生劫來에 낮은 과보 받으실 일을 짓지 아니하셨을 것이므로 또한 세세생생에 고통 받으실 일이 없어야 할 것이온데, 과거 부처님께서도 당대에 여러 가지 고난이 없지 않으시었고 대종사께서도 이 회상을 열으신 후로 관변官邊의 감시와 대중의 인심 조정에 고통이 적지 않으시오니 저희들로는 그 연유를 모르겠나이다." 대종사 말씀하시기를 "내가 알고는 죄를 짓지 아니하려고 공을 들인지 이미 오래이나, 다생을 통하여 많은 사람들을 교화할 때에 혹 완강한 중생들의 사기邪氣 악기惡氣가 부지중 억압되었던 연유인가 하노라" 하시고, 또 말씀하시기를 "정당한 법을 가지고 자비 제도하시는 부처님의 능력으로도 정업定業을 상쇄하지는 못하고, 아무리 미천한 중생이라도 죄로 복이 상쇄되지는 아니하나니라. 그러나, 능력 있는 불보살들은 여러 생

에 받을 과보라도 단생에 줄여서 받을 수는 있으나 아주 없애는 수는 없나니라."

9. 한 사람이 여쭙기를 "사람이 만일 지극한 마음으로 수도하오면 정업이라도 가히 면할 수 있겠나이까." 대종사 말씀하시기를 "이미 정한 업은 졸연히 면하기가 어려우나 점진적으로 면해가는 길이 없지 아니하나니, 공부하는 사람이 능히 육도 사생의 변화되는 이치를 알아서 악한 업은 짓지 아니하고, 날로 선업을 지은즉 악도는 스스로 멀어지고 선도는 점점 가까와질 것이며, 혹 악한 인연이 있어서 나에게 향하여 옛 빚을 갚는다 하여도 나는 도심으로 상대하여 다시 보복할 생각을 아니한즉 그 업이 자연 쉬어질 것이며,[1] 악과를 받을 때에도 마음 가운데 항상 죄업이 돈공頓空한 자성을 반조하면서 옛 빚을 청산하는 생각으로 모든 업연을 풀어간다면 그러한 심경에는 천만 죄고가 화로에 눈 녹듯 할 것이니, 이것은 다 마음으로 그 정업을 소멸시키는 길이요, 또는 수도를 잘한즉 육도 세계에 항상 향상의 길을 밟게 되나니, 어떠한 악연을 만날지라도 나는 높고 그는 낮으므로 그 받는 것이 적을 것이며, 덕을 공중公衆에 쌓은즉 어느 곳에 당하든지 항상 공중의 옹호를 받는지라, 그 악연이 감히 틈을 타서 무난히 침범하지 못할지니, 이는 위력으로써 그 정업을 경輕하게 하는 것이니라."

10. 한 제자 어떤 사람에게 봉변을 당하고 분을 이기지 못하거늘, 대종사 말씀하시기를 "네가 갚을 차례에 참아버리라. 그러하면 그 업이 쉬어지려니와 네가 지금 갚고 보면 저 사람이 다시 갚을 것이요, 이와 같이 서로 갚기를 쉬지 아니하면 그 상극의 업이 끊일 날이 없으리라."

---

1   '업이 쉬어진다'는 것은 새로운 업을 짓지 않아서 그에 따르는 과보가 멈추게 됨을 뜻한다.

11. 한 교도가 부부 간에 불화하여 내생에는 또다시 인연 있는 사이가 되지 아니하리라 하며 늘 그 남편을 미워하거늘, 대종사 말씀하시기를 "그 남편과 다시 인연을 맺지 아니하려면 미워하는 마음도 사랑하는 마음도 다 두지 말고 오직 무심으로 대하라."

12. 대종사 봉래정사에 계시더니 마침 포수가 산돼지를 그 근처에서 잡는데 그 비명소리 처량한지라, 인하여 말씀하시기를 "한 물건이 이로움을 보매 한 물건이 해로움을 당하는도다" 하시고, 또 말씀하시기를 "산돼지의 죽음을 보니 전날에 산돼지가 지은 바를 가히 알겠고, 오늘 포수가 산돼지 잡음을 보니 뒷날 포수가 당할 일을 또한 가히 알겠도다."

13. 대종사 말씀하시기를 "사람이 몸과 입과 마음으로 가지가지의 죄업을 지어 그 과보 받는 종류가 실로 한이 없으나, 몇 가지 비근한 예를 들어 그 한끝을 일러주리라. 사람이 남에게 애매한 말을 하여 속을 많이 상하게 한즉 내세에 가슴앓이를 앓게 될 것이며, 사람이 남의 비밀을 엿보거나 엿듣기를 좋아한즉 내세에 사생아 등으로 태어나 천대와 창피를 당할 것이며, 사람이 남의 비밀을 잘 폭로하고 대중의 앞에 무안을 잘 주어서 그 얼굴을 뜨겁게 한즉 내세에는 얼굴에 흉한 점이나 흉터가 있어서 평생을 활발하지 못하게 사나니라."

14. 한 제자 여쭙기를 "벼락을 맞아 죽는 것은 어떠한 죄업으로 인함이오니까." 대종사 말씀하시기를 "부지불각간에 벼락을 맞아 죽는 것은 그 죄업도 또한 부지불각간에 중인에게 벼락을 준 연고이니, 예를 들면 자기의 권력이나 무력 등을 남용하여 많은 대중을 살생하였다든지, 또는 악한 법을 강행하여 여러 사람들에게 많은 해를 입혔다든지 하는 등의 죄업으로 인한 수가 많나니라."

15. 대종사 서울 교당에서 건축 감역을 하시는데, 여러 일꾼들이 서로 말하기를, 사람이 아무리 애를 써도 억지로는 잘살 수 없는 것이요, 반드시 무슨 우연한 음조陰助가 있어야 되는 것이라고 하는지라, 대종사 들으시고 그 후 제자들에게 말씀하시기를 "대저 우리 인간이 이 세상에 살아가자면 우연한 가운데 음조와 음해가 없지 아니하나니 모르는 사람들은 그것을 하나님이나 부처님이나 조상이나 귀신이 맡아놓고 주는 것인 줄로 알지마는 아는 사람은 그 모든 것이 다 각자의 심신을 작용한 결과로 과거에 자기가 지은 바를 현재에 받게 되고, 현재에 지은 바를 또한 미래에 받게 되는 것이요, 짓지 아니하고 받는 일은 하나도 없는 줄로 아나니, 그러므로 어리석은 사람들은 이치 아닌 자리에 부귀와 영화를 억지로 구하며 빈천과 고난을 억지로 면하려 하나, 지혜 있는 사람은 이미 지어놓은 죄복은 다 편안히 받으면서 미래의 복락을 위하여 꾸준히 노력을 계속하는 것이며, 같은 복을 짓는 중에도 국한 없는 공덕을 공중에 심어서 어느 때 어느 곳에서나 복록의 원천이 마르지 않게 하나니라."

16. 대종사 말씀하시기를 "모든 사람에게 천만가지 경전을 다 가르쳐주고 천만가지 선善을 다 장려하는 것이 급한 일이 아니라, 먼저 생멸 없는 진리와 인과 보응의 진리를 믿고 깨닫게 하여주는 것이 가장 급한 일이 되나니라."

17. 대종사 말씀하시기를 "어리석은 사람은 남이 복 받는 것을 보면 욕심을 내고 부러워하나, 제가 복 지을 때를 당하여서는 짓기를 게을리하고 잠을 자나니, 이는 짓지 아니한 농사에 수확하기를 바라는 것과 같나니라. 농부가 봄에 씨 뿌리지 아니하면 가을에 거둘 것이 없나니 이것이 인과의 원칙이라, 어찌 농사에만 한한 일이리요."

18. 대종사 말씀하시기를 "사람이 제가 지어놓은 것이 없으면 내생에 아무리 잘 되기를 원하여도 그대로 되지 아니하는 것이 비하건대 현생에서도 아무리 좋은 집에 들어가 살고 싶으나 자기의 집이 아니면 들어가 살 수 없는 경우와 같나니라. 공칠公七이를 보라! 이리역裡里驛²에 내리면 몇 층 양옥이 즐비하되 그 집에는 감히 들어가볼 생심生心도 못 하고, 그 찌그러진 자기 집에만 찾아들지 아니하는가. 이것이 곧 자기가 지어놓은 대로 가는 실례이며 지어놓은 그대로 받는 표본이니라."

19. 대종사 말씀하시기를 "복이 클수록 지닐 사람이 지녀야 오래 가나니, 만일 지니지 못할 사람이 가지고 보면 그것을 엎질러버리든지 또는 그로 인하여 재앙을 불러들이게 되나니라. 그러므로, 지혜 있는 사람은 복을 지을 줄도 알고, 지킬 줄도 알며, 쓸 줄도 알아서, 아무리 큰 복이라도 그 복을 영원히 지니나니라."

20. 대종사 말씀하시기를 "어리석은 사람들은 명예가 좋은 줄만 알고 헛된 명예라도 드러내려고만 힘을 쓰나니, 그는 헛 명예가 마침내 자신을 해롭게 하는 화근인 줄을 모르는 연고라, 세상 이치가 실상實相³된 명예는 아무리 숨기려 하여도 자연히 드러나는 것이요, 헛된 명예는 아무리 드러내려고 힘을 쓰나 마침내 떨어지는 것이 사실이니, 그러므로 실상이 없이 말로 얻은 명예는 필경 말로 훼을 당하고, 권모술수로 얻은 명예는 권모술수로 훼을 당할 뿐 아니라, 원래 있던 명예까지도 타락하게 될 것이며, 따라서 심하게 되면 생명 재산까지 빼앗기게 되나니 어찌 미리 주의할 바가 아니리요."

---

2   익산역의 옛 이름.
3   거짓이 아닌 실제의 모양이나 상태를 말함.

21. 한 걸인이 김기천에게 복을 지으라 하매, 기천이 묻기를 "내가 복을 지으면 그대가 나에게 복을 줄 능력이 있느냐" 하니, 그 걸인이 대답하지 못하는지라, 기천이 말하기를 "어리석은 사람들은 흔히 제 개인이 살기 위하여 남에게 복을 지으라 하니, 그것이 도리어 죄를 짓는 말이 되리로다" 하였더니 대종사 들으시고, 말씀하시기를 "기천의 말이 법설이로다. 세상 사람들이 복을 받기는 좋아하나 복을 짓는 사람은 드물고 죄를 받기는 싫어하나 죄를 짓는 사람은 많으니, 그러므로 이 세상에 고苦 받는 사람은 많고 낙 받는 사람은 적나니라."

22. 대종사 말씀하시기를 "사람이 모든 악행을 방자히 하여 스스로 제재하지 못하면 반드시 사람이 제재할 것이요, 사람이 제재하지 못하면 반드시 진리가 제재하나니, 그러므로 지각 있는 사람은 다른 사람이 막기 전에 제 스스로 악을 행하지 아니하며 진리가 막기 전에 사람의 충고를 감수하므로, 그 악이 드러날 것을 겁내어 떨 일이 없으며 항상 그 마음이 편안하나니라."

23. 대종사 말씀하시기를 "작은 재주로 작은 권리를 남용하는 자들이여! 대중을 어리석다고 속이고 해하지 말라. 대중의 마음을 모으면 하늘 마음이 되며, 대중의 눈을 모으면 하늘 눈이 되며, 대중의 귀를 모으면 하늘 귀가 되며, 대중의 입을 모으면 하늘 입이 되나니, 대중을 어찌 어리석다고 속이고 해하리요."

24. 총부 부근의 사나운 개가 제 동류同類에게 물리어 죽게 된지라, 대종사 보시고 말씀하시기를 "저 개가 젊었을 때에는 성질이 사나와서 근동近洞 개들 가운데 왕 노릇을 하며 온갖 사나운 짓을 제 마음대로 하더니, 벌

써 그 과보로 저렇게 참혹하게 죽게 되니 저것이 불의不義한 권리를 남용하는 사람들에게 경계를 주는 일이라, 어찌 개의 일이라 하여 범연히 보아넘기리요" 하시고, 또 말씀하시기를 "사람도 그 마음 쓰는 것을 보면 진급기에 있는 사람과 강급기에 있는 사람을 알 수 있나니, 진급기에 있는 사람은 그 심성이 온유 선량하여 여러 사람에게 해를 끼치지 아니하고 대하는 사람마다 잘 화和하며, 늘 하심下心을 주장하여 남을 높이고 배우기를 좋아하며, 특히 진리를 믿고 수행에 노력하며, 남 잘되는 것을 좋아하며, 무슨 방면으로든지 약한 이를 북돋아주는 것이요, 강급기에 있는 사람은 그와 반대로 그 심성이 사나와서 여러 사람에게 이利를 주지 못하고 대하는 사람마다 잘 충돌하며, 자만심이 강하여 남 멸시하기를 좋아하고 배우기를 싫어하며, 특히 인과의 진리를 믿지 아니하고 수행이 없으며, 남 잘되는 것을 못 보아서 무슨 방면으로든지 자기보다 나은 이를 깎아내리려 하나니라."

25. 대종사 말씀하시기를 "나쁜 일을 자행하여 여러 사람의 입에 나쁘게 자주 오르내리면 그 사람의 앞길은 암담하게 되나니, 어떤 사람이 군郡 도사령이 되어가지고 혹독히 권리를 남용하여, 여러 사람의 생명과 재산을 많이 빼앗으므로 사람들이 동리洞里에 모여 앉으면 입을 모아 그 사람을 욕하더니, 그 말이 씨가 되어 그 사람이 생전에 처참한 신세가 되어 그 죄 받는 현상을 여러 사람의 눈앞에 보여주었다 하니, 과연 여러 사람의 입은 참으로 무서운 것이니라."

26. 대종사 말씀하시기를 "중생들이 철없이 많은 죄업을 짓는 가운데 특히 무서운 죄업 다섯가지가 있나니, 그 하나는 바른 이치를 알지 못하고 대중의 앞에 나서서 여러 사람의 정신을 그릇 인도함이요, 둘은 여러 사람에게 인과를 믿지 아니하게 하여 선한 업 짓는 것을 방해함이요, 셋은 바르고

어진이를 헐고[4] 시기함이요, 넷은 삿된 무리와 당黨을 짓고 삿된 무리에게 힘을 도와줌이요, 다섯은 대도 정법의 신앙을 방해하며 정법 회상의 발전을 저해함이라, 이 다섯가지 죄업 짓기를 쉬지 아니하는 사람은 삼악도를 벗어날 날이 없으리라."

27. 대종사 말씀하시기를 "세상에 무서운 죄업 세가지가 있으니, 그 하나는 겉눈치로 저 사람이 죄악을 범하였다고 단정하여 남을 모함하는 죄요, 둘은 남의 친절한 사이를 시기하여 이간하는 죄요, 셋은 삿된 지혜를 이용하여 순진한 사람을 그릇 인도하는 죄라, 이 세가지 죄를 많이 지은 사람은 눈을 보지 못하는 과보나, 말을 못하는 과보나, 정신을 잃어버리는 과보 등을 받게 되나니라."

28. 대종사 말씀하시기를 "옛날 어떤 선사禪師는 제자도 많고 시주도 많아서 그 생활이 퍽 유족하였건마는, 과실 나무 몇 주를 따로 심어놓고 손수 그것을 가꾸어 그 수입으로 상좌 하나를 따로 먹여 살리는지라, 모든 제자들이 그 이유를 물었더니, 선사가 대답하기를 '그로 말하면 과거에도 복 받을 일을 지은 바가 없고 금생에도 남에게 유익 줄 만한 인물이 되지 못하거늘, 그에게 중인衆人의 복을 비는 전곡錢穀을 먹이는 것은 그 빚을 훨씬 더하게 하는 일[5]이라, 저는 한 세상 얻어먹은 것이 갚을 때에는 여러 세상 우마牛馬의 고품를 겪게 될 것[6]이므로, 나는 사제의 정의情誼에 그의 빚을 적게 해주기 위하여 이와 같이 여가에 따로 벌어 먹이노라' 하였다 하니, 선사의 그 처사는 대중 생활하는 사람에게 큰 법문이라, 그대들은 이

---

4   비난 또는 비방하고.

5   공가(公家, 선사의 문하)에서 대중에게 유익을 주지 못한 채 대중이 보시한 전곡을 받아 살게 하는 것은, 상좌가 장차 갚아야 할 빚을 훨씬 더하게 한다는 뜻.

6   상좌가 이 생에 받은 빚을 갚으려면 여러 생에 걸쳐 소나 말 등으로 태어나 힘든 일을 하는 과보를 받게 될 것이라는 뜻.

말을 범연히 듣지 말고 정신으로나 육신으로나 물질로나 남을 위하여 그 만큼 일하는 바가 있다면 중인의 보시 받은 것을 먹어도 무방하려니와, 만일 제 일밖에 못 하는 사람으로서 중인의 보시를 받아 먹는다면 그는 큰 빚을 지는 사람이라, 반드시 여러 세상의 노고를 각오하여야 하리라. 그러나, 대개 남을 위하는 사람은 오히려 보시 받기를 싫어하고 제 일밖에 못 하는 사람이 도리어 보시 받기를 좋아하나니, 그대들은 날로 살피고 때로 살피어 대중에게 큰 빚을 지는 사람이 되지 아니하도록 조심하고 또 조심할지어다."

29. 하루는 최내선崔內善이 대중 공양大衆供養을 올리는지라 대종사 대중과 함께 공양을 마치신 후, 말씀하시기를 "사람이 같은 분량의 복을 짓고도 그 과를 받는 데에는 각각 차등이 없지 아니하나니, 그것이 물질의 분량에만 있는 것이 아니라 마음의 심천深淺에도 있는 것이며, 또는 상대처의 능력 여하에도 있나니라. 영광에서 농부 한 사람이 어느 해 여름 장마에 관리 세 사람의 월천越川을 하여준 일[7]이 있어서 그로 인하여 그들과 서로 알고 지내게 되었는데, 그 농부는 한날한시에 똑같은 수고를 들여 세 사람을 건네주었건마는 후일에 세 사람이 그 농부의 공功을 갚는 데에는 각각 자기의 권리와 능력의 정도에 따라 상당한 차등이 있었다 하나니, 이것이 비록 현실에 나타난 일부의 말에 불과하나, 그 이치는 과거 현재 미래를 통하여 복 짓고 복 받는 내역이 대개 그러하나니라."

30. 대종사 영산에 계실 때 근동에 방탕하던 한 청년이 스스로 발심하여 과거의 잘못을 참회하고 대종사의 제자가 되어 사람다운 일을 하여보기로 맹세하더니, 그 후 대종사께서 각처를 순회하시고 여러 달 후에 영산에 돌

---

7   농부의 도움으로 관리 세 사람이 장마로 불어난 냇물을 건넌 일을 말함.

아오시니, 그가 그동안 다시 방탕하여 주색잡기로 가산을 탕패하고 전일에 맹세 드린 것을 부끄러이 생각하여 대종사를 피하여 다니다가, 하루는 노상에서 피하지 못하고 만나게 된지라, 대종사 말씀하시기를 "무슨 연고로 한번도 나에게 오지 않았는가." 청년이 사뢰기를 "그저 죄송할 뿐이옵니다." 대종사 말씀하시기를 "무엇이 죄송하다는 말인가." 청년이 사뢰기를 "제가 전 일에 맹세한 것이 이제 와서는 다 성인을 속임에 불과하게 되었사오니 어찌 죄송하지 아니하오리까. 널리 용서하여주시옵소서." 대종사 말씀하시기를 "그동안에 그대가 방심하여 그대의 가산을 탕진하고 그대가 모든 일에 곤란을 당하나니, 그러므로 나에게 용서를 구할 것이 따로 없나니라. 내가 그대를 대신하여 그대의 지은 죄를 받게 된다면 나에게 죄송하다고도 할 것이요, 나를 피하려고도 할 것이나, 화복 간에 그대가 지은 일은 반드시 그대가 받는 것이라, 지금 그대는 나를 속였다고 생각하나 실상은 그대를 속인 것이니, 이 뒤부터는 공연히 나를 피하려 하지 말고 다시 그대의 마음을 단속하는 데에 힘쓸지어다."

31. 대종사 영산에 계실 때에 하루는 채포菜圃에 나가시니, 채포 가에 있는 분항에 거름물이 가득하여 뭇 벌레가 화생하였는데, 마침 쥐 한 마리가 그것을 주워 먹고 가는지라, 밭을 매던 제자들이 "저 쥐가 때로 와서 저렇게 주워 먹고 가나이다" 하거늘, 대종사 말씀하시기를 "지금은 저 쥐가 벌레들을 마음대로 주워 먹으나 며칠 안에 저 쥐가 벌레들에게 먹히는 바 되리라." 제자들이 말씀 뜻을 충분히 이해하지 못하여 "삼세 인과가 어찌 그리 빠르리요" 하였더니, 며칠 후에 과연 그 쥐가 분항에 빠져 썩기 시작하매 뭇 벌레가 그 쥐를 빨아먹고 있는지라, 대종사 말씀하시기를 "내가 전일에 한 말을 그대들은 이상히 생각하는 듯하였으나 나는 다만 그 기틀을 보고 말한 것뿐이니라. 당시에는 분항 속에 거름이 가득하므로 쥐가 그 위를 횡행하며 벌레를 주워 먹었으나, 채소밭을 매고서는 응당 그 거름을 퍼

서 쓸 것이요, 그러면 그 항속은 깊어져서 주의 없이 드나들던 저 쥐가 반드시 항 속에 빠져 죽을 것이며 그러하면 뭇 벌레의 밥이 될 수밖에 없는 것을 미리 추측한 것이니라" 하시고, 이어서 말씀하시기를 "사람의 죄복간 인과도 그 일의 성질에 따라 후생에 받을 것은 후생에 받고 현생에 받을 것은 현생에 받게 되는 것이 이와 다를 것이 없나니라."

32. 김삼매화金三昧華가 식당에서 육물肉物을 썰고 있는지라 대종사 보시고 물으시기를 "그대는 도산 지옥刀山地獄을 구경하였는가." 삼매화 사뢰기를 "구경하지 못하였나이다." 대종사 말씀하시기를 "도마 위에 고기가 도산 지옥에 있나니 죽을 때에도 도끼로 찍히고 칼로 찢겨서 천포 만포가 되었으며 여러 사람이 사다가 또한 집집에서 그렇게 천칼 만칼로 써니 어찌 두렵지 아니하리요."

33. 대종사 말씀하시기를 "과거에는 마음이 거짓되고 악한 사람도 당대에는 혹 잘 산 사람이 많이 있었으나, 앞으로는 마음이 거짓되고 악한 사람은 당대를 잘 살아나가기가 어려울 것이니, 사람들이 자기 일생을 통하여 지은바 죄복을 자기 당대 안에 거의 다 받을 것이요, 후생으로 미루고 갈 것이 얼마 되지 아니하리라. 그러므로, 세상이 밝아질수록 마음 하나가 참되고 선한 사람은 일체가 다 참되고 선하여 그 앞길이 광명하게 열릴 것이나, 마음 하나가 거짓되고 악한 사람은 일체가 다 거짓되고 악하여 그 앞길이 어둡고 막히리라."

제6 변의품辨疑品

1. 대종사 선원 경강經講 시간에 출석하사 천지의 밝음이라는 문제로 여러 제자들이 변론함을 들으시다가, 말씀하시기를 "그대들은 천지에 식識이 있다고 하는가 없다고 하는가." 이공주 사뢰기를 "천지에 분명한 식이 있다고 하나이다." 대종사 말씀하시기를 "무엇으로 식이 있는 것을 아는가." 공주 사뢰기를 "사람이 선善을 지으면 우연한 가운데 복이 돌아오고 악을 지으면 우연한 가운데 죄가 돌아와서, 그 감응이 조금도 틀리지 않사오니 만일 식이 없다 하오면 어찌 그와 같이 죄복을 구분함이 있사오리까." 대종사 말씀하시기를 "그러면 그 구분하는 증거 하나를 들어서 아무라도 이해할 수 있도록 말하여보라." 공주 사뢰기를 "이것은 평소에 법설을 많이 들은 가운데 꼭 그렇겠다는 신념만 있을 뿐이요, 그 이치를 해부하여 증거로 변론하기는 어렵나이다."

대종사 말씀하시기를 "현묘한 지경은 알기도 어렵고 가령 안다 할지라도 충분히 증명하여 보이기도 어려우나, 이제 쉬운 말로 증거의 일단을 들어주리니 그대들은 이것을 미루어 가히 증거하기 어려운 지경까지 통하여 볼지어다. 무릇, 땅으로 말하면 오직 침묵하여 언어와 동작이 없으므로 세상 사람들이 다 무정지물無情之物로 인증하나 사실에 있어서는 참으로 소소 영령昭昭靈靈한 증거가 있나니, 농사를 지을 때에 종자를 뿌려보면 땅은 반드시 그 종자의 생장을 도와주며, 또한 팥을 심은 자리에는 반드시 팥이 나게 하고, 콩을 심은 자리에는 반드시 콩이 나게 하며, 또는 인공을 많이 들인 자리에는 수확도 많이 나게 하고, 인공을 적게 들인 자리에는 수확도 적게 나게 하며, 인공人工을 잘못 들인 자리에는 손실도 나게 하여, 조금도 서로 혼란됨이 없이 종자의 성질과 짓는 바를 따라 밝게 구분하여주지 아니하는가. 이 말을 듣고 혹 말하기를 '그것은 종자가 스스로 생의 요소를 가지고 있고 사람이 공력을 들이므로 나는 것이요, 땅은 오직 바탕에 지나지 못하는 것이라'고 하리라. 그러나, 종자가 땅의 감응을 받지 아니하고도 제 스스로 나서 자랄 수가 어디 있으며, 땅의 감응을 받지 아니하는 곳에 심고 거름하는 공력을 들인들 무슨 효과가 있겠는가. 뿐만 아니라, 땅에 의지한 일체 만물이 하나도 땅의 감응을 받지 아니하고 나타나는 것이 없나니, 그러므로 땅은 일체 만물을 통하여 간섭하지 않는 바가 없고, 생·멸·성·쇠의 권능을 사용하지 않는 바가 없으며, 땅뿐 아니라 하늘과 땅이 둘이 아니요, 일월 성신과 풍운 우로 상설이 모두 한 기운 한 이치어서 하나도 영험하지 않은 바가 없나니라. 그러므로, 사람이 짓는바 일체 선악은 아무리 은밀한 일이라도 다 속이지 못하며, 또는 그 보응을 항거하지 못하나니 이것이 모두 천지의 식이며 천지의 밝은 위력이니라. 그러나, 천지의 식은 사람의 희·로·애·락과는 같지 않은 식이니 곧 무념 가운데 행하는 식이며 상相 없는 가운데 나타나는 식이며 공정하고 원만하여 사사私私가 없는 식이라, 이 이치를 아는 사람은 천지의 밝음을 두려워하여 어떠한 경계를 당할지라도 감히 양심을 속여 죄를 범하지 못하며, 한 걸음 나아가 천지의 식을 체받은 사람은 무량 청정한 식을 얻어 천지의 위력을 능히 임의로 시행하는 수도 있나니라."

2. 대종사 여러 제자에게 물으시기를 "사람이 마음 가운데 은밀히 악한 마음을 품으며 또는 은밀한 가운데 죄를 지어놓고도, 천지 만물을 대면하기가 스스로 부끄러운 마음이 없지 아니하나니, 그것이 어떠한 연고일꼬." 이원화李願華 사뢰기를 "사람이 혼자 가만히 한 일이라도 천지 만물이 다 이를 아는 것이 마치 사람의 몸 한편에 조그마한 물것이 있어서 가만히 기어 다니되 사람의 전체가 다 아는 것 같아서, 너른 천지 사이에 조그마한 사람 하나의 일이라도 천지 만물이 자연히 다 알게 되므로, 천지 만물을 대면하기가 스스로 부끄러운가 하나이다." 대종사 말씀하시기를 "원화의 말이 그럴듯하나, 내 한 말 더하여주리라. 가령, 악한 일을 하는 사람이 저 혼자 마음으로 가만히 결정한 일을 누가 알리요 하지마는 제 마음에 이미 결정한 때에는 곧 세상에 베풀어 쓸 것이요, 세상에 베풀어 쓰면 곧 세상이 알게 되므로 비록 은밀한 죄과라도 부끄러운 생각이 나는 것이니, 그러므로 사람의 가만히 한 일을 알고자 할진대 그 일에 나타남을 볼 것이어늘 사람들은 공연히 다른 사람의 비밀을 미리 알고자 하나니라."

3. 한 사람이 대종사께 여쭙기를 "동양 학설에는 하늘은 동動하고 땅은 정靜한다 하고, 서양 학설에는 땅은 동하고 하늘이 정한다 하여, 두 말이 서로 분분하오니 청컨대 한 말씀으로 이를 판단하여주옵소서." 대종사 말씀하시기를 "이 학설들이 난 지가 이미 오래되고, 이론이 또한 많으나, 나의 소견을 간단히 말하자면 하늘과 땅은 원래 둘이 아닌지라 그 동과 정이 서로 다르지 아니하여, 동하는 것으로 보면 하늘과 땅이 다 동하고 정하는 것으로 보면 하늘과 땅이 다 정하나니라. 이것이 비유하건대 한 사람의 기운과 형체가 그 동·정을 서로 같이 하는 것 같나니, 하늘의 기운과 땅의 바탕이 서로 연連하여 끊임없이 순환함으로써 조화를 이루나니라. 그러나, 주主와 종從으로 논하자면 기운은 주가 되고 바탕은 종이 되어 기운이 행함에 바탕이 따르게 되나니 이것이 곧 만고에 바꾸지 못할 원리이니라."

4. 서대원徐大圓이 여쭙기를 과거 부처님 말씀에 "이 세계가 괴겁壞劫에는 소천 소지燒天燒地로 없어진다 하오니 사실로 그러하오니까." 대종사 말씀하시기를 "그러하나니라." 또 여쭙기를 "소천 소지가 되오면 현재 나타나 있는 천지는 다 없어지고 다시 새 천지가 조판肇判[1]되나이까." 대종사 말씀하시기를 "소천 소지가 된다 하여 일시에 천지가 소멸되는 것은 아니니, 비하건대 인간의 생·로·병·사와 같아서 인생이 한편에서는 낳고 한편에서는 늙고 한편에서는 병들고 한편에서는 죽는 것이 끊임없이 계속되는 것같이, 천지에도 성·주·괴·공成住壞空의 이치가 천만가지 분야로 운행되어 지금 이 시간에도 이루어지는 부분이 있고 그대로 머물러 있는 부분도 있으며, 무너지는 부분도 있고 없어지는 부분도 있어서 늘 소천 소지가 되고 있나니라."

5. 또 여쭙기를 "과거 부처님 말씀에 삼천 대천 세계가 있다 하오니 사실로 있나이까." 대종사 말씀하시기를 "있나니라. 그러나, 삼천 대천 세계가 이 세계 밖에 따로 건립된 것이 아니라 이 세계 안에 분립된 가지 가지의 세계를 이른 것이니, 그 수효를 헤아려보면 삼천 대천 세계로도 오히려 부족 하나니라." 다시 여쭙기를 "현 천문학계에서도 이 우주에는 우리가 살고 있는 세계 밖에 더 큰 세계가 많이 있다 하옵는데 어떠하나이까." 대종사 말씀하시기를 "부처님 말씀은 해석하는 사람의 견지에 따라 다른 것이며 현재의 학설도 비록 분분하나 멀지 않은 장래에 견성한 큰 학자가 나의 말을 인증할 것이니 나를 믿는 사람이라면 다시 의심하지 말라."

6. 또 여쭙기를 "천지에 진·강급進降級이 있다 하오니 조선이 지금 어느

---

1   쪼개어 갈라진다는 뜻.

기期에 있나이까." 대종사 말씀하시기를 "진급기에 있나니라." 다시 여쭙기를 "진·강급의 기한은 얼마나 되나이까." 대종사 말씀하시기를 "과거 부처님 말씀에 일대겁一大劫으로 천지의 한 진·강급기를 잡으셨나니라."

7. 또 여쭙기를 "이 천지가 성·주·괴·공이 될 때에는 무엇으로 되나이까." 대종사 말씀하시기를 "과거 부처님 말씀과 같이 수·화·풍水火風 삼륜三輪으로 되어지나니라."

8. 또 여쭙기를 "선성先聖의 말씀에 일월과 성신星辰은 천지 만물의 정령精靈이라 한 바가 있사오니 사실로 그러하나이까." 대종사 말씀하시기를 "그러하나니라."

9. 전주의 교도 한 사람이 천주교인과 서로 만나 담화하는 중 천주교인이 묻기를 "귀하는 조물주를 아는가" 하는데 그가 능히 대답하지 못하였더니, 그 사람이 "우리 천주께서는 전지 전능하시니 이가 곧 조물주라"고 말하는지라, 후일에 대종사께서 그 교도의 보고를 들으시고 웃으시며 말씀하시기를 "그대가 그 사람에게 다시 가서, 귀하가 천주를 조물주라 하니 귀하는 천주를 보았느냐고 물어보라. 그리하여, 보지 못하였다고 하거든 그러면 알지 못하는 것과 같지 않느냐고 말한 후에, 내가 다시 생각하여 보니 조물주가 다른 데 있는 것이 아니라 귀하의 조물주는 곧 귀하요, 나의 조물주는 곧 나며, 일체 생령이 다 각각 자기가 자기의 조물주인 것을 알았노라 하라. 이것이 가장 적절한 말이니 그 사람이 만일 이 뜻에 깨달음이 있다면 바로 큰 복음이 되리라."

10. 한 제자 여쭙기를 "극락과 지옥이 어느 곳에 있나이까." 대종사 말씀하시기를 "네 마음이 죄복과 고락을 초월한 자리에 그쳐 있으면 그 자리가

곧 극락이요, 죄복과 고락에 사로잡혀 있으면 그 자리가 곧 지옥이니라." 또 여쭙기를 "어찌하여야 길이 극락 생활만 하고 지옥에 떨어지지 아니하오리까." 대종사 말씀하시기를 "성품의 본래 이치를 오득하여 마음이 항상 자성을 떠나지 아니하면 길이 극락 생활을 하게 되고 지옥에 떨어지지 아니하리라."

11. 한 제자 여쭙기를 "과거 부처님 말씀에 천상에 삼십 삼천三十三天이 있다 하오니 그 하늘이 저 허공계에 층층으로 나열되어 있나이까." 대종사 말씀하시기를 "천상 세계는 곧 공부의 정도를 구분하여놓은 것에 불과하나니 하늘이나 땅이나 실력 갖춘 공부인 있는 곳이 곧 천상이니라." 또 여쭙기를 "그 가운데 차차 천상에 올라갈수록 천인天人의 키가 커진다는 말씀과 의복 무게가 가벼워진다는 말씀이 있사온데 무슨 뜻이오니까." 대종사 말씀하시기를 "키가 커진다는 것은 도력이 향상될수록 정신 기운이 커오르는 현상을 이른 것이요, 의복 무게가 가벼워진다는 것은 도력이 향상될수록 탁한 기운이 가라앉고 정신이 가벼워지는 현상을 이른 것이니라. 그러나, 설사 삼십 삼천의 구경에 이른 천인이라도 대원 정각大圓正覺을 하지 못한 사람은 복이 다하면 타락하게 되나니라."

12. 조전권이 여쭙기를 "제가 과거에 동리 근처의 오래된 나무를 베거나 혹 함부로 하여 벌을 받는 것을 본 일이 있사온데, 그러한 무정지물에도 인과 관계가 있어 그러하나이까." 대종사 말씀하시기를 "그것은 나무와의 인과로 그리된 것이 아니라, 과거 음陰 시대²에는 몸을 받지 못한 이매망량魑魅魍魎의 무리가 많이 있어서 그러한 나무나 혹은 성황城隍이나 명산 대천名山大川에 의지하여 어리석은 대중의 정성을 많이 받고 있다가, 제 기운

보다 약한 사람이 저를 해롭게 하면 혹은 병도 주고 혹은 벌도 내린 일이 없지 아니하였으나, 지금은 양陽 시대[3]가 되어가는지라 앞으로는 그러한 무리가 감히 인간계를 해치지 못하리라.”

13. 한 제자 여쭙기를 “어떠한 주문을 외고 무슨 방법으로 하여야 심령이 열리어 도를 속히 통할 수 있사오리까.” 대종사 말씀하시기를 “큰 공부는 주문 여하에 있는 것이 아니요, 오직 사람의 정성 여하에 있나니, 그러므로 옛날에 무식한 짚신 장수 한 사람이 수도修道에 발심하여 한 도인에게 도를 물었더니 ‘즉심시불卽心是佛’[4]이라 하는지라, 무식한 정신에 ‘짚신 세 벌’이라 하는 줄로 알아듣고 여러 해 동안 ‘짚신 세 벌’을 외고 생각하였는데 하루는 문득 정신이 열리어 마음이 곧 부처인 줄을 깨달았다 하며, 또 어떤 수도인은 고기를 사는데 ‘정精한 데로 떼어 달라’ 하니, 그 고기 장수가 칼을 고기에 꽂아놓고 ‘어디가 정하고 어디가 추하냐’는 물음에 도를 깨쳤다 하니, 이는 도를 얻는 것이 어느 곳 어느 때 어느 주문에만 있는 것이 아님을 여실히 보이는 말이라, 그러나 우리는 이미 정한바 주문이 있으니 그로써 정성을 들임이 공이 더욱 크리라.”

14. 여자 교도 한 사람이 대종사께 여쭙기를 “저도 전무출신專務出身[5]들과 같이 깨끗이 재계하옵고 기도를 올리고 싶사오나 가정에 매이어 제 자유가 없는 몸이므로 그 뜻을 이루지 못하오니 어찌하면 좋겠나이까.” 대종사 말씀하시기를 “마음 재계하는 것은 출가 재가가 다를 것이 없나니, 그대의 마음만 깨끗이 재계하고 정성껏 기도를 올리라. 그러하면, 그 정성에

따라 그만한 위력을 얻는 것이 아무 차별이 없으리라."

15. 한 사람이 이재철李載喆에게 묻기를 "들은즉 귀하의 선생님이 성인이시라 하니 사리 간에 무엇이든지 다 알으시는가." 재철이 말하기를 "다 알으시나니라." 그 사람이 말하기를 "비행기나 기차 제조하는 법도 알으시는가." 재철이 말하기를 "성인은 사리의 대체를 알으시는 것이요, 그러한 기술 부분은 거기에 전문하는 사람이 아니니라." 그 사람이 말하기를 "그러면 사리 간에 다 알으신다는 것이 모순된 말이 아닌가." 재철이 말하기를 "대체라 하는 것은 그 근본을 이름이니 무엇이든지 그 근본을 알면 가지와 잎은 다 그 가운데 있나니라. 이에 한 예를 들어 말하자면 가령 한 지방의 장관이나 한 나라의 원수가 저 말단에 가서는 한 서기나 기사의 아는 것을 다 알지 못할 수가 있으나 그 행정의 대체를 잘 알아서 각 부분을 순서 있게 지도한다면 그가 그 일을 알았다고 하겠는가 몰랐다고 하겠는가. 성현의 지견도 또한 이와 같아서 대소 유무와 시비 이해의 대의를 통달하시므로 사리를 다 알으신다 하는 것이요, 말단의 기술 부분까지 알으신다는 것이 아니니, 그 대의에 통달하시므로 천만 지식이 모두 그 강령과 범위 안에 들어 있나니라" 하고, 돌아와 대종사께 그대로 고하였더니, 대종사 말씀하시기를 "일산一山[6]의 말이 대의에 옳다" 하시니라.

16. 대종사 서울에 계실 때에 민자연화閔自然華가 매양 대종사의 공양하시고 남은 밥을 즐겨 먹거늘 대종사 그 연유를 물으시니 자연화 사뢰기를 "불서佛書에 부처님 공양하고 남은 음식을 먹으면 천도薦度도 받고 성불도 할 수 있다 하였삽기로 그러하나이다." 대종사 말씀하시기를 "그것은 그대가 나를 지극히 믿고 존경함에서 나온 생각임을 알겠으나 그대가 그 말

---

6   이재철의 법호.

을 사실로 해석하여 알고 믿는가 또는 알지 못하고 미신으로 믿는가." 자연화 사뢰기를 "그저 믿을 뿐이옵고 그 참뜻을 분석해보지는 못하였나이다." 대종사 말씀하시기를 "사람이 부처님의 공양하시고 남은 밥을 먹게 된 때에는 그만큼 부처님과 친근하게 된 것이라, 자연히 보는 것은 부처님의 행동이요, 듣는 것은 부처님의 말씀이요, 깨닫는 것은 부처님의 정법이요, 물드는 것은 부처님의 습관이 되어, 이에 따라 천도 받기도 쉽게 되고 성불도 쉽게 할 수 있을 것이 아닌가. 이것이 곧 그 말씀의 참뜻이니라."

17. 한 제자 여쭙기를 "사원의 탑을 많이 돌면 죽은 후에 왕생 극락을 한다 하와 신자들이 탑을 돌며 예배하는 일이 많사오니 사실로 그러하오니까." 대종사 말씀하시기를 "그는 우리 육신이 돌로 만든 탑만 돌라는 말씀이 아니라, 지·수·화·풍으로 모인 자기 육신의 탑을 자기의 마음이 항상 돌아서 살피면 극락을 수용할 수 있다는 뜻이니 몸이 돌로 만든 탑만 돌고 육신의 탑을 마음이 돌 줄을 모른다면 어찌 그 참뜻을 알았다 하리요."

18. 한 제자 여쭙기를 "과거 부처님 말씀에 공부가 순숙되면 삼명 육통 三明六通을 얻는다 하였사오니, 어느 법위에나 오르면 삼명 육통을 얻게 되나이까." 대종사 말씀하시기를 "삼명 가운데 숙명宿明·천안天眼의 이명과 육통 가운데 천안天眼·천이天耳·타심他心·숙명·신족神足의 오통은 정식 법강항마위法强降魔位가 되지 못한 사람도 부분적으로 혹 얻을 수가 있으나 정식 법강항마위 이상 도인도 얻지 못하는 수가 있으며, 누진명漏盡明과 누진통은 대원 정각을 한 불보살이라야 능히 얻게 되나니라."[7]

---

7   깊은 수행을 통해 얻는 세가지 지혜〔삼명〕와 여섯가지 신통력〔육통〕을 말한다. 삼명 중 숙명명은 과거의 일을 아는 지혜, 천안명은 미래의 일을 아는 지혜, 누진명은 열반의 이치를 증득하는 지혜를 뜻한다. 또한 육통 중 천안통은 미래의 일을 아는 능력, 천이통은 보통 사람들이 듣지 못하는 소리를 듣는 능력, 타심통은 마음을 꿰뚫어보는 능력, 숙명통은 과거의 일을 아는 능력, 신족통은 원하는 곳에 태어날 수 있는 능력, 누진통은 모든 번뇌를 끊고 깨달음을

19. 한 제자 여쭙기를 "『금강경』 가운데 사상四相의 뜻을 알고 싶나이다." 대종사 말씀하시기를 "사상에 대하여 고래古來로 여러 학자들의 해석이 많이 있는 모양이나 간단히 실지에 부합시켜 말하여주리라. 아상我相이라 함은 모든 것을 자기 본위로만 생각하여 자기와 자기의 것만 좋다 하는 자존심을 이름이요, 인상人相이라 함은 만물 가운데 사람은 최령最靈하니 다른 동물들은 사람을 위하여 생긴 것이라 마음대로 하여도 상관없다는 인간 본위에 국한됨을 이름이요, 중생상衆生相이라 함은 중생과 부처를 따로 구별하여 나 같은 중생이 무엇을 할 것이냐 하고 스스로 타락하여 향상이 없음을 이름이요, 수자상壽者相이라 함은 연령이나 연조나 지위가 높다는 유세로 시비는 가리지 않고 그것만 앞세우는 장노長老의 상을 이름이니, 이 사상을 가지고는 불지에 이르지 못하나니라." 또 여쭙기를 "이 사상을 무슨 방법으로 없애오리까." 대종사 말씀하시기를 "아상을 없애는 데는 내가 제일 사랑하고 위하는 이 육신이나 재산이나 지위나 권세도 죽는 날에는 아무 소용이 없으니 모두가 정해진 내 것이 아니라는 무상無常의 이치를 알아야 될 것이며, 인상을 없애는 데는 육도 사생이 순환 무궁하여 서로 몸이 바뀌는 이치를 알아야 될 것이며, 중생상을 없애는 데는 본시 중생과 부처가 둘이 아니라 부처가 매하면 중생이요 중생이 깨치면 부처인 줄을 알아야 될 것이며, 수자상을 없애는 데는 육신에 있어서는 노소와 귀천이 있으나 성품에는 노소와 귀천이 없는 줄을 알아야 할 것이니, 수도인이 이 사상만 완전히 떨어지면 곧 부처니라."

20. 이춘풍이 유가儒家의 규모를 벗어나 출가하여 대종사를 뵈옵고 사뢰기를 "제가 대종사를 뵈오니 마음이 황홀하와 삼천 제자를 거느렸던 공자

얻는 능력이다.

님을 뵈온 것 같사오나 원래 불교는 유교 선성先聖들이 수긍하지 아니한 점이 있사와 늘 마음에 걸리나이다." 대종사 말씀하시기를 "그 점이 무엇이던가." 춘풍이 사뢰기를 "불교는 허무 적멸虛無寂滅을 주장하므로 무부무군無父無君이 된다고 하였나이다." 대종사 말씀하시기를 "부처님의 본의가 영겁 다생에 많은 부모와 자녀를 위하사 제도의 문을 열어놓으셨건마는 후래 제자로서 혹 그 뜻에 어그러진 바가 없지도 않았으나, 앞으로는 모든 법을 시대에 적응하게 하여 불교를 믿음으로써 가정의 일이 잘 되게 하고, 불교를 믿음으로써 사회 국가의 일이 잘 되도록 하려 하노니 무부 무군이 될까 염려하지 말 것이며, 또는 『주역周易』의 무극과 태극이 곧 허무 적멸의 진경이요, 공자의 인仁이 곧 사욕私慾이 없는 허무 적멸의 자리요, 자사子思의 미발지중未發之中이 허무 적멸이 아니면 적연 부동한 중中이 될 수 없고, 『대학』의 명명덕明明德이 허무 적멸이 아니면 명덕을 밝힐 수 없는 바라, 그러므로 각종 각파가 말은 다르고 이름은 다르나 그 진리의 본원인즉 같나니라. 그러나, 허무 적멸에만 그쳐버리면 큰 도인이 될 수 없나니 허무 적멸로 도의 체體를 삼고 인·의·예·지로 도의 용用을 삼아서 인간 만사에 풀어 쓸 줄 알아야 원만한 대도니라."

21. 한 제자 여쭙기를 "어떠한 사람이 와서 대종사의 스승을 묻자옵기로 우리 대종사님께서는 스스로 대각을 이루셨는지라 직접 스승이 아니 계신다고 하였나이다." 대종사 말씀하시기를 "후일에 또다시 나의 스승을 묻는 사람이 있으면 너희 스승은 내가 되고 나의 스승은 너희가 된다고 답하라." 또 한 제자 여쭙기를 "대종사의 법통은 어느 부처님이 본사本師가 되시나이까." 대종사 말씀하시기를 "한 판이 바뀌는 때[8]이나 석가 세존이 본사가 되시나니라."

---

8   선천 시대가 점차 막을 내리고 후천개벽 시대가 돌아오는 때를 말한다.

22. 한 제자 여쭙기를 "우리는 불상 숭배를 개혁하였사오니 앞으로 어느 때까지든지 대종사 이하 역대 법사의 기념상도 조성할 수 없사오리까." 대종사 말씀하시기를 "기념상을 조성하여 유공인有功人을 기념할 수는 있으나 신앙의 대상으로 삼지는 못하리라."

23. 한 제자 여쭙기를 "사은에 경중이 있어서 천지·부모는 하감지위下鑑之位라 하고, 동포·법률은 응감지위應鑑之位라 하나이까."9 대종사 말씀하시기를 "경중을 따로 논할 것은 없으나 항렬行列로써 말하자면 천지·부모는 부모 항이요, 동포·법률은 형제 항이라 그러므로 하감·응감으로써 구분하였나니라."

24. 한 제자 여쭙기를 "『정전』 가운데 천지 보은의 강령에 '사람이 천지 보은을 하기로 하면 먼저 그 도를 체받아 실행하라' 하였사오니, 천지는 우리에게 그러한 큰 은혜를 입혔사온데 우리는 한갓 천지의 도를 본받아 행하는 것만으로써 어찌 보은이 된다 하겠나이까." 대종사 말씀하시기를 "이에 대하여 한 예를 들어 말한다면 과거 불보살의 회상이나 성현 군자의 문정門庭10에 그 제자가 선생의 가르치신 은혜를 받은 후 설사 물질의 보수는 없다 할지라도 그 선생의 아는 것을 다 알고 행하는 것을 다 행하여 선생의 사업을 능히 계승한다면 우리는 그를 일러 선생의 보은자라 할 것인가, 배은자라 할 것인가. 이것을 미루어 생각할 때에 천지의 도를 본받아 행함이 천지 보은이 될 것임을 가히 알지니라."

25. 한 제자 여쭙기를 "부모 보은의 조목에 '공부의 요도와 인생의 요도

---

9   '하감지위', '응감지위'의 뜻은 『정전』 심고와 기도 주 65, 66 참조.
10   한 스승을 모시고 공부하는 집단.

를 유루遺漏 없이[11] 밟으라' 하셨사오니 그것이 어찌 부모 보은이 되나이까." 대종사 말씀하시기를 "공부의 요도를 지내고 나면 부처님의 지견을 얻을 것이요, 인생의 요도를 밟고 나면 부처님의 실행을 얻을지니, 자녀 된 자로서 부처님의 지행을 얻어 부처님의 사업을 이룬다면 그 꽃다운 이름이 너른 세상에 드러나서 자연 부모의 은혜까지 드러나게 될 것이라, 그리 된다면 그 자녀로 말미암아 부모의 영명令名이 천추에 길이 전하여 만인의 존모할 바 될 것이니, 어찌 단촉한 일생에 시봉만 드리는 것에 비하겠는가. 그러므로, 이는 실로 무량한 보은이 되나니라." 또 여쭙기를 "자력 없는 타인의 부모라도 내 부모와 같이 보호하라 하셨사오니 그것은 어찌 부모 보은이 되나이까." 대종사 말씀하시기를 "과거 부처님이 말씀하신 다생의 이치로써 미루어보면 과거 미래 수천만겁을 통하여 정하였던 부모와 정할 부모가 실로 한이 없고 수가 없을 것이니, 이 많은 부모의 은혜를 어찌 현생 부모 한두분에게만 보은함으로써 다하였다 하리요. 그러므로, 현생 부모가 생존하시거나 열반하신 후나 힘이 미치는 대로 자력 없는 타인 부모의 보호법을 쓰면 이는 삼세 일체 부모의 큰 보은이 되나니라."

26. 한 제자 여쭙기를 "『정전』 가운데 '상시 응용 주의 사항' 각 조목과 삼학과의 관계는 어떠하나이까." 대종사 말씀하시기를 "'상시 응용 주의 사항'은 곧 삼학을 분해하여 제정한 것이니 오조는 정신 수양을 진행시키는 길이요, 이조·삼조·사조는 사리 연구를 진행시키는 길이요, 일조는 작업 취사를 진행시키는 길이요, 육조는 삼학 공부 실행하고 아니한 것을 살피고 대조하는 길이니라." 또 여쭙기를 "'상시 응용 주의 사항' 각 조목을 동動·정靜 두 사이로 나누어보면 어떻게 되나이까." 대종사 말씀하시기를 "삼조·사조·오조는 정할 때 공부로서 동할 때 공부의 자료를 준비하는 길

---

11   '빠짐없이'라는 뜻.

이 되고, 일조·이조·육조는 동할 때 공부로서 정할 때 공부의 자료를 준비하는 길이 되나니, 서로서로 도움이 되는 길이며, 일분 일각도 공부를 놓지 않게 하는 길이니라." 또 여쭙기를 "'상시 응용 주의 사항'과 '교당 내왕 시 주의 사항'의 관계는 어떠하나이까." 대종사 말씀하시기를 "'상시 응용 주의 사항'은 유무식·남녀·노소·선악·귀천을 막론하고 인간 생활을 하여 가면서도 상시로 공부할 수 있는 빠른 법이 되고, '교당 내왕 시 주의 사항'은 '상시 응용 주의 사항'의 길을 도와주고 알려주는 법이 되나니라."

27. 대종사 선원들의 변론함을 들으시니, 한 선원은 말하기를 "같은 밥 한 그릇으로도 한 사람에게만 주는 것보다 열 사람에게 고루 나누어 주는 공덕이 더 크다" 하고, 또 한 선원은 말하기를 "열 사람이 다 만족하지 못하게 주는 것보다 한 사람이라도 만족하게 주는 공덕이 더 크다" 하여 서로 해결을 못 짓고 있는지라, 대종사 판단하여 말씀하시기를 "같은 한 물건이지마는 한 사람에게만 주면 그 한 사람이 즐겨하고 갚을 것이요, 또는 한 동리나 한 나라에 주면 그 동리나 나라에서 즐겨하고 갚을 것이요, 국한 없는 세계 사업에 주고 보면 전 세계에서 즐겨하고 갚게 될 것이라, 그러므로 같은 것을 가지고도 국한 있게 쓴 공덕과 국한 없이 쓴 공덕을 비교한다면 국한 없이 쓴 공덕이 국한 있게 쓴 공덕보다 한량없이 더 크나니라."

28. 한 제자 여쭙기를 "유상 보시有相布施와 무상 보시의 공덕의 차이가 어떻게 다르나이까." 대종사 말씀하시기를 "보시를 하는 것이 비하건대 과수에 거름을 하는 것과 같나니 유상 보시는 거름을 위에다가 흩어주는 것 같고 무상 보시는 거름을 한 후에 묻어주는 것 같나니라. 위에다가 흩어준 거름은 그 기운이 흩어지기 쉬운 것이요, 묻어준 거름은 그 기운이 오래 가고 든든하나니, 유상 보시와 무상 보시의 공덕의 차이도 또한 이와 같나니라."

29. 조원선曺元善이 여쭙기를 "동학 가사에 '이로운 것이 궁궁을을에 있다〔利在弓弓乙乙〕' 하였사오니 무슨 뜻이오니까." 대종사 말씀하시기를 "세상에는 구구한 해석이 많이 있으나 글자 그대로 궁궁은 무극 곧 일원一圓이 되고 을을은 태극이 되나니 곧 도덕의 본원을 밝히심이요, 이러한 원만한 도덕을 주장하여 모든 척戚[12]이 없이 살면 이로운 것이 많다는 것이니라." 또 여쭙기를 "궁을가弓乙歌를 늘 부르면 운이 열린다 하였사오니 무슨 뜻이오리까." 대종사 말씀하시기를 "그러한 도덕을 신봉하면서 염불이나 주송呪誦을 많이 계속하면 자연 일심이 청정하여 각자의 내심에 원심怨心과 독심毒心이 녹아질 것이며, 그에 따라 천지 허공 법계가 다 청정하고 평화하여질 것이라는 말씀이니 그보다 좋은 노래가 어디 있으리요. 많이 부르라."

30. 최수인화崔修仁華는 여러 대의 동학 신자로 우연히 발심하여 입교하였더니 하루는 대종사께 여쭙기를 "저는 동학을 신앙하올 때 늘 수운水雲 선생의 갱생을 믿고 기다렸삽던바, 대종사를 한번 뵈오니 곧 그 어른을 뵈옵는 것 같사와 더욱 정의情誼가 두터워지고 기쁜 마음을 억제할 수 없나이다." 하거늘, 대종사 웃으시며 말씀하시기를 "그러한 성현들은 심신의 거래를 자유 자재하시는지라 일의 순서를 따라 나신 국토에 다시 나기도 하고 동양에나 서양에 임의로 수생하여 조금도 구애를 받지 아니하시나니라. 과거에도 이 나라에 무등無等한 도인이 많이 나셨지마는 이후로도 무등한 도인이 사방에서 모여들어 전무 후무한 도덕 회상을 마련할 것이니, 그대는 나를 믿을 때에 나의 도덕을 보고 믿을지언정 어디에 의지하는 마음으로 믿지는 말라."

---

[12] 원척(怨戚)의 줄임말로, 원한이나 악한 마음을 뜻함.

31. 한 제자 남의 시비를 함부로 논평하는 습관이 있어 하루는 증산甑山 선생을 광인이라 이르는지라 대종사 들으시고 말씀하시기를 "그대가 어찌 선인先人들의 평을 함부로 하리요. 그 제자들의 허물을 보고 그 스승까지 논죄함은 옳지 못하며, 또는 그 사람이 아니면 그 사람을 모르는지라 저의 주견이 투철하게 열리지 못한 사람은 함부로 남의 평을 못하나니라." 그 제자 여쭙기를 "그러하오면, 그분이 어떠한 분이오니까." 대종사 말씀하시기를 "증산 선생은 곧 드물게 있는 선지자요 신인神人이라, 앞으로 우리 회상이 세상에 드러난 뒤에는 수운 선생과 함께 길이 받들고 기념하게 되리라."

32. 김기천이 여쭙기를 "선지자들이 말씀하신 후천 개벽後天開闢의 순서를 날이 새는 것에 비유한다면 수운 선생의 행적은 세상이 깊이 잠든 가운데 첫 새벽의 소식을 먼저 알리신 것이요, 증산 선생의 행적은 그다음 소식을 알리신 것이요, 대종사께서는 날이 차차 밝으매 그 일을 시작하신 것이라 하오면 어떠하오리까." 대종사 말씀하시기를 "그럴듯하니라." 이호춘李昊春이 다시 여쭙기를 "그 일을 또한 일년 농사에 비유한다면 수운 선생은 해동이 되니 농사지을 준비를 하라 하신 것이요, 증산 선생은 농력農曆의 절후節候를 일러주신 것이요, 대종사께서는 직접으로 농사법을 지도하신 것이라 하오면 어떠하오리까." 대종사 말씀하시기를 "또한 그럴듯하니라." 송도성이 다시 여쭙기를 "그분들은 그만한 신인이온데 그 제자들로 인하와 세인의 논평이 한결같지 않사오니, 그분들이 뒷세상에 어떻게 되오리까." 대종사 말씀하시기를 "사람의 일이 인증할 만한 이가 인증하면 그대로 되나니, 우리가 오늘에 이 말을 한 것도 우리 법이 드러나면 그분들이 드러나는 것이며, 또는 그분들은 미래 도인들을 많이 도왔으니 그 뒤 도인들은 먼저 도인들을 많이 추존하리라."

33. 한 사람이 여쭙기를 "우리나라 전래의 비결에 '앞으로 정鄭도령이 계룡산에 등극하여 천하를 평정하리라' 하였사오니 사실로 그러하오리까." 대종사 말씀하시기를 "계룡산이라 함은 곧 밝아오는 양陽 세상을 이름이요, 정도령이라 함은 곧 바른 지도자들이 세상을 주장하게 됨을 이름이니 돌아오는 밝은 세상에는 바른 사람들이 가정과 사회와 국가와 세계를 주장하게 될 것을 예시豫示한 말이니라."

34. 김기천이 여쭙기를 "견성을 못 한 사람으로서 정식 법강항마위에 승급할 수 있나이까." 대종사 말씀하시기를 "승급할 수 없나니라."

35. 또 여쭙기를 "보통급에서 항마위에 오르는 공력과 항마위에서 여래위如來位에 오르는 공력이 어느 편이 어렵나이까." 대종사 말씀하시기를 "그는 근기에 따라 다르나니 혹 최상 근기는 항마하면서 바로 여래위에 오르는 사람도 있고 항마위에 올라가서 오랜 시일을 지체하는 근기도 있나니라."

36. 또 여쭙기를 "수도인이 공부를 하여 나아가면 시해법尸解法을 행하는 경지가 있다 하오니 어느 위位에나 승급하여야 그리 되나이까." 대종사 말씀하시기를 "여래위에 오른 사람도 그리 안 되는 사람이 있고, 설사 견성도 못 하고 항마위에 승급도 못 한 사람이라도 일방 수양에 전공하여 그와 같이 되는 수가 있으나, 그것으로 원만한 도를 이루었다고는 못 하나니라. 그러므로, 돌아오는 시대에는 아무리 위로 천문을 통하고 아래로 지리를 통하며 골육이 분형分形되고 영통靈通을 하였다 할지라도 인간 사리를 잘 알지 못하면 조각 도인이니, 그대들은 삼학의 공부를 병진하여 원만한 인격을 양성하라."

37. 또 여쭙기를 "법강항마위 승급 조항에 생·로·병·사에 해탈을 얻어야 한다고 한 바가 있사오니, 과거 고승들과 같이 좌탈 입망坐脫立亡의 경지를 두고 이르심이오니까." 대종사 말씀하시기를 "그는 불생 불멸의 진리를 요달了達[13]하여 나고 죽는 데에 끌리지 않는다는 말이니라."

38. 또 여쭙기를 "앞으로 종법사宗法師[14] 선거에 어느 위에 오른 분이라야 추대될 수 있사오리까." 대종사 말씀하시기를 "아무리 말세라도 항마위 이상이라야 종법사의 자격이 있나니라." 또 여쭙기를 "혹 당대 종법사보다 법력 높은 도인이 날 때에는 법위 승급을 어떻게 하오리까." 대종사 말씀하시기를 "대중의 공의公議를 얻어 하나니라."

39. 한 제자 여쭙기를 "어느 위에나 오르면 불퇴전不退轉이 되나이까." 대종사 말씀하시기를 "출가위出家位 이상이라야 되나니라. 그러나, 불퇴전에만 오르면 공부심을 놓아도 퇴전하지 않는 것이 아니니, 천하의 진리가 어느 것 하나라도 그대로 머물러 있는 것이 없는지라 불퇴전 위에 오르신 부처님께서도 공부심은 여전히 계속되어야 어떠한 순역 경계와 천마 외도天魔外道[15]라도 그 마음을 물러나게 하지 못할지니 이것이 이른바 불퇴전이니라."

40. 또 여쭙기를 "최상의 근기는 일시에 돈오 돈수頓悟頓修를 한다 하였사오니 일시에 오悟와 수修를 끝마치나이까." 대종사 말씀하시기를 "과거 불조佛祖 가운데 돈오 돈수를 하였다 하는 이가 더러 있으나, 실은 견성의

---

13 진리를 깨달아 알아서 통달함.
14 원불교의 최고 지도자, 또는 그에 대한 호칭.
15 정법 수행을 방해하는 마장(魔障)과 바르지 않은 공부길을 뜻함.

경로도 천만층이요 수행도 여러 계단을 거쳐서 돈오 돈수를 이루는 것이
니 비하건대 날이 샐 때에 어둠이 가는지 모르게 물러가고 밝음이 오는 줄
모르게 오는 것 같나니라."

제7 성리품性理品

1. 대종사 대각을 이루시고 그 심경을 시로써 읊으시되 "청풍월상시淸風月上時에 만상자연명萬像自然明이라"[1] 하시니라.

2. 대종사 말씀하시기를 "사람의 성품이 정靜한즉 선도 없고 악도 없으며, 동動한즉 능히 선하고 능히 악하나니라."

3. 대종사 말씀하시기를 "선과 악을 초월한 자리를 지선至善이라 이르고, 고와 낙을 초월한 자리를 극락이라 이르나니라."

4. 대종사 말씀하시기를 "큰 도는 원융圓融하여 유와 무가 둘이 아니요, 이理와 사事가 둘이 아니며, 생과 사가 둘이 아니요, 동과 정이 둘이 아니니, 둘 아닌 이 문에는 포함하지 아니한 바가 없나니라."

---

1   "맑은 바람 달이 오를 때에/온갖 형상은 저절로 그렇게 밝아지네."

5. 대종사 말씀하시기를 "큰 도는 서로 통하여 간격이 없건마는 사람이 그것을 알지 못하므로 스스로 간격을 짓게 되나니, 누구나 만법을 통하여 한 마음 밝히는 이치를 알아 행하면 가히 대원 정각大圓正覺을 얻으리라."

6. 대종사 말씀하시기를 "만일 마음은 형체가 없으므로 형상을 가히 볼 수 없다고 하며 성품은 언어가 끊어졌으므로 말로 가히 할 수 없다고만 한다면 이는 참으로 성품을 본 사람이 아니, 이에 마음의 형상과 성품의 체가 완연히 눈앞에 있어서 눈을 궁굴리지 아니하고도 능히 보며 입만 열면 바로 말할 수 있어야 가히 밝게 불성을 본 사람이라고 하리라."

7. 대종사 말씀하시기를 "수도修道하는 사람이 견성見性을 하려는 것은 성품의 본래 자리를 알아, 그와 같이 결함 없게 심신을 사용하여 원만한 부처를 이루는 데에 그 목적이 있나니, 만일 견성만 하고 성불하는 데에 공을 들이지 아니한다면 이는 보기 좋은 납 도끼와 같아서 별 소용이 없나니라."

8. 대종사 말씀하시기를 "견성이라 하는 것은 비하건대 거부 장자巨富長者가 자기의 재산을 자기의 재산으로 알지 못하고 지내다가 비로소 알게 된 것과 같고, 솔성率性이라 하는 것은 이미 자기의 소유인 것을 알았으나 전일에 잃어버리고 지내는 동안 모두 다른 사람에게 빼앗긴 바 되었는지라 여러모로 주선하여 그 잃었던 권리를 회복함과 같나니라."

9. 대종사 말씀하시기를 "종교의 문에 성리를 밝힌 바가 없으면 이는 원만한 도가 아니니 성리는 모든 법의 조종祖宗이 되고 모든 이치의 바탕이 되는 까닭이니라."

10. 대종사 봉래정사蓬萊精舍에 계시더니 때마침 큰 비가 와서 층암 절벽 위에서 떨어지는 폭포와 사방 산골에서 흐르는 물이 줄기차게 내리는지라, 한참 동안 그 광경을 보고 계시다가 이윽고 말씀하시기를 "저 여러 골짜기에서 흐르는 물이 지금은 그 갈래가 비록 다르나 마침내 한곳으로 모아지리니 만법 귀일萬法歸一의 소식도 또한 이와 같나니라."

11. 대종사 봉래정사에서 제자들에게 글 한 수를 써주시되 "변산구곡로邊山九曲路에 석립청수성石立聽水聲이라 무무역무무無無亦無無요 비비역비비非非亦非非라"[2] 하시고 "이 뜻을 알면 곧 도를 깨닫는 사람이라" 하시니라.

12. 대종사 영산靈山으로부터 봉래정사에 돌아오사 한 제자에게 말씀하시기를 "내가 영산에서 윤선輪船으로 이곳에 올 때에 바닷물을 보니 깊고 넓은지라 그 물을 낱낱이 되어보았으며 고기 수도 낱낱이 헤어보았노니,[3] 그대도 혹 그 수를 알겠는가" 하신데, 그 사람이 말씀 뜻을 짐작하지 못하니라.

13. 대종사 봉래정사에서 모든 제자에게 말씀하시기를 "옛날 어느 학인 學人이 그 스승에게 도를 물었더니 스승이 말하되 '너에게 가르쳐주어도 도에는 어긋나고 가르쳐주지 아니하여도 도에는 어긋나나니, 그 어찌하여야 좋을꼬' 하였다 하니, 그대들은 그 뜻을 알겠는가." 좌중이 묵묵하여 답이 없거늘 때마침 겨울이라 흰 눈이 뜰에 가득한데 대종사 나가시사 친히 도량道場의 눈을 치우시니 한 제자 급히 나가 눈가래를 잡으며 대종사께

---

2   "변산 아홉 굽은 길에/돌이 서서 물소리를 듣는다/없고 없으며 또한 없다 함도 없고/아니고 아니며 또한 아니다 함도 아니로다."

3   물의 양을 재어보고, 고기 수를 세어본다는 뜻.

방으로 들어가시기를 청하매, 대종사 말씀하시기를 "나의 지금 눈을 치는 것은 눈만 치우기 위함이 아니라 그대들에게 현묘한 자리를 가르침이었노라."

14. 대종사 봉래정사에서 문정규에게 물으시기를 "벽에 걸린 저 달마 대사의 영상影像을 능히 걸릴 수 있겠는가." 정규 사뢰기를 "능히 걸리겠나이다." 대종사 말씀하시기를 "그러면 한번 걸려보라." 정규 곧 일어나 몸소 걸어가거늘 대종사 말씀하시기를 "그것은 정규가 걷는 것이니, 어찌 달마의 화상을 걸렸다 하겠는가." 정규 말하기를 "동천東天에서 오는 기러기 남천南天으로 갑니다" 하니라.

15. 대종사 봉래정사에 계시더니 선승禪僧 한 사람이 금강산으로부터 와서 뵈옵는지라, 물으시기를 "그대가 수고를 생각하지 아니하고 멀리 찾아왔으니 무슨 구하는 바가 있는가." 선승이 사뢰기를 "도를 듣고자 하나이다. 도의 있는 데를 일러주옵소서." 대종사 말씀하시기를 "도가 그대의 묻는 데에 있나니라." 선승이 예배하고 물러가니라.

16. 선승 한 사람이 봉래정사에 와서, 대종사께 뵈옵고 여쭙기를 "여래如來는 도솔천兜率天을 여의지 아니하시고 몸이 이미 왕궁가에 내리셨으며, 어머니의 태중에서 중생 제도하시기를 다 마치셨다 하였사오니 무슨 뜻이오니까." 대종사 말씀하시기를 "그대가 실상사實相寺를 여의지 아니하고 몸이 석두암石頭庵에 있으며, 비록 석두암에 있으나 드디어 중생 제도를 다 마쳤나니라."

17. 대종사 봉래정사에 계시더니 한 사람이 서중안徐中安의 인도로 와서 뵈옵거늘 대종사 물으시기를 "어떠한 말을 듣고 이러한 험로에 들어왔

는가.” 그가 사뢰기를 “선생님의 높으신 도덕을 듣고 일차 뵈오러 왔나이다.” 대종사 말씀하시기를 “나를 보았으니 무슨 원하는 것이 없는가.” 그가 사뢰기를 “저는 항상 진세塵世에 있어서 번뇌와 망상으로 잠시도 마음이 바로 잡히지 못하오니 그 마음을 바로잡기가 원이옵니다.” 대종사 말씀하시기를 “마음 바로잡는 방법은 먼저 마음의 근본을 깨치고 그 쓰는 곳에 편벽됨이 없게 하는 것이니 그 까닭을 알고자 하거든 이 의두疑頭를 연구해보라” 하시고 “만법귀일萬法歸一하니 일귀하처一歸何處오”[4]라고 써주시니라.

18. 대종사 봉래정사에 계실 때에 백학명白鶴鳴 선사가 내왕하며 간혹 격외格外의 설說로써 성리 이야기하기를 즐기는지라 대종사 하루는 짐짓 동녀 이청풍李淸風에게 몇 말씀 일러두시었더니, 다음 날 선사가 월명암月明庵으로부터 오는지라, 대종사 맞으시며 말씀하시기를 “저 방아 찧고 있는 청풍이가 도가 익어가는 것 같도다” 하시니, 선사가 곧 청풍의 앞으로 가서 큰 소리로 “발을 옮기지 말고 도를 일러오라” 하니, 청풍이 엄연히 서서 절굿대를 공중에 쳐들고 있는지라, 선사가 말없이 방으로 들어오니, 청풍이 그 뒤를 따라 들어오거늘, 선사 말하되 “저 벽에 걸린 달마를 걸릴 수 있겠느냐” 청풍이 말하기를 “있습니다.” 선사 말하기를 “걸려보라.” 청풍이 일어서서 서너 걸음 걸어가니, 선사 무릎을 치며 십삼세각十三歲覺이라고 허락하는지라, 대종사 그 광경을 보시고 미소하시며 말씀하시기를 “견성하는 것이 말에 있지도 아니하고 없지도 아니하나, 앞으로는 그런 방식을 가지고는 견성의 인가印可를 내리지 못하리라” 하시니라.

19. 하루는 학명 선사가 글 한 수를 지어 보내기를 “투천산절정透天山絶

---

4   “모든 법이 하나에 돌아갔으니/하나는 어느 곳으로 돌아갈 것인가.”

頂이여 귀해수성파歸海水成波로다 불각회신로不覺回身路하여 석두의작가石
頭倚作家로다"[5]라 한지라, 대종사 화답하여 보내시기를 "절정천진수絶頂天
眞秀요 대해천진파大海天眞波로다 부각회신로復覺回身路하니 고로석두가高
露石頭家로다"[6]라 하시니라.

20. 김광선이 여쭙기를 "천지 만물의 미생전未生前에는 무엇이 체體가
되었나이까." 대종사 말씀하시기를 "그대가 말하기 전 소식을 묵묵히 반
조返照하여 보라." 또 여쭙기를 "수행하는 데 견성이 무슨 필요가 있나이
까." 대종사 말씀하시기를 "국문國文에 본문本文을 아는 것과 같나니라."

21. 한 제자 여쭙기를 "견성을 하면 어찌 되나이까." 대종사 말씀하시기
를 "우주 만물의 본래 이치를 알게 되고 목수가 잣대와 먹줄을 얻은 것같
이 되나니라."

22. 대종사 선원에서 김기천의 성리 설하는 것을 들으시고 말씀하시기
를 "오늘 내가 비몽사몽간에 여의주如意珠를 얻어 삼산三山[7]에게 주었더
니 받아먹고 즉시로 환골 탈태하는 것을 보았는데, 실지로 삼산의 성리 설
하는 것을 들으니 정신이 상쾌하다" 하시고, 말씀하시기를 "법은 사정私情
으로 주고받지 못할 것이요, 오직 저의 혜안이 열려야 그 법을 받아들이나
니, 용龍은 여의주를 얻어야 조화가 나고 수도인은 성품을 보아서 단련할
줄 알아야 능력이 나나니라" 하시니, 문정규 여쭙기를 "저희가 일찍부터
정산鼎山을 존경하옵는데 그도 견성을 하였나이까." 대종사 말씀하시기를

---

5   "하늘을 뚫은 산은 절정이 되고/바다로 돌아간 물은 물결을 이루는데/몸을 돌이킬 길을 깨
     닫지 못했는지/돌머리에 집을 짓고 기대었더라."
6   "절정은 자연 그대로 참되게 빼어나고/큰 바다는 자연 그대로 참된 물결이라/다시 몸 돌이
     킬 길을 깨달으니/돌머리의 집이 높이 드러나도다."
7   김기천의 법호.

"집을 짓는데 큰 집과 작은 집을 다 같이 착수는 하였으나, 한달에 끝날 집도 있고 혹은 일년 혹은 수년을 걸려야 끝날 집도 있듯이 정산은 시일이 좀 걸리리라."

23. 한 제자 여쭙기를 "견성 성불見性成佛이라 하였사오니 견성만 하면 곧 성불이 되나이까." 대종사 말씀하시기를 "근기에 따라 견성하는 즉시로 성불하는 사람도 있으나 그는 드문 일이요 대개는 견성하는 공보다 성불에 이르는 공이 더 드나니라. 그러나, 과거에는 인지가 어두운 고로 견성만 하면 곧 도인이라 하였지마는 돌아오는 세상에는 견성만으로는 도인이라 할 수 없을 것이며 거개擧皆의 수도인들이 견성만은 일찍이 가정에서 쉽게 마치고 성불을 하기 위하여 큰 스승을 찾아다니며 공을 들이리라."

24. 대종사 선원 대중에게 말씀하시기를 "성리를 말로는 다 할 수 없다고 하나 또한 말로도 여실히 나타낼 수 있어야 하나니, 여러 사람 가운데 증득하였다고 생각하는 사람이 있으면 나의 묻는 말에 대답하여보라. 만법귀일萬法歸一이라 하였으니 그 하나로 돌아가는 내역을 말하여보고 일귀하처一歸何處오 하였으니 그 하나는 어디로 돌아가는가를 말하여보라." 대중이 차례로 대답을 올리되 인가하지 아니하시는지라, 한 제자 일어나 절하고 여쭙기를 "대종사께서 다시 한번 저에게 물어주옵소서." 대종사 다시 그대로 물으시니, 그 제자 말하기를 "만법이 본래 완연完然하여 애당초에 돌아간 바가 없거늘 하나인들 어디로 돌려보낼 필요가 있겠나이까." 대종사 웃으시며 또한 말씀이 없으시니라.

25. 대종사 말씀하시기를 "근래에 왕왕 성리를 다루는 사람들이 말 없는 것으로만 해결을 지으려고 하는 수가 많으나 그것이 큰 병이라, 참으로 아는 사람은 그 자리가 원래 두미頭尾가 없는 자리지마는 두미를 분명하게

갈라낼 줄도 알고, 언어도言語道가 끊어진 자리지마는 능히 언어로 형언할 줄도 아나니, 참으로 아는 사람은 아무렇게 하더라도 아는 것이 나오고, 모르는 사람은 아무렇게 하여도 모르는 것이 나오나니라. 그러나, 또한 말 있는 것만으로 능사能事를 삼을 것도 아니니 불조佛祖들의 천경 만론千經萬論은 마치 저 달을 가리키는 손가락과 같나니라."

26. 대종사 선원 대중에게 말씀하시기를 "누가 이 가운데 허공 법계를 완전히 자기 소유로 이전移轉 증명 낸 사람이 있느냐." 대중이 묵연하여 답이 없는지라, 대종사 다시 말씀하시기를 "삼세의 모든 불보살들은 형상도 없고 보이지도 않는 허공 법계를 다 자기 소유로 내는 데에 공을 들였으므로 형상 있는 천지 만물도 자기의 소유로 수용하나, 범부와 중생들은 형상 있는 것만을 자기 소유로 내려고 탐착하므로 그것이 영구히 제 소유가 되지도 못할 뿐 아니라 아까운 세월만 허송하고 마나니, 이 어찌 허망한 일이 아니리요. 그러므로, 그대들은 형상 있는 물건만 소유하려고 허덕이지 말고 형상 없는 허공 법계를 소유하는 데에 더욱 공을 들이라."

27. 대종사 선원 대중에게 말씀하시기를 "대大를 나누어 삼라 만상 형형 색색의 소小를 만들 줄도 알고, 형형 색색으로 벌여 있는 소小를 한 덩어리로 뭉쳐서 대大를 만들 줄도 아는 것이 성리의 체體를 완전히 아는 것이요, 또는 유를 무로 만들 줄도 알고 무를 유로 만들 줄도 알아서 천하의 모든 이치가 변하여도 변하지 않고 변하지 않는 중에 변하는 진리를 아는 것이 성리의 용用을 완전히 아는 것이라, 성리를 알았다는 사람으로서 대와 무는 대략 짐작하면서도 소와 유의 이치를 해득하지 못한 사람이 적지 아니하나니 어찌 완전한 성리를 깨쳤다 하리요."

28. 대종사 선원 대중에게 말씀하시기를 "사람 하나를 놓고 심·성·이·

기心性理氣로 낱낱이 나누어도 보고, 또한 사람 하나를 놓고 전체를 심 하나로 합하여보기도 하고, 성 하나로 합하여보기도 하고, 이 하나로 합하여보기도 하고, 기 하나로 합하여보기도 하여, 그것을 이 자리에서 말하여보라." 대중이 말씀에 따라 여러 가지 답변을 올리었으나 인가하지 아니하시고 말씀하시기를 "예를 들면 한 사람이 염소를 먹이는데 무엇을 일시에 많이 먹여서 한꺼번에 키우는 것이 아니라, 키우는 절차와 먹이는 정도만 고르게 하면 자연히 큰 염소가 되어서 새끼도 낳고 젖도 나와 사람에게 이익을 주나니, 도가에서 도를 깨치게 하는 것도 이와 같나니라."

29. 대종사 조실祖室에 계시더니, 때마침 시찰단 일행이 와서 인사하고 여쭙기를 "귀교의 부처님은 어디에 봉안하였나이까." 대종사 말씀하시기를 "우리집 부처님은 방금 밖에 나가 있으니 보시려거든 잠깐 기다리라." 일행이 말씀의 뜻을 알지 못하여 의아하게 여기더니, 조금 후 점심때가 되매 산업부원 일동이 농구農具를 메고 들에서 돌아오거늘 대종사 그들을 가리키시며 말씀하시기를 "저들이 다 우리 집 부처니라." 그 사람들이 더욱 그 뜻을 알지 못하니라.

30. 대종사 선원에서 송도성에게 "과거 칠불七佛의 전법게송傳法偈頌을 해석하라" 하시니, 도성이 칠불의 게송을 차례로 해석하여 제칠 석가모니불에 이르러 "법은 본래 무법無法에 법하였고 무법이란 법도 또한 법이로다. 이제 무법을 부촉할 때에 법을 법하려 하니 일찍이 무엇을 법할꼬" 하거늘, 대종사 "그 새김을 그치라" 하시고, 말씀하시기를 "본래에 한 법이라고 이름 지을 것도 없지마는 하열한 근기를 위하사 한 법을 일렀으나, 그 한 법도 참 법은 아니니 이 게송의 참 뜻만 깨치면 천만 경전을 다 볼 것이 없으리라."

31. 원기 이십육년 일월에 대종사 게송偈頌을 내리신 후 말씀하시기를 "유有는 변하는 자리요 무無는 불변하는 자리나, 유라고도 할 수 없고 무라고도 할 수 없는 자리가 이 자리며, 돌고 돈다, 지극하다 하였으나 이도 또한 가르치기 위하여 강연强然히[8] 표현한 말에 불과하나니, 구공俱空이다, 구족具足하다를 논할 여지가 어디 있으리요. 이 자리가 곧 성품의 진체眞體이니 사량으로 이 자리를 알아내려고 말고 관조로써 이 자리를 깨쳐 얻으라."

---

8 어떻게 설명할 수도, 무어라 이름 붙일 수도 없는 것을 방법적으로 설명하고 이름 붙인다는 의미의 수식어.

제8 불지품佛地品

1. 대종사 말씀하시기를 "이 세상에 크고 작은 산이 많이 있으나 그중에 가장 크고 깊고 나무가 많은 산에 수많은 짐승이 의지하고 살며, 크고 작은 냇물이 곳곳마다 흐르나 그중에 가장 넓고 깊은 바다에 수많은 고기가 의지하고 사는 것같이, 여러 사람이 다 각각 세상을 지도한다고 하나 그중에 가장 덕이 많고 자비慈悲가 너른 인물이라야 수많은 중생이 몸과 마음을 의지하여 다 같이 안락한 생활을 하게 되나니라."

2. 대종사 말씀하시기를 "부처님의 대자 대비大慈大悲는 저 태양보다 다습고 밝은 힘이 있나니, 그러므로 이 자비가 미치는 곳에는 중생의 어리석은 마음이 녹아서 지혜로운 마음으로 변하며, 잔인한 마음이 녹아서 자비로운 마음으로 변하며, 인색하고 탐내는 마음이 녹아서 혜시惠施하는 마음으로 변하며, 사상四相의 차별심이 녹아서 원만한 마음으로 변하여, 그 위력과 광명이 무엇으로 가히 비유할 수 없나니라."

3. 대종사 말씀하시기를 "대자大慈라 하는 것은 저 천진 난만한 어린 자

녀가 몸이 건강하고 충실하여 그 부모를 괴롭게도 아니하고, 또는 성질이 선량하여 언어 동작이 다 얌전하면 그 부모의 마음에 심히 기쁘고 귀여운 생각이 나서 더욱 사랑하여주는 것같이 부처님께서도 모든 중생을 보실 때에 그 성질이 선량하여, 나라에 충성하고 부모에게 효도하며, 형제간에 우애하고 스승에게 공경하며, 이웃에 화목하고 빈병인貧病人을 구제하며, 대도를 수행하여 반야지般若智[1]를 얻어가며, 응용에 무넘하여 무루無漏[2]의 공덕을 짓는 사람이 있으면 크게 기뻐하시고 사랑하시사 더욱 더욱 선도 善道로 인도하여주시는 것이요, 대비大悲라 하는 것은 저 천지 분간 못 하는 어린 자녀가 제 눈을 제 손으로 찔러서 아프게 하며, 제가 칼날을 잡아서 제 손을 상하게 하건마는 그 이유는 알지 못하고 울고 야단을 하는 것을 보면 그 부모의 마음에 측은하고 가엾은 생각이 나서 더욱 보호하고 인도하여주는 것같이, 부처님께서도 모든 중생이 탐·진·치에 끌려서 제 스스로 제 마음을 태우며, 제 스스로 제 몸을 망하게 하며, 제 스스로 악도에 떨어질 일을 지어, 제가 지은 그대로 죄를 받건마는 천지와 선령先靈을 원망하며, 동포와 법률을 원망하는 것을 보시면, 크게 슬퍼하시고 불쌍히 여기사 천만 방편으로 제도하여주시는 것이니, 이것이 곧 부처님의 대자와 대비니라. 그러나, 중생들은 그러한 부처님의 대자 대비 속에 살면서도 그 은혜를 알지 못하건마는 부처님께서는 거기에 조금도 주저하지 아니하시고 천겁 만겁千劫萬劫을 오로지 제도 사업에 정성을 다하시나니, 그러므로 부처님은 삼계의 대도사大導師요 사생의 자부慈父라 하나니라.”

4. 대종사 말씀하시기를 “불보살들은 행·주·좌·와·어·묵·동·정 간에 무애 자재無礙自在하는 도가 있으므로 능히 정靜할 때에 정하고 동動할 때에 동하며, 능히 클 때에 크고 작을 때에 작으며, 능히 밝을 때에 밝고 어둘

---

1   모든 일과 이치를 걸림 없이 아는 깨달음의 지혜.
2   욕심이나 번뇌, 상이 없는 경지를 말함.

때에 어두우며, 능히 살 때에 살고 죽을 때에 죽어서, 오직 모든 사물과 모든 처소에 조금도 법도에 어그러지는 바가 없나니라.”

5. 대종사 말씀하시기를 “음식과 의복을 잘 만드는 사람은 그 재료만 있으면 마음대로 그것을 만들어내기도 하고 잘못되었으면 뜯어고치기도 하는 것같이, 모든 법에 통달하신 큰 도인은 능히 만법을 주물러서 새 법을 만들어내기도 하고 묵은 법을 뜯어고치기도 하시나, 그렇지 못한 도인은 만들어놓은 법을 쓰기나 하고 전달하기는 할지언정 창작하거나 고치는 재주는 없나니라.” 한 제자 여쭙기를 “어느 위位에나 올라야 그러한 능력이 생기나이까.” 대종사 말씀하시기를 “출가위出家位 이상 되는 도인이라야 하나니, 그런 도인들은 육근六根을 동작하는 바가 다 법으로 화化하여 만대의 사표師表가 되나니라.”

6. 대종사 송벽조에게 “『중용中庸』의 솔성지도率性之道를 해석하여보라” 하시니, 그가 사뢰기를 “유가에서는 천리天理 자연의 도에 잘 순응하는 것을 솔성하는 도라 하나이다.” 대종사 말씀하시기를 “천도에 잘 순응만 하는 것은 보살의 경지요, 천도를 잘 사용하여야 부처의 경지이니, 비하건대 능한 기수騎手는 좋은 말이나 사나운 말이나 다 잘 부려 쓰는 것과 같나니라. 그러므로, 범부 중생은 육도의 윤회와 십이 인연에 끌려다니지마는 부처님은 천업天業을 돌파하고 거래와 승강을 자유 자재하시나니라.”

7. 한 제자 여쭙기를 “진묵震默 대사도 주색에 끌린 바가 있는 듯하오니 그러하오니까.” 대종사 말씀하시기를 “내 들으니 진묵 대사가 술을 좋아하시되 하루는 술을 마신다는 것이 간수를 한 그릇 마시고도 아무 일이 없었다 하며, 또 한번은 감나무 아래에 계시는데 한 여자가 사심邪心을 품고 와서 놀기를 청하는지라 그 원을 들어주려 하시다가 홍시가 떨어지매 무

심히 그것을 주우러 가시므로 여자가 무색하여 스스로 물러갔다는 말이 있나니, 어찌 그 마음에 술이 있었으며 여색이 있었겠는가. 그런 어른은 술 경계에 술이 없었고 색 경계에 색이 없으신 여래如來시니라."

8. 대종사 말씀하시기를 "중생은 희·로·애·락에 끌려서 마음을 쓰므로 이로 인하여 자신이나 남이나 해를 많이 보고, 보살은 희·로·애·락에 초월하여 마음을 쓰므로 이로 인하여 자신이나 남이나 해를 보지 아니하며, 부처는 희·로·애·락을 노복奴僕같이 부려 쓰므로 이로 인하여 자신이나 남이나 이익을 많이 보나니라."

9. 대종사 말씀하시기를 "법위法位가 항마위降魔位에만 오르더라도 천인天人 아수라阿修羅가 먼저 알고 숭배하나니라. 그러나, 그 도인이 한번 자취를 감추려 들면 그 이상 도인이 아니고는 그 자취를 알 수 없나니라."

10. 대종사 말씀하시기를 "공부가 최상 구경究竟에 이르고 보면 세가지로 통함이 있나니 그 하나는 영통靈通이라, 보고 듣고 생각하지 아니하여도 천지 만물의 변태와 인간 삼세의 인과 보응을 여실히 알게 되는 것이요, 둘은 도통道通이라, 천조天造의 대소 유무와 인간의 시비 이해에 능통하는 것이요, 셋은 법통法通이라, 천조의 대소 유무를 보아다가 인간의 시비 이해를 밝혀서 만세 중생이 거울하고 본뜰 만한 법을 제정하는 것이니, 이 삼통 가운데 법통만은 대원 정각大圓正覺을 하지 못하고는 얻을 수 없나니라."

11. 대종사 말씀하시기를 "아무리 큰 살림이라도 하늘 살림과 합산한 살림같이 큰 살림이 없고, 아무리 큰 사람이라도 하늘 기운과 합한 사람같이 큰 사람이 없나니라."

12. 대종사 말씀하시기를 "우주의 진리를 잡아 인간의 육근 동작에 둘러 씌워 활용하는 사람이 곧 천인이요 성인이요 부처니라."

13. 대종사 말씀하시기를 "천지에 아무리 무궁한 이치가 있고 위력이 있다 할지라도 사람이 그 도를 보아다가 쓰지 아니하면 천지는 한 빈 껍질에 불과할 것이어늘 사람이 그 도를 보아다가 각자의 도구같이 쓰게 되므로 사람은 천지의 주인이요 만물의 영장이라 하나니라. 사람이 천지의 할 일을 다 못하고 천지가 또한 사람의 할 일을 다 못한다 할지라도 천지는 사리 간에 사람에게 이용되므로 천조의 대소 유무를 원만히 깨달아서 천도를 뜻대로 잡아 쓰는 불보살들은 곧 삼계의 대권을 행사함이니, 미래에는 천권天權보다 인권人權을 더 존중할 것이며, 불보살들의 크신 권능을 만인이 다 같이 숭배하리라."

14. 대종사 말씀하시기를 "중생들은 그릇이 작은지라, 없던 것이 있어진다든지 모르던 것이 알아지고 보면 곧 넘치기가 쉽고 또는 가벼이 흔들려서 목숨까지 위태롭게도 하나, 불보살들은 그 그릇이 국한이 없는지라, 있어도 더한 바가 없고 없어도 덜할 바가 없어서 그 살림의 유무를 가히 엿보지 못하므로 그 있는 바를 온전히 지키고 그 명命을 편안히 보존하나니라."

15. 대종사 선원 대중에게 말씀하시기를 "범부들은 인간락에만 탐착하므로 그 낙이 오래가지 못하지마는 불보살들은 형상 없는 천상락을 수용하시므로 인간락도 아울러 받을 수 있나니, 천상락이라 함은 곧 도로써 즐기는 마음락을 이름이요, 인간락이라 함은 곧 형상 있는 세간의 오욕락을 이름이라, 알기 쉽게 말하자면 처자로나 재산으로나 지위로나 무엇으로든

지 형상 있는 물건이나 환경에 의하여 나의 만족을 얻는 것은 인간락이니, 과거에 실달悉達[3] 태자가 위位는 장차 국왕의 자리에 있고 몸은 이미 만민의 위에 있어서 이목의 좋아하는 바와 심지心志의 즐거워하는 바를 마음대로 할 수 있었던 것은 인간락이요, 이와 반면에 정각正覺을 이루신 후 형상 있는 물건이나 환경을 초월하고 생사 고락과 선악 인과에 해탈하시어 당하는 대로 마음이 항상 편안한 것은 천상락이니, 옛날에 공자孔子가 '나물 먹고 물 마시고 팔을 베고 누웠을지라도 낙이 그 가운데 있으니, 의義 아닌 부와 귀는 나에게는 뜬구름 같다' 하신 말씀은 색신[4]을 가지고도 천상락을 수용하는 천인의 말씀이니라. 그러나, 인간락은 결국 다할 날이 있으니, 온 것은 가고 성한 것은 쇠하며, 난 것은 죽는 것이 천리天理의 공도公道라, 비록 천하에 제일가는 부귀공명을 가졌다 할지라도 노·병·사老病死 앞에서는 저항할 힘이 없나니 이 육신이 한번 죽을 때에는 전일前日에 온갖 수고와 온갖 욕심을 다 들여놓은 처자나 재산이나 지위가 다 뜬구름같이 흩어지고 말 것이나, 천상락은 본래 무형한 마음이 들어서 알고 행하는 것이므로 비록 육신이 바뀐다 할지라도 그 낙은 여전히 변하지 아니할 것이니, 비유하여 말하자면 이 집에서 살 때에 재주가 있던 사람은 다른 집으로 이사를 갈지라도 재주는 그대로 있는 것과 같나니라."

16. 대종사 이어서 말씀하시기를 "그러므로, 옛 성인의 말씀에 '사흘의 마음 공부는 천년의 보배요, 백년의 탐낸 물건은 하루아침 티끌이라' 하였건마는 범부는 이러한 이치를 알지 못하므로 자기의 몸만 귀히 알고 마음은 한번도 찾지 아니하며, 도를 닦는 사람들은 이러한 이치를 알므로 마음을 찾기 위하여 몸을 잊나니라. 그런즉, 그대들은 너무나 무상無常한 모든 유有에 집착하지 말고 영원한 천상락을 구하기에 힘을 쓰라. 만일 천상락

---

3   '싯다르타'의 음역어.
4   평범한 사람들과 똑같은 육신.

을 오래오래 계속한다면, 결국은 심신의 자유를 얻어서 삼계의 대권을 잡고 만상萬相의 유무와 육도의 윤회를 초월하여 육신을 받지 아니하고 영단靈丹[5]만으로 시방 세계에 주유할 수도 있고, 금수 곤충의 세계에도 임의로 출입하여 도무지 생사 거래에 걸림이 없으며, 어느 세계에 들어가 색신을 받는다 할지라도 거기에 조금도 물들지 아니하고 길이 낙을 누릴 것이니 이것이 곧 극락이니라. 그러나, 천상락을 길게 받지 못하는 원인은 형상 있는 낙에 욕심이 발하여 물질에 돌아감이니 비록 천상락을 받는 사람이라도 천상락 받을 일은 하지 않고 낙만 받을 욕심이 한번 발하면 문득 타락하여 심신의 자유를 잃고 순환하는 대자연의 수레바퀴에 끌려서 또다시 육도의 윤회를 면하지 못하나니라."

17. 한 사람이 대종사께 뵈옵고 여러 가지로 담화하는 가운데 "전주·이리 사이의 경편철도輕便鐵道는 본래 전라도 각지의 부호들이 주식 출자로 경영하는 것이라, 그들은 언제나 그 경편차를 무료로 이용하고 다닌다" 하면서 매우 부러워하는 태도를 보이거늘, 대종사 말씀하시기를 "그대는 참으로 가난하도다. 아직 그 차 하나를 그대의 소유로 삼지 못하였는가." 그 사람이 놀라 여쭙기를 "경편차 하나를 소유하자면 상당한 돈이 있어야 할 것이온데 이 같은 무산자로서 어떻게 그것을 소유할 수 있사오리까." 대종사 말씀하시기를 "그러므로, 그대를 가난한 사람이라 하였으며, 설사 그대가 경편차 하나를 소유하였다 할지라도 나는 그것으로 그대를 부유한 사람이라고는 아니할 것이니, 이제 나의 살림 하는 이야기를 좀 들어보라. 나는 저 전주 경편차뿐 아니라 나라 안의 차와 세계의 모든 차까지도 다 내 것을 삼은 지가 벌써 오래되었노니, 그대는 이 소식을 아직도 모르는가." 그 사람이 더욱 놀라 사뢰기를 "그 말씀은 실로 요량料量 밖의 교훈이시므

---

5   깊은 수행을 통해 뭉쳐진 영적인 힘.

로 어리석은 소견으로는 그 뜻을 살피지 못하겠나이다." 대종사 말씀하시기를 "사람이 기차 하나를 자기의 소유로 하려면 거액巨額의 자금이 일시에 들어야 할 것이요, 운영하는 모든 책임을 직접 담당하여 많은 괴로움을 받아야 할 것이나, 나의 소유하는 법은 그와 달라서 단번에 거액을 들이지도 아니하며, 모든 운영의 책임을 직접 지지도 아니하고, 다만 어디를 가게 되면 그때마다 얼마씩의 요금만 지불하고 나의 마음대로 이용하는 것이니, 주야로 쉬지 않고 우리 차를 운전하며, 우리 철도를 수선하며, 우리 사무를 관리하여주는 모든 우리 일꾼들의 급료와 비용이 너무 싸지 아니한가. 또, 나는 저번에 서울에 가서 한양 공원에 올라가 산책하면서 맑은 공기를 한없이 호흡도 하고 온 공원의 흥취를 다 같이 즐기기도 하였으되, 누가 우리를 가라는 법도 없고 다시 오지 말라는 말도 아니하였나니, 피서 지대에 정자 몇 간만 두어도 매년 적지 않은 수호비가 들 것인데, 우리는 그러지 아니하고도 그 좋은 공원을 충분히 내 것으로 이용하지 아니하였는가. 대저, 세상 사람이 무엇이나 제 것을 삼으려는 본의는 다 자기의 편리를 취함이어늘 기차나 공원을 모두 다 이와 같이 이용할 대로 이용하였으니 어떻게 소유한들 이 위에 더 나은 방법이 있겠는가. 그러므로, 나는 이 것을 모두 다 내 것이라고 하였으며, 그뿐 아니라 세상의 모든 것과 그 모든 것을 싣고 있는 대지 강산까지도 다 내 것을 삼아두고, 경우에 따라 그 것을 이용하되 경위에만 어긋나지 않게 하면 아무도 금하고 말리지 못하나니, 이 얼마나 너른 살림인가. 그러나, 속세 범상한 사람들은 기국器局이 좁아서 무엇이나 기어이 그것을 자기 앞에 갖다놓기로만 위주하여 공연히 일 많고 걱정되고 책임 무거울 것을 취하기에 급급하나니, 이는 참으로 국한 없이 큰 본가 살림을 발견하지 못한 연고니라."

18. 대종사 동선 해제를 마치시고 제자 몇 사람으로 더불어 걸어서 봉서사鳳棲寺에 가시더니, 도중에 한 제자가 탄식하여 말하기를 "우리는 돈이

없어서 대종사를 도보로 모시게 되었으니 어찌 한스럽지 아니하리요" 하는지라, 대종사 들으시고 말씀하시기를 "사람이 누구나 이 세상에 출신하여 자기의 육근을 잘 이용하면 그에 따라 모든 법이 화化하게 되며, 돈도 그 가운데서 벌어지나니, 그러므로 각자의 심신은 곧 돈을 버는 기관이요, 이 세상 모든 것은 곧 이용하기에 따라 다 돈이 될 수 있는 것이니 어찌 돈이 없다고 한탄만 하리요. 그러나, 우리 수도인에 있어서는 돈에 마음을 끌리지 아니하고 돈이 있으면 있는 대로 없으면 없는 대로 안심하면서 그 생활을 개척하여나가는 것이 그 본분이며 그 사람이 참으로 부유한 사람이니라."

19. 한 제자 사뢰기를 "방금 서울에서 큰 박람회博覽會[6]를 개최 중이라 하오니 한번 관람하고 오심이 어떠하오리까." 대종사 말씀하시기를 "박람회는 곧 과거와 현재를 비교하여 사·농·공·상의 진보된 정도를 알리는 것이요, 또는 견문을 소통하여 민지民智의 발달에 도움이 되게 하는 것이니, 참다운 뜻을 가지고 본다면 거기에서도 물론 소득이 많을 것이나, 나는 오늘 그대에게 참으로 큰 박람회 하나를 일러주리니 잘 들어보라. 무릇, 이 박람회는 한없이 넓고 커서 동서 남북 사유四維 상하가 다 그 회장이요, 천지 만물 그 가운데 한가지도 출품되지 않은 것이 없으며, 개회 기간도 몇억만년이든지 항상 여여하나니, 이에 비하면 그대의 말한 바 저 서울의 박람회는 한 터럭끝만도 못한 것이라 거기에서 아무리 모든 물품을 구비 진열한다 할지라도, 여기서 보는 저 배산이나 황등호수는 옮겨다 놓지 못할 것이요, 세계에 유명한 금강산은 출품하지 못하였을 것이며, 또는 박물관에는 여러 가지 고물을 구하여다 놓았다고 하나 고물 가운데 가장 고물인 이 산하 대지를 출품하지는 못하였을 것이요, 수족관에는 몇 가지의 어류를

---

6   조선총독부가 식민 통치의 정당성과 치적을 선전하고자 1929년 경복궁 경내에서 연 조선박람회를 말한다.

잡아다 놓았고 미곡관米穀館에는 몇 가지의 쌀을 실어다 놓았다 하나 그것은 오대양의 많은 수족 가운데 억만분의 일도 되지 못할 것이며 육대주의 많은 쌀 가운데 태산의 한 모래도 되지 못할 것이요, 모든 출품이 모두 이러한 비례로 될 것이니, 큰 지견과 너른 안목으로 인조의 그 박람회를 생각할 때에 어찌 옹졸하고 조작스러움을 느끼지 아니하리요. 그러므로, 이 큰 박람회를 발견하여 항상 이와 같은 도량度量으로 무궁한 박람회를 구경하는 사람은 늘 무궁한 소득이 있을 것이니, 보는 대로 얻을 것이요 듣는 대로 얻을 것이라, 그러므로 예로부터 지금까지 모든 부처와 성현들은 다 이 무궁한 박람회를 보아서 이 회장에 진열된 대소 유무의 모든 이치를 본받아 인간의 시비 이해를 지어나가시므로 조금도 군색함이 없었나니라.”

20. 대종사 하루는 조송광과 전음광을 데리시고 교외 남중리에 산책하시는데 길가의 큰 소나무 몇 주가 심히 아름다운지라 송광이 말하기를 “참으로 아름다와라, 이 솔이여! 우리 교당으로 옮기었으면 좋겠도다” 하거늘 대종사 들으시고 말씀하시기를 “그대는 어찌 좁은 생각과 작은 자리를 뛰어나지 못하였는가. 교당이 이 노송老松을 떠나지 아니하고 이 노송이 교당을 떠나지 아니하여 노송과 교당이 모두 우리 울안에 있거늘 기어이 옮겨놓고 보아야만 할 것이 무엇이리요. 그것은 그대가 아직 차별과 간격을 초월하여 큰 우주의 본가를 발견하지 못한 연고니라.” 송광이 여쭙기를 “큰 우주의 본가는 어떠한 곳이오니까.” 대종사 말씀하시기를 “그대가 지금 보아도 알지 못하므로 내 이제 그 형상을 가정하여 보이리라” 하시고, 땅에 일원상을 그려 보이시며 말씀하시기를 “이것이 곧 큰 우주의 본가이니 이 가운데에는 무궁한 묘리와 무궁한 보물과 무궁한 조화가 하나도 빠짐없이 갖추어 있나니라.” 음광이 여쭙기를 “어찌하면 그 집에 찾아 들어 그 집의 주인이 되겠나이까.” 대종사 말씀하시기를 “삼대력의 열쇠를 얻어야 들어갈 것이요, 그 열쇠는 신·분·의·성으로써 조성하나니라.”

21. 목사 한 사람이 와서 뵈옵거늘 대종사 말씀하시기를 "귀하가 여기에 찾아오심은 무슨 뜻인가." 목사 말하기를 "좋은 법훈을 얻어들을까 함이로소이다." 대종사 말씀하시기를 "그러면 귀하가 능히 예수교의 국한을 벗어나서 광활한 천지를 구경하였는가." 목사 여쭙기를 "그 광활한 천지가 어느 곳이오니까." 대종사 말씀하시기를 "한번 마음을 옮기어 널리 살피는 데에 있나니, 널리 살피지 못하는 사람은 항상 저의 하는 일에만 고집하며 저의 집 풍속에만 성습成習되어 다른 일은 비방하고 다른 집 풍속은 배척하므로 각각 그 규모와 구습을 벗어나지 못하고 드디어 한편에 떨어져서 그 간격이 은산 철벽銀山鐵壁같이 되나니, 나라와 나라 사이나 교회와 교회 사이나 개인과 개인 사이에 서로 반목하고 투쟁하는 것이 다 이에 원인함이라, 어찌 본래의 원만한 큰 살림을 편벽되이 가르며, 무량한 큰 법을 조각조각으로 나누리요. 우리는 하루속히 이 간격을 타파하고 모든 살림을 융통하여 원만하고 활발한 새 생활을 전개하여야 할 것이니 그리한다면 이 세상에는 한가지도 버릴 것이 없나니라."

22. 대종사 또 말씀하시기를 "이 세상에 있는 좋은 것은 좋은 대로 낮은 것은 낮은 대로 각각 경우를 따라 그곳에 마땅하게만 이용하면 우주 안의 모든 것이 다 나의 이용물이요, 이 세상 모든 법은 다 나의 옹호 기관이니, 이에 한 예를 들어 말하자면 시장에 진열된 모든 물건 가운데에는 좋은 물건과 낮은 물건이 각양 각색으로 있을 것이나 우리들이 그 좋은 것만 취해 쓰고 낮은 것은 다 버리지는 아니하나니, 아무리 좋은 것이라도 쓰지 못할 경우가 있고 비록 낮은 것이라도 마땅히 쓰일 경우가 있어서, 금옥이 비록 중보重寶라 하나 당장의 주림을 위로함에는 한 그릇 밥만 못 할 것이요, 양잿물이 아무리 독한 것이라 하나 세탁을 하는 데에는 필수품이 될 것이니, 이와 같이 물건 물건의 성질과 용처가 각각이거늘, 이것을 이해하지 못하

고 그 한편만을 보아 저의 바라고 구하는 바 외에는 온 시장의 모든 물품이 다 쓸데없는 것이라고 생각한다면 그 얼마나 편협한 소견이며 우치한 마음이리요" 하시니, 목사 감동하여 말하기를 "참으로 광대하옵니다. 선생의 도량이시여!" 하니라.

23. 대종사 말씀하시기를 "불보살들은 이 천지를 편안히 살고 가는 안주처를 삼기도 하고, 일을 하고 가는 사업장을 삼기도 하며, 유유 자재하게 놀고 가는 유희장을 삼기도 하나니라."

제9 천도품薦度品

1. 대종사 말씀하시기를 "범상한 사람들은 현세現世에 사는 것만 큰일로 알지마는, 지각이 열린 사람들은 죽는 일도 크게 아나니, 그는 다름이 아니라 잘 죽는 사람이라야 잘 나서 잘 살 수 있으며, 잘 나서 잘 사는 사람이라야 잘 죽을 수 있다는 내역과, 생은 사의 근본이요 사는 생의 근본이라는 이치를 알기 때문이니라. 그러므로, 이 문제를 해결하는 데에는 조만早晚이 따로 없지마는 나이가 사십[1]이 넘으면 죽어가는 보따리를 챙기기 시작하여야 죽어갈 때에 바쁜 걸음을 치지 아니하리라."

2. 대종사 말씀하시기를 "사람이 세상에 나면 누구를 막론하고 열반의 시기가 없지 아니한지라, 내 오늘은 그대들을 위하여 사람이 열반에 들 즈음에 그 친근자로서 영혼을 보내는 방법과 영혼이 떠나는 사람으로서 스스로 취할 방법을 말하여주리니 이 법을 자상히 들으라. 만일, 사람이 급한

---

[1] 소태산의 제자 묵산 박창기(墨山 朴昌基, 1917~50)의 기록에 따르면, 소태산은 사람의 일생을 해 뜨고 지는 것에 비유하여 해가 뜰 때가 생(生), 질 때가 사(死), 그리고 해가 중천일 때가 40세라고 했다. 『원불교문화논총』 8집, 일원문화연구재단 2007, 440면.

병이나 무슨 사고로 불시에 열반하게 된다든지, 또는 워낙 신심이 없어서 지도하는 바를 듣지 아니할 때에는 모든 법을 다 베풀기가 어려울 것이나, 불시의 열반이 아니고 또는 조금이라도 신심이 있는 사람에게는 이 법을 행하고 보면 최후의 마음을 더욱 굳게 하여 영혼 구제에 큰 도움이 되리라. 열반이 가까운 병자에 대하여 그 친근자로서는, 첫째, 병실에 가끔 향을 불사르고 실내를 깨끗이 하라. 만일 실내가 깨끗하지 못하면 병자의 정신이 깨끗하지 못하리라. 둘째, 병자가 있는 곳에는 항상 그 장내를 조용히 하라. 만일 장내가 조용하지 못하면 병자의 정신이 전일하지 못하리라. 셋째, 병자의 앞에서는 선한 사람의 역사를 많이 말하며 당인의 평소 용성用性[2]한 가운데 좋은 실행이 있을 때에는 그 조건을 찬미하여 마음을 위안하라. 그러하면, 그 좋은 생각이 병자의 정신에 인상印象되어 내생의 원元 습관이 되기 쉬우리라. 넷째, 병자의 앞에서는 악한 소리와 간사한 말을 하지 말며, 음란하고 방탕한 이야기를 금지하라. 만일 그러하면, 그 악한 형상이 병자의 정신에 인상되어 또한 내생의 원 습관이 되기 쉬우리라. 다섯째, 병자의 앞에서는 가산에 대한 걱정이나 친족에 대한 걱정 등 애연한 말과 비창한 태도를 보이지 말라. 만일 그러하면, 병자의 애착과 탐착을 조장하여 영혼으로 하여금 영원히 그곳을 떠나지 못하게 하며, 그 착된 곳에서 인도수생의 기회가 없을 때에는 자연히 악도에 떨어지기가 쉬우리라. 여섯째, 병자의 앞에서는 기회를 따라 염불도 하고 경經도 보고 설법도 하되, 만일 음성을 싫어하거든 또한 선정禪定으로 대하라. 그러하면, 병자의 정신이 거기에 의지하여 능히 안정을 얻을 수 있으리라. 일곱째, 병자가 열반이 임박하여 곧 호흡을 모을 때에는 절대로 울거나 몸을 흔들거나 부르는 등 시끄럽게 하지 말라. 그것은 한갓 떠나는 사람의 정신만 어지럽게 할 따름이요, 아무 이익이 없는 것이니, 인정상 부득이 슬픔을 발하게 될 때에는 열

---

2   평상시 몸과 마음을 사용한 바.

반 후 몇 시간을 지나서 하라."

3. 대종사 이어서 말씀하시기를 "열반이 가까운 병자로서는 스스로 열반의 시기가 가까움을 깨닫거든 만사를 다 방념하고 오직 정신 수습으로써 공부를 삼되 혹 부득이한 관계로 유언할 일이 있을 때에는 미리 처결하여 그 관념을 끊어서 정신 통일에 방해가 되지 않게 할지니, 그때에는 정신 통일하는 외에 다른 긴요한 일이 없나니라. 또는 스스로 생각하되 평소에 혹 누구에게 원망을 품었거나 원수를 맺은 일이 있거든 그 상대자를 청하여 될 수 있는 대로 전혐前嫌[3]을 타파할 것이며, 혹 상대자가 없을 때에는 당인 혼자라도 그 원심怨心을 놓아버리는 데에 전력하라. 만일 마음 가운데 원진을 풀지 못하면 그것이 내생의 악한 인과의 종자가 되나니라. 또는 스스로 생각하되 평소부터 혹 어떠한 애욕 경계에 집착하여 그 착을 여의지 못한 경우가 있거든 오직 강연强然히라도[4] 그 마음을 놓아버리는 데에 전력하라. 만일 착심을 여의지 못하면 자연히 참 열반을 얻지 못하며, 그 착된 바를 따라 영원히 악도 윤회의 원인이 되나니라. 병자가 이 모든 조항을 힘써오다가 최후의 시간이 이른 때에는 더욱 청정한 정신으로 일체의 사념邪念을 돈망頓忘하고 선정 혹은 염불에 의지하여 영혼이 떠나게 하라. 그러하면, 평소에 비록 생사 진리에 투철하지 못한 사람일지라도 능히 악도를 면하고 선도에 돌아오게 되리라. 그러나, 이 법은 한갓 사람이 열반에 들 때에만 보고 행하라는 말이 아니라 평소부터 근본적 신심이 있고 단련이 있는 사람에게 더욱 최후사를 부탁함이요, 만일 신심과 단련이 없는 사람에게는 비록 임시로 행하고자 하나 잘 되지 아니하리니, 그대들은 이 뜻을 미리 각오하여 임시 불급臨時不及의 한탄이 없게 할 것이며, 이 모든 조항을 항상 명심 불망하여 영혼 거래에 큰 착着이 없게 하라. 생사의 일이

---

3   지난날의 미움.
4   억지로라도.

큼이 되나니, 가히 삼가지 아니하지 못할지니라.”

4. 대종사 이공주·성성원에게 “영천영지영보장생永天永地永保長生 만세
멸도상독로萬世滅度常獨露 거래각도무궁화去來覺道無窮花 보보일체대성경步
步一切大聖經”을 외게 하시더니, 이가 천도를 위한 성주聖呪로 되니라.[5]

5. 대종사 천도를 위한 법문으로 ‘열반 전후에 후생 길 인도하는 법설’을
내리시니 이러하니라. “아무야 정신을 차려 나의 말을 잘 들으라. 이 세상
에서 네가 선악 간 받은 바 그것이 지나간 세상에 지은 바 그것이요, 이 세
상에서 지은 바 그것이 미래 세상에 또다시 받게 될 바 그것이니, 이것이
곧 대자연의 천업이라, 부처와 조사는 자성의 본래를 각득하여 마음의 자
유를 얻었으므로 이 천업을 돌파하고 육도와 사생을 자기 마음대로 수용
하나, 범부와 중생은 자성의 본래와 마음의 자유를 얻지 못한 관계로 이 천
업에 끌려 무량 고無量苦[6]를 받게 되므로, 부처와 조사며 범부와 중생이며
귀천과 화복이며 명지장단命之長短을 다 네가 짓고 짓나니라. 아무야 일체
만사를 다 네가 짓는 줄로 이제 확연히 아느냐. 아무야 또 들으라. 생사의
이치는 부처님이나 네나 일체 중생이나 다 같은 것이며, 성품 자리도 또한
다 같은 본연 청정한 성품이며 원만 구족한 성품이니라. 성품이라 하는 것
은 허공에 달과 같이 참 달은 허공에 홀로 있건마는 그 그림자 달은 일천
강에 비치는 것과 같이, 이 우주와 만물도 또한 그 근본은 본연 청정한 성
품 자리로 한 이름도 없고, 한 형상도 없고, 가고 오는 것도 없고, 죽고 나

5   성주는 원불교 천도재(薦度齋)에서 영혼천도를 위해 외우는 주문이다. 마음을 모아 주문을
     외우며 심력과 위력을 얻자는 것이 그 목적인바 주문의 뜻을 해석하지 않는 것이 보통이나,
     독자들의 이해를 돕고자 풀어 해석하면 다음과 같다. “영원한 천지와 함께 영원한 생명을 누
     리니/한없는 세월에 멸도를 얻어 항상 홀로 드러나도다/가고 오는 도를 깨달아 무궁한 꽃
     피우니/걸음걸음 모두가 크고 성스러운 길이어라.”
6   헤아릴 수 없이 많은 고통을 뜻함..

는 것도 없고, 부처와 중생도 없고, 허무와 적멸도 없고, 없다 하는 말도 또한 없는 것이며, 유도 아니요 무도 아닌 그것이나, 그중에서 그 있는 것이 무위이화無爲而化 자동적으로 생겨나, 우주는 성·주·괴·공으로 변화하고, 만물은 생·로·병·사를 따라 육도와 사생으로 변화하고, 일월은 왕래하여 주야를 변화시키는 것과 같이 너의 육신 나고 죽는 것도 또한 변화는 될지 언정 생사는 아니니라. 아무야 듣고 듣느냐, 이제 이 성품자리를 확연히 깨달아 알았느냐. 또 들으라. 이제 네가 이 육신을 버리고 새 육신을 받을 때에는 너의 평소 짓던 바에 즐겨하여 애착이 많이 있는 데로 좇아 그 육신을 받게 되나니, 그 즐겨하는 바가 불보살 세계가 승勝하면 불보살 세계에서 그 육신을 받아 무량한 낙을 얻게 될 것이요, 또한 그 반대로 탐·진·치가 승하고 보면 그곳에서 그 육신을 받아 무량겁無量劫을 통하여놓고 무수한 고를 얻을 것이니라. 듣고 듣느냐. 아무야 또 들으라. 네가 이때를 당하여 더욱 마음을 견고히 하라. 만일 호리라도 애착 탐착을 여의지 못하고 보면 자연히 악도에 떨어져가나니, 한번 이 악도에 떨어져가고 보면 어느 세월에 또다시 사람의 몸을 받아 성현의 회상을 찾아 대업大業을 성취하고 무량한 혜복을 얻으리요. 아무야 듣고 들었느냐."[7]

6. 대종사 서울 박람회에서 화재 보험 회사의 선전 시설을 보시고 한 감상을 얻었다 하시며, 말씀하시기를 "우리가 항상 말하기를 생사 고락에 해탈을 하자고 하지마는 생사의 원리를 알지 못하면 해탈이 잘되지 않을 것이니, 만일 사람이 한번 죽으면 다시 회복되는 이치가 없다고 생각할진대 죽음의 경우를 당하여 그 섭섭함과 슬픔이 얼마나 더하리요. 이것은 마치 화재 보험에 들지 못한 사람이 졸지에 화재를 당하여 모든 재산을 일시에

---

7   이 법설은 (성주와 같이) 영혼천도를 위해 원불교 천도재에서 읽는 경문(經文)이며, '천도법문'이라고 한다. 독송할 때는 본문의 '아무야'에 열반인의 이름을 넣고, 일부 표현은 바뀐다.

다 소실한 것과 같다 하리라. 그러나, 그 원리를 아는 사람은 이 육신이 한 번 나고 죽는 것은 옷 한벌 갈아입는 것에 조금도 다름이 없을 것이니, 변함에 따르는 육신은 이제 죽어진다 하여도 변함이 없는 소소昭昭한 영식靈識은 영원히 사라지지 아니하고, 또다시 다른 육신을 받게 되므로 그 일점의 영식은 곧 저 화재 보험 증서 한장이 다시 새 건물을 이뤄내는 능력이 있는 것같이 또한 사람의 영생을 보증하고 있나니라. 그러므로, 이 이치를 아는 사람은 생사에 편안할 것이요, 모르는 사람은 초조 경동할 것이며, 또는 모든 고락에 있어서도 그 원리를 아는 사람은 정당한 고락으로 무궁한 낙을 준비할 것이나, 그렇지 못한 사람은 그러한 희망이 없고 준비가 없는지라 아득한 고해에서 벗어날 기약이 없나니, 생각이 있는 이로 이런 일을 볼 때에 어찌 걱정스럽지 아니하며 가련하지 아니하리요."

7. 대종사 말씀하시기를 "사람이 행할바 도道가 많이 있으나 그것을 요약하면 생과 사의 도에 벗어나지 아니하나니, 살 때에 생의 도를 알지 못하면 능히 생의 가치를 발하지 못할 것이요, 죽을 때에 사의 도를 알지 못하면 능히 악도를 면하기 어렵나니라."

8. 대종사 말씀하시기를 "사람의 생사는 비하건대 눈을 떴다 감았다 하는 것과도 같고, 숨을 들이쉬었다 내쉬었다 하는 것과도 같고, 잠이 들었다 깼다 하는 것과도 같나니, 그 조만의 차이는 있을지언정 이치는 같은 바로서 생사가 원래 둘이 아니요 생멸이 원래 없는지라, 깨친 사람은 이를 변화로 알고 깨치지 못한 사람은 이를 생사라 하나니라."

9. 대종사 말씀하시기를 "저 해가 오늘 비록 서천에 진다 할지라도 내일 다시 동천에 솟아오르는 것과 같이, 만물이 이 생에 비록 죽어간다 할지라도 죽을 때에 떠나는 그 영식이 다시 이 세상에 새 몸을 받아 나타나게 되

나니라."

10. 대종사 말씀하시기를 "세상 말(言)이 살아 있는 세상을 이승이라 하고 죽어 가는 세상을 저승이라 하여 이승과 저승을 다른 세계같이 생각하고 있으나, 다만 그 몸과 위치를 바꿀 따름이요 다른 세상이 따로 있는 것이 아니니라."

11. 대종사 말씀하시기를 "사람의 영식이 이 육신을 떠날 때에 처음에는 그 착심을 좇아가게 되고, 후에는 그 업을 따라 받게 되어 한없는 세상에 길이 윤회하나니, 윤회를 자유하는 방법은 오직 착심을 여의고 업을 초월하는 데에 있나니라."

12. 정일성鄭一成이 여쭙기를 "일생을 끝마칠 때에 최후의 일념을 어떻게 하오리까." 대종사 말씀하시기를 "온전한 생각으로 그치라." 또 여쭙기를 "죽었다가 다시 나는 경로가 어떠하나이까." 대종사 말씀하시기를 "잠자고 깨는 것과 같나니, 분별 없이 자버리매 일성이가 어디로 간 것 같지마는 잠을 깨면 도로 그 일성이니, 어디로 가나 그 일성이인 한 물건이 저의 업을 따라 한없이 다시 나고 다시 죽나니라."

13. 한 제자 여쭙기를 "영혼이 이 육신을 버리고 새 육신을 받는 경로와 상태를 알고 싶나이다." 대종사 말씀하시기를 "영혼이 이 육신과 갈릴 때에는 육신의 기식氣息이 완전히 끊어진 뒤에 뜨는 것이 보통이나, 아직 육신의 기식이 남아 있는데 영혼만 먼저 뜨는 수도 있으며, 영혼이 육신에서 뜨면 약 칠칠七七일 동안 중음中陰으로 있다가 탁태[8]되는 것이 보통이나, 뜨면서 바로 탁태되는 수도 있고, 또는 중음으로 몇 달 혹은 몇 해 동안 바람같이 떠돌아다니다가 탁태되는 수도 있는데, 보통 영혼은 새 육신을 받

을 때까지는 잠잘 때 꿈꾸듯 자기의 육신을 그대로 가진 것으로 알고 돌아다니다가 한번 탁태를 하면 먼저 의식은 사라지고 탁태된 육신을 자기 것으로 아나니라."

14. 한 제자 여쭙기를 "저는 아직 생사에 대한 의심이 해결되지 못하와 저의 사는 것이 하루살이 같은 느낌이 있사오며, 이 세상이 모두 허망하게만 보이오니 어찌하여야 하오리까." 대종사 말씀하시기를 "옛글에 '대개 그 변하는 것으로 보면 천지도 한때를 그대로 있지 아니하고, 그 불변하는 것으로 보면 만물과 내가 다 다함이 없다' 한 귀절이 있나니 이 뜻을 많이 연구하여보라."

15. 대종사 말씀하시기를 "세상의 유정有情 무정無情이 다 생의 요소가 있으며 하나도 아주 없어지는 것은 없고 다만 그 형상을 변해갈 따름이니, 예를 들면 사람의 시체가 땅에서 썩은즉 그 땅이 비옥하여 그 근방의 풀이 무성하여질 것이요, 그 풀을 베어다가 거름을 한즉 곡식이 잘 될 것이며, 그 곡식을 사람이 먹은즉 피도 되고 살도 되어 생명을 유지하며 활동을 하게 될 것이니, 이와 같이 본다면 우주 만물이 모두 다 영원히 죽어 없어지지 아니하고 저 지푸라기 하나까지도 백억 화신百億化身[9]을 내어 갖은 조화와 능력을 발휘하나니라. 그러므로, 그대들은 이러한 이치를 깊이 연구하여 우주 만유가 다 같이 생멸 없는 진리 가운데 한량없는 생을 누리는 것을 깨쳐 얻으라."

16. 대종사 신년식에서 대중에게 말씀하시기를 "어제가 별 날이 아니고 오늘이 별 날이 아니건마는, 어제까지를 일러 거년이라 하고 오늘부터를

8　전세의 인연으로 중생이 어머니의 태(胎)에 몸을 붙임.
9　수많은 변화의 모습.

일러 금년이라 하는 것같이, 우리가 죽어도 그 영혼이요 살아도 그 영혼이
건마는 죽으면 저승이라 하고 살았을 때에는 이승이라 하나니, 지·수·화·
풍 사대四大로 된 육체는 비록 죽었다 살았다 하여 이 세상 저 세상이 있으
나 영혼은 영원 불멸하여 길이 생사가 없나니, 그러므로 아는 사람에 있어
서는 인생의 생·로·병·사가 마치 춘·하·추·동 사시 바뀌는 것과 같고 저
생生과 이 생이 마치 거년과 금년 되는 것 같나니라."

17. 대종사 말씀하시기를 "사람이 평생에 비록 많은 전곡錢穀을 벌어놓
았다 하더라도 죽을 때에는 하나도 가져가지 못하나니, 하나도 가져가지
못하는 것을 어찌 영원한 내 것이라 하리요. 영원히 나의 소유를 만들기로
하면, 생전에 어느 방면으로든지 남을 위하여 노력과 보시를 많이 하되 상
相에 주함이 없는[10] 보시로써 무루無漏의 복덕을 쌓아야 할 것이요, 참으로
영원한 나의 소유는 정법에 대한 서원과 그것을 수행한 마음의 힘이니, 서
원과 마음 공부에 끊임없는 공을 쌓아야 한없는 세상에 혜복의 주인공이
되나니라."

18. 대종사 선원 대중에게 말씀하시기를 "그대들은 염라국閻羅國과 명부
사자冥府使者를 아는가. 염라국이 다른 데가 아니라 곧 자기 집 울타리 안
이며 명부 사자가 다른 이가 아니라 곧 자기의 권속이니, 어찌하여 그런고
하면 보통 사람은 이 생에 얽힌 권속의 정애情愛로 인하여 몸이 죽는 날에
영이 멀리 뜨지 못하고 도로 자기 집 울 안에 떨어져서 인도 수생의 기회
가 없으면 혹은 그 집의 가축도 되며 혹은 그 집안에 곤충류의 몸을 받기
도 하나니, 그러므로 예로부터 제불 조사가 다 착 없이 가며 착 없이 행하
라고 권장하신 것은 그리하여야 능히 악도에 떨어지는 것을 면할 수 있기

10　내가 남을 위해 노력과 보시를 많이 했다는 생각이 없음. 또는 그런 생각에 머물거나 집착됨
　　이 없음.

때문이니라."

19. 대종사 말씀하시기를 "사람이 평소에 착 없는 공부를 많이 익히고 닦을지니 재·색·명리와 처자와 권속이며, 의·식·주 등에 착심이 많은 사람은 그것이 자기 앞에서 없어지면 그 괴로움과 근심이 보통에 비하여 훨씬 더 할 것이라, 곧 현실의 지옥 생활이며 죽어갈 때에도 또한 그 착심에 끌리어 자유를 얻지 못하고 죄업의 바다에 빠지게 되나니 어찌 조심할 바 아니리요."

20. 대종사 말씀하시기를 "근래 사람들이 혹 좋은 묘터를 미리 잡아놓고 거기에 자기가 묻히리라는 생각을 굳게 가지는 수가 더러 있으나, 그러한 사람은 명을 마치는 찰나에 영식이 바로 그 터로 가게 되어 그 주위에 인도 수생의 길이 없으면 부지중 악도에 떨어져서 사람 몸을 받기가 어렵게 되나니 어찌 조심할 바 아니리요."

21. 한 제자 무슨 일에 대종사의 명령하심을 어기고 자기의 고집대로 하려 하는지라, 대종사 말씀하시기를 "작은 일에 그대의 고집을 세우면 큰일에도 고집을 세울 것이니, 그리한다면 모든 일을 다 그대의 주견대로 행하여 결국은 나의 제도나 천도를 받지 못할지라 제도와 천도를 받지 못할 때에는 내 비록 그대를 구원하고자 하나 어찌할 수 없으리라."

22. 대종사 선원 대중에게 말씀하시기를 "그대들이 이와 같이 세간의 모든 애착과 탐착을 여의고 매일매일 법설을 들어 정신을 맑히고 정력定力을 얻어나가면 자신의 천도만 될 뿐 아니라 그 법력이 허공 법계에 사무쳐서 이 주위에 살고 있는 미물 곤충까지도 부지중 천도가 될 수 있나니, 비하건대 태양 광선이 눈과 얼음을 녹히려는 마음이 없이 무심히 비치건마는 눈

과 얼음이 자연 녹아지듯이 사심邪心 잡념이 없는 도인들의 법력에는 범부 중생의 업장이 부지중에 또한 녹아지기도 하나니라."

23. 대종사 말씀하시기를 "사람 가운데에는 하늘 사람과 땅 사람이 있나니, 하늘 사람은 항시 욕심이 담박하고 생각이 고상하여 맑은 기운이 위로 오르는 사람이요, 땅 사람은 항상 욕심이 치성하고 생각이 비열하여 탁한 기운이 아래로 처지는 사람이라, 이것이 곧 선도와 악도의 갈림길이니 누구를 막론하고 다 각기 마음을 반성하여보면 자기는 어느 사람이며 장차 어찌될 것을 알 수 있으리라."

24. 대종사 말씀하시기를 "저 하늘에는 검은 구름이 걷혀버려야 밝은 달이 나타나서 삼라 만상을 비춰줄 것이요, 수도인의 마음 하늘에는 욕심의 구름이 걷혀버려야 지혜의 달이 솟아올라서 만세 중생을 비춰주는 거울이 되며, 악도 중생을 천도하는 대법사가 되리라."

25. 대종사 말씀하시기를 "내가 어느 날 아침 영광에서 부안 변산 쪽을 바라다보매 허공 중천에 맑은 기운이 어리어 있는지라, 그 후 그곳으로 가보았더니 월명암月明庵에 수도 대중이 모여들어 선禪을 시작하였더라. 과연 정신을 모아 마음을 맑히고 보면 더럽고 탁한 기운은 점점 가라앉고 신령하고 맑은 기운은 구천九天에 솟아올라서 시방 삼계가 그 두렷한 기운 안에 들고 육도 사생이 그 맑은 법력에 싸이어 제도와 천도를 아울러 받게 되나니라."

26. 대종사 야회에 출석하사 등불 아래로 대중을 일일이 내려다보시며 말씀하시기를 "그대들의 기운 뜨는 것이 각각 다르나니 이 가운데에는 수양을 많이 쌓아서 탁한 기운이 다 가라앉고 순전히 맑은 기운만 오르는 사

람과, 맑은 기운이 많고 탁한 기운이 적은 사람과, 맑은 기운과 탁한 기운이 상반되는 사람과, 탁한 기운이 많고 맑은 기운이 적은 사람과, 순전히 탁한 기운만 있는 사람이 있도다"하시고, 또 말씀하시기를 "사람이 욕심이 많을수록 그 기운이 탁해져서 높이 뜨지 못하나니, 그러한 사람이 명을 마치면 다시 사람의 몸을 받지 못하고 축생이나 곤충의 무리가 되기도 하며, 또는 욕심은 그다지 없으나 안으로 수양과 밖으로 인연 작복을 무시하고 아는 데에만 치우친 사람은 그 기운이 가벼이 뜨기는 하나 무게가 없으므로 수라修羅나 새의 무리가 되나니라. 그러므로, 수도인이 마음을 깨쳐 알고, 안 뒤에는 맑게 키우고 사邪와 정正을 구분하여 행을 바르게 하면 마침내 영단靈丹을 이루어 육도의 수레바퀴에 휩쓸리지 아니하고 몸 받는 것을 마음대로 하며, 색신을 벗어나서 영단만으로 허공 법계에 주유周遊하면서 수양에만 전공하는 능력도 갖추나니라."

27. 대종사 말씀하시기를 "정성과 정성을 다하여 항상 심지心地가 요란하지 않게 하며, 항상 심지가 어리석지 않게 하며, 항상 심지가 그르지 않게 하고 보면 그 힘으로 지옥 중생이라도 천도할 능력이 생기나니, 부처님의 정법에 한번 인연을 맺어주는 것만 하여도 영겁을 통하여 성불할 좋은 종자가 되나니라."

28. 김광선이 열반하매 대종사 눈물을 흘리시며, 대중에게 말씀하시기를 "팔산八山[11]으로 말하면 이십여년 동안 고락을 같이하는 가운데 말할 수 없는 정이 들었는지라 법신은 비록 생·멸·성·쇠가 없다 하나, 색신은 이제 또다시 그 얼굴로 대하지 못하게 되었으니 그 어찌 섭섭하지 아니하리요. 내 이제 팔산의 영靈을 위하여 생사 거래와 업보 멸도滅度에 대한 법

---

11   김광선의 법호.

을 설하리니 그대들은 팔산을 위로하는 마음으로 이 법을 더욱 잘 들으라. 그대들이 이 말을 듣고 깨달음이 있다면 그대들에게 이익이 있을 뿐 아니라 팔산에게도 또한 이익이 되리라. 과거 부처님 말씀에 생멸 거래가 없는 큰 도를 얻어 수행하면 다생의 업보가 멸도된다 하셨나니, 그 업보를 멸도시키는 방법은 이러하나니라. 누가 나에게 고통과 손해를 끼쳐주는 일이 있거든 그 사람을 속 깊이 원망하거나 미워하지 말고 과거의 빚을 갚은 것으로 알아 안심하며 또한 그에 대항하지 말라. 이편에서 갚을 차례에 져버리면 그 업보는 쉬어버리나니라. 또는 생사 거래와 고락이 구공俱空한 자리를 알아서 마음이 그 자리에 그치게 하라. 거기에는 생사도 없고 업보도 없나니, 이 지경에 이르면 생사 업보가 완전히 멸도되었다 하리라."

29. 박제봉朴濟奉이 여쭙기를 "칠·칠 천도재薦度齋[12]나 열반 기념의 재식을 올리는 것이 그 영에 대하여 어떠한 이익이 있나이까." 대종사 말씀하시기를 "천지에는 묘하게 서로 응하는 이치가 있나니, 사람이 땅에 곡식을 심고 비료를 주면 땅도 무정한 것이요, 곡식도 무정한 것이며, 비료도 또한 무정한 것이언마는, 그 곡출에 효과의 차를 내나니, 무정한 곡식도 그러하거든 하물며 최령한 사람이 어찌 정성에 감응이 없으리요. 모든 사람이 돌아간 영을 위하여 일심으로 심고를 올리고 축원도 드리며 헌공도 하고 선지식의 설법도 한즉, 마음과 마음이 서로 통하고 기운과 기운이 서로 응하여, 바로 천도를 받을 수도 있고, 설사 악도에 떨어졌다 하더라도 차차 진급이 되는 수도 있으며, 또는 전생에 많은 빚을 지고 갔을지라도 헌공금獻貢金을 잘 활용하여 영위靈位[13]의 이름으로 공중 사업을 하여주면 그 빚을 벗어버리기도 하고 빚이 없는 사람은 무형한 가운데 복이 쌓이기도 하나

12　영가가 중음(中陰)에 머문다는 49일 동안, 7일에 한번씩 총 7번 영가의 천도를 위해 행하는 의식을 말한다.
13　위패에 모셔진 영가.

니, 이 감응되는 이치를 다시 말하자면 전기와 전기가 서로 통하는 것과 같다 하리라."

30. 한 제자 여쭙기를 "예로부터 자녀나 친척이나 동지 된 사람이 자기 관계인의 영을 위하여 혹 불전에 헌공도 하고 선지식을 청하여 설법과 송경도 하게 하옵는바 그에 따라 어떠한 효과가 나타나오며 그 정성과 도력의 차등에 따라 그 효과에 어떠한 차이가 있사오리까." 대종사 말씀하시기를 "영을 위하여 축원을 올리고 헌공을 하는 것은 그 정성을 표함이니, 지성이면 감천으로 그 정성의 등급을 따라 축원한 바 효과가 나타나게 되는 것이며, 또는 설법을 하여주고 송경을 하여주는 것도 당시 선지식의 도력에 따라 그 위력이 나타나는 것이니, 혹은 과거에 지은 악업을 다 받은 후에야 자기도 모르는 가운데 선도에 돌아오기도 하며, 혹은 모든 업장을 벗어나서 바로 선도에 돌아오기도 하며, 혹은 앞길 미迷한 중음계에서 후생 길을 찾지 못하다가 다시 찾아가기도 하며, 혹은 잠깐 착에 걸려 있다가 그 착심을 놓아버리고 천상 인간[14]에 자유하여 복락 수용을 하는 수도 있으나, 만일 자녀의 정성이 특별하지 못하고 선지식의 도력이 부족하다면 그 영근靈根[15]에 별스러운 효과를 주지 못하게 되나니, 어찌하여 그런고 하면 지극한 정성이 아니면 참된 위력이 나타나지 아니하는 것이, 비하건대 농부가 농사를 지을 때에 그 정성과 역량을 다 들이지 아니하면 곡출이 적은 것과 서로 같나니라."

31. 서대원이 여쭙기를 "천도를 받는 영으로서 천도 법문을 그대로 알아들을 수 있나니이까." 대종사 말씀하시기를 "혹 듣는 영도 있고 못 듣는 영도 있으나 영가靈駕가 그 말을 그대로 알아들어서 깨침을 얻는 것보다 그

---

14 '천상 인간'은 육도 중 천상계와 인간계를 말함.
15 영혼의 뿌리이자 근기를 말함.

들이는 공력이 저 영혼에 쏟히어서 알지 못하는 가운데 천도의 인因이 되나니라. 그리하여 마치 파리가 제 힘으로는 천리를 갈 수 없으나 천리마의 몸에 붙으면 부지중에 천리를 갈 수도 있듯이 그 인연으로 차차 법연法緣을 찾아오게 되나니라."

32. 김대거 여쭙기를 "오늘 두살 된 어린아이의 사십구일 천도재를 지냈사온데 어른도 모든 의식을 다 이해하여 천도 받기가 어려울 것이어늘, 그 어린 영이 어떻게 알아듣고 천도를 받사오리까." 대종사 말씀하시기를 "영혼에는 어른과 아이의 구별이 없나니, 천도 되는 이치가 마치 식물에 거름하는 것 같으며 지남철 있는 곳에 뭇 쇠가 따라붙는 것 같나니, 일체 동물은 허공계에 영근靈根을 박고 살므로 허공 법계를 통하여 진리로 재를 올리는 것이 그대로 영근에 거름이 되어 효과를 내나니라."

33. 또 여쭙기를 "그렇게 재를 올리오면 각자의 평소에 지은 바 죄업이 그 경중을 물론하고 일시에 소멸되어 천도를 받게 되나이까." 대종사 말씀하시기를 "각자의 업의 경중과 기념주紀念主의 정성과 법사의 도력에 따라서 마치 태양이 얼음을 녹이는 것과 같이 일시적으로 녹일 수도 있고, 오랜 시일이 걸릴 수도 있으나, 재를 올리는 공이 결코 헛되지는 아니하여 반드시 그 영혼으로 하여금 선연을 맺게 하여주나니라."

34. 또 여쭙기를 "천도재를 어찌 사십구일로 정하였나이까." 대종사 말씀하시기를 "사람이 죽으면 대개 약 사십구일 동안 중음에 어렸다가 각기 업연業緣을 따라 몸을 받게 되므로 다시 한번 청정 일념을 더하게 하기 위하여, 과거 부처님 말씀을 인연하여 그날로 정해서 천도 발원을 하는 것이나, 명을 마친 즉시로 착심을 따라 몸을 받게 되는 영혼도 허다하나니라."

35. 또 여쭙기를 『열반경涅槃經』에 이르시기를 '전생 일을 알고자 할진 대 금생에 받은 바가 그것이요, 내생 일을 알고자 할진대 금생에 지은 바가 그것이라'고 하였사온데, 금생에 죄 받고 복 받는 것을 보면 그 마음 작용 하는 바는 죄를 받아야 마땅할 사람이 도리어 부귀가에서 향락 생활을 하 는 수가 있삽고, 또는 그 마음이 착하여 당연히 복을 받아야 할 사람이 도 리어 빈천한 가정에서 비참한 고통을 받는 수가 있사오니, 인과의 진리가 적확하다 할 수 있사오리까." 대종사 말씀하시기를 "그러므로 모든 불조佛 祖들이 최후 일념을 청정하게 가지라고 경계하셨나니, 이 생에서 그 마음 은 악하나 부귀를 누리는 사람은 전생에 초년에는 선행을 하여 복을 지었 으나 말년에는 선 지을 것이 없다고 타락하여 악한 일념으로 명을 마친 사 람이며, 이 생에 마음은 선하나 일생에 비참한 생활을 하는 사람은 전생에 초년에는 부지중 악을 지었으나 말년에는 참회 개과하여 회향回向을 잘 한 사람이니, 이와 같이 이 생의 최후 일념은 내생의 최초 일념이 되나니라."

36. 또 여쭙기를 "사람이 죽은 후에는 유명幽明이 서로 다르온데 영식 만은 생전과 다름없이 임의로 거래할 수 있나이까." 대종사 말씀하시기를 "그 식심識心[16]만은 생전 사후가 다름이 없으나 오직 탐·진·치에 끌린 영 과 탐·진·치를 조복調伏받은[17] 영이 그 거래에는 다름이 있나니, 탐·진·치 에 끌린 영은 죽어갈 때에 착심에 묶인 바가 되어 거래에 자유가 없고, 무 명의 업력에 가리워서 착심 있는 곳만 밝으므로 그곳으로 끌려가게 되며, 몸을 받을 때에도 보는 바가 모두 전도顚倒되어, 축생과 곤충 등이 아름답 게도 보여서 색정色情으로 탁태하되 꿈꾸는 것과 같이 저도 모르게 입태入 胎하며, 인도 수생人道受生의 부모를 정할 때에도 색정으로 상대하여 탁태

---

16   신령스럽게 아는 마음.
17   몸과 마음을 고르게 하여 악심과 악행을 항복받음.

하게 되며, 혹 무슨 결정보決定報[18]의 원을 세웠으나 사람 몸을 받지 못할 때에는 축생이나 곤충계에서 그에 비슷한 보를 받게도 되어, 이와 같이 생사에 자유가 없고 육도 윤회에 쉴 날이 없이 무수한 고를 받으며, 십이 인연十二因緣에 끌려 다니나니라. 그러나, 탐·진·치를 조복받은 영은 죽어갈 때에 이 착심에 묶인 바가 없으므로 그 거래가 자유로우며, 바르게 보고 바르게 생각하여 정당한 곳과 부정당한 곳을 구분해서 업에 끌리지 않으며, 몸을 받을 때에도 태연 자약하여 정당하게 몸을 받고, 태중에 들어갈 때에도 그 부모를 은의恩義로 상대하여 탁태되며, 원을 세운 대로 대소사 간에 결정보를 받게 되어, 오직 생사에 자유하고 육도 윤회에 끌리는 바가 없이 십이 인연을 임의로 궁글리고 다니나니라.”

37. 또 여쭙기를 “어떠한 연유로 하여 가까운 인연이 되나이까.” 대종사 말씀하시기를 “중생들은 보통 친애하는 선연과 미워하는 악연으로 가까운 인연을 맺게 되나 불보살들은 중생을 제도하기 위하여 자비로 모든 인연을 가까이 맺으시나니라.”

38. 또 여쭙기를 “사람이 죽은 후에만 천도를 받나이까.” 대종사 말씀하시기를 “천도에는 생사가 다름이 없으므로 죽은 후에 다른 사람이 하는 것보다 생전에 자기 스스로 하는 것이 더욱 효과가 있으리라. 그러므로, 평소에 자기 마음을 밝고 조촐하고 바르게 길들여, 육식六識이 육진六塵 가운데 출입하되 물들고 섞이지 아니할 정도에 이르면 남을 천도하는 데에도 큰 능력이 있을 뿐 아니라 자기 생전에 자기의 천도를 마쳤다 할 것이나, 이러한 사람은 그리 흔하지 아니하나니, 그러므로 삼세의 수도인들이 모두 바쁘게 수도하였나니라.”

18　지은바 업에 대한 과보를 받는 내용이나 시기가 결정된 것.

제10 신성품信誠品

1. 대종사 말씀하시기를 "스승이 제자를 만나매 먼저 그의 신성信誠을 보나니 공부인이 독실한 신심이 있으면 그 법이 건네고 공功을 이룰 것이요, 신심이 없으면 그 법이 건네지 못하고 공을 이루지 못하나니라. 그런즉 무엇을 일러 신심이라 하는가. 첫째는 스승을 의심하지 않는 것이니, 비록 천만 사람이 천만가지로 그 스승을 비방할지라도 거기에 믿음이 흔들리지 아니하며 혹 직접 보는 바에 무슨 의혹되는 점이 있을지라도 거기에 사량심思量心[1]을 두지 않는 것이 신이요, 둘째는 스승의 모든 지도에 오직 순종할 따름이요 자기의 주견과 고집을 세우지 않는 것이 신이요, 셋째는 스승이 혹 과도한 엄교嚴敎 중책重責을 하며 혹 대중의 앞에 허물을 드러내며 혹 힘에 과한 고역을 시키는 등 어떠한 방법으로 대하더라도 다 달게 받고 조금도 불평이 없는 것이 신이요, 넷째는 스승의 앞에서는 자기의 허물을 도무지 숨기거나 속이지 아니하고 사실로 직고하는 것이 신이니, 이 네가지를 구비하면 특별한 신심이라, 능히 불조佛祖의 법기法器를 이루게 되리

---

1   사실을 따지지 않고 추측하여 판단하는 마음. 또는 주견과 욕심으로 저울질하는 마음.

라."

2. 대종사 말씀하시기를 "모든 공부인의 근기根機가 천층 만층으로 다르나 대체로 그를 상중하 세 근기로 구분하나니, 상근기는 정법을 보고 들을 때에 바로 판단과 신심이 생겨나서 모든 공부를 자신하고 행하는 근기요, 중근기는 자세히 아는 것도 없고 혹은 모르지도 아니하여 항상 의심을 풀지 못하고 법과 스승을 저울질하는 근기요, 하근기는 사邪와 정正의 분별도 없으며 계교와 의심도 내지 아니하여 인도하면 인도하는 대로 순응하는 근기라, 이 세가지 근기 가운데 도가에서 가장 귀히 알고 요구하는 것은 상근기이니, 이 사람은 자기의 공부도 지체함이 없을 것이요, 도문道門의 사업도 날로 확장하게 할 것이며, 둘째로 가히 인도할 만한 것은 하근기로서 독실한 신심이 있는 사람이니, 이 사람은 비록 자신은 없다 할지라도 법을 중히 알고 스승을 돈독히 믿는 데 따라 그 진행하는 정성이 쉬지 않으므로 필경은 성공할 수 있나니라. 그러나, 그중에 가장 가르치기 힘들고 변덕이 많은 것은 중근기니, 이 사람은 법을 가벼이 알고 스승을 업신여기기 쉬우며 모든 일에 철저한 발원과 독실한 성의가 없으므로 공부나 사업이나 성공을 보기가 대단히 어렵나니라. 그러므로, 중근기 사람들은 그 근기를 뛰어넘는 데에 공을 들여야 할 것이며 하근기로서도 혹 바로 상근기의 경지에 뛰어오르는 사람이 있으나, 만일 그렇지 못하고, 중근기의 과정을 밟아 올라가게 될 때에는 그때가 또한 위험하나니 주의하여야 하나니라."

3. 한 제자 여쭙기를 "저는 본래 재질이 둔하온데 겸하여 공부하온 시일이 아직 짧사와 성취의 기한이 아득한 것 같사오니 어찌하오리까." 대종사 말씀하시기를 "도가의 공부는 원래 재질의 유무나 시일의 장단에 큰 관계가 있는 것이 아니라 오직 신信과 분忿과 의疑와 성誠으로 정진精進하고 못하는 데에 큰 관계가 있나니, 누구나 신·분·의·성만 지극하면 공부의 성취

는 날을 기약하고 가히 얻을 수 있나니라."

4. 대종사 말씀하시기를 "보통 사람들은 어떠한 경계에 발심을 한 때에는 혹 하늘을 뚫는 신심이 나는 듯하다가도 시일이 좀 오래되면 그 신심이 까라지는 수가 있으며, 또는 없던 권리가 있어진다든지, 있던 권리가 없어진다든지, 불화하던 가정이 화락하게 되었다든지, 화락하던 가정이 불화하게 되었다든지 하는 등의 변동이 생길 때에 그 신심이 또한 변동되는 수가 있나니, 이러한 경계를 당할수록 더욱 그 신심을 살펴서 역경을 돌리어 능히 순경을 만들며, 순경이면 또한 간사하고 넘치는 데에 흐르지 않게 하는 꿋꿋한 대중이 계속되어야 가히 큰 공부를 성취하리라."

5. 대종사 말씀하시기를 "세상에 지위가 높은 사람이나 권세가 있는 사람이나 재산이 풍부한 사람이나 학식이 많은 사람은 큰 신심을 발하여 대도에 들기가 어려운데, 그러한 사람으로서 수도에 발심하며 공도에 헌신한다면 그는 전세前世에 깊은 서원을 세우고 이 세상에 나온 사람이니라."

6. 대종사 말씀하시기를 "여러 사람 가운데에는 나와 사제의 분의分義는 맺었으나 그 신을 오롯하게 하지 못하고 제 재주나 주견에 집착하여 제 뜻대로 하려는 사람이 없지 아니하나니, 나를 만난 보람이 어디 있으리요. 공부인이 큰 서원과 신성을 발하여 전적으로 나에게 마음을 바치었다면 내가 무슨 말을 하고 어떠한 일을 맡겨도 의심과 트집이 없을 것이니, 이리된 뒤에야 내 마음과 제 마음이 서로 연連하여 나의 공들인 것과 저의 공들인 것이 헛되지 아니하리라."

7. 대종사 말씀하시기를 "도가에서 공부인의 신성을 먼저 보는 것은 신信이 곧 법을 담는 그릇이 되고, 모든 의두를 해결하는 원동력이 되며, 모

든 계율을 지키는 근본이 되기 때문이니, 신이 없는 공부는 마치 죽은 나무에 거름하는 것과 같아서 마침내 결과를 보지 못하나니라. 그러므로, 그대들도 먼저 독실한 신을 세워야 자신을 제도하게 될 것이며, 남을 가르치는 데에도 신 없는 사람에게 신심 나게 하는 것이 첫째가는 공덕이 되나니라."

8. 대종사 말씀하시기를 "삼보三寶를 신앙하는 데에도 타력신과 자력신의 두가지가 있나니, 타력신은 사실로 나타난 불佛과 법法과 승僧을 사실적으로 믿고 받드는 것이요, 자력신은 자성 가운데 불과 법과 승을 발견하여 안으로 믿고 수행함이라, 이 두가지는 서로 근본이 되므로 자력과 타력의 신앙을 아울러 나아가야 하나, 공부가 구경처究竟處에 이르고 보면 자타의 계한이 없이 천지 만물 허공 법계가 다 한가지 삼보三寶로 화化하나니라."

9. 대종사 제자들에게 물으시기를 "그대들이 나를 오랫동안 보지 못하면 보고 싶은 생각과 가까이 있고자 하는 마음이 얼마나 간절하던가." 제자들이 사뢰기를 "심히 간절하더이다." 대종사 말씀하시기를 "그러하리라. 그러나, 자녀가 아무리 효도한다 하여도 부모가 그 자녀 생각하는 마음을 당하기 어렵고, 제자가 아무리 정성스럽다 하여도 스승이 그 제자 생각하는 마음을 당하기 어려우리니, 만일 제자가 스승 신봉하고 사모하는 마음이 스승이 제자 사랑하고 생각하는 마음의 반만 되어도 가히 그 법이 건네지게 되리라."

10. 대종사 말씀하시기를 "제자로서 스승에게 법을 구할 때에 제 마음을 다 바치지 아니하거나 정성에 끊임이 있으면 그 법을 오롯이 받지 못하나니라. 옛날에 구정九鼎 선사는 처음 출가하여 몹시 추운 날 솥을 걸라는 스승의 명을 받고 밤새도록 아홉번이나 솥을 고쳐 걸고도 마음에 추호의 불

평이 없으므로 드디어 구정이라는 호를 받고 중이 되었는데, 그 후 별다른 법문을 듣는 일도 없이 여러 십년 동안 시봉만 하되 스승을 믿고 의지하는 정성이 조금도 쉬지 아니하였고, 마침내 스승의 병이 중하매 더욱 정성을 다하여 간병에 전력하다가 홀연히 마음이 열려 자기가 스스로 깨치는 것이 곧 법을 받는 것임을 알았다 하니, 법을 구하는 사람이 이만한 신성이 있어야 그 법을 오롯이 받게 되나니라."

11. 대종사 말씀하시기를 "봄바람은 사私가 없이 평등하게 불어주지마는 산 나무라야 그 기운을 받아 자라고, 성현들은 사가 없이 평등하게 법을 설하여주지마는 신信 있는 사람이라야 그 법을 오롯이 받아 갈 수 있나니라."

12. 대종사 금강산을 유람하고 돌아오시어 대중에게 말씀하시기를 "내가 이번에 산에서 유숙한 여관의 주인이 마침 예수교인으로서 그 신앙이 철저하여 대단한 낙樂생활을 하고 있기에 그의 경력을 물어보았더니, 그는 신앙 생활 삼십여년에 자기의 생활상에 많은 풍파도 있었으나 그러한 굴곡을 당할 때마다 좋은 일이 돌아오면 하나님께서 사랑하여주시니 감사하고 낮은 일이 돌아오면 저의 잘못을 경계하여주시니 또한 감사하다 하여, 좋으나 낮으나 경계를 대할 때마다 마음이 더욱 묶어지고 신앙이 더욱 깊어져서 이렇듯 낙생활을 하게 되었다고 하더라. 그런즉, 그대들도 각각 신앙 정도를 마음 깊이 대조하여보라. 그 사람은 아직 타력 신앙에 그치어 진리의 근본을 다 더위잡지 못하였으나 그러한 생활을 하게 되었거든 하물며 자력신과 타력신을 병진하는 그대들로서 만일 파란 곡절에 조금이라도 마음이 흘러간다면 그 어찌 바른 신앙이며 참다운 정성이라 하겠는가. 그대들은 같은 신앙 가운데에도 이 원만하고 사실다운 신앙처를 만났으니 마음을 항상 챙기고 또 챙겨서 신앙으로 모든 환경을 지배는 할지언정 환

경으로 신앙이 흔들리는 용렬한 사람은 되지 말라."

13. 대종사 석두암에 계실 때에, 장적조張寂照 구남수具南守 이만갑李萬甲 등이 여자의 연약한 몸으로 백리의 먼 길을 내왕하며 알뜰한 신성을 바치는지라, 대종사 기특히 여기시어 말씀하시기를 "그대들의 신심이 이렇게 독실하니 지금 내가 똥이라도 먹으라 하면 바로 먹겠는가" 하시니, 세 사람이 바로 나가 똥을 가져오는지라, 대종사 "그대로 앉으라" 하시고 말씀하시기를 "그대들의 거동을 보니 똥보다 더한 것이라도 먹을 만한 신심이로다. 그러나, 지금은 회상이 단순해서 그대들을 친절히 챙겨줄 기회가 자주 있지마는 이 앞으로 회상이 커지고 보면 그대들의 오고 가는 것조차 내가 일일이 알 수 없을지 모르니, 그러한 때에라도 오늘 같은 신성이 계속되겠는가 생각하여보아서 오늘의 이 신성으로 영겁을 일관하라."

14. 대종사 설법하실 때에 김정각金正覺이 앞에서 조는지라, 꾸짖어 말씀하시기를 "앞에서 졸고 있는 것이 보기 싫기가 물소 같다" 하시니, 정각이 곧 일어나 사배를 올리고 웃는지라, 대종사 말씀하시기를 "내가 그동안 정각에게 정이 떨어질 만한 야단을 많이 쳤으나 조금도 그 신심에 변함이 없었나니, 저 사람은 죽으나 사나 나를 따라다닐 사람이라" 하시고, 또 말씀하시기를 "제자로서 스승에게 다 못할 말이 있고 스승이 제자에게 다 못해줄 말이 있으면 알뜰한 사제는 아니니라."

15. 대종사 말씀하시기를 "내가 오늘 조실祖室에 앉았으니 노덕송옥盧德頌玉의 얼굴이 완연히 눈앞에 나타나서 얼마 동안 없어지지 아니하는 것을 보았노라. 그는 하늘에 사무치는 신성을 가진지라 산하가 백여리에 가로 막혀 있으나 그 지극한 마음이 이와 같이 나타난 것이니라."

16. 정석현鄭石現이 사뢰기를 "저는 환경에 고통스러울 일이 많사오나 법신불 전에 매일 심고 올리는 재미로 사나이다." 대종사 말씀하시기를 "석현이가 법신불의 공덕과 위력을 알아서 진정한 재미를 붙였는가는 알 수 없으나 그것이 곧 고 가운데 낙을 발견하는 한 방법이니 이러한 방법으로 살아간다면 고통스러울 환경에서도 낙을 수용할 수가 없지 아니하나니라. 내가 봉래산에 있을 때에 같이 있는 몇몇 사람은 그 험산 궁곡險山窮谷에서 거처와 음식이 기구하고 육신의 노력은 과중하여 모든 방면에 고생이 막심하였으되 오직 법을 듣고 나를 시봉하는 재미로 항상 낙도 생활을 하여왔고, 또는 영광에서 최초에 구인九人으로 말하더라도 본래 노동도 아니하여본 사람들로서 엄동설한에 간석지干潟地를 막아낼 때에 그 고생이 말할 수 없었건마는 조금도 불평과 불만이 없이 오직 이 회상을 창립하는 기쁨 가운데 모든 고생을 낙으로 돌렸으며 나의 하는 말이면 다 즐거이 감수 복종하였나니, 그때 그 사람들로 말하면 남 보기에는 못 이길 고생을 하는 것 같았으나 그 실은 마음속에 낙이 진진津津하여 이 세상에서 바로 천상락을 수용하였나니라. 그런즉, 그대들도 기위 이 공부와 사업을 하기로 하면 먼저 굳은 신념과 원대한 희망으로 어떠한 천신 만고가 있을지라도, 이를 능히 초월하여 모든 경계를 항상 낙으로 돌리는 힘을 얻은 후에야 한 없는 세상에 길이 낙원의 생활을 계속할 수 있으리라."

17. 제자 가운데 신信을 바치는 뜻으로 손을 끊은 사람이 있는지라, 대종사 크게 꾸짖어 말씀하시기를 "몸은 곧 공부와 사업을 하는 데에 없지 못할 자본이어늘 그 중요한 자본을 상하여 신을 표한들 무슨 이익이 있으며, 또는 진정한 신성은 원래 마음에 달린 것이요 몸에 있는 것이 아니니, 앞으로는 누구든지 절대로 이러한 일을 하지 말라" 하시고, 이어서 말씀하시기를 "아무리 지식과 문장이 출중하고 또는 한때의 특행特行으로 여러 사람의 신망이 높아진다 하더라도, 그것만으로는 이 회상의 종통宗統을 잇지

못하는 것이요, 오직 이 공부 이 사업에 죽어도 변하지 않을 신성으로 혈심血心 노력한 사람이라야 되나니라."

18. 문정규 여쭙기를 "송규·송도성·서대원 세 사람이 지금은 젊사오나 앞으로 누가 더 유망하겠나이까." 대종사 한참 동안 묵연하시는지라, 정규 다시 여쭙기를 "서로 장단이 다르오니 저로서는 판단하기 어렵나이다." 대종사 말씀하시기를 "송규는 정규의 지량智量으로 능히 측량할 사람이 아니로다. 내가 송규 형제를 만난 후 그들로 인하여 크게 걱정하여본 일이 없었고, 무슨 일이나 내가 시켜서 아니 한 일과 두번 시켜본 일이 없었노라. 그러므로, 나의 마음이 그들의 마음이 되고 그들의 마음이 곧 나의 마음이 되었나니라."

19. 대종사 말씀하시기를 "주세主世의 성인들[2]은 천지의 대운을 타고 나오는지라, 중생들이 그 성인과 그 회상에 정성을 다 바치며 서원을 올리면 그 서원이 빨리 이루어지고, 그 반면에 불경不敬하거나 훼방하면 죄벌이 또한 크게 미치나니, 다만 그 한분뿐 아니라, 그러한 분과 심법心法이 완전히 합치된 사람도 그 위력이 또한 다름없나니라."

---

2   새로운 세상을 담당할 법을 짜고 제도 사업을 펼친 성자들.

제11 요훈품要訓品

1. 대종사 말씀하시기를 "모든 학술을 공부하되 쓰는 데에 들어가서는 끊임이 있으나, 마음 작용하는 공부를 하여 놓으면 일분 일각도 끊임이 없이 활용되나니, 그러므로 마음공부는 모든 공부의 근본이 되나니라."

2. 대종사 말씀하시기를 "수도인이 구하는 바는, 마음을 알아서 마음의 자유를 얻자는 것이며, 생사의 원리를 알아서 생사를 초월하자는 것이며, 죄복의 이치를 알아서 죄복을 임의로 하자는 것이니라."

3. 대종사 말씀하시기를 "한 마음이 선하면 모든 선이 이에 따라 일어나고, 한 마음이 악하면 모든 악이 이에 따라 일어나나니, 그러므로 마음은 모든 선악의 근본이 되나니라."

4. 대종사 말씀하시기를 "마음이 바르지 못한 사람이 돈이나 지식이나 권리가 많으면 그것이 도리어 죄악을 짓게 하는 근본이 되나니, 마음이 바른 뒤에야 돈과 지식과 권리가 다 영원한 복으로 화하나니라."

5. 대종사 말씀하시기를 "선善이 좋은 것이나, 작은 선에 얽매이면 큰 선을 방해하고, 지혜가 좋은 것이나, 작은 지혜에 얽매이면 큰 지혜를 방해하나니, 그 작은 것에 얽매이지 아니하는 공부를 하여야 능히 큰 것을 얻으리라."

6. 대종사 말씀하시기를 "자기가 어리석은 줄을 알면, 어리석은 사람이라도 지혜를 얻을 것이요, 자기가 지혜 있는 줄만 알고 없는 것을 발견하지 못하면, 지혜 있는 사람이라도 점점 어리석은 데로 떨어지나니라."

7. 대종사 말씀하시기를 "큰 도를 닦는 사람은 정과 혜를 같이 운전하되, 정 위에 혜를 세워 참 지혜를 얻고, 큰 사업을 하는 사람은 덕德과 재才를 같이 진행하되, 덕 위에 재를 써서 참 재주를 삼나니라."

8. 대종사 말씀하시기를 "용맹 있는 사람이 강적 만나기 쉽고, 재주 있는 사람이 일 그르치기 쉽나니라."

9. 대종사 말씀하시기를 "어리석은 사람은 근심과 걱정이 있을 때에는 없애기에 노력하지마는, 없을 때에는 다시 장만하기에 분주하나니, 그러므로 그 생활에 근심과 걱정이 다할 날이 없나니라."

10. 대종사 말씀하시기를 "큰 도에 발원한 사람은 짧은 시일에 속히 이루기를 바라지 말라. 잦은 걸음으로는 먼 길을 걷지 못하고, 조급한 마음으로는 큰 도를 이루기 어렵나니, 저 큰 나무도 작은 싹이 썩지 않고 여러 해 큰 결과요, 불보살도 처음 발원을 퇴전退轉하지 않고 오래오래 공을 쌓은 결과이니라."

11. 대종사 말씀하시기를 "큰 공부를 방해하는 두 마장魔障이 있나니, 하나는 제 근기를 스스로 무시하고 자포자기하여 향상을 끊음이요, 둘은 작은 지견에 스스로 만족하고 자존 자대하여 향상을 끊음이니, 이 두 마장을 벗어나지 못하고는 큰 공부를 이루지 못하나니라."

12. 대종사 말씀하시기를 "희망이 끊어진 사람은 육신은 살아 있으나 마음은 죽은 사람이니, 살·도·음殺盜淫[1]을 행한 악인이라도 마음만 한번 돌리면 불보살이 될 수도 있지마는, 희망이 끊어진 사람은 그 마음이 살아나기 전에는 어찌할 능력이 없나니라. 그러므로, 불보살들은 모든 중생에게 큰 희망을 열어주실 원력願力을 세우시고, 세세 생생 끊임없이 노력하시나니라."

13. 대종사 말씀하시기를 "여의 보주如意寶珠[2]가 따로 없나니, 마음에 욕심을 떼고, 하고 싶은 것과 하기 싫은 것에 자유 자재하고 보면 그것이 곧 여의 보주니라."

14. 대종사 말씀하시기를 "다른 사람을 바루고자 하거든 먼저 나를 바루고, 다른 사람을 가르치고자 하거든 먼저 내가 배우고, 다른 사람의 은혜를 받고자 하거든 먼저 내가 은혜를 베풀라. 그러하면, 나의 구하는 바를 다 이루는 동시에 자타가 고루 화化함을 얻으리라."

15. 대종사 말씀하시기를 "다른 사람을 이기는 것이 그 힘이 세다 하겠

---

1   살생, 도둑질, 간음의 세가지 무거운 죄.

2   뜻대로 보물을 가져다주는 구슬을 말하는데, 여기서는 본래 성품을 깨달아 자유자재로 활용하는 능력이나 힘을 여의보주에 비유함.

으나, 자기를 이기는 것은 그 힘이 더하다 하리니, 자기를 능히 이기는 사람은 천하 사람이라도 능히 이길 힘이 생기나니라."

16. 대종사 말씀하시기를 "세상에 두가지 어리석은 사람이 있나니, 하나는 제 마음도 마음대로 쓰지 못하면서 남의 마음을 제 마음대로 쓰려는 사람이요, 둘은 제 일 하나도 제대로 처리하지 못하면서 남의 일까지 간섭하다가 시비 가운데 들어서 고통받는 사람이니라."

17. 대종사 말씀하시기를 "모든 것을 구하는 데에 도가 있건마는 범부는 도가 없이 구하므로 구하면 구할수록 멀어지고, 불보살은 도로써 구하므로 아쉽게 구하지 아니하여도 자연히 돌아오는 이치가 있나니라."

18. 대종사 말씀하시기를 "그 일을 먼저 하고 먹기를 뒤에 하는 사람은 군자요, 그 일을 뒤에 하고 먹기를 먼저 하는 사람은 소인이니라."

19. 대종사 말씀하시기를 "어리석은 사람은 복을 받기는 좋아하나 복을 짓기는 싫어하고, 화禍를 받기는 싫어하나 죄를 짓기는 좋아하나니, 이것이 다 화복의 근원을 알지 못함이요, 설사 안다 할지라도 실행이 없는 연고니라."

20. 대종사 말씀하시기를 "정신·육신·물질로 혜시를 많이 하는 사람이 장차 복을 많이 받을 사람이요, 어떠한 경계를 당하든지 분수에 편안한 사람이 제일 편안한 사람이며, 어떠한 처지에 있든지 거기에 만족을 얻는 사람이 제일 부귀한 사람이니라."

21. 대종사 말씀하시기를 "중생은 영리하게 제 일만 하는 것 같으나 결

국 자신이 해를 보고, 불보살은 어리석게 남의 일만 해주는 것 같으나 결국 자기의 이익이 되나니라.”

22. 대종사 말씀하시기를 “지혜 있는 사람은 지위의 고하를 가리지 않고 거짓 없이 그 일에만 충실하므로, 시일이 갈수록 그 일과 공덕이 찬란하게 드러나고, 어리석은 사람은 그 일에는 충실하지 아니하면서 이름과 공만 을 구하므로, 결국 이름과 공이 헛되이 없어지고 마나니라.”

23. 대종사 말씀하시기를 “제가 스스로 높은 체하는 사람은 반드시 낮아지고, 항상 남을 이기기로만 주장하는 사람은 반드시 지게 되나니라.”

24. 대종사 말씀하시기를 “선은 들추어낼수록 그 공덕이 작아지고 악은 숨겨둘수록 그 뿌리가 깊어지나니, 그러므로 선은 숨겨두는 것이 그 공덕이 커지고 악은 들추어내는 것이 그 뿌리가 얕아지나니라.”

25. 대종사 말씀하시기를 “덕도 음조陰助하는 덕이 더 크고, 죄도 음해陰害하는 죄가 더 크나니라.”

26. 대종사 말씀하시기를 “선을 행하고도 남이 몰라주는 것을 원망하면 선 가운데 악의 움이 자라나고, 악을 범하고도 참회를 하면 악 가운데 선의 움이 자라나나니, 그러므로 한때의 선으로 자만 자족하여 향상을 막지도 말며, 한때의 악으로 자포 자기하여 타락하지도 말 것이니라.”

27. 대종사 말씀하시기를 “어리석은 사람은 공것이라 하면 좋아만 하고, 그로 인하여 몇 배 이상의 손해를 받는 수가 있음을 알지 못하나, 지혜 있는 사람은 공것을 좋아하지도 아니하려니와, 그것이 생기면 다 차지하지

아니하고 정당한 곳에 나누어 써서, 재앙이 따라오기 전에 미리 액厄을 방비하나니라."

28. 대종사 말씀하시기를 "진인眞人은 마음에 거짓이 없는지라 모든 행사가 다 참으로 나타나고, 성인聖人은 마음에 상극相克이 없는지라 모든 행사가 다 덕으로 나타나나니, 그러므로 진인은 언제나 마음이 발라서 삿됨이 없고 성인은 언제나 마음이 안온하여 괴로움이 없나니라."

29. 대종사 말씀하시기를 "빈말로 남에게 무엇을 준다든지 또는 많이 주었다고 과장하여 말하지 말라. 그 말이 도리어 빚이 되고 덕을 상하나니라. 또는 허공 법계에 빈말로 맹세하지 말라. 허공 법계를 속인 말이 무서운 죄고의 원인이 되나니라."

30. 대종사 말씀하시기를 "자기 마음 가운데 악한 기운과 독한 기운이 풀어진 사람이라야 다른 사람의 악한 기운과 독한 기운을 풀어줄 수 있나니라."

31. 대종사 말씀하시기를 "상극의 마음이 화禍를 불러들이는 근본이 되고, 상생의 마음이 복을 불러들이는 근본이 되나니라."

32. 대종사 말씀하시기를 "아무리 한때에 악을 범한 사람이라도 참 마음으로 참회하고 공덕을 쌓으면 몸에 악한 기운이 풀어져서 그 앞길이 광명하게 열릴 것이요, 아무리 한때에 선을 지은 사람이라도 마음에 원망이나 남을 해칠 마음이 있으면 그 몸에 악한 기운이 싸고 돌아서 그 앞길이 암담하게 막히나니라."

33. 대종사 말씀하시기를 "중생들은 열번 잘해준 은인이라도 한번만 잘못하면 원망으로 돌리지마는 도인들은 열번 잘못한 사람이라도 한번만 잘하면 감사하게 여기나니, 그러므로 중생들은 은혜에서도 해害만 발견하여 난리와 파괴를 불러오고, 도인들은 해에서도 은혜를 발견하여 평화와 안락을 불러오나니라."

34. 대종사 말씀하시기를 "선한 사람은 선으로 세상을 가르치고, 악한 사람은 악으로 세상을 깨우쳐서, 세상을 가르치고 깨우치는 데에는 그 공이 서로 같으나, 선한 사람은 자신이 복을 얻으면서 세상일을 하게 되고, 악한 사람은 자신이 죄를 지으면서 세상일을 하게 되므로, 악한 사람을 미워하지 말고 불쌍히 여겨야 하나니라."

35. 대종사 말씀하시기를 "이용하는 법을 알면 천하에는 버릴 것이 하나도 없나니라."

36. 대종사 말씀하시기를 "사람이 말 한번 하고 글 한줄 써가지고도 남에게 희망과 안정을 주기도 하고, 낙망과 불안을 주기도 하나니, 그러므로 사람이 근본적으로 악해서만 죄를 짓는 것이 아니라, 죄 되고 복 되는 이치를 알지 못하여 자신도 모르는 가운데 죄를 짓는 수가 허다하나니라."

37. 대종사 말씀하시기를 "살·도·음 같은 중계重戒를 범하는 것도 악이지마는, 사람의 바른 신심을 끊어서 영겁 다생에 그 앞길을 막는 것은 더 큰 악이며, 금전이나 의식을 많이 혜시하는 것도 선이지마는, 사람에게 바른 신심을 일으켜서 영겁 다생에 그 앞길을 열어주는 것은 더 큰 선이 되나니라."

38. 대종사 말씀하시기를 "세상에 세가지 제도하기 어려운 사람이 있나니, 하나는 마음에 어른이 없는 사람이요, 둘은 모든 일에 염치가 없는 사람이요, 셋은 악을 범하고도 부끄러운 마음이 없는 사람이니라."

39. 대종사 말씀하시기를 "대중 가운데 처하여 대중의 규칙을 어기는 것은 곧 그 단체를 파괴하는 것이요, 대중의 뜻을 무시하는 것은 곧 천의를 어김이 되나니라."

40. 대종사 말씀하시기를 "대중 가운데 처하여 비록 특별한 선과 특별한 기술은 없다 할지라도 오래 평범을 지키면서 꾸준한 공을 쌓는 사람은 특별한 인물이니, 그가 도리어 큰 성공을 보게 되리라."

41. 대종사 말씀하시기를 "도가의 명맥命脈은 시설이나 재물에 있지 아니하고, 법의 혜명慧命을 받아 전하는 데에 있나니라."

42. 대종사 말씀하시기를 "참 자유는 방종放縱을 절제하는 데에서 오고, 큰 이익은 사욕私慾을 버리는 데에서 오나니, 그러므로 참 자유를 원하는 사람은 먼저 계율을 잘 지키고, 큰 이익을 구하는 사람은 먼저 공심公心을 양성하나니라."

43. 대종사 말씀하시기를 "중생들은 불보살을 복전福田으로 삼고, 불보살들은 중생을 복전으로 삼나니라."

44. 대종사 말씀하시기를 "사람으로서 육도와 사생의 세계를 널리 알지 못하면 이는 한편 세상만 아는 사람이요, 육도와 사생의 승강昇降[3]되는 이치를 두루 알지 못하면 이는 또한 눈앞의 일밖에 모르는 사람이니라."

45. 대종사 말씀하시기를 "그 마음에 한 생각의 사私가 없는 사람은 곧 시방 삼계를 소유하는 사람이니라."

---

3   진급과 강급.

제12 실시품實示品

1. 한때에 대종사 법성法聖에서 배를 타시고 부안 봉래정사蓬萊精舍로 오시는 도중, 뜻밖에 폭풍이 일어나 배가 크게 요동하매, 뱃사람과 승객들이 모두 정신을 잃고, 혹은 우는 사람도 있고, 토하는 사람도 있으며, 거꾸러지는 사람도 있어서, 배 안이 크게 소란하거늘, 대종사 태연 정색하시고 말씀하시기를 "사람이 아무리 죽을 경우를 당할지라도 정신을 수습하여, 옛날 지은 죄를 뉘우치고 앞날의 선업을 맹세한다면, 천력天力을 빌어서 살 길이 열리기도 하나니, 여러 사람들은 정신을 차리라" 하시니, 배에 탄 모든 사람이 다 그 위덕威德에 신뢰하여 마음을 겨우 진정하였던바, 조금 후에 점점 바람이 자고 물결이 평온하여지거늘, 사람들이 모두 대종사의 그 태연 부동하신 태도와 자비 윤택하신 성체聖體를 뵈옵고 흠앙欽仰함을 마지 아니하니라.

2. 대종사 하루는 실상사實相寺에 가시었더니, 때에 노승 두 사람이 한 젊은 상좌에게 참선參禪을 하라 하되 종시 듣지 아니한다 하여 무수히 꾸짖고 나서, 대종사께 고하기를 "저런 사람은 당장에 천 불千佛이 출세하여

도 제도하지 못하리니 이는 곧 세상에 버린 물건이라” 하거늘 대종사 웃으시며 말씀하시기를 “화상和尙들이 저 사람을 생각하기는 하였으나 저 사람으로 하여금 영영 참선을 못하게 하는 것도 화상들이로다” 하시니, 한 노승이 말하기를 “어찌하여 우리가 저 사람에게 참선을 못 하게 한다 하시나이까.” 대종사 말씀하시기를 “남의 원 없는 것을 강제로 권하는 것은 그 사람으로 하여금 영영 그 일을 싫어하게 함이니라. 내가 지금 화상에게 저 산의 바위 속에 금이 들었으니 그것을 부수고 금을 캐라고 무조건 권하면 화상은 곧 나의 말을 믿고 바로 채굴을 시작하겠는가.” 노승이 한참 동안 생각한 후에 말하기를 “그 말씀을 믿고 바로 채굴은 못 하겠나이다.” 대종사 말씀하시기를 “화상이 그와 같이 확신을 하여주지 않는데 내가 만일 강제로 권하면 화상은 어찌하겠는가. 필시 내 말을 더욱 허망하게 알고 말 것이니, 저 사람은 아직 참선에 대한 취미도 모르고 아무 발원도 없는데, 그것을 억지로 권함은 저 사람으로 하여금 참선을 도리어 허망하게 알게 함이요, 허망하게 아는 때에는 영영 참선을 아니할 것이 아닌가. 그러므로, 이는 사람 제도하는 묘방이 아니니라.” 노승이 말하기를 “그러하오면 어떻게 하는 것이 제도하는 묘방이 되오리까.” 대종사 말씀하시기를 “저 바위 속에 금이 든 줄을 알았거든 내가 먼저 채굴하여다가 그것을 광채 있게 쓰면 사람들이 나의 부유해진 연유를 알고자 하리니, 그 알고자 하는 마음의 정도를 보아서 그 내역을 말하여준다면 그 사람들도 얼마나 감사히 그 금을 채굴하려 할 것인가. 이것이 곧 사람을 제도하는 묘방일까 하노라.” 노승들이 고쳐 앉으며 말하기를 “선생의 제도하시는 방법은 참으로 광대하나이다” 하니라.

3. 대종사 봉래정사에 계실 때에 하루는 저녁 공양을 아니 드시므로 시봉하던 김남천·송적벽이 그 연유를 여쭈었더니, 대종사 말씀하시기를 “내가 이곳에 있으매 그대들의 힘을 입음이 크거늘 그대들이 오늘 밤에는 싸

움을 하고 내일 아침 해가 뜨기 전에 떠나갈 터이라 내 미리 밥을 먹지 아니하려 하노라." 두 사람이 서로 사뢰기를 "저희 사이가 특별히 다정하온데 설령 어떠한 일로 마음이 좀 상한들 가는 일까지야 있겠나이까, 어서 공양에 응하소서" 하더니, 몇 시간 뒤에 별안간 두 사람이 싸움을 하며 서로 분을 참지 못하여 짐을 챙기다가 남천은 대종사의 미리 경계하심이 생각되어 그대로 머물러 평생에 성훈을 지켰고, 적벽은 이튿날 아침에 떠나가니라.

4. 원기 구년에 익산 총부를 처음 건설한 후 가난한 교단 생활의 첫 생계로 한동안 엿 만드는 업을 경영한 바 있었더니, 대종사 항상 여러 제자에게 이르시기를 "지금 세상은 인심이 고르지 못하니 대문 단속과 물품 간수를 철저히 하여 도난을 당하는 일이 없도록 하라. 만일 도난을 당하게 된다면 우리의 물품을 손실할 뿐만 아니라 또한 남에게 죄를 짓게 해줌이 되나니 주의할 바이니라" 하시고, 친히 자물쇠까지 챙겨주시었으나 제자들은 아직 경험이 부족한 관계로 미처 모든 단속을 철저히 하지 못하다가, 어느 날 밤에 엿과 엿 목판을 다 잃어버린지라, 제자들이 황공惶恐하고 근심됨을 이기지 못하매, 대종사 말씀하시기를 "근심하지 말라. 어젯밤에 다녀간 사람이 그대들에게는 큰 선생이니, 그대들이 나를 제일 존중한 스승으로 믿고 있으나, 일전에 내가 말한 것만으로는 정신을 차리지 못하다가 이제부터는 내가 말하지 아니하여도 크게 주의를 할 것이니, 어젯밤 약간의 물품 손실은 그 선생을 대접한 학비로 알라."

5. 한 제자 성행性行이 거칠어서 출가한 지 여러 해가 되도록 전일의 악습을 도무지 고치지 못하므로, 제자들이 대종사께 사뢰기를 "그는 비록 백년을 법하에 두신다 하더라도 별 이익이 없을 듯하오니, 일찍 돌려보내시어 도량道場의 풍기를 깨끗이 함이 좋을까 하나이다." 대종사 말씀하시기

를 "그대들이 어찌 그런 말을 하는가. 그가 지금 도량 안에 있어서도 그와 같으니 사회에 내보내면 그 장래가 더욱 어찌 되겠는가. 또는 사회와 도량을 따로 보는 것은 소승의 생각이요 독선의 소견이니, 큰 견지로 본다면 사회의 부정不淨이 곧 도량의 부정이요, 도량의 부정이 곧 사회의 부정이라, 도량의 부정만을 제거하여 사회에 옮기고자 하는 것이 어찌 원만한 일이라 하리요. 무릇 불법의 대의는 모든 방편을 다하여 끝까지 사람을 가르쳐서 선善으로 인도하자는 것이어늘, 만일 선한 사람만 상대하기로 한다면 그 본분이 어디 있겠는가. 그러므로, 그대들은 가르쳐서 곧 화化하지 않는 사람이라고 미리 미워하여버리지 말고 끝까지 최선을 다하되, 제가 능히 감당하지 못하여 나간다면이어니와 그렇지 아니하면 다 같은 불제자로 함께 성불할 인연을 길이 놓지 말게 할지어다."

6. 한 제자 교칙教則에 크게 어그러진 바 있어 대중이 추방하기로 공사를 하는지라, 대종사 말씀하시기를 "너희가 어찌 차마 이러한 공사를 하느냐. 그는 나의 뜻이 아니로다. 나는 몇 만명 제자만이 나의 사람이 아니요, 몇 만평 시설만이 나의 도량이 아니라, 온 세상 사람이 다 나의 사람이요, 온 세계 시설이 다 나의 도량이니, 나를 따르던 사람으로 제가 나를 버리고는 갈지언정 내가 먼저 저를 버리지는 아니하리라" 하시고, 그 제자를 직접 부르시사 혹은 엄히 꾸짖기도 하시고 혹은 타이르기도 하시어 마침내 개과 천선의 길을 얻게 하여주시니라.

7. 대종사 영산에 계실 때에 창부 몇 사람이 입교하여 내왕하는지라 좌우 사람들이 꺼리어 사뢰기를 "이 청정한 법석에 저러한 사람들이 내왕하오면 외인의 치소嗤笑가 있을 뿐 아니라, 반드시 발전에 장애가 될 것이오니, 미리 오지 못하게 하는 것이 좋을까 하나이다." 대종사 웃으시며 말씀하시기를 "그대들은 어찌 그리 녹록한 말을 하는가. 대개 불법의 대의는

항상 대자 대비의 정신으로 일체 중생을 두루 제도하는 데에 있거니, 어찌 그들만은 그 범위에서 제외하리요. 제도의 문은 도리어 그러한 죄고 중생을 위하여 열리었나니, 그러한 중생일수록 더 반가이 맞아들여, 그 악을 느껴 스스로 깨치게 하고, 그 업을 부끄러워 스스로 놓게 하는 것이 교화의 본분이라, 어찌 다른 사람의 치소를 꺼리어 우리의 본분을 저버리겠는가. 또는 세상에는 사람의 고하가 있고 직업의 귀천이 있으나, 불성에는 차별이 없나니, 이 원리를 알지 못하고 다만 그러한 사람이 내왕한다 하여 함께 배우기를 꺼려한다면, 도리어 그 사람이 제도하기 어려운 사람이니라.”

8. 기미년(己未年, 1919) 이후 인심이 극히 날카로운 가운데 대종사에 대한 관헌의 지목이 날로 심하여, 금산사에 계시다가 김제 서署에서와, 영산에 계시다가 영광 서에서 여러 날 동안 심문당하신 것을 비롯하여 평생에 수많은 억압과 제재를 받으셨으나, 조금도 그들을 싫어하고 미워하시는 바가 없이 늘 흔연히 상대하여주시었으며, 대중에게도 이르시기를 “그들은 그들의 일을 할 따름이요, 우리는 우리의 일을 할 따름이라, 우리의 하는 일이 옳은 일이라면 누구인들 끝내 해하고 막지는 못하리라.”

9. 일경日警 한 사람이 대종사의 명함을 함부로 부르는지라 오창건이 그 무례함에 분개하여 크게 꾸짖어 보내거늘, 대종사 말씀하시기를 “그 사람이 나를 아직 잘 알지 못하여 그러하거늘 크게 탓할 것이 무엇이리요. 사람을 교화하는 사람은 항상 심복으로 저편을 감화시키는 데 힘써야 하나니, 질 자리에 질 줄 알면 반드시 이길 날이 올 것이요, 이기지 아니할 자리에 이기면 반드시 지는 날이 오나니라.”

10. 한 제자의 사상이 불온하다 하여 일경이 하루 동안 대종사를 심문하다가 “앞으로는 그런 제자가 다시 없도록 하겠다고 서약하라” 하는지라,

대종사 말씀하시기를 "부모가 자녀들을 다 좋게 인도하려 하나 제 성행性行이 각각이라 부모의 마음대로 다 못하는 것이요, 나라에서 만백성을 다 좋게 인도하려 하나 민심이 각각이라 나라에서도 또한 다 그렇게 해주지를 못하나니, 나의 일도 그와 같아서 모든 사람을 다 좋게 만들고자 정성은 들이지마는 그 많은 사람들을 어찌 일조 일석에 다 좋게 만들 수 있겠는가. 그러므로, 앞으로도 노력은 계속하려니와 다시는 없게 하겠다고 서약하기는 어렵노라" 하시고, 돌아오시어 대중에게 말씀하시기를 "오랫동안 강약이 대립하고 차별이 혹심하여 억울하게 묻어둔 원한들이 많은지라, 앞으로 큰 전쟁이 한번 터질 것이요, 그 뒤에는 세상 인지가 차차 밝아져서 개인들이나 나라들이 서로 돕고 우호 상통할지언정 남의 주권을 함부로 침해하는 일은 없으리라."

11. 한 사람이 대종사께 여쭙기를 "이러한 세상에도 견성한 도인이 있사오리까." 대종사 말씀하시기를 "이러한 세상일수록 더욱 견성한 도인이 많이 나야 할 것이 아닌가." 그 사람이 다시 말하기를 "선생께서는 참으로 견성 성불을 하셨나이까." 대종사 웃으시며 말씀하시기를 "견성 성불은 말로 하는 것도 아니요 말만 듣고 아는 것도 아니므로, 그만한 지각을 얻은 사람이라야 그 지경을 알아볼 수 있는 것이며, 도덕의 참다운 가치는 후대의 천하 사람들이 증명할 바이니라."

12. 형사 한 사람이 경찰 당국의 지령을 받아, 대종사와 교단을 감시하기 위하여 여러 해를 총부에 머무르는데, 대종사 그 사람을 챙기고 사랑하시기를 사랑하는 제자나 다름없이 하시는지라, 한 제자 여쭙기를 "그렇게까지 하실 것은 없지 않겠나이까." 대종사 말씀하시기를 "그대의 생각과 나의 생각이 다르도다. 그 사람을 감화시켜 제도를 받게 하여 안 될 것이 무엇이리요" 하시고, 그 사람이 있을 때나 없을 때나 매양 한결같이 챙기고

사랑하시더니, 그가 드디어 감복하여 입교하고 그 후로 교중敎中[1] 모든 일에 많은 도움을 주니 법명이 황이천黃二天이러라.

13. 대종사 영산에 계실 때에, 하루는 그 면의 경관 한 사람이 이웃 마을에 와서 사람을 보내어 대종사의 오시기를 요구하는데 대종사 곧 그에 응하려 하시는지라, 좌우 제자들이 그 경관의 무례함에 분개하여, 가심을 만류하거늘, 대종사 말씀하시기를 "내가 가서 그 사람을 보는 것이 무엇이 불가하다는 말인가." 한 제자 사뢰기를 "아무리 도덕의 가치를 몰라주는 세상이기로 그와 같은 일개 말단 경관이 수백 대중을 거느리시는 선생님에게 제 어찌 사의私意로써 감히 오라 가라 하오리까. 만일 그대로 순응하신다면 법위의 존엄을 손상할 뿐 아니라 교중에 적지 않은 치욕이 될까 하나이다." 대종사 말씀하시기를 "그대의 말이 그럴듯하나 이에 대하여는 조금도 염려하지 말라. 내 이미 생각한 바가 있노라" 하시고, 바로 그곳에 가시어 그를 면회하고 돌아오시사, 제자들에게 말씀하시기를 "내가 가서 그를 만나매 그가 도리어 황공한 태도로 반가이 영접하였으며 더할 수 없이 만족한 표정으로 돌아갔으니, 그가 우리를 압제하려는 마음이 많이 줄어졌으리라. 그러나, 내가 만일 가지 아니하였다면 그가 우리를 압제하려는 마음이 더할 것이요, 그러하면 그 결과가 어찌 되겠는가. 지금 저들은 어떠한 트집으로라도 조선 사람의 단체는 다 탄압하려 하지 않는가. 그러므로, 이러한 경우에는 이렇게 대응하는 것이 가장 마땅한 길이 되나니라. 대저, 남의 대접을 구하는 법은 어느 방면으로든지 먼저 그만한 대접이 돌아올 실적을 세상에 나타내는 것이니, 그리한다면 그 실적의 정도에 따라 모든 사람이 다 예를 갖추게 되리라. 그러나, 불보살의 심경은 위를 얻은 뒤에도 위라는 생각이 마음 가운데 머물러 있지 아니하나니라."

---

1   '교단'을 의미함.

14. 당시의 신흥 종교들 가운데에는 재財와 색色 두 방면의 사건으로 인하여 관청과 사회의 이목을 집중시킨 일이 적지 아니한지라, 모든 종교에 대한 관변의 간섭과 조사가 잦았으나 언제나 우리에게는 털끝만한 착오도 없음을 보고, 그들이 돌아가 서로 말하기를 "불법연구회佛法研究會의 조직과 계획과 실천은 나라를 맡겨도 능란히 처리하리라" 한다 함을 전하여 들으시고, 대종사 말씀하시기를 "참다운 도덕은 개인·가정으로부터 국가·세계까지 다 잘 살게 하는 큰 법이니, 세계를 맡긴들 못 할 것이 무엇이리요."

15. 대종사 서울 교당에서 친히 도량의 제초를 하시고 말씀하시기를 "오늘 내가 도량의 제초를 한 데에는 두가지 뜻이 있었나니, 하나는 교당 책임자들이 매양 도량의 정리에 유의해야 한다는 것을 본보이기 위함이요, 또 하나는 우리의 마음을 자주 살피지 아니하면 잡념 일어나는 것이 마치 이 도량을 조금만 불고하면 어느 틈에 잡초가 무성하는 것과 같아서 마음공부와 제초 작업이 그 뜻이 서로 통함을 알리어, 제초하는 것으로 마음공부를 대조하게 하고 마음공부 하는 것으로 제초를 하게 하여 도량과 심전心田을 다 같이 깨끗하게 하라는 것이라, 그대들은 이 두가지 뜻을 항상 명심하여 나의 본의에 어긋남이 없기를 부탁하노라."

16. 대종사 언제나 수용需用하시는 도구를 반드시 정돈하사 비록 어두운 밤에라도 그 두신 물건을 가히 더듬어 찾게 하시며, 도량을 반드시 정결하게 하사 한점의 티끌이라도 머무르지 않게 하시며, 말씀하시기를 "수용하는 도구가 산란한 것은 그 사람의 마음이 산란한 것을 나타냄이요, 도량이 깨끗하지 못한 것은 그 사람의 마음 밭이 거친 것을 나타냄이라, 그러므로 마음이 게으르고 거칠면 모든 일이 다 다스려지지 못하나니 그 어찌 작은

일이라 하여 소홀히 하리요."

17. 대종사 잠깐이라도 방 안을 떠나실 때에는 문갑에 자물쇠를 채우시는지라, 한 제자 그 연유를 묻자오매, 말씀하시기를 "나의 처소에는 공부가 미숙한 남녀 노소와 외인들도 많이 출입하나니, 혹 견물 생심으로 죄를 지을까 하여 미리 그 죄를 방지하는 일이니라."

18. 대종사 조각 종이 한장과 도막 연필 하나며 소소한 노끈 하나라도 함부로 버리지 아니하시고 아껴 쓰시며, 말씀하시기를 "아무리 흔한 것이라도 아껴 쓸 줄 모르는 사람은 빈천보貧賤報를 받나니, 물이 세상에 흔한 것이나 까닭 없이 함부로 쓰는 사람은 후생에 물 귀한 곳에 몸을 받아 물 곤란을 보게 되는 과보가 있나니라."

19. 대종사 일이 없으실 때에는 앞으로 있을 일의 기틀을 먼저 보시므로 일을 당하여 군색함이 없으시고, 비록 폐물이라도 그 사용할 데를 생각하사 함부로 버리지 아니하시므로 폐물이 도리어 성한 물건같이 이용되는 수가 많으니라.

20. 대종사 매양 의식이나 거처에 분수 밖의 사치를 경계하시며, 말씀하시기를 "사람이 분수 밖의 의·식·주를 취하다가 스스로 패가 망신을 하는 수도 있으며, 설사 재산이 넉넉하더라도 사치를 일삼으면 결국은 삿된 마음이 치성하여 수도하는 정신을 방해하나니, 그러므로 공부인들은 의식 거처 등에 항상 담박과 질소를 위주하여야 하나니라."

21. 대종사 몇 제자와 함께 총부 정문 밖에 나오시매, 어린이 몇이 놀고 있다가 다 절을 하되 가장 어린 아이 하나가 절을 아니하는지라, 대종사 그

아이를 어루만지시며 "네가 절을 하면 과자를 주리라" 하시니, 그 아이가 절을 하거늘, 대종사 웃으신 후 무심히 한참 동안 걸으시다가, 문득 말씀하시기를 "그대들은 잠깐 기다리라. 내가 볼 일 하나를 잊었노라" 하시고, 다시 조실組室로 들어가시어 과자를 가져다가 그 아이에게 주신 후 가시니, 대종사께서 비록 사소한 일이라도 항상 신을 지키심이 대개 이러하시니라.

22. 대종사 병환 중에 계실 때에 한 제자가 "이웃 교도의 가정에 편안히 비기실 의자가 있사오니 가져오겠나이다" 하고 사뢰었더니, 대종사 말씀하시기를 "그만두라. 그 주인이 지금 집에 있지 아니하거늘 어찌 나의 편안한 것만 생각하여 가져오리요. 아무리 친한 사이라도 부득이한 경우 외에는 본인의 자원이나 승락 없는 물건을 함부로 청하여다 사용하지 않는 것이 좋으니라."

23. 대종사 편지를 받으시면 매양 친히 보시고 바로 답장을 보내신 후, 보관할 것은 정精하게 보관하시고 그렇지 아니한 것은 모아서 정결한 처소에서 태우시며, 말씀하시기를 "편지는 저 사람의 정성이 든 것이라 함부로 두는 것은 예가 아니니라."

24. 대종사 하루는 한 제자를 크게 꾸짖으시더니 조금 후에 그 제자가 다시 오매 바로 자비하신 성안으로 대하시는지라, 옆에 있던 다른 제자가 그 연유를 묻자오매, 대종사 말씀하시기를 "아까는 그가 끄리고 있는 사심邪心을 부수기 위하여 그러하였고, 이제는 그가 돌이킨 정심正心을 북돋기 위하여 이러하노라."

25. 양하운梁夏雲 사모께서는 대종사께서 회상을 창립하시기까지 대종사의 사가私家 일을 전담하사 갖은 수고를 다하셨으며, 회상 창립 후에도

논과 밭으로 다니시면서 갖은 고역을 다하시는지라, 일반 교도가 이를 죄송히 생각하여 거교적으로 성금을 모아 그 고역을 면하시도록 하자는 의논이 도는지라, 대종사 들으시고 말씀하시기를 "그 말도 예에는 그럴듯하나 중지하라. 이만한 큰 회상을 창립하는데 그 사람도 직접 나서서 창립의 큰 인물은 못 될지언정 도리어 대중의 도움을 받아서야 되겠는가. 자력이 없어서 할 수 없는 처지라면 모르거니와 자신의 힘으로 살 수 있다면 그것이 떳떳하고 행복한 생활이니라."

26. 이청춘이 돼지 자웅의 노는 것을 보다가 마음에 깊이 깨친 바 있어 세간 향락을 청산하고 도문에 들어와 수도에 힘쓰던 중, 자기의 소유 토지 전부를 이 회상에 바치려 하는지라, 대종사 말씀하시기를 "그대의 뜻은 심히 아름다우나 사람의 마음이란 처음과 끝이 같지 아니할 수 있으니, 더 신중히 생각하여 보라" 하시고 여러 번 거절하시니, 청춘은 한번 결정한 마음에 변동이 없을 뿐 아니라 대종사의 여러 번 거절하심에 더욱 감동하여 받아주시기를 굳이 원하거늘, 대종사 드디어 허락하시며 "덕을 쓸진대 천지같이 상相 없는 대덕을 써서 영원히 그 공덕이 멸하지 않도록 하라."

27. 대종사 마령 교당에 가시니 오송암吳松庵이 와서 뵈옵고 말하되 "저의 여식 종순宗順 종태宗泰가 입교한 후로 출가出嫁를 거절하는 것이 제 뜻에는 맞지 아니하오나, 그들의 뜻을 굽히지 못하여 그대로 두오니, 그 장래 전정前程을 책임져주소서" 하거늘, 대종사 말씀하시기를 "나의 법은 과거 불교와 달라서 결혼 생활을 법으로 금하지는 아니하나, 그와 같이 특별한 서원 아래 순결한 몸과 마음으로 공부 사업하겠다는 사람들에게 어찌 범연할 수야 있겠는가. 그러나, 그들의 장래는 부모나 스승에게보다 그들의 마음에 더 달려 있나니, 최후 책임은 그들에게 맡기고 그대나 나는 정성을 다하여 지도만 하여보자" 하시니, 송암이 일어나 절하고 두 딸의 전무출신

을 흔연히 승낙하니라.

28. 대종사 부산에 가시니 임칠보화林七寶華가 와서 뵈옵고 "저의 집에 일차 왕림하여주소서" 하거늘, 대종사 말씀하시기를 "그대는 신심이 지극하나 그대의 부군은 아직 외인이라 가히 양해를 하겠는가" 하시니, 칠보화 사뢰기를 "제가 남편에게 대종사 공양의 뜻을 말하옵고 생각이 어떠냐고 물었삽더니 그가 말하기를 '내 아직 실행이 철저하지 못하여 입교는 아니하였으나 그런 어른이 와주신다면 우리 집안의 영광이 되겠다'고 하더이다." 대종사 그 숙연宿緣을 짐작하시고 흔연히 그 청에 응하시니라.

29. 한 사람이 와서 제자 되기를 원하는지라, 대종사 말씀하시기를 "다음 날 한두번 다시 와보고 함이 어떠하냐" 하시니, 그 사람이 말하기를 "제 뜻이 이미 견고하오니 곧 허락하여주옵소서" 하거늘, 대종사 한참 동안 생각하시다가 그 법명을 일지日之라고 내리시더니 그 사람이 물러나와 대중에게 말하기를 "우리가 무슨 인연으로 이렇게 동문 제자가 되었느냐"고하며, 자기에게 좋은 환약이 있으니 의심하지 말고 사서 쓰라 하였으나 대중이 사지 아니하매, 일지 노기怒氣를 띠며 "동지의 정의情誼가 어찌 이럴 수 있느냐" 하고 해가 지기 전에 가버리니라.

30. 한 제자 교중敎中 초가 지붕을 이면서 나래만 두르고 새끼는 두르지 아니하는지라, 대종사 말씀하시기를 "밤사이라도 혹 바람이 불면 그 이어 놓은 것이 허사가 아닌가" 하시었으나, "이 지방은 바람이 심하지 아니하옵니다" 하며 그대로 두더니, 그날 밤에 때아닌 바람이 일어나 지붕이 다 걷혀버린지라, 그 제자 송구하여 어찌할 바를 알지 못하며 "대종사께서는 신통으로 미리 보시고 가르쳐주신 것을 이 어리석은 것이 명을 어기어 이리 되었나이다" 하거늘, 대종사 말씀하시기를 "이번 일에는 그 든든하고

떳떳한 길을 가르쳐주었건마는 그대가 듣지 아니하더니, 이제는 도리어 나를 신기한 사람으로 돌리니 그 허물이 또한 더 크도다. 그대가 나를 그렇게 생각한다면 그대는 앞으로 나에게 대도 정법은 배우지 아니하고 신기한 일만 엿볼 터인즉, 그 앞길이 어찌 위태하지 아니하리요. 그대는 곧 그 생각을 바로잡고 앞으로는 매사를 오직 든든하고 떳떳한 길로만 밟아 행하라."

31. 이운외李雲外의 병이 위중하매 그의 집안 사람이 급히 달려와 대종사께 방책을 문의하는지라, 말씀하시기를 "곧 의사를 청하여 치료하라" 하시고, 얼마 후에 병이 평복되니, 대종사 말씀하시기를 "일전에 운외가 병이 중하매 나에게 먼저 방침을 물은 것은 그 길이 약간 어긋난 일이니라. 나는 원래 도덕을 알아서 그대들의 마음 병을 치료해주는 선생이요, 육신 병의 치료는 각각 거기에 전문하는 의사가 있나니, 이 앞으로는 마음병 치료는 나에게 문의할지라도, 육신병 치료는 의사에게 문의하라. 그것이 그 길을 옳게 아는 것이니라."

32. 대종사, 차자次子 광령光靈이 병들매 집안 사람으로 하여금 힘을 다하여 간호하게 하시더니, 그가 요절하매 말씀하시기를 "오직 인사人事를 다할 따름이요, 마침내 인력으로 좌우하지 못할 것은 명이라" 하시고, 공사公事나 법설하심이 조금도 평시와 다르지 아니하시니라.

33. 이동안이 열반하매 대종사 한참 동안 묵념하신 후 눈물을 흘리시는지라 제자들이 "너무 상심하지 마옵소서" 하니, 대종사 말씀하시기를 "마음까지 상하기야 하리요마는 내 이 사람과 갈리면서 눈물을 아니 흘릴 수 없도다. 이 사람은 초창 당시에 나의 뜻을 전적으로 받들어 신앙 줄을 바로 잡았으며, 그 후 모든 공사를 할 때에도 직위에 조금도 계교가 없었나니

라."

34. 총부에서 기르던 어린 개가 동리 큰 개에게 물리어 죽을 지경에 이른지라 그 비명 소리 심히 처량하거늘, 대종사 들으시고 말씀하시기를 "생명을 아끼어 죽기 싫어하는 것은 사람이나 짐승이나 일반이라" 하시고, 성안에 불쌍히 여기시는 기색을 띠시더니 마침내 절명하매 재비齋費를 내리시며 예감禮監[2]에게 명하사 "떠나는 개의 영혼을 위하여 칠·칠 천도재를 지내주라" 하시니라.

35. 대종사 비록 사람에게 친절하시나 그 사람이 감히 무난하지는 못하며, 혹 사람의 잘못을 엄책하시나 그 사람이 원망하는 마음을 내지는 아니하며, 비록 그 쓰지 못할 사람인 줄을 알으시나 먼저 그를 버리지는 아니하시니라.

36. 대종사 제자 가운데 말만 하고 실행이 없음을 경계는 하셨으나 그 말을 버리지 아니하셨고, 재주만 있고 덕 없음을 경계는 하셨으나 그 재주를 버리지 아니하시니라.

37. 대종사 대중을 통솔하심에 네가지의 엄한 경계가 있으시니, 하나는 공물公物을 사유로 내는 것이요, 둘은 출가한 사람으로서 사가에 돌아가 이유 없이 오래 머무르거나 또는 사사私事를 경영하는 것이요, 셋은 자기의 안일을 도모하여 공중사公衆事에 협력하지 않는 것이요, 넷은 삼학 병진의 대도를 닦지 아니하고 편벽되이 정정定靜만 익히어 신통을 희망하는 것이니라.

---

2   원불교에서 주관하는 의례를 전문적으로 관리하는 사람.

38. 대종사 대중에게 상벌을 시행하시되 그 근기에 따르시는 다섯가지 준칙이 있으시니, 첫째는 모든 것을 다 잘하므로 따로이 상벌을 쓰지 아니하시는 근기요, 둘째는 다 잘하는 가운데 혹 잘못이 있으므로 조그마한 흠이라도 없게 하기 위하사 상은 놓고 벌만 내리시는 근기요, 셋째는 잘하는 것도 많고 잘못하는 것도 많으므로 상벌을 겸용하시는 근기요, 넷째는 잘못하는 것이 많은 가운데 혹 잘하는 것이 있으므로 자그마치 잘하는 것이라도 찾아서 그 마음을 살려내기 위하사 벌은 놓고 상만 내리시는 근기요, 다섯째는 모든 것을 다 잘못하므로 상벌을 놓아버리고 당분간 관망하시는 근기니라.

39. 대종사 매양 신심 있고 선량한 제자에게는 조그마한 허물에도 꾸중을 더 하시고, 신심 없고 착하지 못한 제자에게는 큰 허물에도 꾸중을 적게 하시며 조그마한 선행에도 칭찬을 많이 하시는지라, 한 제자 그 연유를 묻자오매 대종사 말씀하시기를 "열가지 잘하는 가운데 한가지 잘못하는 사람은 그 한가지까지도 고치게 하여 결함 없는 정금 미옥을 만들기 위함이요, 열가지 잘못하는 가운데 한가지라도 잘하는 사람은 그 하나일지라도 착한 싹을 키워주기 위함이니라."

40. 대종사 사람을 쓰실 때에는 매양 그 신성과 공심公心과 실행을 물으신 다음 아는 것과 재주를 물으시니라.

41. 대종사 간혹 대중으로 더불어 조선 고악古樂을 감상하신바 특히 창극 춘향전·심청전·흥부전 등을 들으실 때에는 매양 그 정절과 효우孝友의 장함을 칭찬하시며, 공도 생활에 지조와 인화가 더욱 소중함을 자주 강조하시고, 말씀하시기를 "충·열·효·제忠烈孝悌가 그 형식은 시대를 따라 서

로 다르나, 그 정신만은 어느 시대에나 변함없이 활용되어야 하리라."

42. 대종사 교중에 일이 생기면 매양 대중과 같이 노력하실 일은 노력하시고, 즐겨하실 일은 즐겨하시고, 근심하실 일은 근심하시고, 슬퍼하실 일은 슬퍼하사, 조금도 인정에 박한 일과 분수에 넘치는 일과 요행한 일 등을 취하지 아니하시니라.

43. 대종사 대중 출역出役이 있을 때에는 매양 현장에 나오시사 친히 모든 역사役事를 지도하시며, 항상 말씀하시기를 "영육靈肉의 육대 강령 가운데 육신의 삼강령을 등한시 않게 하기 위하여 이와 같이 출역을 시키노라" 하시고, 만일 정당한 이유 없이 출역하지 않는 사람이 있거나 나와서도 일에 게으른 사람이 있을 때에는 이를 크게 경책警責하시니라.

44. 각처를 두루 돌아다닌 한 사람이 대종사를 뵈옵고 찬탄하기를 "강산을 두루 돌아다녔사오나 산 가운데는 금강산이 제일이었고, 사람을 두루 상대하였사오나 대종사 같은 어른은 처음 뵈었나이다." 대종사 말씀하시기를 "그대가 어찌 강산과 인물만 말하는가. 고금 천하에 다시 없는 큰 도덕이 이 나라에 건설되는 줄을 그대는 모르는가."

45. 안도산安島山이 찾아온지라, 대종사 친히 영접하사 민족을 위한 그의 수고를 위로하시니, 도산이 말하기를 "나의 일은 판국이 좁고 솜씨가 또한 충분하지 못하여, 민족에게 큰 이익은 주지 못하고 도리어 나로 인하여 관헌들의 압박을 받는 동지까지 적지 아니하온데, 선생께서는 그 일의 판국이 넓고 운용하시는 방편이 능란하시어, 안으로 동포 대중에게 공헌함은 많으시면서도, 직접으로 큰 구속과 압박은 받지 아니하시니 선생의 역량은 참으로 장하옵니다" 하니라.[3]

46. 대종사 말씀하시기를 "내가 재능으로는 남다른 손재주 하나 없고, 아는 것으로는 보통 학식도 충분하지 못하거늘 나같이 재능 없고 학식 없는 사람을 그대들은 무엇을 보아 믿고 따르는가" 하시나, 능能이 없으신 중에 능하지 아니함이 없으시고, 앎이 없으신 중에 알지 아니함이 없으시어, 중생을 교화하심에 덕이 건곤乾坤에 승勝⁴하시고, 사리를 통관하심에 혜광이 일월보다 밝으시니라.

47. 김광선이 위연喟然히 찬탄하기를 "종문宗門에 모신 지 이십여년에 대종사의 한 말씀 한 행동을 모두 우러러 흠모하여 본받아 행하고자 하되 그 만분의 일도 아직 감히 능하지 못하거니와, 그 가운데 가장 흠모하여 배우고자 하나 능하지 못함이 세가지가 있으니 하나는 순일 무사純一無私하신 공심公心이요, 둘은 시종 일관하신 성의요, 셋은 청탁 병용竝容하시는 포용이라. 대저, 대종사의 운심 처사運心處事 하시는 것을 뵈오면 일언 일동이 순연히 공公 하나뿐이시요, 사私라는 대상이 따로 있지 아니하사, 오직 이 회상을 창건하시는 일 외에는 다른 아무 생각도 말씀도 행동도 없으시나니, 이것이 마음 깊이 감탄하여 배우고자 하는 바요, 대종사의 사업하시는 것을 뵈오면 천품天稟이 우월하시기도 하지마는 영광 길룡리에서 우리 구인九人을 지도하사 간석지를 개척하실 때에 보이시던 성의나 오랜 세

---

3   1935년 6월경, 호남을 순회 중이던 도산이 불법연구회를 방문해 소태산을 만나 남긴 말이다. 감시차 따라온 일본 경찰들 때문에 깊은 대화를 나눌 수 없는 상황. 더구나 도산이 다녀가면 일제의 감시가 심해져 불법연구회에 타격이 있을 것이 예상되었음에도 소태산은 도산을 친히 영접했고, 도산은 당시 무명에 가까웠던 소태산을 직접 찾아와 그의 사상과 활동에 찬사를 보냈다. 백낙청의 평가처럼, 소태산과 도산의 이 만남은 "'개벽을 향해 열린 개화파'와 '개화를 수용한 개벽파'의 상징적 만남"(백낙청 외 『백년의 변혁: 3·1에서 촛불까지』, 창비 2019, 31면)이라 할 수 있다. 참고로, 도산의 개벽사상가적인 면모를 확인할 수 있는 연구로는 강경석 「도산의 점진혁명론과 그 현재성」, 『개벽의 사상사』, 창비 2022, 171~94면.

4   중생 교화의 덕이 천지가 만물을 길러내는 은혜보다 더 크다는 뜻.

월을 지낸 지금에 보이시는 성의가 전보다 오히려 더하실지언정 조금도 감소됨이 없으시나니, 이 또한 마음 깊이 감탄하여 배우고자 하는 바요, 대종사의 대중 거느리시는 것을 뵈오면 미운 짓 하는 사람일수록 더욱 잘 무마하시고 애호하시며 항상 말씀하시기를 '좋은 사람이야 누가 잘못 보느냐. 미운 사람을 잘 보는 것이 이른바 대자 대비의 행이라' 하시니, 이 또한 마음 깊이 감탄하여 배우고자 하는 바라" 하니라.

제13 교단품教團品

1. 대종사 말씀하시기를 "스승과 제자의 정의情誼가 부자父子같이 무간하여야 가르치고 배우는 데에 막힘이 없고, 동지 사이의 정의가 형제같이 친밀하여야 충고와 권장을 주저하지 아니하나니, 그러한 뒤에야 윤기倫氣가 바로 통하고 심법心法이 서로 건네어서 공부와 사업하는 데에 일단의 힘을 이루게 되나니라."

2. 창립 십이년 기념식[1]에 대종사 대중에게 말씀하시기를 "그대들이 우리 회상 창립 십이년 동안의 사업 보고[2]와 성적[3] 발표를 들었으니 그에 대하여 느낀 바를 각기 말하여보라" 하시니, 여러 제자가 이어 나와 각자의 감상을 발표하는지라, 대종사 일일이 들으신 후 말씀하시기를 "그대들의 감상담이 대개 적절하기는 하나 아직도 한가지 요지가 드러나지 아니하였

---

1   불법연구회 창립 제1대 제1회를 기념해 1928년 5월(음 3.26~28) 총부에서 열린 기념총회.

2   창립 12년간의 회계 결산, 부서별 주요 사업 보고뿐만 아니라 회원들의 공부와 훈련 상황, 교화 상황 등을 보고했다. 제1대 제1회 기념총회 이후 오늘날까지 매해 사업보고서를 작성·발표해오고 있다.

3   공부 성적과 사업 성적.

으므로 내 그를 말하여주리라. 지금, 이 법당 가운데에는 나와 일찍이 상종되어 여러 해 되는 사람도 있고 또는 늦게 상종되어 몇 해 안 되는 사람도 있어서 자연 선진先進과 후진後進의 별別이 있게 되는바, 오늘 이 기념을 맞이하여 선진과 후진 사이에 서로 새로운 감사를 느끼고 새로운 깨침을 가지라는 말이니, 후진들로 말하면 이 회상을 창립하느라고 아직 그다지 큰 애를 쓰지 아니하였건마는, 입교하던 그날부터 미리 건설하여놓은 기관과 제정하여놓은 법으로 편안히 공부하게 되었으니, 이것은 선진들의 단심 혈성으로 분투 노력하여 놓은 덕이라, 만일 선진들이 없었다면 후진들이 그 무엇을 배우며 어디에 의지하겠는가. 그러므로, 후진들로서는 선진들에게 늘 감사하고 공경하는 마음이 나서 모든 선진들을 다 업어서라도 받들어주어야 할 것이요, 또는 선진들로 말하면 시창始創[4] 당초부터 갖은 정성을 다하여 모든 법을 세우고 여러 가지 기관을 벌여놓았다 할지라도, 후진들이 이와 같이 이어 나와서 이 시설을 이용하고 이 교법을 숭상하며 이 기관을 운영하지 아니하였다면, 여러 해 겪어낸 고생의 가치가 어디서 드러나며, 이 기관 이 교법이 어찌 영원한 세상에 유전하여 세세 생생에 끊임없는 공덕이 드러나게 되겠는가. 그러므로, 선진들로서는 후진들에게 또한 늘 감사하고 반가운 생각이 나서 모든 후진들을 다 업어서라도 영접하여야 할 것이니, 선진 후진이 다 이와 같은 생각을 영원히 가진다면 우리의 교운教運[5]도 한없이 융창하려니와 그대들의 공덕도 또한 한없이 유전될 것을 의심하지 아니하노라."

3. 대종사 서울에 행가하시니, 여러 제자들이 와 뵈옵고 서로 말하되 "우리 동문同門 형제는 인연이 지중하여 같은 지방 같은 시대에 태어나 한 부

---

4   원불교 초기에 사용한 기년(紀年)으로, 1953년부터 원기(圓紀)로 바꿔 사용함.
5   교단의 장래. 이는 교단의 정해진 운수가 있다는 말이 아니라, 미래에 교단의 활동이 어떤 방향으로 추동해가는 힘을 뜻한다.

처님 문하에서 공부하게 되었으니 어찌 반갑지 아니하리요. 이는 실로 길이 갈리지 아니할 좋은 인연이라" 하거늘, 대종사 들으시고 말씀하시기를 "내가 그대들의 말을 들으니 한편은 반갑고 한편은 염려되노라. 반가운 것은 오늘날 그대들이 나의 앞에서 서로 화하고 즐겨함이요, 염려되는 것은 오늘날은 이와 같은 좋은 인연으로 서로 즐기나 이 좋은 가운데서 혹 낮은 인연이 되어질까 함이니라." 한 제자 여쭙기를 "이같이 좋은 가운데서 어찌 낮은 인연이 될 수 있사오리까." 대종사 말씀하시기를 "낮은 인연일수록 가까운 데서 생겨나나니 가령 부자 형제 사이나 부부 사이나 친우 사이 같은 가까운 사이에는 그 가까움으로써 혹 예禮를 차리지 아니하며 조심하는 생각을 두지 아니하여, 서로 생각해준다는 것이 서로 원망을 주게 되고, 서로 가르쳐준다는 것이 도리어 오해를 가지게 되어, 필경에는 아무 관계 없는 외부 사람만도 못하게 되는 수가 허다하나니라." 한 제자 여쭙기를 "그러하오면 어떻게 하여야 가까운 사이에 낮은 일이 생기지 아니하고 영원히 좋은 인연으로 지내겠나이까." 대종사 말씀하시기를 "남의 원 없는 일을 과도히 권하지 말며, 내가 스스로 높은 체하여 남을 이기려고만 하지 말며, 남의 시비를 알아서 나의 시비는 깨칠지언정 그 허물을 말하지 말며, 스승의 사랑을 자기만 받으려 하지 말며, 친해갈수록 더욱 공경하여 모든 일에 예를 잃지 아니하면, 낮은 인연이 생기지 아니하고 길이 이 즐거움이 변하지 아니하리라."

4. 대종사 말씀하시기를 "이 세상 모든 사람을 접응하여보면 대개 그 특성特性이 각각 다르나니, 특성이라 하는 것은 이 세상 허다한 법 가운데 자기가 특별히 이해하는 법이라든지, 오랫동안 견문에 익은 것이라든지, 혹은 자기의 의견으로 세워놓은 법에 대한 특별한 관념이라든지, 또는 각각 선천적으로 가지고 있는 특별한 습성 등을 이르는 것이라, 사람 사람이 각각 자기의 성질만 내세우고 저 사람의 특성을 이해하지 못하면 다정한 동

지 사이에도 촉觸이 되고 충돌이 생기기 쉽나니, 어찌하여 그런고 하면, 사람사람이 그 익히고 아는 바가 달라서, 나의 아는 바를 저 사람이 혹 모르거나, 지방의 풍속이 다르거나, 신구의 지견이 같지 아니하거나, 또는 무엇으로든지 전생과 차생에 익힌 바 좋아하고 싫어하는 성질이 다르고 보면, 나의 아는 바로써 저 사람의 아는 바를 부인하거나 무시하며, 심하면 미운 마음까지 내게 되나니, 이는 그 특성을 너른 견지에서 서로 이해하지 못하는 까닭이니라. 그러므로, 사람이 꼭 허물이 있어서만 남에게 흉을 잡히는 것이 아니니, 외도들이 부처님의 흉을 팔만사천가지로 보았다 하나 사실은 부처님에게 잘못이 있어서 그러한 것이 아니요, 그 지견과 익힌 바가 같지 아니하므로 부처님의 참된 뜻을 알지 못한 연고니라. 그런즉, 그대들도 본래에 익히고 아는 바가 다른 여러 지방 사람이 모인 대중 중에 처하여 먼저 사람마다 특성이 있음을 잘 이해하여야만 동지와 동지 사이에 서로 촉 되지 아니하고 널리 포섭하는 덕이 화化하게 되리라."

5. 대종사 여러 제자에게 말씀하시기를 "사람이나 물건이나 서로 멀리 나뉘어 있을 때에는 무슨 소리가 없는 것이나, 점점 가까워져서 서로 대질리는 곳에는 반드시 소리가 나나니, 쇠가 대질리면 쇳소리가 나고, 돌이 대질리면 돌소리가 나는 것같이, 정당한 사람이 서로 만나면 정당한 소리가 날 것이요, 삿된 무리가 머리를 모으면 삿된 소리가 나나니라. 보라! 과거의 모든 성인들은 회상을 펴신 지 여러 천년이 지났으되 자비에 넘치는 좋은 소리가 지금까지도 맑고 유창하여 일체 중생의 귀를 울리고 있으며, 그와 반면에 어질지 못한 무리들의 어지러운 곡조는 아직도 천만 사람의 마음을 경계하고 있지 아니한가. 그대들도 당초부터 아무 관계 없는 사이라면이어니와, 이왕 서로 만나서 일을 같이 하는지라 하여간 소리는 나고야 말터이니, 아무쪼록 조심하여 나쁜 소리는 나지 아니하고 좋은 소리만 길이 나게 하라. 만일 좋은 소리가 끊임없이 나온다면, 이것이 그대들의 다행

한 일일 뿐 아니라 널리 세계의 경사가 되리라."

6. 대종사 말씀하시기를 "사람이 이 세상에 활동할 때에 같은 인격 같은 노력을 가지고도 사업의 크고 작음을 따라 가치가 더하고 덜한 것이며, 사업의 길고 짧음을 따라 역사가 길고 짧나니, 사업의 크고 작음으로 말하면 개인의 가정 사업도 있고, 한 민족 한 국가를 위하는 사업도 있고, 온 세계를 위하는 사업도 있으며, 사업의 길고 짧음으로 말하면, 그 역사를 몇십년 유전할 사업도 있고, 몇백년 유전할 사업도 있고, 몇천년 유전할 사업도 있고, 무궁한 세월에 길이 유전할 사업도 있어서 그 대소와 장단이 각각 사업의 판국을 따라 나타나나니라. 그런즉, 이 세상에서 가장 넓은 범위와 오랜 성질을 가진 것은 어떠한 사업인가 하면, 그것은 오직 도덕 사업이라, 도덕 사업은 국경이 없으며 연한이 없으므로 옛날 석가여래께서 천이백 대중으로 더불어 걸식 생활을 하실 때라든지, 공자께서 위位를 얻지 못하고 철환천하轍環天下하실 때라든지, 예수께서 십이 사도를 데리고 이곳저곳으로 몰려다니실 때에는 그 세력이 참으로 미미하였으나, 오늘에 와서는 그 교법이 온 세계에 전해져서 세월이 지날수록 더욱 빛을 내고 있지 아니한가. 그대들도 이미 도가에 출신出身하였으니 먼저 이 도덕 사업의 가치를 충분히 알아서 꾸준한 노력을 계속하여 가장 넓고 가장 오랜 큰 사업의 주인공들이 돼라."

7. 대종사 말씀하시기를 "전무출신專務出身은 원래 정신과 육신을 오로지 공중에 바친 터인지라, 개인의 명예와 권리와 이욕은 불고하고, 오직 공사에만 전력하는 것이 본분이어늘, 근래에 어떤 사람을 보면 점점 처음 마음을 잊어버리고 딴 트집이 생겨나서 공연한 원망을 품기도 하고 의義 아닌 사량심思量心도 일어내어 남을 위한다는 사람이 자기 본위로 생각이 변해지고 있으니, 이 어찌 전무출신의 본분이라 하리요. 그대들의 당초 서원

誓願은 영원한 장래에 무루無漏의 복을 짓자는 것이요, 중생 가운데서 보살의 행을 닦자는 것이어늘, 복을 짓기로 한 장소에서 도리어 죄를 얻게 되고, 보살의 행을 닦자는 공부에서 도리어 중생심[6]이 길어난다면, 그 죄업이 보통 세상에서 지은 몇 배 이상으로 크게 될 것이니 어찌 두렵지 아니하리요. 그대들은 이 말을 명심하여 항상 자기 마음을 대조해보되, 내가 남을 위하는 전무출신인가 남에게 위함을 바라는 전무출신인가를 잘 살펴서, 남을 위하는 전무출신이면 그대로 꾸준히 진행하려니와, 만일 남에게 위함을 바라는 전무출신이어든 바로 그 정신을 고치든지, 그 정신이 끝내 고쳐지지 못하거든 차라리 사가私家로 돌아가서 당초에 원하지 아니한 큰 죄업이 앞에 쌓이지 않도록 하라.”

8. 정양선丁良善 등이 식당 고역에 골몰하여 얼굴이 빠져감을 보시고, 대종사 말씀하시기를 “너희가 일이 고되어 얼굴이 빠짐이로다. 너희들이 이 공부 이 사업을 하기 위하여 혹은 공장 혹은 식당 혹은 산업부産業部 등에서 모든 괴로움을 참아가며 힘에 과한 일을 하는 것은 비하건대 모든 쇠를 풀무 화로에 집어넣고 달구고 또 달구며 때리고 또 때려서 잡철은 다 떨어버리고 좋은 쇠를 만들어 세상에 필요한 기구를 제조함과 같나니, 너희들이 그러한 괴로운 경계 속에서 진리를 탐구하며 삼대력을 얻어나가야 범부의 잡철이 떨어지고 정금精金 같은 불보살을 이룰 것이라, 그러므로 저 풀무 화로가 아니면 능히 좋은 쇠를 이뤄내지 못할 것이요 모든 괴로운 경계의 단련이 아니면 능히 뛰어난 인격을 이루지 못하리니, 너희는 이 뜻을 알아서 항상 안심과 즐거움으로 생활해가라.”

9. 한 제자 여쭙기를 “많은 생生에 금사망 보金絲網報[7]를 받을 죄인은 속

---

6   온갖 번뇌 망상과 욕심.
7   구렁이로 태어나는 축생보를 말함.

인에게보다도 말세 수도인에게 더 많다는 말이 있사오니 어찌 그러하나이까." 대종사 말씀하시기를 "속인들의 죄악은 대개 그 죄의 영향이 개인이나 가정에만 미치지마는 수도인들의 잘못은 정법을 모르고 남을 그릇 인도하면 여러 사람의 다생을 그르치게 되는 까닭이요, 또는 옷 한벌 밥 한 그릇이 다 농부의 피와 직녀의 땀으로 된 것인데 그만한 사업이 없이 무위도식無爲徒食 한다면 여러 사람의 고혈을 빨아먹음이 되는 연고요, 또는 사은의 크신 은혜를 알면서도 그 은혜를 보답하지 못하므로 가정·사회·국가·세계에 배은이 되는 연고라, 이 말을 들을 때에 혹 과하게 생각할 사람이 있을지도 모르나 실에 있어서는 과한 말이 아니니, 그대들은 때때로 반성하여 본래 목적한 바에 어긋남이 없게 하기를 바라노라."

10. 대종사 말씀하시기를 "우리는 고혈마膏血魔가 되지 말아야 할지니, 자기의 지위나 권세를 이용하고 간교奸巧한 수단을 부리어 자기만 못한 사람들의 피땀으로 모인 재산을 정당한 댓가 없이 취하여 먹으며, 또는 친척이나 친우라 하여 정당하지 못한 의뢰심으로 이유 없는 의식을 구하여, 자기만 편히 살기를 도모한다면 이러한 무리를 일러 고혈마라고 하나니라. 그런즉, 우리도 우리의 생활을 항시 반성하여보되 매일 여러 사람을 위하여 얼마나 한 이익을 주고, 이와 같은 의식 생활을 하는가 대조하여 만일 그만한 노력이 있었다면 이는 스스로 안심하려니와, 그만한 노력이 없이 다만 공중을 빙자하여 자기의 의식이나 안일만을 도모한다면 이는 한없는 세상에 큰 빚을 지는 것이며, 따라서 고혈마임을 면하지 못하나니 그대들은 이에 크게 각성할지어다."

11. 대종사 서울 교당에서 이완철李完喆에게 짐을 지고 역驛까지 가자 하시거늘, 완철이 사뢰기를 "제가 지금 교당 수축修築 관계로 십여명의 인부를 부리고 있을뿐더러 교무敎務의 위신상으로도 난처하나이다" 하니, 대

종사 그 짐을 오창건에게 지우시고 다녀오신 후 말씀하시기를 "완철은 아까 처사를 어떻게 생각하는가." 완철이 사뢰기를 "크게 잘못한 일은 아닌가 하나이다." 대종사 말씀하시기를 "그대의 이유에도 일리는 있으나 짐 하나 지기를 부끄러이 여겨 스승의 명을 어기고도 그 일을 크게 생각하지 아니한다면 이것이 어찌 전무출신의 본분이라 할 것이며, 또한 그러한 마음을 가지고 어찌 만생萬生을 널리 건지는 큰 일꾼 되기를 기약하리요" 하시고 "그러한 정신을 놓지 못하겠거든 차라리 사가로 돌아가라" 하시며 엄중히 경책하시는지라, 완철이 잘못을 사죄하고 그 후로는 위신을 생각하여 허식虛飾하는 일이 없는 공부를 계속하니라.

12. 한 제자 교중敎中의 채포菜圃를 맡아 가꾸는데 많은 굼벵이를 잡게 된지라 이를 말리어 약방에 파니 적지 않은 돈이 되거늘 당시 감원監院이 그 경과를 대종사께 사뢰고 "이것은 작업 중의 가외加外 수입이옵고 그가 마침 옷이 없사오니 그 돈으로 옷을 한벌 지어주면 어떠하오리까" 하니, 대종사 말씀하시기를 "그것이 비록 가외 수입이나 공중 일을 하는 중에 수입된 것이니, 공중에 들여놓음이 당연한 일이며, 또는 비록 연고 없이 한 것은 아니지마는 수많은 생명을 죽인 돈으로 그 사람의 옷을 지어 입힌다면 그 과보를 또한 어찌하리요" 하시고, 친히 옷 한벌을 내리시며, 말씀하시기를 "그 돈은 여러 사람이 널리 혜택을 입을 유표有表한 공익 사업에 활용하여 그에게 죄가 되지 않게 하라."

13. 한 제자 교중의 과원果園을 맡음에 매양 소독과 제충除虫 등으로 수많은 살생을 하게 되는지라, 마음에 불안하여 그 사유를 대종사께 사뢰니, 대종사 말씀하시기를 "과보는 조금도 두려워 말고 사심私心 없이 공사에만 전력하라. 그러하면 과보가 네게 돌아오지 아니하리라. 그러나, 만일 이 일을 하는 가운데 조금이라도 사리私利를 취함이 있다면 그 과보를 또한

면하지 못할 것이니 각별히 조심하라."

14. 한 제자 총부 부근에 살며 교중의 땔나무 등 소소한 물건을 사가로 가져가는지라, 대종사 말씀하시기를 "아무리 교중 살림이 어렵더라도 나무 몇 조각 못 몇 개로 큰 영향이 있을 것은 아니나, 여러 사람의 정성으로 모여진 물건을 정당하지 못하게 사사私로이 소유하면 너의 장래에 우연한 재앙이 미쳐 그 몇 배의 손해를 당할 것이므로, 내가 그것을 예방하기 위하여 미리 경계하노라."

15. 대종사 물으시기를 "전무출신이 사가私家 일에 끌리지 아니하고 공사에만 전력하게 하기 위하여, 곤궁한 사가는 교단에서 보조하는 제도를 두면 어쩌하겠는가." 전음광이 사뢰기를 "앞으로 반드시 그러한 제도가 서야 될 줄 아나이다." 또 물으시기를 "그러한 제도가 아직 서지 못한 때에 전무출신의 사가 형편이 아주 곤란한 처지에 이르러서 이를 돌보지 않을 수 없게 되면 어쩌하는 것이 좋겠는가." 서대원이 사뢰기를 "만일 보통 임원이면 적당한 기간을 주어 사가를 돌본 후 돌아오게 하옵고, 중요한 인물이면 회의의 결정을 얻어 임시로라도 교중에서 보조하는 길을 취하게 함이 좋을 듯하나이다." 또 물으시기를 "앞으로 그러한 제도가 시행될 때에 혹 보조를 바라는 사람이 많게 되면 어쩌하여야 하겠는가." 유허일이 사뢰기를 "그러한 폐단을 막기 위하여 일반 전무출신의 사가 생활을 지도하고 보살피는 기관이 총부 안에 서야 하겠나이다." 대종사 말씀하시기를 "세 사람의 말이 다 좋으니 앞으로 차차 그러한 제도를 세워서 활용해보되, 교중의 형편이 아직 그렇게 되지 못하는 때에는 기관을 적게 벌여서라도 현직에 있는 전무출신으로서 사가 일에 마음 빼앗기는 일이 없도록 하라."

16. 대종사 말씀하시기를 "우리의 전무출신 제도는 가정을 이루고 공부

사업할 수도 있고, 특별한 서원으로 세상 욕심을 떠나 정남貞男·정녀貞女[8]로 활동할 수도 있으므로, 교단에서는 각자의 발원에 따라 받아들이고 대우하는 법이 있으나, 혹 특별한 발원이 없이 어떠한 환경으로 인하거나 혹은 자기 몸 하나 편안하기 위하여 마음에는 세속 생활을 부러워하면서도 몸만 독신 생활을 한다면, 이는 자신으로나 교중으로나 세상으로나 적지 않은 손실이 될 뿐 아니라, 후생에는 인물은 좋으나 여러 사람의 놀림을 받는 몸이 되나니, 자신이 없는 일이면 스스로 미리 다시 작정하는 것이 옳을 것이요, 만일 자신하는 바가 있어서 출발하였다면 서원 그대로 굳은 마음과 고결한 지조志操로 이 사바세계를 정화시키고 일체 중생의 혜복 길을 열어줄 것이니라."

17. 대종사 정남·정녀들을 자주 알뜰히 살펴주시며, 말씀하시기를 "그대들이 한 생 동안만 재·색·명리를 놓고 세상과 교단을 위하여 고결하고 오롯하게 활동하고 가더라도, 저 세속에서 한 가정을 위하여 몇 생을 살고 간 것에 비길 바가 아니니, 한 생의 공덕으로 많은 세상에 무루의 복락과 명예를 얻을 것이요, 결국 성불의 대과大果를 증득하게 될 것이나, 만일 형식만 정남·정녀요 특별한 보람 없이 살고 간다면 이는 또한 허망한 일이라, 참으로 정신 차려 공부하라."

18. 대종사 말씀하시기를 "전무출신 서원서를 낼 때에는 오직 깊이 생각해야 할 것이니, 만일 몸과 마음을 이 공부 이 사업에 오로지 바치며 성불제중을 하겠다고 허공 법계와 대중의 앞에 맹세하고, 중도에 마음이 변하여 개인의 사업이나 향락에 떨어진다면, 이는 곧 천지를 속임이 되므로 진리가 용서하지 아니하여, 결국 그 앞길이 막힐 것이요, 또는 대중을 지도하

---

8   전무출신으로서 평생을 독신으로 공헌하는 사람을 말함.

는 처지에 서게 되면 더욱 깊이 생각하는 바가 있어야 하나니, 혹 대각大覺을 하지 못하고 대각을 하였다 하여, 모든 사람의 전도前途를 그릇 인도한다면 이는 곧 진리를 속임이 되므로 또한 악도를 면하기 어렵나니라."

19. 대종사 여러 제자에게 말씀하시기를 "우리들의 일이 마치 저 기러기떼의 일과 같으니, 시절 인연을 따라 인연 있는 동지가 혹은 동에 혹은 서에 교화의 판을 벌이는 것이 저 기러기들이 철을 따라 떼를 지어 혹은 남에 혹은 북에 깃들일 곳을 벌이는 것과 같도다. 그러나, 기러기가 두목 기러기의 인솔하는 대열에서 벗어나든지 또는 따라가면서도 조심을 하지 못하고 보면 그물에 걸리거나 총알에 맞아 목숨을 상하기 쉽나니, 수도하고 교화하는 사람들에게 그물과 총알이 되는 것은 곧 재와 색의 경계니라."

20. 대종사 말씀하시기를 "용맹이 뛰어난 사자나 범도 극히 미미한 비루[9]가 몸에 퍼지면 필경 살지 못하게 되는 것같이, 큰 뜻을 세우고 공부하는 사람도 극히 미미한 마음 경계 몇 가지가 비루가 되어 그 발원을 막고 평생사를 그르치게 하나니, 그러므로 공부인은 마음 비루가 오르지 않도록 늘 경계하고 살펴야 하나니라. 이제 그 마음 비루 몇 가지를 들어보자면, 첫째는 여러 사람을 가르치는 공석公席에서 지도인이 어떠한 주의를 시키면 유독 자기만 들으라고 하였다 하여 섭섭하게 아는 일이요, 둘째는 공부하러 온 본의를 잊어버리고 공연히 자기 집에서나 받던 대우를 도량에서 구하는 일이요, 셋째는 자기의 앞길을 위하여 충고를 하면 사실이야 어떻든지 보감을 삼지는 아니하고 이 사람 저 사람에게 대질對質하며[10] 또는 말해준 사람을 원수 같이 아는 일이요, 넷째는 지위와 신용이 드러남을

---

9 개나 말 등의 피부에 번져서 털이 빠지는 병으로, 소태산은 이 비루를 마음 공부를 그르치게 하는 마음 비루에 비유해 사용했다.

10 '강하게 맞서며'라는 뜻.

따라서 자존심이 점점 커나는 일이요, 다섯째는 대중 가운데서 항상 자기만 생각하여달라 하고 자기만 편하려고 하는 일이요, 여섯째는 자기의 마음과 말은 조심하지 못하면서 지도인이나 동지들이 통정通情하여주지 않는다고 원망하는 일이요, 일곱째는 생각해줄수록 더욱 만족히 알지 아니하고 전에 없던 버릇이 생기는 일이라 이 모든 조건이 비록 큰 악은 아니나 능히 공부인의 정진심을 방해하는 비루가 되나니 그대들은 이 점에 크게 주의하라."

21. 한 제자 지방 교무로 처음 부임할 때에 대종사 말씀하시기를 "내가 그동안 너를 다른 사람들같이 특별히 자주 챙겨주지 못하고 그대로 둔 감이 있는데 혹 섭섭한 마음이나 없었느냐. 대개 토질이 나쁘고 잡초가 많은 밭에는 사람의 손이 자주 가야만 곡식을 많이 거둘 수 있으나, 그렇지 아니한 밭에는 큰 수고를 들이지 아니하여도 수확을 얻기가 어렵지 아니한 것같이, 사람도 자주 불러서 타일러야 할 사람도 있고, 몇 번 타이르지 아니하여도 좋을 사람이 있어서 그러한 것이니 행여 섭섭한 마음을 두지 말라."

22. 대종사 영산에서 봉래정사蓬萊精舍에 돌아오사 여러 제자에게 말씀하시기를 "내가 오는 길에 어느 장 구경을 하게 되었는데, 아침에 옹기 장수는 옹기 한 짐을 지고 장에 오며, 또 어떤 사람은 지게만 지고 오더니, 그들이 돌아갈 때에는 옹기 장수는 다 팔고 지게만 지고 가며, 지게만 지고 온 사람은 옹기를 사서 지고 가는데, 두 사람이 다 만족한 기색이 엿보이더라. 나는 그것을 보고 생각하기를 당초에 옹기 장수가 지게만 지고 온 사람을 위하여 온 것이 아니었고, 지게만 지고 온 사람이 옹기 장수를 위하여 온 것이 아니어서, 각기 다 자기의 구하는 바만 구하였건마는, 결국에는 두 사람이 다 한가지 기쁨을 얻었으니, 이것이 서로 의지하고 바탕이 되는 이

치로다 하였노라. 또 어떤 사람은 가게 주인이 거만하다 하여 화를 내고 그대로 가니, 사람들이 말하기를 저 사람은 물품을 사러 장에 온 것이 아니라 대우 받으러 장에 온 것이라고 비웃었으며, 또 한 사람은 가게 주인이야 어떠하든지 자기가 살 물품만 실수 없이 사는지라 좌우 사람들이 모두 그를 옳게 여기며 실속 있는 사람이라고 칭찬하더라. 나는 이 일을 보고 들을 때에 문득 그대들의 교단 생활하는 일과 비교되어서, 혼자 웃기도 하고 탄식도 하였노니 그대들은 이 이야기에서 깊은 각성을 얻어보라."

23. 대종사 말씀하시기를 "그대들이 다행히 이 도문을 찾아는 왔건마는 본래에 익히고 아는 바가 다르며, 또는 그 사람이 아니면 그 사람을 모르는지라, 조그마한 경계 하나를 못 이기어 도로 나가는 사람도 혹 있나니, 이러한 사람은 마치 소경이 문고리를 옳게 잡았건마는 문턱에 한번 걸어 채이고는 화를 내어 도로 방황하는 길로 나가는 것과 같나니라. 육안肉眼이 어둔 소경은 자신이 소경인 줄이나 알므로 미리 조심이라도 하지마는, 심안心眼이 어둔 소경은 자신이 소경인 줄도 모르므로 스스로 깊은 구렁에 빠지되 빠지는 줄도 알지 못하나니 어찌 위태롭지 아니하리요."

24. 대종사 말씀하시기를 "내가 가게 하나를 벌이고 영업을 개시한 지 여러 해가 되었으되 조금도 이익을 보지 못하였노니, 어찌 그런고 하면 여러 사람들에게 모든 물품을 외상으로 주었더니, 어떤 사람은 그 물품을 가져다가 착실히 팔아서 대금도 가져오고 저도 상당한 이익을 보나, 그러한 사람은 가장 적고, 대개는 물품을 가져간 후에 팔지도 아니하고 그대로 제 집에 두었다가 얼마를 지낸 후에 물품 그대로 가져오거나, 혹은 그 물품을 잃어버리고 값도 주지 아니하는 사람이 허다하므로 자연 손실이 나게 되었노라. 그러나, 이후부터는 물품을 잘 팔아서 자기도 이익을 보고 대금도 잘 가져오는 사람은 치하도 하고 물품도 더욱 잘 대어줄 것이나, 물품으로

도로 가져오는 사람은 크게 책망을 할 것이요, 물품도 잃어버리고 값도 주지 않는 사람은 반드시 법에 알리어 처리하리라" 하시고, "그대들이 내 말의 뜻을 짐작하겠는가" 하시니, 한 제자 사뢰기를 "가게를 개시하였다는 것은 도덕 회상을 열으셨다는 말씀이요, 물품값도 잘 가져오고 저도 상당한 이익을 본다는 것은 대종사께 법문을 들은 후 남에게 선전도 잘하고 자기도 그대로 실행하여 많은 이익을 얻는다는 말씀이요, 물품을 그대로 가져온다는 것은 법문을 들은 후 잊어버리지는 아니하나 실지 효과를 내지 못한다는 말씀이요, 물품도 잃어버리고 값도 주지 않는다는 것은 법문을 들은 후 남에게 선전도 아니하고 자기가 실행도 아니하며 그 법문조차 아주 잊어버린다는 말씀이요, 법에 알리어 처리한다는 것은 좋은 법문을 듣고도 실행도 아니하고 잊어버리고 다니는 사람은 반드시 옳지 못한 일을 많이 행할 것이므로 자연히 많은 죄벌을 받게 되리라는 말씀인가 하나이다." 대종사 말씀하시기를 "너의 말이 옳으니라."

25. 대종사 새해를 맞이하여 대중에게 말씀하시기를 "내가 어젯밤 꿈에 한 이인異人을 만났는데, 그가 말하기를 이 회상이 장차 크게 융성할 것은 의심 없으나 다만 세력이 커짐을 따라 혹 다른 사람이나 다른 단체를 업신여기게 될까 걱정인즉 대중에게 미리 경계하라고 부탁하더라. 꿈은 허망한 것이라 하나 몽사夢事가 하도 역력하고 또는 환세換歲를 당하여 이러한 몽조가 있는 것은 범연한 일이 아니니, 그대들은 누구를 대하거나 공경심을 놓지 말고 아무리 미천한 사람이라도 이 회상의 발전에 도움을 줄 수도 있고 해독을 줄 능력도 있다는 것을 각성하여, 상불경常不輕[11]의 정신으로 모든 경계를 처리하라. 이것이 우리 회상의 앞길에 큰 관계가 있으리라."

---

11   항상 상대방을 가벼이 여기지 않고 공경함.

26. 어느 신문에 우리를 찬양하는 기사가 연재되는지라 대중이 모두 기뻐하거늘, 대종사 말씀하시되 "칭찬하는 이가 있으면 훼방하는 사람도 따라서 생기나니, 앞으로 우리 교세가 더욱 융성해지고 명성이 더욱 드러남을 따라 우리를 시기하는 무리도 생겨날 것인즉, 그대들은 이 점을 미리 각오하여 세간의 칭찬과 비방에 너무 끌리지 말고 오직 살피고 또 챙기어 꾸준히 당연한 일만 행해나가라."

27. 대종사 말씀하시기를 "사람이 세상에서 무슨 일을 하기로 하면 각각 그 일의 판국에 따라 그만한 고난과 파란이 다 있나니 고금을 통하여 불보살 성현들이나 위인 달사치고 고난 없이 성공한 분이 거의 없었나니라. 과거 석가모니 불도 한 나라 태자의 모든 영화를 다 버리시고 성城을 넘어 출가하사, 육년 동안 갖은 난행과 고행을 겪으셨으며, 회상을 펴신 후에도 여러 가지 고난이 많으신 가운데 외도들의 박해로 그 제자가 악살惡殺[12]까지 당하였으나, 부처님의 대도는 그 후 제자들의 계계 승승으로 오늘날 모든 생령의 한량없는 존모를 받게 되었고, 공자께서는 춘추 대의를 바로잡기 위하여 천하를 철환하실 때에 상가의 개 같다는 욕까지 들으셨으며, 진채의 난[13]과 모든 박해를 입었으나 그 제자들의 꾸준한 노력으로 필경 인류 강기를 바로잡아 오늘날 세계적 성인으로 존모를 받게 되었고, 예수께서도 갖은 박해와 모함 가운데 복음을 펴시다가 마침내 십자가에 형륙까지 당하였으나 그 경륜은 사도들의 악전 고투로 오늘날 가위 전 세계에 그 공덕을 끼치지 아니하는가. 우리도 파란 많은 이 세상에 나와서 큰 목표를 세우고 활동을 하게 되었으니 어찌 시비나 고생이 없으리요. 아직까지는 그다지 큰 비난이나 압박을 받은 일이 없었지마는 사람이 차차 많아지고

---

12 불의한 죽음.

13 공자가 제자들과 함께 초(楚)나라로 가던 중 진(陳)나라와 채(蔡)나라 경계에서 괴한들에게 포위당해 7일간이나 굶으며 사경에 빠졌다가 가까스로 위기를 모면한 사건.

일이 점점 커짐에 따라 이 중에 잘못하는 사람이 생겨나 회상의 체면에 혹 낮은 영향이 올 수도 있으리라. 그러나, 우리의 목적이 진실로 세상을 이익 주는 데에 있고 우리의 교화가 참으로 제생 의세에 필요하다면 비록 한두 사람의 잘못이 있고 한두가지 일에 그르침이 있다 할지라도 그로 인하여 우리 회상 전체가 어긋나지는 아니할 것이며, 설사 어떠한 모함과 박해를 당한다 할지라도 그 진체眞體는 마침내 그대로 드러나리라. 이를 비유하여 말하자면 안개가 산을 가리어 산의 면목이 한때 흐리더라도 안개가 사라 지면 산이 도리어 역력히 나타나는 것과 같나니, 그대들은 어떠한 고난과 파란에도 그 마음을 끌리지 말고 각자 각자가 본래의 양심만 잘 지켜서 끝 까지 목적 달성에 매진한다면 우리의 대업은 원만히 성취될 줄로 확신하 노라."

28. 대종사 말씀하시기를 "모든 사업을 하는 데에 실패되는 원인이 세가 지가 있나니, 그 하나는 수고는 들이지 아니하고 급속히 큰 성공 얻기를 바 람이요, 둘은 일의 본말과 선후 차서를 모르고 경솔하게 처사함이요, 셋은 일의 완성을 보기 전에 소소한 실패나 이익에 구애되어 결국 큰 실패를 장 만함이니, 모든 사업을 경영하는 사람은 이 세가지 점을 항상 조심하여야 되나니라."

29. 산업부에서 군郡 당국의 후원을 얻어 양계養鷄를 하는데 하루는 부 주의로 닭장의 물난로가 터져 많은 병아리가 죽은지라, 담임 부원이 크게 놀라 바로 당국에 사유를 고하였더니, 담당 주임이 듣고 말하되 "당신들이 앞으로 양계에 큰 성공을 하려면 이보다 더 큰 실패라도 각오해야 할 것이 니, 많은 닭을 기르자면 뜻밖의 재해와 사고로 손해를 보는 수도 많은 동시 에 살려내는 방식도 또한 여러 가지가 있는데, 규모가 작은 때에 이러한 실 패를 해보지 아니하면 규모가 커진 때에 큰 실패를 면하지 못하게 될 것이

라, 그러므로 지금의 작은 손해는 후일의 큰 손해를 막는 산 경험이 될 것인즉 결코 실망하지 말고 잘해보라" 하거늘, 부원이 돌아와 대종사께 아뢰었더니, 말씀하시기를 "그 주임의 말은 법문이로다. 옛말에 한 일을 지내지 아니하면 한 지혜를 얻지 못한다는 말이 있거니와, 이 작은 실패는 미래 성공의 큰 보감이 될 것이니 이것이 어찌 양계에만 한한 일이리요. 우리 교단에서도 공부와 사업을 하여나가는데 잘된 일이 있어도 범연히 지내지 말고 잘못된 일이 있어도 범연히 지내지 말아서, 반드시 그 잘되고 못되는 원인을 살펴야 할 것이며, 또는 다른 종교들의 동정動靜을 잘 보아서 어떻게 하면 세상의 환영을 받으며, 어떻게 하면 세상의 배척을 받는가, 또 어떻게 하면 좋은 역사를 드러내어 천추에 좋은 이름을 전하게 되고, 어떻게 하면 나쁜 이름이 드러나서 오랜 세상에 더러운 역사를 끼치게 되는가를 잘 참조하여, 깨치고 또 깨치며 고치고 또 고쳐서, 언제든지 정당한 길만을 진행해나간다면 개인·가정·사회·국가를 막론하고 대하는 곳마다 이익을 주어서 중인의 환영 받는 모범적 종교가 될 것이요, 만일 그러한 반성이 없이 되는 대로 진행한다면 결국 모든 허물이 생겨나서 세상의 용납을 얻지 못할 것이니 그 어찌 조심하지 아니하리요."

30. 대종사 말씀하시기를 "세상의 모든 사물이 작은 데로부터 커진 것 외에는 다른 도리가 없나니, 그러므로 이소성대以小成大는 천리天理의 원칙이니라. 이 세상에 크게 드러난 모든 종교의 역사를 보더라도 처음 창립할 때에는 그 힘이 심히 미약하였으나 오랜 시일을 지내는 동안에 그 세력이 점차 확장되어 오늘날 큰 종교들이 되었으며 다른 모든 큰 사업들도 또한 작은 힘이 쌓이고 쌓인 결과 그렇게 커진 것에 불과하나니, 우리가 이 회상을 창립 발전시키는 데에도 이소성대의 정신으로 사심 없는 노력을 계속한다면 결국 무위이화無爲而化의 큰 성과를 보게 될 것이요, 또는 공부를 하는 데에도 급속한 마음을 두지 말고 스승의 지도에 복종하여 순서를 밟

아 진행하고 보면 마침내 성공의 지경에 이를 것이나, 만일 그렇지 아니하고 어떠한 권도權道로 일시적 교세의 확장을 꾀한다든지 한때의 편벽된 수행으로 짧은 시일에 큰 도력을 얻고자 한다면 이는 한갓 어리석은 욕심이요 역리逆理의 일이라, 아무리 애를 쓰되 헛되이 세월만 보내게 되리라. 그런즉, 그대들은 공부나 사업이나 기타 무슨 일이든지 허영심과 욕속심欲速心[14]에 끌리지 말고 위에 말한 이소성대의 원칙에 따라 바라는바 목적을 어김없이 성취하기 바라노라."

31. 대종사 말씀하시기를 "사람에게 큰일을 맡기려 함에 하늘에서 먼저 시험해보는 이치가 있나니, 보통 사람도 하루 인부만 부리고 일년 머슴만 두려 하여도 그 자격과 신용을 먼저 보거든 하물며 천하 대사를 맡기는 데 있어서리요. 그러므로, 큰 일을 이루려는 사람은 먼저 마땅히 이 시험에 잘 통과하도록 조심하여야 하나니라."

32. 대종사 말씀하시기를 "큰 회상會上을 일어내는 데에는 재주와 지식과 물질이 풍부한 사람을 만나는 것도 물론 필요하나 그것만으로는 오직 울타리가 될 뿐이요, 설혹 둔하고 무식한 사람이라도 혈심血心 가진 참 사람을 만나는 것이 더욱 중요하나니, 그가 참으로 알뜰한 주인이 될 것이며 모든 일에 대성을 보나니라."

33. 대종사 예회에서 대중에게 말씀하시기를 "오늘은 이 회상의 창조자創造者와 파괴자破壞者에 대하여 그 내용을 구분하여주리니 잘 들으라. 이 회상의 창조자는 곧 정신·육신·물질의 세 방면으로 이 회상을 위하여 직접 노력도 하고 희사도 하는 동시에 예회도 잘 보고 정기 공부에도 성의가

---

14   정당한 노력 없이 빨리 이루고자 하는 마음.

있으며 집에서 경전 연습도 부지런히 하여 우리의 교리와 제도를 철저히 알아가지고 자기의 실생활에 이 법을 잘 활용하여 어느 모로든지 다른 사람의 모범이 되어 은연중 이 회상의 발전에 공헌하는 사람이며, 파괴자는 곧 정신·육신·물질의 세 방면으로 이 회상에 직접 해독을 끼치는 동시에 예회에도 성의가 없고 정기 공부에도 취미를 얻지 못하여 종전의 악습을 하나도 고치지 못하고 계문을 함부로 범하며 당하는 대로 자행 자지하여 자기에게나 남에게나 이익될 일은 하지 못하고 해독될 일만 행하여 이 회상의 명예를 손상하며 발전에 지장을 주는 사람이라, 그대들은 모름지기 이 점을 잘 알아서 혹시라도 이 회상의 파괴자는 되지 말고 훌륭하고 영원한 창조자의 공덕을 쌓기에 꾸준히 노력하라."

34. 대종사 말씀하시기를 "이 회상을 창립하는 데에 길이 많으나 요령으로 열한 조목을 들었나니 이에 의하여 앞으로 모든 창립 공로를 전형銓衡하리라. 첫째는, 정신과 육신을 전무출신함이요, 둘째는 물질을 많이 혜시함이요, 셋째는 입교한 후 시종이 여일함이요, 넷째는 경전 주해와 법설 기록을 많이 함이요, 다섯째는 규약과 계문을 잘 지킴이요, 여섯째는 무슨 방면으로든지 동지의 마음을 즐겁게 하여 공부와 사업에 전진이 있게 함이요, 일곱째는 무슨 방면으로든지 이 회상을 창립하기로만 위주함이요, 여덟째는 공익심을 주장함이요, 아홉째는 응용에 무념함이요, 열째는 악한 일로 유명한 사람이 입교한 후로 개과하여 모든 사람의 모범이 되며 자연히 여러 사람을 경계하고 권면함이요, 열한째는 무슨 방면으로든지 세상에 이름 있는 사람이 입교하여 자연히 모든 사람에게 권면이 되며 이 회상의 위치가 드러나게 함이니라."

35. 황정신행黃淨信行이 여쭙기를 "과거 부처님께서는 무념 보시無念布施를 하라 하시고 예수께서는 오른손으로 주는 것을 왼손도 모르게 하라 하

셨사온데, 대종사께서는 사업 등급의 법을 두시어 모든 교도의 성적을 다 기록하게 하시니, 혹 사업하는 사람들의 계교심計較心[15]을 일으키는 원인도 되지 아니하오리까." 대종사 말씀하시기를 "사업을 하는 당인들에 있어서는 마땅히 무념으로 하여야만 무루의 복이 쌓이려니와 공덕을 존숭尊崇하고 표창할 처지에서는 또한 분명하여야 하지 않겠는가."

36. 대종사 말씀하시기를 "그대들은 다 공도의 주인이 돼라. 사가의 살림이나 사업은 크거나 작거나 간에 자기의 자녀에게 전해주는 것이 재래의 전통적 관습으로 되어왔으나, 공중의 살림과 사업은 오직 공변된 정신으로 공변된 활동을 하는 공변된 사람에게 전해지는 것이니, 그대들이 이 이치를 깨달아 크게 공변된 사람이 되고 보면 우리의 모든 시설과 모든 법도와 모든 명예가 다 그대들의 소유요 그대들의 주관할 바라 이 회상은 오직 도덕 높고 공심 많은 사람들이 주관할 세계의 공물公物이니 그대들은 다 이 공도의 주인이 되기에 함께 힘쓰라."

37. 대종사 일반 교무에게 훈시하시기를 "그대들은 이 혼란한 시기를 당하여 항상 사은의 크고 중하심을 참 마음으로 감사하는 동시에 일반 교도에게도 그 인식을 더욱 깊게 하여, 언제나 감사하는 생각을 가지고 그 정신이 온건穩健 착실한 데로 나아가게 할 것이며, 또는 근래 이 나라의 종교 단체들이 왕왕이 그 신자로부터 많은 재물을 거둬들이고 집안 살림을 등한시하게 하여 일반 사회에 좋지 못한 영향을 미치게 하며, 수많은 비난 가운데 그 존속存續도 못 하게 된 일이 간혹 있었나니, 우리는 일반 교도로 하여금 각자 직업에 근실하게 하여 어떠한 사람이든지 우리 공부를 함으로부터 그 생활이 전보다 향상은 될지언정 못하지는 않도록 지도 권면할 것이

---

15   의심하고 저울질해 비교하는 마음.

며, 또는 세태가 점점 달라져서 남녀 사이의 엄격하던 장벽이 무너진 지 오래된 바에 이제 다시 장벽을 쌓을 것은 없으나 아무쪼록 그 교제에 신중을 다하여 교단의 위신에 조금이라도 손상됨이 없게 하라. 이 세가지 조건을 주의하고 못 하는 데에 우리의 흥망이 좌우되리니 이 말을 범연히 듣지 말기 바라노라."

38. 대종사 일반 교무에게 훈시하시기를 "교화선상에 나선 사람은 물질 주고받는 데에 청렴하며, 공금 회계를 분명하고 신속하게 할 것이요, 뿌리 없는 유언流言에 끌리지 말며, 시국에 대한 말을 함부로 하지 말며, 다른 종교나 그 숭배처를 훼방하지 말 것이요, 교도의 허물을 잘 덮어주며, 아만심을 없이하여 모든 교도와 두루 융화하되 예에 맞지 않는 과공過恭도 없게 하며, 남녀 사이에는 더욱 조심할 것이요, 다른 이의 공은 잘 드러내어주고 자기의 공은 과장하지 말며, 교도의 신앙을 자기 개인에게 집중시키지 말며, 그 사업심이 지방에 국한되지 않게 할 것이요, 또는 교무는 지방에 있어서 종법사의 대리라는 것을 명심하여, 그 자격에 오손됨이 없이 사명을 다해주기 부탁하노라."

39. 대종사 연도年度 말에는 조갑종趙甲鍾 등을 부르시어 당년도 결산과 신년 예산을 정확히 하여 오라 하시고 세밀히 친감하시며 말씀하시기를 "한 가정이나 단체나 국가가 수입과 지출이 맞지 못하면 그 가정 그 단체 그 국가는 흥왕하지 못하나니, 과거 도가에서는 재물을 논하면 도인이 아니라 하였지마는 새 세상의 도가에서는 영육靈肉을 쌍전雙全해야 하겠으므로 우리 회상에서는 총·지부16를 막론하고 회계 문서를 정비시켜 수입과 지출을 대조하게 함으로써 영과 육 두 방면에 결함됨이 없게 하였으며,

16   원불교 중앙총부와 각 지역의 교당.

교단 조직에 공부와 사업의 등위를 같이 정하였나니라."

40. 대종사 교무들에게 말씀하시기를 "중생을 위하여 말을 하고 글을 쓸 때에 공연히 그들의 환심만을 얻기 위하여, 실생활에 부합되지 않는 공론空論이나, 사실에 넘치는 과장이나, 공교하고 신기하고 어려운 말이나, 수행상 한편에 치우치는 말 등을 하지 말라. 그러한 말은 세상에 이익도 없고 도인을 만들지도 못하나니라."

41. 대종사 말씀하시기를 "대중을 인도하는 사람은 항상 대중의 정신이 어느 곳으로 흐르는가를 자세히 살펴서, 만일 조금이라도 좋지 못한 풍기가 생기거든 그 바로잡을 방책을 연구하되, 말로써 할 일은 말로써 하고 몸으로써 할 일은 몸으로써 하여 어떻게 하든지 그 전환에 노력할 것이니, 가령 일반의 경향이 노동을 싫어하는 기미가 있거든 몸으로써 노동하여 일반의 경향을 돌리고, 아상我相이나 명리욕名利慾이 과한 사람에게는 몸으로써 굴기 하심屈己下心을 나타내어 명리욕 가진 사람이 스스로 부끄러운 마음을 내도록 하여 모든 일을 그와 같이 앞서 실행해서 그 폐단을 미연未然에 방지하고 기연旣然에[17] 교정하는 것이 이른바 보살의 지도법이며 중생을 교화하는 방편이니라."

42. 대종사 말씀하시기를 "어느 시대를 물론하고 새로운 회상을 세우기로 하면 근본적으로 그 교리와 제도가 과거보다 우월하여야 할 것은 말할 것도 없으나 그 교리와 제도를 널리 활용할 동지들을 만나지 못하면 또한 성공하기가 어렵나니라. 그러므로, 과거 부처님 회상에서도 천이백 대중 가운데 십대 제자가 있어서 각각 자기의 능한 대로 대중의 표준이 되는 동

---

17   일이 있은 뒤에.

시에 부처님이 무슨 말씀을 내리시면 그분들이 먼저 반가이 받들어 솔선 실행하며 여러 사람에게도 장려하여 각 방면으로 모범적 행동을 하였으므로 대중은 항상 십대 제자의 정신에 의하여 차차 교화의 힘을 입어서 마침내 영산 대회상을 이루게 되었나니, 이제 십대 제자의 교화한 예를 들어 말하자면, 가령 대중 가운데 어떤 사람이 잘못하는 일이 있는데 직접 잘못을 꾸짖으면 도리어 역효과를 내게 될 경우에는 십대 제자 중 이삼 인이 조용히 의논하고 그중 한 사람이 일부러 그 잘못을 하면 곁에서 보던 한 사람은 그 사람을 불러놓고 엄중히 훈계를 하고 그 사람은 순순히 그 과실을 자백하여 감사한 태도로 개과를 맹세한 후 그 과실을 고침으로써 참으로 잘못하던 사람이 은연중 참회할 생각이 나며 무언중 그 과실을 고치게 하였나니, 이와 같은 일들이 곧 십대 제자의 행사이었으며 교화하는 방편이었나니라. 그뿐 아니라 어느 경우에는 대중을 인도하기 위하여 아는 것도 모르는 체하고 잘한 일도 잘못한 체하며, 또는 탐심이 없으면서도 있는 듯이 하다가 서서히 탐심 없는 곳으로 전환도 하며, 애욕이 없으면서도 있는 듯이 하다가 애욕을 끊는 자리로 전환하기도 하여, 음적 양적으로 부모가 자녀를 기르듯 암탉이 달걀을 어루듯 모든 자비행을 베풀었으므로 부처님의 제도 사업에도 많은 수고를 덜었으며 모든 대중도 쉽게 정법의 교화를 받게 되었나니, 그 자비심이 얼마나 장하며 그 공덕이 얼마나 광대한가. 그런즉, 그대들도 대중 생활을 하여갈 때에 항상 이 십대 제자의 행하던 일을 모범하여 이 회상을 창립하는 데에 선도자가 되고 중추 인물이 되기를 부탁하노라.”

제14 전망품展望品

1. 대종사 말씀하시기를 "세상이 말세가 되고 험난한 때를 당하면 반드시 한 세상을 주장할 만한 법을 가진 구세 성자救世聖者가 출현하여 능히 천지 기운을 돌려 그 세상을 바로잡고 그 인심을 골라놓나니라."

2. 대종사 대각하신 후 많은 가사歌詞와 한시漢詩를 읊어내시사 그것을 수록하시어 『법의대전法義大全』이라 이름하시니, 그 뜻이 심히 신비하여 보통 지견으로는 가히 이해하기 어려우나, 그 대강은 곧 도덕의 정맥正脈이 끊어졌다가 다시 난다는 것과 세계의 대세가 역수逆數가 지내면 순수順數가 온다는 것과 장차 회상 건설의 계획 등을 말씀하신 것이었는데, 그 후 친히 그것을 불사르사 세상에 다시 전하지 못하게 하셨으나 "개자태극 조판으로 원천이 강림어선절후계지심야〔盖自太極肇判元天降臨於先絶後繼之心也〕"[1]라고 한 서문 첫 절과 다음의 한시 열한 귀가 구송口誦으로 전해지니

---

1   "대개 태극이 처음 쪼개어 갈라짐으로부터 원천(근원의 진리)은 앞서 끊어지고 뒤를 잇는 마음에 내려와 임한다." 여기서 '앞서 끊어지고 뒤를 잇는'다는 것은 희미해진 도덕의 정맥을 후천개벽 시대를 맞아 새롭게 살려낸다는 뜻으로 해석할 수 있다.

라. (이하 편자의 해석.)

만학천봉답래후 萬壑千峰踏來後 수만 골짜기 수천 봉우리를 돌아다닌 끝에
무속무적주인봉 無俗無跡主人逢 속됨도 없고 자취도 없는 주인을 만나도다

야초점장우로은 野草漸長雨露恩 들풀은 비와 이슬의 은혜로 점점 자라고
천지회운정심대 天地回運正心待 천지에 돌아오는 운은 바른 마음을 기다린다

시사일광창천중 矢射日光蒼天中 화살을 푸른 하늘 가운데 햇빛에 쏘아 올리니[2]
기혈오운강신요 其穴五雲降身繞 그 구멍으로 오색구름 내려와 온몸을 감싸도다

승운선자경처심 乘雲仙子景處尋 구름 탄 신선이 경치 좋은 곳을 찾으니
만화방창제일호 萬和方暢第一好 만물이 조화롭고 바야흐로 화창하니 제일로 좋
아라

만리장강세의요 萬里長江世意繞 만리를 흐르는 긴 강에는 세상 뜻이 얽혀 있고
도원산수음양조 道源山水陰陽調 도의 근원인 산과 물은 음양이 고르더라

호남공중하처운 湖南空中何處云 호남의 하늘 어느 곳이라 이르랴!
천하강산제일루 天下江山第一樓 천하 강산에서 제일가는 망루여라

천지방척척수량 天地方尺尺數量 하늘과 땅의 바른 잣대로 치수를 재어
인명의복활조전 人名衣服活造傳 사람 사람에게 맞게 옷을 살려 만들어 전하도다

---

2   여기서 '화살'은 큰 서원(誓願)을, '푸른 하늘 가운데 햇빛'은 진리의 광명을 비유한 것이다.
즉, 지극한 서원 일념을 진리 전에 올린다는 뜻이다(『대산종사법문집』 5집, 원불교출판사
1994, 56~57면).

천지만물포태성 天地萬物胞胎成 천지 만물은 한 포대에서 성장하고

일월일점자오조 日月一點子午調 해와 달은 한 점으로 밤과 낮을 고르더라

방풍공중천지명 放風空中天地鳴 바람을 허공 가운데 놓으니 천지가 울리고

괘월동방만국명 掛月東方萬國明 동방에 달이 뜨니 모든 나라가 밝아지도다

풍우상설과거후 風雨霜雪過去後 바람과 비와 서리와 눈이 지나간 뒤에

일시화발만세춘 一時花發萬歲春 일시에 꽃이 피니 온 세상이 봄이어라

연도심수천봉월 研道心秀千峰月 도를 연마한 마음은 천 봉우리 달처럼 빼어나고

수덕신여만곡주 修德身如萬斛舟 덕을 닦은 몸은 만 섬을 실은 배와 같더라

3. 한 제자 한문 지식만을 중히 여기는지라, 대종사 말씀하시기를 "도덕은 원래 문자 여하에 매인 것이 아니니 그대는 이제 그 생각을 놓으라. 앞으로는 모든 경전을 일반 대중이 두루 알 수 있는 쉬운 말로 편찬하여야 할 것이며, 우리말로 편찬된 경전을 세계 사람들이 서로 번역하고 배우는 날이 멀지 아니할 것이니, 그대는 어려운 한문만 숭상하지 말라."

4. 대종사 익산에 총부를 처음 건설하실 제 몇 간의 초가에서 많지 못한 제자들에게 물으시기를 "지금 우리 회상이 무엇과 같은가 비유하여보라." 권대호權大鎬 사뢰기를 "못자리판과 같나이다." 다시 물으시기를 "어찌하여 그러한고." 대호 사뢰기를 "우리 회상이 지금은 이러한 작은 집에서 몇 십명만 이 법을 받들고 즐기오나 이것이 근본이 되어 장차 온 세계에 이 법이 편만할 것이기 때문이옵니다." 대종사 말씀하시기를 "네 말이 옳다. 저 넓은 들의 농사도 좁은 못자리의 모 농사로 비롯한 것같이 지금의 우리

가 장차 세계적 큰 회상의 조상으로 드러나리라. 이 말을 듣고 웃을 사람도 있을 것이나, 앞으로 제일대第一代만 지나도 이 법을 갈망하고 요구하는 사람이 많아질 것이며, 몇십년 후에는 국내에서 이 법을 요구하게 되고, 몇백년 후에는 전세계에서 이 법을 요구하게 될 것이니, 이렇게 될 때에는 나를 보지 못한 것을 한하는 사람이 수가 없을 뿐 아니라, 지금 그대들 백명 안에 든 사람은 물론이요 제일대 창립 한도創立限度[3] 안에 참례한 사람들까지도 한없이 부러워하고 숭배함을 받으리라."

5. 대종사 금강산을 유람하고 돌아오시어 "금강이 현세계金剛現世界하니 조선이 갱조선朝鮮更朝鮮이라"[4]는 글귀를 대중에게 일러주시며 말씀하시기를 "금강산은 천하의 명산이라 멀지 않은 장래에 세계의 공원으로 지정되어 각국이 서로 찬란하게 장식할 날이 있을 것이며, 그런 뒤에는 세계 사람들이 서로 다투어 그 산의 주인을 찾을 것이니, 주인될 사람이 미리 준비해놓은 것이 없으면 무엇으로 오는 손님을 대접하리요."

6. 대종사 개교開敎 기념일을 당하여 대중에게 말씀하시기를 "우리에게 큰 보물 하나가 있으니 그것은 곧 금강산이라 이 나라는 반드시 금강산으로 인하여 세계에 드러날 것이요, 금강산은 반드시 그 주인으로 인하여 더욱 빛나서, 이 나라와 금강산과 그 주인은 서로 떠날 수 없는 인연으로 다같이 세계의 빛이 되리라. 그런즉, 그대들은 우리의 현상을 비관하지 말고 세계가 금강산의 참 주인을 찾을 때에 우리 여기 있다 할 자격을 갖추기에 공을 쌓으라. 금강산의 주인은 금강산 같은 인품을 조성해야 할 것이니 닦아서 밝히면 그 광명을 얻으리라. 금강산같이 되기로 하면 금강산같이 순실純實하여 순연한 본래 면목을 잃지 말며, 금강산같이 정중鄭重하여 각자

---

3   1대(代)를 36년, 1회(回)를 12년으로 하는 원불교의 시대 구분법.
4   "금강산이 세상에 드러나면 조선은 거듭 조선이 되리라."

의 본분사本分事에 전일하며 금강산같이 견고하여 신성과 의지를 변하지 말라. 그러하면, 산은 체體가 되고 사람은 용用이 될지라, 체는 정하고 용은 동하나니 산은 그대로 있으되 능히 그 체가 되려니와 사람은 잘 활용하여야 그 용이 될 것이니, 그대들은 어서어서 부처님의 무상 대도를 연마하여 세계의 모든 산 가운데 금강산이 드러나듯 모든 사람 가운데 환영받는 사람이 되며, 모든 교회 가운데 모범적 교회가 되게 하라. 그러하면 강산과 사람이 아울러 찬란한 광채를 발휘하리라.”

7. 대종사 전주에 가시니 문정규·박호장朴戶張 등이 와서 뵈옵는지라, 말씀하시기를 “내가 오는 길에 우스운 일을 많이 보았노니, 아침에 어느 곳을 지나는데 날이 이미 밝아서 만물이 다 기동하여 사방이 시끄러우나 어떤 사람은 날이 밝은 줄을 모르고 깊이 잠자고 있으며, 어떤 사람은 찬 바람과 얼음 속에 씨를 뿌리고 있으며, 어떤 사람은 여름옷을 그대로 입고 추위에 못 견디어 떨고 섰더라” 하시니, 정규가 말씀 뜻을 짐작하고 여쭙기를 “어느 때가 되어야 백주에 잠자는 사람이 잠을 깨어 세상에 나오며, 얼음 속에 씨를 뿌리는 사람과 겨울에 여름옷 입은 사람이 때를 알아 사업을 하겠나이까.” 대종사 말씀하시기를 “그 사람이 지금은 날이 밝은 줄을 모르고 깊이 자고 있으나 밖에서 만물이 기동하는 소리가 오래 가면 반드시 그 잠을 깰 것이요, 잠을 깨어 문을 열어보면 바로 날 밝은 줄을 알 것이요, 알면 일어나서 사업을 잡을 것이며, 저 얼음 속에 씨를 뿌리는 사람과 겨울에 여름옷을 입은 사람들은 때를 모르고 사업을 하니 반드시 실패할 것이요, 사업에 실패하여 무수한 고통과 곤란을 겪은 후에는 철 아는 사람의 사업하는 것을 보고 제 마음에 깨침이 생겨나서 차차 철 아는 사람이 되리라.”

8. 김기천이 여쭙기를 “근래에 여러 사람이 각기 파당을 지어 서로 옳

다 하며 사방에서 제 스스로 선생이라 일컬으오나 그 내용을 보면 무엇으로 가히 선생이라 할 가치가 없사오니, 그들을 참 선생이라 할 수 있사오리까." 대종사 말씀하시기를 "참 선생이니라." 기천이 여쭙기를 "어찌하여 참 선생이라 하시나이까." 대종사 말씀하시기를 "그대가 그 사람들로 인하여 사람의 허虛와 실實을 알았다 하니 그것만 하여도 참 선생이 아닌가." 기천이 다시 여쭙기를 "그것은 그러하오나 그들도 어느 때가 되오면 자신이 바로 참 선생의 자격을 갖추게 되오리까." 대종사 말씀하시기를 "허를 지내면 실이 돌아오고 거짓을 깨치면 참이 나타나나니, 허실과 진위眞僞를 단련하고 또 단련하며 지내고 또 지내보면 그중에서 자연히 거짓 선생이 참 선생으로 전환될 수 있나니라."

9. 대종사 말씀하시기를 "근래의 인심을 보면 공부 없이 도통道通을 꿈꾸는 무리와, 노력 없이 성공을 바라는 무리와, 준비 없이 때만 기다리는 무리와, 사술邪術로 대도를 조롱하는 무리와, 모략으로 정의를 비방하는 무리들이 세상에 가득하여, 각기 제가 무슨 큰 능력이나 있는 듯이 야단을 치고 다니나니, 이것이 이른바 낮도깨비니라. 그러나, 시대가 더욱 밝아짐을 따라 이러한 무리는 발붙일 곳을 얻지 못하고 오직 인도 정의의 요긴한 법만이 세상에 서게 될 것이니, 이러한 세상을 일러 대명 천지大明天地라 하나니라."

10. 대종사 서울에 가시사 하루는 남산 공원에 소요하시더니, 청년 몇 사람이 대종사의 위의威儀 비범하심을 뵈옵고, 와서 인사하며 각각 명함을 올리는지라 대종사 또한 명함을 주시었더니, 청년들이 그 당시 사회에 큰 물의를 일으키고 있던 모 신흥 종교에 대한 신문의 비평을 소개하면서, 말하기를 "이 교敎가 좋지 못한 행동이 많으므로 우리 청년 단체가 그 비행을 성토하며 현지에 내려가서 그 존재를 박멸하려 하나이다." 대종사 말씀

하시기를 "그 불미한 행동이란 과연 무엇인가." 한 청년이 사뢰기를 "그들이 미신의 말로써 인심을 유혹하여 불쌍한 농민들의 재산을 빼앗으니, 이것을 길게 두면 세상에 나쁜 영향이 크게 미칠 것이옵기로 그것을 박멸하려 하는 것이옵니다." 대종사 말씀하시기를 "그대들의 뜻은 짐작이 되나 무슨 일이든지 제 생각에 한번 하고 싶어서 죽기로써 하는 때에는 다른 사람이 아무리 말려도 되지 않을 것이니, 무슨 능력으로 그 교의 하고 싶은 일을 막을 수 있으리요." 청년이 여쭙기를 "그러면 그 교가 박멸되지 아니하고 영구히 존속될 것이라는 말씀이옵니까." 대종사 말씀하시기를 "나의 말은 다른 사람의 굳이 하고 싶은 일을 억지로 막지는 못한다는 말이요, 그 교에 대한 존속 여부를 말한 것은 아니나, 사람마다 이로움은 좋아하고 해로움은 싫어하는데, 서로 관계하는 사이에 항상 이로움이 돌아오면 길이 친근할 것이요, 해로움이 돌아오면 길이 친근하지 못할 것이라, 정도正道라 하는 것은 처음에는 해로운 것 같으나 필경에는 이로움이 되고, 사도邪道라 하는 것은 처음에는 이로운 것 같으나 필경에는 해독이 돌아오므로, 그 교가 정도이면 아무리 그대들이 박멸하려 하여도 되지 않을 것이요, 사도라면 박멸하지 아니하여도 자연히 서지 못하게 되리라."

11. 그 청년이 다시 여쭙기를 "그러하오면 선생님께서는 어떠한 방법이라야 이 세상이 길이 잘 교화되리라고 생각하시나이까." 대종사 말씀하시기를 "특별한 방법이 따로 있는 것은 아니나 오직 한가지 예를 들어 말하리라. 가령, 큰 들 가운데 농사를 짓는 사람이 농사 방법도 잘 알고 일도 또한 부지런히 하여 그 수확이 다른 사람보다 훨씬 우월하다면, 온 들안 사람들이 그것을 보고 자연히 본받아 갈 것이나, 만일 자기 농사에는 실적이 없으면서 다른 사람에게 말로만 권한다면 그 사람들이 따르지 않을 것은 물론이니, 그러므로 나는 늘 말하되 내가 먼저 행하는 것이 곧 남을 교화함이 된다 하노라." 청년이 사뢰기를 "선생님께서는 그러한 통달하신 법으

로 세상을 교화하시거니와, 그 교는 좋지 못한 행동으로 백성을 도탄塗炭 가운데 넣사오니 세상에 없어야 할 존재가 아니오니까." 대종사 말씀하시기를 "그 교도 세계 사업을 하고 있으며 그대들도 곧 세계 사업을 하고 있나니라." 청년이 또 여쭙기를 "어찌하여 그 교가 세계 사업을 한다 하시나이까." 대종사 말씀하시기를 "그 교는 비하건대 사냥의 몰이꾼과 같나니 몰이꾼들의 몰이가 아니면 포수들이 어찌 그 구하는 바를 얻으리요. 지금은 묵은 세상을 새 세상으로 건설해야 할 시기인바 세상 사람들이 그 형편을 깨닫지 못하고 발원 없이 깊이 잠들었는데, 그러한 각색各色 교회가 사방에서 일어나 모든 사람의 잠을 깨우며 마음을 일으키니, 그제야 모든 인재들이 세상에 나서서 실다운 일도 지내보고 헛된 일도 지내보며, 남을 둘러도 보고 남에게 둘리기도 하여 세상 모든 일의 허실과 시비를 알게 되매 결국 정당한 교회와 정당한 사람을 만나 정당한 사업을 이룰 것이니, 이는 곧 그러한 각색 교회가 몰이를 해준 공덕이라, 그들이 어찌 세계 사업자가 아니라 하리요." 청년이 또 여쭙기를 "그것은 그러하오나 저희들은 또한 어찌하여 세계 사업자가 된다 하시나이까." 대종사 말씀하시기를 "그대들은 모든 교회의 행동을 보아, 잘하는 것이 있으면 세상에 드러내고 잘못하는 것이 있으면 또한 비평을 주장하므로, 누구를 물론하고 비난을 당할 때에는 분한 마음이 있을 것이요, 분한 마음이 있을 때에는 새로 정신을 차려 비난을 면하려고 노력할 것이니, 그대들은 곧 세계 사업자인 모든 교회에 힘을 도와주고 반성을 재촉하는 사업자라, 만일 그대들이 없으면 모든 교회가 그 전진력을 얻지 못할 것이므로 그대들의 공덕도 또한 크다 하노라." 청년들이 감복하여 절하고 사뢰기를 "선생님의 말씀은 두루 통달하여 하나도 막힘이 없나이다."

12. 한 사람이 여쭙기를 "선생님의 교법이 시대에 적절할 뿐 아니라 정당한 법인 줄은 믿으오나 창립한 시일이 아직 천단淺短하여 근거가 깊지

못하오니 선생님 후대에는 어떻게 되올지 의문이 되나이다." 대종사 말씀하시기를 "그대가 이 법을 이미 정법으로 알았다 하니 그렇다면 나의 후대에 이 법의 확장 여하를 근심할 것이 없나니라. 보라! 세상에 도둑질하는 법은 나쁜 법이라, 그 법을 나라에서 없애려 하고 사회에서 배척하건마는 그 종자가 없어지지 아니하고 남아 있어서 우리들을 괴롭게 하는 것은, 그같이 나쁜 법도 필요를 느끼는 무리가 일부에 있기 때문이거든, 하물며 모든 인간이 다 필요로 하는 인도 정의의 정당한 법이리요. 다시 한 예를 더들자면, 세상 사람들이 모든 물질과 기술을 사용하여 생활을 할 때에 그 발명가를 위하여 사용하는 것이 아니요 각각 자기의 편리를 생각하여 사용하므로 자기의 편리만 있으면 아무리 사용하지 말라 하여도 자연 사용하게 되는 것같이 모든 교법도 또한 여러 사람이 믿고 사용한 결과에 이익이 있다면 아무리 믿지 말라 하여도 자연 믿을 것이며, 믿는 사람이 많을 때에는 이 법이 또한 널리 확장될 것이 아닌가."

13. 한 사람이 여쭙기를 "동양이나 서양에 기성 교회도 상당한 수가 있어서 여러 천년 동안 서로 문호를 달리하여 시비가 분분한 가운데, 근래에는 또한 여러 가지 신흥 교회가 사방에 일어나서 서로 자가自家의 주장을 내세우고 다른 의견을 배척하여 더욱 시비가 분분하오니 종교계의 장래가 어떻게 되오리까." 대종사 말씀하시기를 "어떤 사람이 서울에서 가정을 이루어 자녀를 두고 살다가 세계 여러 나라를 두루 유람할 제, 그중 몇몇 나라에서는 각각 여러 해를 지내는 동안 그 나라 여자와 동거하여 자녀를 낳아놓고 돌아왔다 하자. 그 후 그 사람의 자녀들이 각각 그 나라에서 자란 다음 각기 제 아버지를 찾아 한 자리에 모였다면, 얼굴도 서로 다르고 말도 서로 다르며 습관과 행동도 각각 다른 그 사람들이 얼른 서로 친하고 화해질 수 있겠는가. 그러나, 여러 해를 지내는 동안 그들도 차차 철이 들고 이해심이 생겨나서 말과 풍습이 서로 익어지고 그 형제 되는 내역을 자

상히 알고 보면 반드시 골육지친骨肉之親을 서로 깨달아 화합하게 될 것이니, 모든 교회의 서로 달라진 내역과, 그 근원은 원래 하나인 내역도 또한 이와 같으므로, 인지가 훨씬 개명開明되고 도덕의 빛이 고루 비치는 날에는 모든 교회가 한 집안을 이루어 서로 융통하고 화합하게 되나니라."

14. 조송광이 처음 와 뵈오니, 대종사 말씀하시기를 "그대가 보통 사람보다 다른 점이 있어 보이니 어떠한 믿음이 있는가." 송광이 사뢰기를 "여러 십년 동안 하나님을 신앙하여 온 예수교 장로이옵니다." 대종사 말씀하시기를 "그대가 여러 해 동안 하나님을 믿었다 하니 하나님이 어디 계시던가." 송광이 사뢰기를 "하나님은 전지 전능하시고 무소 부재하사 계시지 아니하는 곳이 없다 하나이다." 대종사 말씀하시기를 "그러면 그대가 늘 하나님을 뵈옵고 말씀도 듣고 가르침도 받았는가." 송광이 사뢰기를 "아직까지는 뵈온 일도 없사옵고 말하여본 적도 없나이다." 대종사 말씀하시기를 "그러면 그대가 아직 예수의 심통心通 제자는 못 되지 아니하였는가." 송광이 여쭙기를 "어떻게 하오면 하나님을 뵈올 수도 있고 가르침을 받을 수도 있겠나이까." 대종사 말씀하시기를 "그대가 공부를 잘하여 예수의 심통 제자만 되면 그리할 수 있나니라." 송광이 다시 여쭙기를 "성경에 예수께서 말세에 다시 오시되 도둑같이 왔다 가리라 하였고 그때에는 여러 가지 증거도 나타날 것이라 하였사오니 참으로 오시는 날이 있사오리까." 대종사 말씀하시기를 "성현은 거짓이 없나니 그대가 공부를 잘하여 심령心靈이 열리고 보면 예수의 다녀가는 것도 또한 알리라." 송광이 사뢰기를 "제가 오랫동안 저를 직접 지도하여주실 큰 스승님을 기다렸삽더니, 오늘 대종사를 뵈오니 마음이 흡연洽然하여 곧 제자가 되고 싶나이다. 그러하오나, 한편으로는 변절 같사와 양심에 자극이 되나이다." 대종사 말씀하시기를 "예수교에서도 예수의 심통 제자만 되면 나의 하는 일을 알게 될 것이요, 내게서도 나의 심통 제자만 되면 예수의 한 일을 알게 되리라.

그러므로, 모르는 사람은 저 교 이 교의 간격을 두어 마음에 변절한 것같이 생각하고 교회 사이에 서로 적대시하는 일도 있지마는, 참으로 아는 사람은 때와 곳을 따라서 이름만 다를 뿐이요 다 한 집안으로 알게 되나니, 그대의 가고 오는 것은 오직 그대 자신이 알아서 하라."

송광이 일어나 절하고 제자되기를 다시 발원하거늘, 대종사 허락하시며 말씀하시기를 "나의 제자된 후라도 하나님을 신봉하는 마음이 더 두터워져야 나의 참된 제자니라."

15. 대종사 말씀하시기를 "내가 어느 날 불경佛經을 보니 이러한 이야기가 있더라. 한 제자가 부처님께 여쭙기를 '저희들은 부처님을 뵈옵고 법설을 들으면 존경심과 환희심이 한없이 나옵는데, 어떤 사람은 도리어 흉을 보고 비방도 하며 사람들의 출입까지 방해하기도 하오니, 부처님께서는 항상 자비심으로 가르쳐주시거늘 그 중생은 무슨 일로 그러하는지 그 이유를 알고 싶나이다' 하매, 부처님께서 대답하시기를 '저 해가 동녘 하늘에 오름에 제일 높은 수미산須彌山 상봉에 먼저 비치고, 그다음에 고원高原에 비치고, 그러한 후에야 일체 대지 평야에까지 비치나니, 태양이 차별심이 있어서 높은 산은 먼저 비치고 평야는 나중에 비치는 것이 아니라, 태양은 다만 무심히 비치건마는 땅의 고하를 따라 그와 같이 선후의 차별이 있게 되나니라. 여래의 설법도 그와 같아서 무량한 지혜의 광명은 차별 없이 나투건마는 각자의 근기에 따라서 그 법을 먼저 알기도 하고 뒤에 알기도 하나니 한 자리에서 같은 법문을 들을지라도 보살菩薩들이 먼저 알아듣고, 그다음에 연각緣覺, 성문聲聞, 결정선근자決定善根者가 알아듣고, 그다음에야 무연無緣 중생까지라도 점진적으로 그 혜광을 받게 되나니라. 그런데, 미迷한 중생들이 부처의 혜광을 받아 살면서도 불법을 비방하는 것은 마치 소경이 해의 혜택을 입어 살면서도 해를 보지 못하므로 해의 혜택이 없다 하는 것과 같나니라. 그런즉, 너는 너의 할 일이나 잘 할 것이요, 결

코 그러한 어리석은 중생들을 미워하지 말며, 또는 낙심하거나 퇴굴심을 내지도 말라. 그 어찌 인지의 차등이 없으리요' 하셨다 하였더라. 그대들은 이 말씀을 범연히 듣지 말고 각자의 전정前程에 보감을 삼아서 계속 정진할 것이요, 결단코 남의 잘못하는 것과 몰라주는 것에 너무 관심하지 말라. 이 세상의 변천도 주야 변천되는 것과 다름이 없어서 어둡던 세상이 밝아질 때에는 모든 중생이 고루 불은佛恩을 깨닫고 불은에 보답하기 위하여 서로 노력하게 되나니라."

16. 최도화崔道華 여쭙기를 "이 세상에 미륵불彌勒佛의 출세와 용화회상龍華會上의 건설을 목마르게 기다리는 사람이 많사오니 미륵불은 어떠한 부처님이시며 용화회상은 어떠한 회상이오니까." 대종사 말씀하시기를 "미륵불이라 함은 법신불의 진리가 크게 드러나는 것이요, 용화회상이라 함은 크게 밝은 세상이 되는 것이니, 곧 처처 불상處處佛像 사사 불공事事佛供의 대의가 널리 행하여지는 것이니라." 장적조 여쭙기를 "그러하오면, 어느 때나 그러한 세계가 돌아오겠나이까." 대종사 말씀하시기를 "지금 차차 되어지고 있나니라." 정세월鄭世月이 여쭙기를 "그중에도 첫 주인이 있지 않겠나이까." 대종사 말씀하시기를 "하나하나 먼저 깨치는 사람이 주인이 되나니라."

17. 박사시화朴四時華 여쭙기를 "지금 어떤 종파들에서는 이미 미륵불이 출세하여 용화회상을 건설한다 하와 서로 주장이 분분하오니 어느 회상이 참 용화회상이 되오리까." 대종사 말씀하시기를 "말만 가지고 되는 것이 아니니, 비록 말은 아니할지라도 오직 그 회상에서 미륵불의 참 뜻을 먼저 깨닫고 미륵불이 하는 일만 하고 있으면 자연 용화회상이 될 것이요 미륵불을 친견할 수도 있으리라."

18. 서대원이 여쭙기를 "미륵불 시대가 완전히 돌아와서 용화회상이 전반적으로 건설된 시대의 형상은 어떠하오리까." 대종사 말씀하시기를 "그 시대에는 인지가 훨씬 밝아져서 모든 것에 상극이 없어지고 허실虛實과 진위眞僞를 분간하여 저 불상에게 수복壽福을 빌고 원하던 일은 차차 없어지고, 천지 만물 허공 법계를 망라하여 경우와 처지를 따라 모든 공을 심어, 부귀도 빌고 수명도 빌며, 서로서로 생불生佛이 되어 서로 제도하며, 서로서로 부처의 권능 가진 줄을 알고 집집마다 부처가 살게 되며, 회상을 따로 어느 곳이라고 지정할 것이 없이 이리 가나 저리 가나 가는 곳마다 회상 아님이 없을 것이라, 그 광대함을 어찌 말과 글로 다 하리요. 이 회상이 건설된 세상에는 불법이 천하에 편만하여 승속僧俗의 차별이 없어지고 법률과 도덕이 서로 구애되지 아니하며 공부와 생활이 서로 구애되지 아니하고 만생이 고루 그 덕화를 입게 되리라."

19. 대종사 말씀하시기를 "근래 어떤 사람들은 이 세상은 말세가 되어 영영 파멸밖에는 길이 없다고 하나 나는 그렇지 않다고 하노니, 성인의 자취가 끊어진 지 오래고 정의 도덕이 희미하여졌으니 말세인 것만은 사실이나, 이 세상이 이대로 파멸되지는 아니하리라. 돌아오는 세상이야말로 참으로 크게 문명한 도덕 세계일 것이니, 그러므로 지금은 묵은 세상의 끝이요, 새 세상의 처음이 되어, 시대의 앞길을 추측하기가 퍽 어려우나 오는 세상의 문명을 추측하는 사람이야 어찌 든든하지 아니하며 즐겁지 아니하리요."

20. 대종사 또 말씀하시기를 "오는 세상의 모든 인심은 이러하리라. 지금은 대개 남의 것을 못 빼앗아서 한이요, 남을 못 이겨서 걱정이요, 남에게 해를 못 입혀서 근심이지마는, 오는 세상에는 남에게 주지 못하여 한이요, 남에게 지지 못하여 걱정이요, 남을 위해 주지 못하여 근심이 되리라.

또 지금은 대개 개인의 이익을 못 채워서 한이요, 뛰어난 권리와 입신 양명을 못 하여서 걱정이지마는, 오는 세상에는 공중사公衆事를 못 하여서 한이요, 입신 양명할 기회와 권리가 돌아와서 수양할 여가를 얻지 못할까 걱정일 것이며, 또 지금은 대개 사람이 죄 짓기를 좋아하며, 죄 다스리는 감옥이 있고, 개인·가정·사회·국가가 국한을 정하여 울과 담을 쌓아서 서로 방어에 전력하지마는, 오는 세상에는 죄 짓기를 싫어할 것이며, 개인·가정·사회·국가가 국한을 터서 서로 융통하리라. 또 지금은 물질 문명이 세계를 지배하고 있지마는, 오는 세상에는 위 없는 도덕5이 굉장히 발전되어 인류의 정신을 문명시키고 물질 문명을 지배할 것이며 물질 문명은 도덕 발전의 도움이 될 것이니, 멀지 않은 장래에, 산에는 도둑이 없고 길에서는 흘린 것을 줍지 않는 참 문명 세계를 보게 되리라."

21. 대종사 또 말씀하시기를 "지금 세상의 정도는 어두운 밤이 지나가고, 바야흐로 동방에 밝은 해가 솟으려 하는 때이니, 서양이 먼저 문명함은 동방에 해가 오를 때에 그 광명이 서쪽 하늘에 먼저 비침과 같은 것이며, 태양이 중천에 이르면 그 광명이 시방 세계에 고루 비치게 되나니 그때야말로 큰 도덕 세계요 참 문명 세계니라."

22. 대종사 말씀하시기를 "과거 세상은 어리고 어두운 세상이라, 강하고 지식 있는 사람이 약하고 어리석은 사람들을 무리하게 착취하여 먹고살기도 하였으나, 돌아오는 세상은 슬겁고 밝은 세상이라, 비록 어떠한 계급에 있을지라도 공정한 법으로 하지 아니하고 공연히 남의 것을 취하여 먹지 못하리니, 그러므로 악하고 거짓된 사람의 생활은 점점 곤궁하여지고, 바르고 참된 사람의 생활은 자연 풍부하여지게 되리라."

---

5   이보다 더 높은 것이 없는 큰 도덕을 말함.

23. 대종사 말씀하시기를 "조선은 개명開明이 되면서부터 생활 제도가 많이 개량되었고, 완고하던 지견도 많이 열리었으나, 아직도 미비한 점은 앞으로 더욱 발전을 보게 되려니와, 정신적 방면으로는 장차 세계 여러 나라 가운데 제일가는 지도국이 될 것이니, 지금 이 나라는 점진적으로 어변성룡魚變成龍이 되어가고 있나니라."

24. 대종사 이어서 말씀하시기를 "돌아오는 세상 사람들은 높은 산 좋은 봉우리에 여러 가지 나무와 화초를 심고, 혹은 연못을 파서 양어養魚도 하며, 사이 사이에 기암 괴석이나 고목 등을 늘어놓아 훌륭한 공원을 만들고, 그 밑에 굴을 파서 집을 지은 후, 낮에는 태양 광선을 들여대고 밤이면 전등을 켜며, 그 밖에도 무엇이나 군색한 것이 없이 화려한 생활을 하다가, 밖에 나와서 집 위를 쳐다보면 울창한 나무 숲이요, 올라가보면 기화 요초奇花瑤草가 만발한 가운데 각종의 새와 벌레 들이 노래하고 춤추는 모양을 보게 될 것이니, 이 나라에도 저 금강산이나 지리산 같은 명산과 구수산九岫山 같은 데에는 큰 세력이 있어야 거기에 주택을 짓고 살게 될 것이며, 혹은 조산造山이라도 하여서 주택을 지을 것이요, 건축을 하는 데에도 지금과 같이 인공적 조각을 좋아하지 아니하고 천연석을 실어다가 집을 짓는 등 일반이 다 자연의 아름다움을 사랑하며 취取하게 되리라."

25. 대종사 또 말씀하시기를 "재산이 넉넉한 종교 단체에서는 큰 산 위에 비행장을 설비하고 공원을 만들며, 화려하고 웅장한 영정각影幀閣을 지어서 공도자들의 영정과 역사를 봉안하면 사방에서 관람인이 많이 와서 어떠한 귀인이라도 예배하고 보게 될 것이며, 유명한 법사들은 각처의 경치 좋은 수도원에서 수양하고 있다가, 때를 따라 세간 교당으로 설법을 나가면 대중의 환영하는 만세 소리가 산악을 진동할 것이요, 모든 사람들이

법사 일행을 호위하고 들어가 공양을 올리고 법설을 청하면 법사는 세간 생활에 필요한 인도상 요법人道上要法이나 인과 보응에 대한 법이나 혹은 현묘한 성리 등을 설하여줄 것이며, 설법을 마치면 대중은 그 답례로 많은 폐백을 바칠 것이요, 법사는 그것을 그 교당에 내주고 또 다른 교당으로 가서 그와 같은 우대를 받게 되리라."

26. 대종사 또 말씀하시기를 "면면 촌촌에 학교가 있을 것은 물론이요, 동리 동리에 교당과 공회당을 세워놓고 모든 사람들이 정례로 법회를 보게 될 것이며, 관·혼·상·제 등 모든 의식이나 법사의 수시 법회[6]나 무슨 회의가 있으면 거기에 모여 모든 일을 편리하게 진행할 것이며, 지금의 모든 종교는 그 신자들에게 충분한 훈련을 시키지 못하는 관계로 일반적으로 종교인이라 하여 특별한 신용을 받지 못하지마는 그때에는 모든 종교의 교화 사업이 충분히 발달되므로 각 교회의 신자들이 각각 상당한 훈련을 받아 자연히 훈련 없는 보통 사람과는 판이한 인격을 가지게 될 것이요, 따라서 관공청이나 사회 방면에서 인재를 선발하는 데에도 반드시 종교 신자를 많이 찾게 되리라."

27. 대종사 또 말씀하시기를 "지금도 큰 도시에는 직업 소개하는 곳이 있거니와 돌아오는 세상에는 상당한 직업 소개소가 도처에 생겨나서 직업 구하는 사람들에게 많은 편리를 주게 될 것이요, 또는 혼인 소개소가 있어서 구혼하는 사람들이 이 기관을 많이 이용하게 될 것이며, 또는 탁아소도 곳곳에 생겨나서 어린아이를 가진 부녀들이 안심하고 직장에 나갈 수 있을 것이요, 의탁할 데 없는 노인들은 국가나 단체나 자선 사업가들이 양로원을 짓고 시봉을 하게 되므로 별 걱정 없이 편안한 생활을 하게 될 것이

---

6 월례와 연례로 하는 정례법회가 아닌, 상황에 따라 수시로 여는 법회.

며, 지금은 궁벽한 촌에서 생활을 하기로 하면 여러 가지로 불편이 많으나 앞으로는 어떠한 궁촌에도 각종 시설이 생겨나서 무한한 편리를 줄 것이요, 또는 간이식당 같은 것도 생겨나서 각자의 가정에서 일일이 밥을 짓지 아니하여도 각자의 생활 정도에 따라 편의한 식사를 하게 될 것이며, 또는 재봉소나 세탁소도 많이 생겨서, 복잡한 생활을 하는 사람들도 의복을 지어 입거나 세탁을 하는 데에 곤란이 없게 되리라."

28. 대종사 말씀하시기를 "과거에는, 자기의 재산은 다소를 막론하고 자기가 낳은 자손에게만 전해주는 것으로 법례法例를 삼았고, 만일 낳은 자손이 없다면 양자養子라도 하여서 반드시 개인에게 그 재산을 상속하게 하였으며, 따라서 그 자손들은 자기 부모의 유산은 반드시 자기가 차지할 것으로 알았으나 돌아오는 세상에는 자기 자손에게는 적당한 교육이나 시켜주고 치산治産의 기본금이나 약간 대어줄 것이요, 남은 재산은 일반 사회를 위하여 교화·교육·자선 등 사업에 쓰는 사람이 많을 것이며, 지금 사람들은 대개 남을 해롭게 하는 것으로써 자기의 이익을 삼지마는 돌아오는 세상 사람들은 남을 이익 주는 것으로써 자기의 이익을 삼을 것이니, 인지가 발달됨에 따라 남을 해한즉 나에게 그만한 해가 돌아오고 남을 이롭게 한즉 나에게 그만한 이익이 돌아오는 것을 실지로 경험하게 되는 까닭이니라."

29. 대종사 설법하실 때에는 위덕威德이 삼천 대천 세계를 진압하고 일체 육도 사생이 한 자리에 즐기는 감명을 주시는지라, 이럴 때에는 박사시화·문정규·김남천 등이 백발을 휘날리며 춤을 추고, 전삼삼田參參·최도화·노덕송옥 등은 일어나 무수히 예배를 올려 장내의 공기를 진작하며, 무상無上의 법흥을 돋아주니, 마치 시방 세계가 다 우쭐거리는 것 같거늘, 대종사 성안聖顔에 미소를 띠시며 말씀하시기를 "큰 회상이 열리려 하면 음

부陰府에서 불보살들이 미리 회의를 열고 각각 책임을 가지고 나오는 법이
니, 저 사람들은 춤추고 절하는 책임을 가지고 나온 보살들이 아닌가. 지금
은 우리 몇몇 사람만이 이렇게 즐기나 장차에는 시방 삼계 육도 사생이 고
루 함께 즐기게 되리라."

30. 한 제자 여쭙기를 "우리 회상이 대운大運을 받아 건설된 회상인 것은
짐작되오나 교운敎運이 몇만년이나 뻗어 나가올지 알고 싶나이다." 대종
사 말씀하시기를 "이 회상은 지나간 회상들과 달라서 자주 있는 회상이 아
니요, 원시 반본原始反本7하는 시대를 따라서 나는 회상이라 그 운이 한량
없나니라."

---

7   시원(始原)을 살펴 근본으로 돌아간다는 뜻.

제15 부촉품附囑品

1. 대종사 여러 제자에게 말씀하시기를 "내가 그대들을 대할 때에 더할 수 없는 인정이 건네지는 것은 수많은 사람 가운데 오직 그대들이 남 먼저 특별한 인연을 찾고 특별한 원願을 발하여 이 법을 구하러 온 것이요, 같이 지내는 가운데 혹 섭섭한 마음이 나는 것은 그대들 가운데 수도에는 정성이 적어지고 다른 사심邪心을 일어내며 나의 지도에 잘 순응하지 않는 사람이 생기는 것이라, 만일 그와 같이 본의를 잊어버리며 나의 뜻을 몰라주다가 내가 모든 인연을 뿌리치고 먼 수양길을 떠나버리면 그 어찌하려는가. 그때에는 아무리 나를 만나고자 하나 그리 쉽지 못하리라. 그런즉, 그대들은 다시 정신을 차리어 나로 하여금 그러한 생각이 나지 않도록 하라. 해탈한 사람의 심경은 범상한 생각으로 측량하지 못할 바가 있나니, 무슨 일이나 그 일을 지어갈 때에는 천만년이라도 그곳을 옮기지 못할 것 같으나 한번 마음을 놓기로 하면 일시에 허공과 같이 흔적이 없나니라."

2. 원기 이십육년(1941) 일월에 대종사 게송偈頌을 내리시고 말씀하시기를 "옛 도인들은 대개 임종 당시에 바쁘게 전법 게송을 전하였으나 나는

미리 그대들에게 이를 전하여주며, 또는 몇 사람에게만 비밀히 전하였으나 나는 이와 같이 여러 사람에게 고루 전하여 주노라. 그러나, 법을 오롯이 받고 못 받는 것은 그대들 각자의 공부에 있나니 각기 정진하여 후일에 유감이 없게 하라."

3. 대종사 열반을 일년 앞두시고 그동안 진행되어오던 『정전』의 편찬을 자주 재촉하시며 감정鑑定의 붓을 들으시매 시간이 밤중에 미치는 때가 잦으시더니, 드디어 성편되매 바로 인쇄에 부치게 하시고, 제자들에게 말씀하시기를 "때가 급하여 이제 만전을 다하지는 못하였으나, 나의 일생 포부와 경륜이 그 대요는 이 한권에 거의 표현되어 있나니, 삼가 받아 가져서 말로 배우고, 몸으로 실행하고, 마음으로 증득하여, 이 법이 후세 만대에 길이 전하게 하라. 앞으로 세계 사람들이 이 법을 알아보고 크게 감격하고 봉대할 사람이 수가 없으리라."

4. 대종사 열반을 몇 달 앞두시고 자주 대중과 개인에게 부촉하시기를 "내가 이제는 깊은 곳으로 수양을 가려 하노니, 만일 내가 없더라도 퇴굴심이 나지 않겠는가 스스로 반성하여 마음을 추어 잡으라. 지금은 정正히 심판기라 믿음이 엷은 사람은 시들 것이요, 믿음이 굳은 사람은 좋은 결실을 보리라. 나의 법은 신성 있고 공심 있는 사람이면 누구나 다 받아가도록 전하였나니, 법을 받지 못하였다고 후일에 한탄하지 말고, 하루속히 이 정법을 마음대로 가져다가 그대들의 피가 되고 살이 되게 하라."

5. 대종사 하루는 송규에게 말씀하시기를 "그대는 나를 만난 후로 오늘에 이르기까지 모든 일을 오직 내가 시키는 대로 할 따름이요 따로 그대의 의견을 세우는 일이 없었으니, 이는 다 나를 신봉함이 지극한 연고인 줄로 알거니와, 내가 만일 졸지에 오래 그대들을 떠나게 되면 그때에는 어찌하

려는가. 앞으로는 모든 일에 의견을 세워도 보며 자력으로 대중을 거느려도 보라" 하시고 또 말씀하시기를 "요사이에는 관변의 지목이 차차 심하여가니 내가 여기에 오래 머무르기 어렵겠노라. 앞으로 크게 괴롭히는 무리가 더러 있어서 그대들이 그 목[1]을 넘기기가 힘들 것이나 큰일은 없으리니 안심하라."

6. 대종사 말씀하시기를 "그대들이 나를 따라 처음 발심한 그대로 꾸준히 전진하여간다면 성공 못 할 사람이 없으리라. 그러나, 하근下根에서 중근中根 되는 때에나, 본래 중근으로 그 고개를 넘지 못한 경우에 모든 병증病症이 발동하여 대개 상근에 오르지 못하고 말게 되나니, 그대들은 이 무서운 중근의 고개를 잘 넘어서도록 각별한 힘을 써야 하리라. 중근의 병은, 첫째는 공부에 권태증이 생기는 것이니, 이 증세는 일체가 괴롭기만 하고 지리한 생각이 나서 어떤 때에는 그 생각과 말이 세속 사람보다 오히려 못할 때가 있는 것이요, 둘째는 확실히 깨치지는 못했으나 순전히 모르지도 아니하여 때때로 말을 하거나 글을 쓰면 여러 사람이 감탄하여 환영하므로 제 위에는 사람이 없는 것같이 생각되어 제가 저를 믿고 제 허물을 용서하며 윗 스승을 함부로 비판하며 법과 진리에 호의狐疑를 가져서 자기 뜻에 고집하는 것이니, 이 증세는 자칫하면 그동안의 적공이 허사로 돌아가 결국 영겁 대사를 크게 그르치기 쉬우므로, 과거 불조들도 이 호의 불신증을 가장 두렵게 경계하셨나니라. 그런데, 지금 그대들 중에 이 병에 걸린 사람이 적지 않으니 제 스스로 반성하여 그 자리를 벗어나면 좋으려니와, 만일 그러지 못한다면 이는 장차 제 자신을 그르치는 동시에 교단에도 큰 화근이 될 것이니, 크게 분발하여 이 지경을 넘는 공부에 전력을 다할지어다. 이 중근을 쉽게 벗어나는 방법은 법 있는 스승에게 마음을 가림 없이

---

1   고비. 막다른 순간이나 상황.

바치는 동시에 옛 서원을 자주 반조하고 중근의 말로가 위태함을 자주 반성하는 것이니, 그대들이 이 지경만 벗어나고 보면 불지佛地에 달음질하는 것이 비행기 탄 격은 되리라."

7. 원기 이십팔년(1943) 계미癸未 일월에 대종사 새로 정한 교리도敎理圖를 발표하시며 말씀하시기를 "내 교법의 진수가 모두 여기에 들어 있건마는 나의 참 뜻을 아는 사람이 몇이나 될꼬. 지금 대중 가운데 이 뜻을 온전히 받아갈 사람이 그리 많지 못한 듯하니 그 원인은, 첫째는 그 정신이 재와 색으로 흐르고, 둘째는 명예와 허식으로 흘러서 일심 집중이 못 되는 연고라, 그대들이 그럴진대 차라리 이것을 놓고 저것을 구하든지, 저것을 놓고 이것을 구하든지 하여, 좌우간 큰 결정을 세워서 외길로 나아가야 성공이 있으리라."

8. 대종사 선원 대중에게 물으시기를 "너른 세상을 통하여 과거로부터 현재까지 어떠한 분이 어떠한 공부로 제일 큰 재주를 얻어 고해 중생의 구제선救濟船[2]이 되었으며 또한 그대들은 어떠한 재주를 얻기 위하여 이곳에 와서 공부를 하게 되었는가" 하시니, 몇몇 제자의 답변이 있은 후, 송도성이 사뢰기를 "이 세상에 제일 큰 재주를 얻어 모든 중생의 구제선이 되어 주신 분은 삼세의 모든 부처님이시요, 저희들이 지극히 하고 싶은 공부도 또한 그 부처님의 재주를 얻기 위한 공부로서 현세는 물론이요 미래 수천만겁이 될지라도 다른 사도邪道와 소소한 공부에 마음을 흔들리지 아니하고, 부처님의 지행을 얻어 노·병·사를 해결하고 고해 중생을 제도하는 데에 노력하겠나이다." 대종사 말씀하시기를 "그런데 근래 공부인 가운데에는 이 법문에 찾아와서도 외학外學을 더 숭상하는 사람이 있으며, 외지外知

---

2   고통받는 중생을 낙원으로 인도하는 회상을 배에 비유함.

를 구하기 위하여 도리어 도문을 등지는 사람도 간혹 있나니 어찌 한탄스럽지 아니하리요. 그런즉, 그대들은 각기 그 본원을 더욱 굳게 하기 위하여 이 공부에 끝까지 정진할 서약들을 다시 하라." 이에 선원 대중이 명을 받들어 서약을 써 올리고 정진을 계속하니라.

9. 대종사 말씀하시기를 "내가 이 회상을 연 지 이십팔년에 법을 너무 해석적으로만 설하여준 관계로 상근기는 염려 없으나, 중·하 근기는 쉽게 알고 구미호九尾狐가 되어 참 도를 얻기 어렵게 된 듯하니 이것이 실로 걱정되는 바라, 이후부터는 일반적으로 해석에만 치우치지 말고 삼학을 병진하는 데에 노력하도록 하여야 하리라."

10. 대종사 말씀하시기를 "내가 다생 겁래로 많은 회상을 열어왔으나 이 회상이 가장 판이 크므로 창립 당초의 구인九人을 비롯하여 이 회상과 생명을 같이 할 만한 혈심血心 인물이 앞으로도 수를 헤아릴 수 없이 많이 나리라."

11. 대종사 말씀하시기를 "내가 오랫동안 그대들을 가르쳐왔으나 마음에 유감되는 바 셋이 있으니, 그 하나는 입으로는 현묘한 진리를 말하나 그 행실과 증득한 것이 진경에 이른 사람이 귀함이요, 둘은 육안으로는 보나 심안心眼으로 보는 사람이 귀함이며, 셋은 화신불은 보았으나 법신불을 확실히 본 사람이 귀함이니라."

12. 대종사 말씀하시기를 "도가에 세가지 어려운 일이 있으니, 하나는 일원의 절대 자리를 알기가 어렵고, 둘은 일원의 진리를 실행에 부합시켜서 동과 정이 한결같은 수행을 하기가 어렵고, 셋은 일원의 진리를 일반 대중에게 간명하게 깨우쳐 알려주기가 어렵나니라. 그러나, 수도인이 마음

을 굳게 세우고 한번 이루어보기로 정성을 다하면 아무리 어려운 일이라도 쉬운 일이 되어질 것이요, 아무리 쉬운 일이라도 안 하려는 사람과 하다가 중단하는 사람에게는 다 어려운 일이 되나니라."

13. 대종사 말씀하시기를 "천지에 우로雨露의 덕을 어리석은 사람은 알지 못하고 세상에 성인의 덕을 범부들은 알지 못하나니, 그러므로 날이 가문 뒤에야 비의 고마움을 사람들이 다 같이 알게 되고, 성인이 떠난 뒤에야 그 법의 은덕을 세상이 고루 깨닫게 되나니라."

14. 계미(1943) 오월 십육일 예회에 대종사 대중에게 설법하시기를 "내가 방금 이 대각전으로 오는데, 여러 아이들이 길가 숲에서 놀다가 나를 보더니 한 아이가 군호를 하매 일제히 일어서서 경례를 하는 것이 퍽 질서가 있어 보이더라. 이것이 곧 그 아이들이 차차 철이 생겨나는 증거라, 사람이 아주 어린 때에는 가장 가까운 부모 형제의 내역과 촌수도 잘 모르고 그에 대한 도리는 더욱 모르고 지내다가 차차 철이 나면서 그 내역과 촌수와 도리를 알게 되는 것같이 공부인들이 미迷한 때에는 불보살 되고 범부 중생 되는 내역이나, 자기와 천지 만물의 관계나, 각자 자신 거래의 길도 모르고 지내다가 차차 공부가 익어가면서 그 모든 내역과 관계와 도리를 알게 되나니, 그러므로 우리가 도를 알아가는 것이 마치 철없는 아이가 차차 어른 되어가는 것과 같다 하리라. 이와 같이 아이가 커서 어른이 되고 범부가 깨쳐 부처가 되며, 제자가 배워 스승이 되는 것이니, 그대들도 어서어서 참다운 실력을 얻어 그대들 후진의 스승이 되며, 제생 의세의 큰 사업에 각기 큰 선도자들이 돼라. 『음부경陰符經』에 이르기를 '생生은 사死의 근본이요, 사는 생의 근본이라' 하였나니, 생사라 하는 것은 마치 사시가 순환하는 것과도 같고, 주야가 반복되는 것과도 같아서, 이것이 곧 우주 만물을 운행하는 법칙이요 천지를 순환하게 하는 진리라, 불보살들은 그 거래에 매하

지 아니하고 자유하시며, 범부 중생은 그 거래에 매하고 부자유한 것이 다를 뿐이요, 육신의 생사는 불보살이나 범부 중생이 다 같은 것이니, 그대들은 또한 사람만 믿지 말고 그 법을 믿으며, 각자 자신이 생사 거래에 매하지 아니하고 그에 자유할 실력을 얻기에 노력하라. 우리가 이와 같이 예회를 보는 것은 마치 장꾼이 장을 보러 온 것과도 같나니, 이왕 장을 보러 왔으면 내 물건을 팔기도 하고 남의 물건을 소용대로 사기도 하여 생활에 도움을 얻어야 장에 온 보람이 있으리라. 그런즉, 각자의 지견에 따라 유익될 말은 대중에게 알려도 주고 의심 나는 점은 제출하여 배워도 가며 남의 말을 들어다가 보감도 삼아서 공왕 공래空往空來가 없도록 각별히 주의하라. 생사가 일이 크고 무상無常은 신속하니 가히 범연하지 못할 바이니라.”

15. 대종사 말씀하시기를 “우리의 사업 목표는 교화·교육·자선의 세 가지니 앞으로 이를 늘 병진하여야 우리의 사업에 결함이 없으리라.”

16. 대종사 말씀하시기를 “나의 교법 가운데 일원을 종지宗旨로 한 교리의 대강령인 삼학 팔조와 사은 등은 어느 시대 어느 국가를 막론하고 다시 변경할 수 없으나, 그 밖의 세목細目이나 제도는 그 시대와 그 국가에 적당하도록 혹 변경할 수도 있나니라.”

17. 대종사 말씀하시기를 “과거에는 도가나 정부나 민간에서 각각 차별 세우는 법을 주로 하여 여러 사람을 다스려왔지마는 돌아오는 세상에는 어떠한 처지에서나 그 쓰는 법이 편벽되면 일반 대중을 고루 화和하게 하지 못할 것이니, 그러므로 우리 회상에서는 재가 출가와 남녀 노소를 물론하고 대각한 도인이 나면 다 여래위로 받들 것이요, 생일이나 열반 기념일이나 기타 모든 행사에도 어느 개인을 본위로 할 것이 아니라, 이 회상을 창립한 사람이면 다 같이 한 날에 즐겨할 일은 즐겨하고 슬퍼할 일은 슬퍼

하게 하여야 하리라."

18. 대종사 말씀하시기를 "그대들이 나의 법을 붓으로 쓰고 입으로 말하여 후세에 전하는 것도 중한 일이나, 몸으로 실행하고 마음으로 증득하여만고 후세에 이 법통이 길이 끊기지 않게 하는 것은 더욱 중한 일이니, 그러면 그 공덕을 무엇으로 가히 헤아리지 못하리라."

19. 대종사 말씀하시기를 "스승이 법을 새로 내는 일이나, 제자들이 그 법을 받아서 후래 대중에게 전하는 일이나, 또 후래 대중이 그 법을 반가이 받들어 실행하는 일이 삼위 일체三位一體 되는 일이라, 그 공덕도 또한 다름이 없나니라."

송규
『정산종사법어』

송규(1900~1962) 초상

제1 기연편機緣編

1. 원기 2년 7월에 대종사께서 이 회상 최초의 단團을 조직하실 제 먼저 8인으로 8방의 단원만 정하시고 중앙위中央位는 임시로 대리케 하시며 말씀하시기를 "이 자리에는 맞아들일 사람이 있느니라" 하시고 기다리기를 마지 아니하시더니, 드디어 정산종사鼎山宗師를 맞아 중앙위를 맡기시니라.

4. 다음 달에 대종사께서 정산종사를 부안 변산 월명암에 보내시며 말씀하시기를 "불경佛經은 보지 말라" 하시었더니, 경상經床까지 외면하고 보지 아니하시며, 그 후 다시 진안 만덕산에 보내시며 말씀하시기를 "전주에는 들르지 말라" 하시었더니, 전주를 바라보지도 아니하고 지나시니라. 후일, 학인에게 말씀하시기를 "내 일찍 대종사께 물건으로 바친 것은 하나도 없으되 정情과 의의에 조금도 섭섭함이 없었노니, 마음으로 한때도 그 어른을 떠나본 일과 일로 한번도 그 어른의 뜻을 거슬러본 일이 없었노라."

9. 말씀하시기를 "나는 8, 9세 때부터 보통 인간의 길을 벗어나 모든 것을 다 알고 살 수는 없을 것인가 하고 마음 고통이 심하여, 혹은 집을 뛰쳐나와 이인異人을 찾기도 하고 혹은 하늘에 축원도 하여 9년간을 여기저기 방황하다가, 다행히 대종사를 뵈온 그날부터는 그 모든 고통이 일소되고, 다만 나의 심리 작용이 추호라도 사私에 끌리어 허공같이 되지 못하는가 걱정이요 삼대력이 부족하고 공심公心이 널리 미치지 못하는가 근심이 될 뿐, 학문이나 기술이나 명리名利 등에는 조금도 끌리거나 부러운 바가 없었노라."

11. 말씀하시기를 "과거에 모든 부처님이 많이 지나가셨으나 우리 대종사의 교법처럼 원만한 교법은 전무 후무하나니, 그 첫째는 일원상一圓相을 진리의 근원과 신앙의 대상과 수행의 표본으로 모시고 일체를 이 일원에 통합하여 신앙과 수행에 직접 활용케 하여주셨음이요, 둘째는 사은의 큰 윤리를 밝히시어 인간과 인간 사이의 윤리뿐 아니라 천지 부모 동포 법률과 우리 사이의 윤리 인연을 원만하게 통달시켜주셨음이요, 셋째는 이적을 말씀하지 아니하시고 오직 인도상 요법人道上要法으로 주체를 삼아 진리와 사실에 맞은 원만한 대도로써 대중을 제도하는 참다운 법을 삼아주셨음이라, 아직도 대종사를 참으로 아는 이가 많지 않으나 앞으로 세상이 발달하면 할수록 대종사께서 새 주세불主世佛[1]이심을 세상이 고루 인증하게 되리라."

17. 원기 38년 4월, 원각성존 소태산 대종사 비圓覺聖尊少太山大宗師碑[2]를

---

1   말세에 출현하여 세상을 구원할 가르침을 짜고 회상을 열어 중생을 제도하는 부처님.
2   원각성존은 대원 정각(大圓正覺)을 이룬 성자라는 뜻으로, 소태산을 높여 부르는 성호(聖號)다. 이 비는 소태산의 생애·업적·사상을 기리는 추모비이며, 소태산의 성해(聖骸)를 모신 성탑과 구분하여 '성비(聖碑)'라고 부른다. 성비는 1953년(원기 38) 4월 26일 익산 중앙총부 영모원에 세워졌고, 성비에 새긴 비문(碑文)은 정산이 '원각성존소태산대종사비명병

영모원永慕園에 세우시며 비에 새기시기를 "대범, 천지에는 사시四時가 순환하고 일월이 대명代明[3]하므로 만물이 그 생성의 도를 얻게 되고, 세상에는 불불佛佛이 계세繼世하고 성성聖聖이 상전相傳하므로 중생이 그 제도의 은恩을 입게 되나니 이는 우주 자연의 정칙定則이다. 옛날 영산 회상이 열린 후 정법正法과 상법像法을 지내고 계법季法 시대에 들어와서 바른 도가 행하지 못하고 삿된 법이 세상에 편만하며 정신이 세력을 잃고 물질이 천하를 지배하여 생령生靈의 고해苦海가 날로 증심增深하였나니 이것이 곧 구주救主이신 대종사께서 다시 이 세상에 출현하시게 된 기연機緣이다" 하시고, 대종사의 약력을 기술하신 후 "오호嗚呼라, 대종사는 일찍이 광겁 종성曠劫種聖[4]으로 궁촌 변지窮村邊地에 생장하시어, 학문의 수습修習이 없었으나 문리文理를 스스로 알으시고 사장師長의 지도가 없었으나 대도를 자각하시었으며, 판탕한 시국을 당하였으나 사업을 주저하지 아니하시고 완강한 중생을 대할지라도 제도의 만능이 구비하시었으며, 기상은 태산교악泰山喬嶽 같으시나 춘풍화기春風和氣의 자비가 겸전하시고 처사處事는 뇌뢰낙락磊磊落落[5]하시나 세세곡절細細曲節의 진정眞情을 통해주시며, 옛 법을 개조하시나 대의大義는 더욱 세우시고 시대의 병을 바루시나[6] 완고頑固에는 그치지 않게 하시며, 만법을 하나에 총섭하시나 분별은 오히려 역력히 밝히시고 하나를 만법에 시용施用하시나 본체는 항상 여여히 드러내사, 안으로는 무상 묘의無上妙義의 원리에 근거하시고 밖으로는 사사 물물의 지류까지 통하시어, 일원 대도의 바른 법을 시방 삼세에 한 없이 열으시었으

서(碑銘幷序)'라는 제목으로 직접 지었다. 기연편 17에는 비문의 일부가 소개되어 있는데, 그 전문은『원불교대사전』검색어 "대종사성비"에서 확인할 수 있다.

3   해와 달이 낮과 밤으로 번갈아 세상을 밝힘.
4   한없는 세월 동안 성자의 혼을 이어오신 성인이라는 뜻.
5   공명정대하고 태연자약(어떤 일에도 주저하거나 흔들림이 없음)한 기상을 표현한 말.
6   바로잡는다는 뜻.

니, 이른바 백억 화신化身의 여래시요 집군성이대성集群聖而大成[7]이시라"
하시니라.

제2 예도편禮道編

1. 원기 36년 9월에, 정산 종사 수계 교당에서 새『예전』의 편찬을 마치
시고 시자侍者 이공전에게 말씀하시기를 "예는 원래 시대와 국토를 따라
그 형식이 한결같지 아니할 뿐 아니라, 지금은 묵은 세상을 새 세상으로
건설하는 중요한 시기에 당한지라, 이로써 새 세상 예법의 만전을 기하기
는 어려울 터인즉, 우선 이를 등사謄寫하여 한 십년 임시로 시행하여본 후
앞으로 차차 새 시대의『예전』으로 완정完整하자"하시고, 또 말씀하시기
를 "예의 근본 정신은 공경이요, 우리 예전의 요지는 널리 공경하고 공公
을 존숭하자는 데에 있나니라. 예를 밝히는 데 만고에 바꾸지 아니할 예의
체體가 있고 수시로 변역할 예의 용用이 있나니, 예의 체를 바꾸면 그 법이
서지 못하고 예의 용을 수시로 변역할 줄 모르면 그 법이 쓰이지 못하나니
라."

2. 시자 묻기를 "조신操身의 예를 밝히신 첫 편의 모든 조항은 그 설명이
너무 자상하고 비근하여 경전의 품위에 혹 손색이 없지 않을까 하나이다."
말씀하시기를 "무슨 법이나 고원高遠하고 심오한 이론은 기특하게 생각하
나 평범하고 비근한 실학은 등한히 아는 것이 지금 사람들의 공통된 병이
니, 마땅히 이에 깊이 각성하여 평상시에 평범한 예절을 잘 지키는 것으로
『예전』실행의 기본을 삼을 것이며, 너무 자상한 주해 설명은 앞으로『예

---

7   성현들의 위대한 점을 모아 크게 이룬 성인이라는 뜻.

전』을 완정할 때에 줄일 수 있는 데까지 줄이자."

21.『예전』을 편찬하시며 '영주靈呪'를 내리시니 "천지영기 아심정天地靈氣我心定 만사여의 아심통萬事如意我心通 천지여아 동일체天地與我同一體 아여천지 동심정我與天地同心正"[8]이요, 그 후 다시 '청정주淸淨呪'를 내리시니 "법신청정 본무애法身淸淨本無碍 아득회광 역부여我得廻光亦復如 태화원기 성일단太和元氣成一團 사마악취 자소멸邪魔惡趣自消滅"[9]이러라.

제3 국운편國運編

3. 어느날 한 교도가 묻기를 "기미년 만세 운동 때 대종사께서 시국에 대하여 특별히 하신 말씀은 없었나이까." 말씀하시기를 "'개벽을 재촉하는 상두 소리[10]니 바쁘다 어서 방언防堰 마치고 기도 드리자' 하셨나니라."

4. 8·15 해방 후『건국론建國論』을 지으사 건국에 관한 소감을 밝히시기를 "8월 15일 이후 여러 대표의 선언도 들었고 그 지도 방식도 보았으며 인심의 변천 상태도 대개 관찰한 나머지, 어느 때는 혹 기뻐도 하고 어느 때는 혹 근심도 하며 어느 때는 혹 이렇게 하였으면 좋지 아니할까 하는 생각도 자연 나게 되므로, 그 자연히 발로되는 생각 일면을 간단히 기술하고 이름을 건국론이라 하노니, 그 요지는 정신으로써 근본을 삼고, 정치와 교육으로써 줄기를 삼고, 국방 건설 경제로써 가지와 잎을 삼고, 진화의 도

---

8   "천지의 영과 기가 내 마음에 머물러서/모든 일이 뜻과 같이 내 마음에 통하게 하소서/천지가 나와 더불어 한 몸이 되고/내가 천지와 더불어 한 마음으로 바르게 하소서."
9   "법신은 청정하여 본래 걸림이 없으니/내가 빛을 돌이켜봄에 또한 이와 같도다/크고 조화로운 원기가 하나로 뭉치니/삿된 마장과 악취가 스스로 소멸되도다."
10   장례를 치를 때 상여꾼들이 상여를 메고 가면서 부르는 소리.

로써 그 결과를 얻어서 영원한 세상에 뿌리 깊은 국력을 잘 배양하자는 것이니라."

5. 건국의 정신에 대하여 말씀하시기를 "건국 정신은 첫째는 마음의 단결이니, 무엇이나 합하면 강하고 나누이면 약하며 합하면 흥하고 나누이면 망하는 것이 이치라, 만년 대업을 경영하는 건국에 있어서 먼저 이 근본되는 마음 단결이 없고야 어찌 완전하고 강력한 나라를 감히 세울 수 있으리요. 그러므로 건국은 단결로써 토대를 삼고 단결은 우리의 심지心地가 명랑함으로써 이룩되며, 명랑은 각자의 가슴속에 깊아 있는 장벽을 타파함으로써 얻게 되나니, 그 장벽이란 각자의 주의主義에 편착하고 중도의 의견을 받지 아니하여 서로 조화하는 정신이 없는 것이요, 각자의 명예와 아상에 사로잡혀 저편 존중하는 마음을 갖지 못하는 것이요, 불 같은 정권 야욕에 끌리어 대의 정론大義正論을 무시하는 것이요, 시기와 투쟁을 일으키며 간교한 수단으로써 대중의 마음을 어지럽히는 것이요, 일의 본말을 알지 못하고 한편의 충동에 끌려서 공정한 비판력을 가지지 못하는 것이요, 지방성과 파벌 관념에 집착하여 대동大同의 정신을 가지지 못하는 것이요, 남의 작은 허물을 적발하고 사사私私 혐의와 묵은 원한을 생각하여 널리 포용하는 아량이 없는 것이요, 사심私心과 이욕이 앞을 서고 독립에 대한 정신이 사실 철저하지 못한 것이요, 진정한 애국지사의 충정을 잘 받들지 못하는 것이요, 단결의 책임을 남에게 미루고 각자의 마음에는 반성이 없는 것이니, 우리가 이 모든 장벽만 타파한다면 단결은 자연히 될 것이나, 만일 마음속에 장벽이 남아 있게 되면 아무리 단결을 부르짖어도 사실 효과를 얻기가 어려울지니, 그러므로, 건국 공사는 먼저 이 근본 문제를 해결하는 데 있나니라."

6. 또 말씀하시기를 "건국 정신의 둘째는 자력 확립이니, 우리에게 자유

를 선물한 연합 제국에 대하여 우리는 깊이 감사하여야 할 것이나, 공평한 태도와 자주의 정신으로 우방 여러 나라를 친하지 못하고 자기의 주의나 세력 배경을 삼기 위하여 어느 한 나라에 편착하여 다른 세력을 대항하지는 말아야 할 것이니, 우리의 정세를 살필진대 중도가 아니고는 서지 못할 것이며 연합국의 다 같은 원조가 아니고는 건국이 순조로이 되지 못할 것인즉 우리는 단결을 주로 하고 자주의 힘을 확립하여야 할 것이니라."

9. 또 말씀하시기를 "건국 정신의 다섯째는 대국 관찰大局觀察이니, 다만 눈앞의 일과 임시의 욕심에 끌려 모든 일을 진행하지 말고 국제 정세를 잘 살피고 국내 각계의 현상을 잘 알아서 원만한 대책을 발견할 것이요, 개인의 명예에 편착하지 말고 국가의 명예를 잘 드러낼 것이요, 개인의 세력을 다투지 말고 국가의 세력을 잘 키울 것이요, 개인의 이해에 몰두하지 말고 국가의 이해를 잘 생각할 것이요, 개인의 선 불선이 국가의 가치를 오르내리게 하는 이치를 알아서 특히 외국인이 보는 데에서 비루한 행동을 말 것이요, 목전에 좋은 일이 혹 주위에 불안을 주는 이치를 알아서 대중적 정신을 가질 것이요, 임시 유익되는 일이 혹 미래에 손해되는 이치를 알아서 영원한 이해를 잘 계산할 것이요, 우주의 원리가 항시 변천 있는 것을 알아서 때를 따라 법을 세우고 한가지 법에 고집하지 말 것이요, 무슨 법이나 과하면 폐단되는 이치를 알아서 한편에 기울어진 마음을 두지 말 것이니라."

13. 진화의 길에 대하여 말씀하시기를 "진화의 길 첫째는 공로자 우대니, 정치와 국방에 출중한 실적 있는 이와 교화 교육에 특별한 실적 있는 이와 재산을 많이 희사하여 공익의 큰 자원이 되게 한 이와 정신 육신으로 공익사업에 큰 공로 있는 이와 발견 발명 등 무슨 방면으로든지 국가사회에 큰 이익 큰 발전 있게 한 이를 우대할 것이요, 둘째는 교육 장려니, 국가나 단체나 개인을 막론하고 영재의 교육을 적극 장려하여 어느 방면으로

든지 항상 새로운 지견을 얻게 하며 연구 기관을 적극 후원하여 국가 건설과 사회 발전에 모든 묘법을 동원하게 할 것이요, 셋째는 세습 철폐와 상속 제한이니, 모든 영전榮典은 본인 자신에 한하여 자손들이 공연히 의세하지 않게 하며, 재산의 상속은 생활자본 정도에 그치고 나머지는 바로 공익사업에 바치어, 부모 자녀가 한가지 선업善業을 지으며 자력 생활로써 국가 사회의 발전과 모든 사람의 생활 실력을 얻게 할 것이니라."

14. 건국론을 결론지어 말씀하시기를 "위에 말한 모든 조항의 요지는 어느 계급을 막론하고 평등히 보호하여 각자의 자유와 생활의 안정을 얻게 하자는 것이요, 외부의 혁명을 하기 전에 먼저 마음의 혁명을 하자는 것이요, 유산자의 자발적 선심善心으로써 공익기관이 점차 불어나고 그에 따라 국민의 생활이 자연 골라지게 하자는 것이요, 관영과 민영의 사업을 차별하지 아니하여 한가지 건국에 협력하게 하자는 것이요, 생활의 자유를 좀 구속하는 중에도 공로자의 대우를 분명히 하여 공사公私 간 진화의 도를 얻게 하자는 것이니라."

15. 또 말씀하시기를 "이때를 당하여 우리의 최대 급무는 각자의 마음을 반성하여 항시 그 개선에 전력을 하는 것이요, 각 지도급에서는 민중에 대하여 매양 바른 지도를 잘 실시하는 것이니, 마음이 선량하지 못하면 아무리 좋은 주의主義를 두대頭戴[11]할지라도 도리어 좋지 못한 결과를 초래하게 되나니라. 남의 권리를 무시하고 무상취득無償取得에만 정신이 어둔 것이 어찌 균등의 원리리요, 먼저 우주의 공도公道를 깨쳐서 자기 사유私有에 국한 없는 정신을 가지며 노력의 대가 없이는 의식을 구하지 않는 정신을 잘 가져야 진실한 균등의 가치가 드러날 것이니라. 또는 누구의 제재도 받

---

11   높이 공경하고 떠받듦.

지 아니하고 자행 자지하여 궤도 없는 생활에 빠지는 것이 어찌 자유의 원리리요, 먼저 각자의 마음이 공중公衆 도덕과 통제 생활에 위반되지 아니할 정도에 있으며 남의 정당한 의견과 정당한 권리를 침해 구속하지 않는 데에서 참다운 자유의 가치가 나타날 것이니라."

16. 또 말씀하시기를 "요사이 인심의 상태를 본다면 공연히 민심을 충동하여 혹은 평지에 풍파를 일어내고 혹은 사랑하는 동포를 원수같이 상대함으로써 무슨 건국 사업이나 하는 듯이 아는 이 적지 않으나, 참다운 건국은 있던 풍파라도 안정시키고 묵은 원수라도 은혜로 돌려서 어느 계급을 막론하고 같이 악수하여 동심同心 합력하는 데에서 실력이 발생되나니, 평등한 가운데 순서를 잃지 말고 자유 가운데 규율을 범하지 아니 하여, 유산자는 유산자로, 무산자는 무산자로, 관리는 관리로, 민중은 민중으로 각각 그 도를 다하고 마음을 합한다면 건국 공사는 그 가운데 자연히 성립될 것이니라. 건국이 있은 후에야 주의도 있고 평등도 있고 자유도 있고 권리도 있어서, 우리의 행복을 우리 스스로 누릴 것이니, 소아小我를 놓고 대아大我를 주장하면 소와 대가 한가지 구원을 받을 것이나 대아를 놓고 소아를 주장한다면 소와 대가 한가지 멸망되는 법이니라."

제4 경륜편經綸編

16. 교무선 결제식에 훈시하시기를 "사람을 교화하는 이는 먼저 사람 다스리고 교화하는 세가지 길을 알고 행하여야 할 것이니, 개인을 다스리고 교화하는 데에나 가정 사회와 국가 세계를 다스리고 교화하는 데에나 도치道治와 덕치德治와 정치政治의 세가지 길이 있나니라. 이 세가지 치교의 도에 대하여는 『세전』에 자상히 밝히려 하거니와 이 세가지 교화가 아울

러 행하여지면 원만한 세상이 되는 것이요, 이 세가지 길에 결함이 있는 때에는 원만을 이루지 못하나니, 여러분은 이 세가지 길에 매昧하지 말고 이 세가지 길에 근원하여 개인을 상대할 때나 가정 사회와 국가 세계를 상대할 때나 항상 이를 잘 병진하여 한량없는 대도 사업의 훌륭한 선도자가 돼라."

『세전』 치교의 도

"다스리고 교화하는 도에는 여러가지가 있을 것이나 강령을 들어 말하자면 첫째는 '도道'로써 다스리고 교화함이니, 모든 사람으로 하여금 각각 자기의 본래 성품인 우주의 원리를 깨치게 하여 불생 불멸과 인과 보응의 대도로 무위이화의 교화를 받게 하는 것이요, 둘째는 '덕德'으로써 다스리고 교화함이니, 지도자가 앞서서 그 도를 행함으로써 덕화가 널리 나타나서 민중의 마음이 그 덕에 화化하여 돌아오게 하는 것이요, 셋째는 '정政'으로써 다스리고 교화함이니, 법의 위엄과 사체事體의 경위로 민중을 이끌어 나아가는 것이라, 과거에는 시대를 따라 이 세가지 가운데 그 하나만을 가지고도 능히 다스리고 교화할 수 있었으나 앞으로는 이 세가지 도를 아울러 나아가야 원만한 정치와 교화가 베풀어지게 되나니라."

제5 원리편原理編

12. 정정요론定靜要論[12]을 설하실 때에 성품과 정신과 마음과 뜻을 분석하여 말씀하시기를 "성품은 본연의 체요, 성품에서 정신이 나타나나니, 정신은 성품과 대동大同하나 영령한 감이 있는 것이며, 정신에서 분별이 나

---

12   원불교 초기 교서인 『수양연구요론』(1927)에 수록된 글로, 수양의 원리와 방법 등에 관한 내용이 담겨 있다.

타날 때가 마음이요, 마음에서 뜻이 나타나나니, 뜻은 곧 마음이 동動하여 가는 곳이니라." 학인이 묻기를 "영혼이란 무엇이오니까." 답하시기를 "영혼이란 허령불매한 각자의 정신 바탕이니라."

13. 말씀하시기를 "우주만유가 영靈과 기氣와 질質로써 구성되어 있나니, 영은 만유의 본체로서 영원불멸한 성품이며, 기는 만유의 생기로서 그 개체를 생동케 하는 힘이며, 질은 만유의 바탕으로서 그 형체를 이름이니라."

15. 학인이 묻기를 "기와 영지靈知가 둘이 아니라 하셨사온데 어찌하여 식물에는 영지를 볼 수 없나이까." 답하시기를 "만물이 화생化生하는 데 구분이 있나니, 영지가 주가 되어 기운을 머금은즉 동물이 되고, 기운이 주가 되어 영지를 머금은 것이 식물이라, 동물은 개령個靈이 있으나 식물은 대령大靈만 있나니라." 또 묻기를 "대령과 개령과의 관계는 어떠하나이까." 답하시기를 "마음이 정靜한즉 대령에 합하고 동動한즉 개령이 나타나, 정즉합덕靜則合德이요 동즉분업動則分業이라, 사람이 죽어서만 대령에 합치는 것이 아니라 생사일여生死一如니라."

제6 경의편經義編

2. 말씀하시기를 "본교의 설립 동기는 과학의 문명에 반대하는 것이 아니라, 모든 물질 문명을 선용하기 위하여 그 구하는 정신과 사용하는 정신을 바로 세우자는 것이니라."

13. 삼학에 대하여 말씀하시기를 "과거에도 삼학이 있었으나 계정혜戒定慧[13]와 우리의 삼학은 그 범위가 다르나니, 계는 계문을 주로 하여 개인

의 지계持戒에 치중하셨지마는 취사는 수신제가치국평천하의 모든 작업에 빠짐없이 취사케 하는 요긴한 공부며, 혜도 자성에서 발하는 혜에 치중하여 말씀하셨지마는 연구는 모든 일 모든 이치에 두루 알음알이를 얻는 공부며, 정도 선정禪定에 치중하여 말씀하셨지마는 수양은 동정動靜 간에 자성을 떠나지 아니하는 일심 공부라, 만사의 성공에 이 삼학을 벗어나지 못하는 것이니 이 위에 더 원만한 공부 길은 없나니라.”

58. 충효열忠孝烈에 대하여 말씀하시기를 “충이라 함은 가운데 마음이 곧 충이니, 내외심內外心이 없는[14] 곧 거짓이 없는 참된 마음을 이름이니라. 사람 사람이 다 이 참된 마음으로써 서로 교제하며 사회에 공헌하며 국가에 봉사하며 어느 직장 어느 처소에 있든지 항시 사私 없는 노력을 다하는 것이 모두 이 충의 활용 아님이 없는지라, 이는 옛날 세상에 좁은 해석으로 임금 한분에게 바치는 마음만을 충이라고 국한한 그것이 아니요, 또는 국가 전체의 이해를 불고하고 비록 악한 임금이라도 그 임금 하나를 위하여 자기를 희생하던 어리석은 충도 아니니, 충의 의의는 실로 광대하고 진실하여 천하 고금에 길이 세상의 강령이 되고 인류의 정기正氣가 되나니라. 현하 시대 인심을 본다면 충에 병든 지 이미 오랜지라, 안으로 양심을 속이되 스스로 뉘우치지 아니하고 밖으로 사회를 속이되 스스로 부끄러워하지 아니하여, 인간의 생활이 피차 복잡해가고 세상의 혼란이 또한 그치지 아니하나니, 이 혼란한 세상을 돌이켜서 신성神聖하고 진실한 세상을 만들기로 하면 무슨 방법으로든지 이 충의 정신을 진흥하여 모든 인심이 충에 돌아 오지 아니하고는 도저히 어려울 것이니라.”

59. 이어 말씀하시기를 “효라 함은 무슨 일이나 보은의 도를 행하는 것

---

13   불교의 세가지 수행법을 말한다.

14   ‘내외심이 없다’는 안으로 품은 마음과 드러나는 마음이 다르지 않다는 뜻.

은 다 효에 속하나니 이는 모든 보은 가운데 부모 보은이 제일 초보가 되는 까닭이라, 그 부모의 은혜를 모르는 이가 어찌 다른 은혜를 먼저 알며 널리 천지와 동포와 법률의 근본적 은혜를 알게 되리요. 그러므로, 효의 실행은 부모은으로부터 시작하여 이 모든 은혜를 발견하는 데에 있나니, 사람 사람이 이 모든 은혜를 발견하여 어느 처소 어느 시간을 막론하고 천만 경계를 오직 이 감사 하나로 돌리는 것이 다 효의 활용 아님이 없는지라, 이는 옛날 세상에 좁은 해석으로 부모가 자력이 있는 때에도 평생을 그 곁을 떠나지 않는 것만 효로 생각하고 사회의 모든 책임과 일체의 보은 행사에 등한하는 등의 일면적인 효가 아니니, 그러므로, 효의 의의는 실로 광대하고 원만하여 천하 고금에 길이 세상의 강령이 되고 인도人道의 비롯이 되나니라. 현하 시대의 인심을 본다면 효에 병듦이 또한 오래인지라 가정에 있어서는 부모를 원망하고 세상에 나오면 천지와 동포와 법률을 원망하여 세상 공기가 침울하여지고 인간 생활이 위험에 당하나니 이 위험한 시국을 돌이켜서 평화 안락한 세상을 만들기로 하면 무슨 방법으로든지 이 효의 정신을 진흥하여 모든 인심이 효에 돌아오지 아니하고는 도저히 어려울 것이니라.”

60. 이어 말씀하시기를 “열이라 함은 무슨 일이나 그 지조를 잘 지키는 것은 다 열에 속하나니, 이는 누구를 막론하고 그 지조를 중히 아는 것이 여자가 정조를 중히 아는 것과 같은 까닭이라, 여자의 신분으로 그 정조를 중히 알지 않는 이가 다른 조행操行에 얼마나 성의를 내리요. 그러므로, 열의 실행은 남녀노소 간에 여자의 정조로써 비롯하여 천만 경우에 각각 그 지조를 잃지 않는 것이니, 어느 처지에 있든지 항시 자기의 마음을 굳게 하고 자기의 신분을 잘 가져서, 정당한 일이면 죽기로써 실행하고 부당한 일이면 죽기로써 않는 것이 다 이 열의 활용 아님이 없는지라, 이는 옛날 세상에 좁은 해석으로 약혼만 한 남자가 죽을지라도 평생을 그 집에 가서 늙

는다든지, 또는 남편이 죽으면 인도에 따르는 의무와 책임은 다 불고하고 오직 그 한 남자를 위하여 순사殉死하는 등 우치한 열[15]에 한한 것이 아니니, 그러므로, 열의 의의는 실로 광대하고 통달하여 천하 고금에 길이 세상의 강령이 되고 인도의 표준이 되나니라. 현하 시대 인심을 본다면 열에 병듦이 오래인지라, 본말과 주객을 바꾸어 생각하며 아침에 먹은 마음이 저녁에 달라지고 어젯날에 하던 이론이 오늘에 변경되는 자 많아서, 세상의 질서가 밝지 못하고 인도의 표준이 정확하지 못하여, 성현의 교법이 권위를 잃고 사람의 생활이 더욱 착란해지므로, 이 착란한 생활을 돌이켜서 신성한 세상을 만들기로 하면 무슨 방법으로든지 이 열의 정신을 진흥하여 모든 인심이 열에 돌아오지 아니하고는 도저히 어려울 것이니라.”

61. 이어 말씀하시기를 “선지자의 유훈에 ‘세상에 충이 없고 세상에 효가 없고 세상에 열이 없으니, 이런 고로 천하가 다 병들었다’ 하였고 ‘천하의 병에는 천하의 약을 쓰라’ 하였으니 이는 장차 충효열이 병든다는 말씀과 충효열을 잘 살리라는 부탁이라, 충효열의 병은 곧 천하의 병이요, 천하의 병을 고치는 화제和劑는 또한 우리 대종사의 교법이시니, 우리가 매일 우리의 참 성품을 잘 연마하는 것은 곧 충을 살리는 공부요, 사중四重 보은[16]에 힘을 쓰는 것은 효를 살리는 공부요, 신앙을 굳게 하고 계율을 지키는 것은 곧 열을 살리는 공부라, 우리의 공부가 아니면 어찌 충효열을 살릴 수 있으며, 충효열을 살리지 아니하면 고해에 빠진 모든 병자들을 어찌 구원할 수 있으리요. 그러므로, 그대들은 부지런히 공부하여 먼저 각자의 마음 병을 고쳐서 우리 하나 하나가 모두 병 없는 사람이 되는 동시에, 그 힘을 합하여 우리 교단 전체가 병 없는 교단이 되게 하며, 그 힘을 추진하여 천하 만방의 병을 다 고치는 좋은 의왕醫王이 되는 데 노력하기를 간절히 바

---

15   열의 참된 의미를 알지 못하고 행한 관습이나 문화 등을 말함.
16   네가지 큰 은혜에 보은하라는 뜻으로, 천지·부모·동포·법률의 사은에 보은함을 말함.

라노라."

62. 오륜五倫에 대하여 말씀하시기를 "오륜은 동양 윤리의 도덕 표준으로서 가정 사회 국가의 모든 규범이 이에 근본하여 세워져 있던 것이나, 근래에 와서는 이 법이 해이해지고 실천의 능력이 약화되었으므로, 이를 시대에 맞도록 하여야 할 것이니 '부자유친父子有親 군신유의君臣有義 부부유별夫婦有別 장유유서長幼有序 붕우유신朋友有信'을 '부모와 자녀는 친함이 있으며, 위와 아래는 의리가 있으며, 남편과 아내는 화和함이 있으며, 어른과 어린이는 차서가 있으며, 동포와 동포는 신의가 있으라'로 함이 그 법의 본의를 살려서 전성前聖의 뜻을 원만히 이룩하는 길인가 하노라."

제10 근실편勤實編

18. 말씀하시기를 "미륵불 세상이란 곧 근실勤實한 세상을 이름이니, 종교도 그 교리가 사실에 맞고 자력을 주로 하는 종교라야 세상에 서게 될 것이요, 개인도 자력으로써 실업에 근면하며 진실한 도덕으로 대중을 위하는 실적이 있어야 세상에 서게 되리라."

20. 말씀하시기를 "대종사께서 항상 '앞으로는 형식을 주장하는 이는 허망한 세상을 보리라' 하시었나니, 돌아오는 세상에는 진실하고 실력 있어야 출세할 수 있으며, 신심 있고 공심公心 있어야 세상에 쓰이게 되며, 덕 있고 활동력 있는 사람이라야 큰 사업을 하게 되리라."

19. 말씀하시기를 "물질 위주로 균등 사회가 되겠는가. 공도公道 정신이 골라져야 균등 사회가 되고, 투쟁 위주로 평화 세계가 되겠는가. 은혜를 서로 느껴야 참다운 평화 세계가 되나니라."

31. 말씀하시기를 "불교의 진수는 공空인바 그릇 들어가면 공망空妄에 떨어지며, 유교의 진수는 규모인바 그릇 들어가면 국집局執[17]하며, 도교의 진수는 무위 자연인바 그릇 들어가면 자유 방종에 흐르며, 과학의 진수는 분석 정확인바 그릇 들어가면 유有에 사로 잡혀 물질에만 집착하나니, 이 네가지 길에 그릇 들어가지 아니하고 모든 진수를 아울러 잘 활용하면 이른바 원만한 법통을 이루며 원만한 인격이 되리라."

34. 원기 46년 4월에 삼동윤리三同倫理를 발표하시며, 말씀하시기를 "삼동윤리는 곧 앞으로 세계 인류가 크게 화합할 세가지 대동大同의 관계를 밝힌 원리니, 장차 우리 인류가 모든 편견과 편착의 울 안에서 벗어나 한 큰 집안과 한 큰 권속과 한 큰 살림을 이루고, 평화 안락한 하나의 세계에서 함께 일하고 함께 즐길 기본 강령이니라. 지금 시대의 대운을 살펴보면 인지가 더욱 열리고 국한이 점차 넓어져서 바야흐로 대동 통일의 기운이 천하를 지배할 때에 당하였나니, 이것은 곧 천하의 만국 만민이 하나의 세계 건설에 함께 일어설 큰 기회라, 오래지 아니하여 세계 사람들이 다 같이 이 삼동윤리의 정신을 즐겨 받들며, 힘써 체득하며, 이 정신을 함께 실현할 기구를 이룩하여 다 같이 이 정신을 세상에 널리 베풀어서 이 세상에 일대 낙원을 이룩하고야 말 것이니라. 그러므로, 이러한 좋은 시운時運에 이러

---

17   마음이 확 트이지 못하고 어느 한편에 국한되거나 집착함.

한 회상을 먼저 만난 우리 대중들은 날로 달로 그 마음을 새로이 하고, 이 공부 이 사업에 더욱 정진하여 다 같이 이 좋은 세상 건설에 선도자가 되어주기를 간절히 부탁하노라."

35. 이어 말씀하시기를 "삼동윤리의 첫째 강령은 동원도리同源道理니, 곧 모든 종교와 교회가 그 근본은 다 같은 한 근원의 도리인 것을 알아서, 서로 대동 화합하자는 것이니라. 이 세상에는 이른바 세계의 삼대 종교라 하는 불교와 기독교와 회교回敎가 있고, 유교와 도교 등 수많은 기성 종교가 있으며, 근세 이래 이 나라를 비롯하여 세계 각처에 신흥 종교의 수도 또한 적지 아니하여, 이 모든 종교들이 서로 문호를 따로 세우고, 각자의 주장과 방편을 따라 교화를 펴고 있으며, 그 종지宗旨에 있어서도 이름과 형식은 각각 달리 표현되고 있으나, 그 근본을 추구해본다면 근원되는 도리는 다 같이 일원의 진리에 벗어남이 없나니라. 그러므로, 모든 종교가 대체에 있어서는 본래 하나인 것이며, 천하의 종교인들이 다 같이 이 관계를 깨달아 크게 화합하는 때에는 세계의 모든 교회가 다 한 집안을 이루어 서로 넘나 들고 융통하게 될 것이니, 먼저 우리는 모든 종교의 근본이 되는 일원 대도의 정신을 투철히 체득하여, 우리의 마음 가운데 모든 종교를 하나로 보는 큰 정신을 확립하며, 나아가 이 정신으로써 세계의 모든 종교를 일원으로 통일하는 데 앞장서야 할 것이니라."

36. 이어 말씀하시기를 "삼동윤리의 둘째 강령은 동기연계同氣連契니, 곧 모든 인종과 생령이 근본은 다 같은 한 기운으로 연계된 동포인 것을 알아서, 서로 대동 화합하자는 것이니라. 이 세상에는 이른바 사색 인종이라고 하는 인종이 여러 지역에 살고 있으며, 같은 인종 중에도 여러 민족이 있고, 같은 민족 중에도 여러 씨족이 여러 지역에 각각 살고 있으나, 그 근본을 추구해본다면 근본되는 기운은 다 한 기운으로 연하여 있는 것이므

로, 천지를 부모 삼고 우주를 한 집 삼는 자리에서는 모든 사람이 다 같은 동포 형제인 것이며, 인류뿐 아니라 금수 곤충까지라도 본래 한 큰 기운으로 연결되어 있나니라. 그러므로, 천하의 사람들이 다 같이 이 관계를 깨달아 크게 화합하는 때에는 세계의 모든 인종과 민족 들이 다 한 권속을 이루어 서로 친선하고 화목하게 될 것이며, 모든 생령들에게도 그 덕화가 두루 미칠 것이니, 우리는 먼저 모든 인류와 생령이 그 근본은 다 한 기운으로 연결된 원리를 체득하여 우리의 마음 가운데 일체의 인류와 생령을 하나로 보는 큰 정신을 확립하며, 나아가서는 이 정신으로써 세계의 인류를 평등으로 통일하는 데 앞장서야 할 것이니라."

37. 이어 말씀하시기를 "삼동윤리의 셋째 강령은 동척사업同拓事業이니 곧 모든 사업과 주장이 다 같이 세상을 개척하는 데에 힘이 되는 것을 알아서, 서로 대동 화합하자는 것이니라. 지금 세계에는 이른바 두가지 큰 세력이 그 주의와 체제를 따로 세우고 여러가지 사업을 각각 벌이고 있으며, 또한 중간에 선 세력과 그 밖에 여러 사업가들이 각각 자기의 전문 분야와 사업 범위에 따라 여러가지 사업들을 이 세상에 벌이고 있어서, 혹은 그 주장과 방편이 서로 반대되는 처지에 있기도 하고 혹은 서로 어울리는 처지에 있기도 하나, 그 근본을 추구하여본다면 근원되는 목적은 다 같이 이 세상을 더 좋은 세상으로 개척하자는 데 벗어남이 없는 것이며, 악한 것까지라도 선을 각성하게 하는 한 힘이 되나니라. 그러므로, 모든 사업이 그 대체에 있어서는 본래 동업인 것이며, 천하의 사업가들이 다 같이 이 관계를 깨달아 서로 이해하고 크게 화합하는 때에는 세계의 모든 사업이 다 한 살림을 이루어 서로 편달하고 병진하다가 마침내 중정中正의 길로 귀일하게 될 것이니, 우리는 먼저 이 중정의 정신을 투철히 체득하여 우리의 마음 가운데 모든 사업을 하나로 보는 큰 정신을 확립하며, 나아가서는 이 정신으로써 세계의 모든 사업을 중정으로 통일하는 데 앞장서야 할 것이니라."

대산 김대거의 『천부경』 해설[1]

一始無始一 일시무시일 하나로 비롯했으나 하나로 비롯한 바가 없다.

一桥三 일탁삼 하나는 셋으로 벌어져서〔道生一 一生二 二生三 三生萬物〕

極無盡 本一 극무진 본일 극도에는 다함이 없으나 근본은 하나니라.

天一一 地一二 人一三 천일일 지일이 인일삼 하늘 하나가 첫째요, 땅 하나가 둘째요, 사람 하나가 셋째라.

一積十 巨無匱 化三 일적십 거무궤 화삼 하나가 쌓여 열이 됨에 커서 다함이 없으나 변화는 셋이라.

天二三 地二三 人二三 천이삼 지이삼 인이삼 하늘 둘이 셋이 되고, 땅 둘이 셋이 되고, 사람 둘이 셋이 되니

大三合六(天地人＝陰陽) 生七八九 대삼합육 생칠팔구 큰 셋이 합하여 여섯임에 7·8·9를 낸 지라.

運三四成環 운삼사성환 3·4를 운전하여 고리를 이루고(十二個月, 十二回)

五七一妙衍 오칠일묘연 다섯과 일곱은 하나에서 묘하게 불어남이라.

萬往萬來 用變不動本 만왕만래 용변부동본 만번 가고 만번 오되 용은 변하나 근본은 동치 않나니

本心 本太陽 본심 본태양 근본은 마음이고(天心이 人心, 人心이 天心) 근본은 태양이라.

昂明人中 앙명인중 사람이 중中을 높이 밝히고(元亨利貞天地之道, 仁義禮智聖賢之道, 中道)

天地一 천지일 천지도 하나니

一終無終一 일종무종일 하나로 마침에 하나로 마친 바가 없나니라.

※『천부경』의 요지

일시무시일─始無始一 ─┐
                      ├─ 불생 불멸不生不滅의 진리眞理
일종무종일─終無終一 ─┘

1.

인쇄물로 소개하는 것은 이 자리가 처음이다.『천부경』은 하늘에서 비장한 글이다. 부작이라는 것은 비장한 것이니 수억만년에 비장해놨던 것

을 단군 때에도 났지마는 단군 이전부터 비장이 된 것을 발굴했다는 것이다. 즉 계시를 받았거나 묵시로 통해 전해진다는 것이다.

일시무시일一始無始一 하나로 비롯했지만 하나로 비롯한 바가 없다. 그것이 불생이다. 불생 불멸 가운데 일시무시일一始無始一은 불생이고, 일종무종일一終無終一은 불멸이다. 하나로 마쳤지만 하나로 마친 바가 없다는 것은 불멸이다.

부처님이 3천년 전에 불생불멸의 진리를 밝혔는데 단군성조께서 4천3백여년 전에 불생불멸의 진리를 냈다는 것은 이 나라에서 세계를 주장할 수 있는 세계 종교가 난다는 증거가 된다. 그 일一의 하나〔一〕자리는 일원상 자리요. 무극 자리, 법신불 자리, 하나님 자리다.

일탁삼一柝三 하나가 셋으로 벌어졌다. 천지인天地人이 나왔다는 말이다.

극무진極無盡 극자는 유교에 무극 자리 법신불이나 법신불 일원상이나 태극이나 극이 없는 것이다. 그러니 정산 종법사님께서 "한 울안 한 이치에, 한 집안 한 권속이, 한 일터 한 일꾼으로 일원 세계 건설하자"는 것을 회갑 기념으로 발표하셨다. 나는 55주년 행사 때[2]에 미국 가드 박사[3]와 일본 대표와 국내 종교 대표자들 몇이 참석했을 때 "진리는 하나, 세계도 하나, 인류는 한 가족, 세상은 한 일터, 개척하자 하나의 세계"라고 밝혔었다.

대종사님께서는 이 말씀 저 말씀 안 하시고 ○(손으로 형상을 그리시며)을 그려놓으셨다.[4] 금산사에서 그리시고, 게송은 나중에 총부 오셔서 해주셨다. 대종사님 예술은 무서운 예술이시다. 대종사님은 말없이 ○을 그려놓

---

2   1971년 익산 중앙총부에서 열린 '원불교 개교 반백년 기념대회'를 말한다.
3   리처드 가드(Richard A. Gard)는 미국의 불교학자다. 원불교 교리에 대한 관심을 갖던 중 원광대학교를 방문한 계기로 원불교와 인연을 맺었다. 그의 주선으로 1958년 11월 태국에서 열린 제5차 세계불교도대회(WFB)에 원불교 대표가 참여했고, WFB에 원불교가 정회원으로 가입하는 데 기여하는 역할을 했다.
4   소태산이 1919년 9, 10월경 김제 금산사에 잠시 머무는 동안 거처하던 별채 문미(門楣)에 일원상을 그린 일을 말한다.

으셨는데 그것이 극자리로 다함이 없는 자리의 표현이시다.

본일本一 근본은 하나다.

천일일天──一 지일이地一二 인일삼人一三 하나가 천지인 셋으로 벌어졌는데, 하늘 하난데 첫번째고, 땅이 하난데 두번째고, 사람이 하난데 세번째라.

일적십一積十 하나가 쌓여 열이 됐다. 시방 세계가 벌려졌다는 말이다. 그래서 그 열은 하나를 합한 열이요, 하나는 열을 합한 하나이다.

거무궤巨無匱 커서 다함이 없다. 그 자리는 다함이 없는 자리다.

화삼化三 변화는 셋이라. 항시 셋이 들어서 변화된다.

천이삼天二三 지이삼地二三 인이삼人二三 음양이라는 것은, 수화풍水火風 삼륜三輪으로 개벽된다는 뜻이다.[5] 둘이란 말은, 음과 양인데 물과 불이라는 말이다. 사람도 물불이 끝나면 소멸된다.

대삼합육大三合六 그래서 그것이 합하면 여섯이 된다.

생칠팔구生七八九 7·8·9를 낸 지라

운삼사성환運三四成環 하루는 12시, 한해는 12달, 우리 회상은 12년씩 잡아서 36년이 1대다. 그래서 120년, 1200년, 12000년 이렇게 나아가는데, 과거는 1000수로 3천년인데 지금은 5만년 간다고 하니 자꾸 늘어간다. 수운 대신사께서 앞으로 지극한 도가 나오는데 후천구복십이회後天九復十二會[6]라는 말씀을 하셨다.

오칠일묘연五七一妙衍 오방칠요五方七曜[7]로 작용인데 인간도 오욕 칠정이 있다. 인간은 소천小天이라 하는데, 부처님 말씀은 사람은 대천大天이다. 천지보다 크다 했다. 그런데 그 일을 해야 크지 가만히 앉아서 똥만 누

---

5 원문에는 "음양이라는 것은, 이번 TV를 보니 물난리가 대단하더라. 수화풍水火風 삼륜三輪으로 개벽된다고 하는데 이번 TV를 보니 개벽하겠더라"라고 쓰여 있으나 문맥에 맞게 일부 표현을 삭제함.

6 동학의 가사인 「궁을가」에 나오는 말이다. 대산은 이를 "갑자년 정월 초하루부터 새 시대가 돌아옴을 알렸던 바"(『대산종사법어』 개벽편 1, 원불교출판사 2014, 324면)라고 해석했다.

7 오방(五方)은 동서남북과 중앙, 칠요(七曜)는 해·달·수성·화성·금성·목성·토성을 말함.

는 게 큰 게 아니다.

만왕만래萬往萬來 만번 가고 만번 온다.

용변부동본用變不動本 그러므로 불변으로 만물에 응해서 변화해야 한다.

본심本心 마음이 근본이다.

본태양本太陽 진리의 태양이 솟아야 한다.

앙명인중昂明人中 이 세상에 제일 큰 것이 셋이 있는데 무엇이냐? 땅, 우리를 싣고 있는 땅이 큰데 땅보다 더 큰 것이 하늘이고, 하늘보다 더 큰 것이 사람이다. 왜 그러냐 하면, 사람이 없으면 천지는 빈 껍질이다. 사람이 천지를 운행하기 때문에, 천지보다도 큰 것이 사람이기 때문에, 높이 사람이 중도를 밝히라는 것이다. 사람이 중도를 밝혀야 하기 때문에 원래에 그 사람은 천지인에 합한 그 사람으로 천지보다 크기 때문에, 높이 천지에서 숭앙한다는 말이다. 앙명昂明이란 숭앙한다는 의미다. 그러니 하늘이 크고 땅이 크지만 중도를 밝힌 그 사람이 크다. 중심中心, 중도中道, 중화中和로 허령虛靈, 지각知覺,[8] 신명神明을 통해서 대진리관, 대윤리관, 대국가관, 대세계관을 정립해서 일하는 사람이 앙명인중昂明人中인 것이다.

일시무시일, 일종무종일, 앙명인중 이 셋을 밝히기 위해서 해놓은 것이다. 부처님이나 공자님이나 노자님이나 예수님이 다 중中을 밝히신 어른이다. 대종사님도 그것을 밝히셨다. 중이란 원만 평등한 자리기 때문에 우리가 일생을 원만 평등하게 살고 갔냐 안 살고 갔냐 여기에 귀착점이 있다. 이것은 아버지 물건만도 아니고, 어머니 물건만도 아니고, 하늘 물건만도 아니고, 땅 물건만도 아니다. 동포 사·농·공·상 어느 물건만의 것도 아니고 법률의 입법·치법만의 물건도 아닌 사은의 합자 회사이기 때문에 우리가 일생을 살아갈 때 원만 평등한 중中을 잡고 살아야 한다. 고로 일인중화즉천하一人中和則天下가 안정화육安定和育[9]하는 것이다.

---

8   원문의 智를 知의 오기로 보아 수정함.

천지일天地一　천지와 하나가 됨에 성주聖呪가 되며 천지와 같은 하나가 된다. 앙명인중해서 천지와 같이 하나란 말이다.

일종무종일一終無終一　그런데 그 자리는 일종무종일一終無終一이라. 하나로 마쳤지만 하나로 마친 바가 없다. 불멸이다. 고로 만세멸도상독로萬世滅度常獨露 한다. 바로 성주다. 누가 한번 외워봐라.

불생 불멸의 진리를 밝혔으니 최고의 진리를 밝혔다. 도교를 중국에서 발생한 것으로 생각하기 쉬우나 단군시대 자부紫府 선생으로 비롯했다. 이 『천부경』을 계연수라는 사람이 발견했으나,[10] 원래 단군 이전부터 있었던 것이다. 단군이 이 진리를 파악해서 비장해놓았던 것이지 단군만이 이 진리를 밝혔다면 그 진리는 작다고 할 수 있다. 단군 몇억만년 전이라도 이 진리가 존재하는 것이다. 단군이 비로소 이 진리를 파악해서 비장한 것을 다시 발견해서 나온 것이다. 그러므로 『천부경』을 어느 시기 어떤 사람이 지었는가를 시비할 것이 아니라 진리냐 아니냐 이것만 생각하면 된다. 우리가 좀 크게 살고 하늘같이 살고 땅같이 살려면 중도를 갖추어 천하에 유익한 사람이 되어야 하겠다.

2.

『천부경』은 신라시대 고운 최치원 선생이 묘향산 암벽에 새겨 후세에 전한 것이다. 그 뒤 계연수가 다시 묘향산에서 발견, 세상에 빛을 보게 되었다.[11] 큰 글이라고 하는 것은 영력靈力으로 나오기 때문에 진리의 글이다.

9　한 사람이 중화를 이루면 하늘과 땅이 안정되고 만물이 조화롭게 산다는 뜻.

10　원문에는 '평양 구월산에서 계연수'가 발견했다고 되어 있으나, 묘향산 암벽에서 발견한 것이므로 평양 구월산을 삭제함.

11　원문에는 최치원 선생이 묘향산 암벽에서 '발견'했고 이를 '조선시대' 계연수가 다시 발견했다고 되어 있으나, 최치원이 암벽에 새긴 것을 계연수가 일제강점기에 발견한 것이어서

일一 일의 일一 자리는 일원상 자리요, 무극 자리요, 법신불 자리며, 하나님 자리다.

일적십一積十 시방을 말하며, 열이라고 하는 그 열은, 하나를 합한 열이요. 하나는 열을 합한 하나이다.

운삼사성환運三四成環 수운 대신사가 앞으로 지극한 도가 나오는데 12회라 하셨다. 하루도 12시간, 1년도 12달, 12회, 120만으로 나아간다.

용변부동변用變不動本 불변으로 응만변〔不變應萬變〕 하는 것이 대 철리哲理다.

본태양本太陽 천지에 태양이 중심이 되듯이 깨쳐야 이 세계에 진리의 태양이 솟는다. 그런데 그 진리의 태양이 솟기로 할 것 같으면 정심定心·유정심有淨心·일심一心이 되어야 한다. 그러한 지경에 이르면 거기서 허령·지각·신명이 나온다. 허령이 솟아 쓰면 3년을 넘기기 어렵다. 허령이 솟아 일생을 쓰지 않을 것 같으면 크게 열려 지각이 열리고 신명이 통하는데 지각은 진리를 연구하여 바르게 깨닫는 것이요, 신명은 진리에 통해버리는 것이요, 허령·지각·신명을 얻었더라도 중심·중도·중화가 되어야 하는데 『중용』에 보면, 중야자中也者 천하지대본야天下之大本也요 화야자和也者 천하지달도야天下之達道也라. 치중화致中和면 천지위언天地位焉하며 만물육언萬物育焉이니라[12] 하였다. 알고 보면 앙명인중昻明人中이 무서운 글이다.

천지일天地一 천지와 같은 하나가 된다.

일종무종일一終無終一 일종무종일은 바로 성주聖呪다. 누가 한번 외워 보아라.

永天永地永保長生 萬世滅度常獨露 去來覺道無窮花 步步一切大聖經[13]

'발견'과 '조선시대'를 삭제함.

12 "중(中)이란 천하의 위대한 근본이요 화(和)란 천하에 두루 통하는 도리이다. 중과 화를 완전히 실현하면 하늘과 땅이 제자리를 잡게 되고 만물이 제대로 성장한다."

13 뜻풀이는 『대종경』 천도품 4 참고.

종교가 세계적인 종교가 되기로 할 것 같으면 대진리관, 대윤리관, 대국가관, 대세계관의 4대관이 세워져 있어야 세계적 종교가 될 수 있다.

하나에서 열까지 벌여나가는 게 나는 쉽게 이렇게 생각했다. 하나에서 둘이 되고, 둘에서 셋이 되는데, 셋은 천지인, 넷은 동서남북, 다섯은 동서남북에 중앙, 여섯은 육도(육합이라고도 함), 칠은 금목수화토 오행에 일월, 팔은 팔방, 구는 팔방에 중앙, 십은 시방이다.

3.

내가 국내 5대 종교 지도자 모임 때 '단기' 사용에 대하여 제안한 바가 있다. "우리나라가 서기 역사만 쓰고 단군 역사를 쓰지 않기 때문에 한국의 민족혼이 없어질까 염려된다"고 주장하였다. 그 사람들이 미국과 교류하고 원조를 받고 있는 실정이기 때문에 서기를 안 쓸 수가 없다고 하여 내 의견이 무시되었다. 다시 금년에 복구되는 움직임이 보이니 다행한 일이다. 어느 시대나 제 할아버지 잊어버리고 잘된 사람 없다. 이제까지 할아버지를 잊어버리고 살다가 할아버지를 찾았으니 금년이 좋은 해이다.

이 진리가 우주에 있는데 단군께서 깨달아서 내놓은 것이지 진리를 단군이 만들어낸 것은 아니다. 누가 대종사님을 '최고의 예술가'라고 하였다. 턱 하니 일원으로써 표현하였다. 과거는 일一 자리를 표방하기 때문에 성자들이 일一 자리를 표방하였다. 지금 시대는 양 시대이고 활동하는 시대라 십十을 주장하기 때문에 대종사님 호가 십十이시다. 정산 종법사님은 가운데 추樞자 중中이시다. 그러므로 하나와 열과 가운데가 한 합이 되었다는 것을 알아야 된다.

중中을 갖춘 분이 천지와 하나가 된 분인데 중을 갖춘 것이 무엇이냐 하면, 정신 수양에 있어서는 정심定心으로 일정심一定心과 정심靜心으로 일심

一心으로 하나가 되어버리는 것이며, 사리 연구에 있어서는 삼명 육통三明
六通의 진리를 아는 것이며, 작업 취사에 있어서는 중심, 중도, 중화를 갖
추는 것이다. 그것이 구변수도九變修道다. 구변수도를 하면 천지와 하나 된
사람으로 천지보다 큰 사람이다. 땅은 한정이 있고 하늘도 한정이 있지만
우리의 마음은 한정이 없기 때문에 큰 것이 되는 것이다.

박중빈 연보

* 1896년 을미개혁 전후로 음력(전)과 양력(후)이 구분되며, 국외 사건은 양력으로 표기한다.

연도	박중빈	국내외 주요 사건
1891년 (고종 28년)	* 5월 5일, 전남 영광군 백수면 길룡리에서 아버지 박회경(朴晦傾, 1852~1910)과 어머니 유정천(劉定天, 1862~1923)의 4남 2녀 중 다섯째로 출생.	
1894년 (고종 31년)	* 동학농민군이 길룡리 인근인 영광 및 법성포 일대를 점거. 하루는 아버지의 꾸지람을 듣고 '동학군이 온다'고 둘러대 아버지를 놀라게 함.	* 3월, 동학농민혁명운동. * 7월, 갑오개혁 실시. 청일전쟁 발발.
1897년 (고종 34년)	* 자연현상에 의문을 품음. 해가 거듭되면서 우주의 이치와 인생의 문제로 의문이 확산됨.	* 10월, 대한제국 선포.
1900년 (고종 37년)	* 처음 서당 교육을 받았으나 훈장의 부당한 태도로 이내 그만둠. (10세)	
1901년 (고종 38년)	* 집안 제사에서 산신(山神) 이야기를 듣고, 산신을 만나 의문을 해결하고자 이후 5년여간 매일같이 산에 올라 기도.	* 5월, 제주항쟁 발발.
1905년 (고종 42년)	* 서당에서 『통감(通鑑)』과 한문을 배웠으나 얼마 안 가 학업을 중단. * 4월, 양하운(梁夏雲)과 결혼. (15세)	* 7월, 태프트-카쯔라 밀약. * 11월, 을사늑약. * 12월, 천도교 개칭 포교.
1906년 (고종 43년)	* 고대소설 『박태보전(朴泰輔傳)』과 『조웅전(趙雄傳)』 속 주인공이 도사(道士)를 만나 소원을 성취한다는 이야기를 듣고, 의문을 풀어줄 도인을 찾아 이후 6년여간 전라도 일대를 주유함.	* 2월, 일제 통감부 설치. * 전국에서 항일의병 봉기.
1909년 (순종 2년)	* 2월, 장녀 길선(吉善) 출생.	* 1월, 대종교 창건. * 10월, 안중근이 이또오 히로부미 저격.
1910년 (순종 3년)	* 11월, 아버지의 열반으로 의지처를 잃고 가세가 기울어짐. 이후 임자도 일대로 민어 파시(波市)를 다녀오는 등 생계유지에 노력. (20세)	* 8월, 경술국치. 조선총독부 설치.
1912년	* 의문을 해결하지 못하고 깊은 절망에 빠짐. 도인 만날 생각을 단념하고 밖으로 향하던 구도의 방향을 내면으로 전환. 무의식에 떠오른 주문을 외거나 깊은 명상에 잠김.	* 중화민국 수립.

1914년	• 의형 김광선(金光旋)의 주선으로 고창 연화봉(蓮花峰)에서 3개월간 수양. 이후 입정돈망(入定頓忘)이 계속됨.	• 제1차 세계대전 발발.
1915년	• 8월, 장남 광전(光田) 출생. (25세)	• 일반상대성이론 발표.
1916년	• 4월 28일 이른 아침, 그간 품어온 모든 의문이 해결되며 대원정각(大圓正覺)을 이룸. 이후 각 종교의 경전을 열람하면서 스스로 큰 깨달음을 확인. 시국을 살핀 후 '물질이 개벽되니 정신을 개벽하자'는 지도 강령을 정하고, 6월경 새 세상 건설의 대책을 담은 '최초법어'를 발표.	• 아일랜드 부활절 봉기 발발.
1917년	• 『금강경』을 읽고 불법(佛法)이 무상대도(無上大道)임을 확인. 석가모니 불을 연원(淵源)으로 하고 불법을 주체로 한 새 회상 건설을 구상. • 9월, 십인일단(十人一團)을 조직하고, 저축조합(貯蓄組合)을 결성. 조합원들과 매월 3회씩 예회를 보고, 『성계명시독(誠誡名時讀)』으로 마음 상태와 실행 여부를 조사함. 창립한도(創立限度)를 정함(1대代 36년, 1회回 12년). • 직접 지은 문장이나 가사를 모아 『법의대전(法義大全)』이라 하고, 그 밖에 『감응편(感應篇)』 『백일소(白日嘯)』 『심적편(心迹篇)』 등을 저술.	• 러시아 볼셰비끼혁명 발발.
1918년	• 5월, 조합활동에서 마련한 자금으로 조합원들과 길룡리 갯벌을 막아 농지를 만드는 방언공사(防堰工事)를 시작. • 5~6월경, 김광선을 대동하고 정읍 화해리를 방문, 정산 송규(鼎山 宋奎)를 처음 만남. • 7월경, 정산과 재회, 그를 단(團) 중앙에 임명함. • 12월, 원불교 최초의 교당인 구간도실(九間道室)을 준공하여 조합원들의 공부 장소로 사용.	• 우드로 윌슨, 민족자결 원칙 등 14개조 강령 발표. • 제1차 세계대전 종전.
1919년	• 3월, 일본 경찰에 일주일간 연행되어 공사자금 출처 및 독립운동과의 관련에 대해 조사받음. • 4월, 방언공사를 끝내고 이를 기념하고자 옥녀봉 기슭 바위에 시멘트를 발라 공사 기간과 참가자 이름을 새김. 이어 산상기도(山上祈禱)를 시작. • 8월 21일, 지극한 기도 정성으로 백지혈인(白指血印)의 이적이 나타남. • 10월, 김제 금산사에 한달간 머물던 중, 금산사 미륵전에서 의식을 진행하던 승려를 살려낸 일로 일본 경찰에 연행되어 일주일간 구금됨.	• 1월, 고종 승하. • 2월, 2·8독립선언. • 3·1운동 발발하여 전국으로 확산. • 4월, 상해 임시정부 수립. • 중국 5·4운동 발발. • 베르사유조약 체결.

1919년	* 11월, 산상기도를 해제하고 불법에 대한 선언. 다음 달 부안 변산으로 거처를 옮김. (29세)	
1920~23년	* 변산 봉래정사(蓬萊精舍)에 거주하며 사은·사요·삼강령·팔조목의 교리강령을 제정·선포하고, 일원상(一圓相) 교리를 구상. 변산 내소사의 한만허(韓滿虛), 월명암의 백학명(白鶴鳴)과 자주 만나 불교 혁신을 논함. 『법의대전』과 각종 저술이 대중교화에 적합지 않다고 판단해 모두 불사름. 『수양연구요론』과 『조선불교혁신론』을 초안.	
1923년	* 8월, 서중안(徐中安)·정세월(鄭世月) 부부가 봉래정사를 찾아와 교통이 편리하고 장소가 넓은 곳에서 많은 사람의 앞길을 열어줄 것을 간청. 같은 달 어머니 열반. * 12월, 전주 교동에 임시 출장소를 설치하고 회상 창립을 준비.	* 독일 히틀러, 맥주홀 폭동 주동.
1924년	* 1월, 차남 광령(光靈) 출생. * 3월, 서울을 처음 방문, 최도화(崔道華)의 소개로 알게 된 박사시화(朴四時華)의 안내로 이동진화(李東震華) 등을 만남. * 5월, 전주 완산동 전음광(全飮光)의 집에서 불법연구회 창립 발기인 모임. * 6월 1일, 익산 마동 보광사(普光寺)에서 '불법연구회 창립총회'를 열고 『불법연구회규약』을 채택, 총재에 소태산이 추대되고 회장에 서중안이 선출. 총회를 마치고 진안 만덕산(萬德山)에서 제자 12명과 한달간 선(禪)을 남. * 9월, 서중안과 회원들의 희사금으로 익산 북일면 신룡리에 부지를 매입, 총부 건설에 들어감. * 11월, 서울을 재차 방문, 이공주(李共珠)와 그의 가족을 만남.	* 중국 제1차 국공합작. * 3월, 만주에서 김좌진 등이 신민부 조직.
1925년	* 정기훈련법과 상시훈련법을 제정. * 6월, 익산 전음광의 집에서 정기훈련을 실시. 이후 매년 여름·겨울 3개월씩 정기훈련을 함. * 남자 수위단(首位團)을 개편, 법인기도에 참여한 9인 중 4인에 대한 보궐단원을 선정. * 학력고시법(學力考試法)·학위등급법(學位等級法)·사업고시법(事業考試法) 제정. (35세)	* 3월, 임시정부 대통령 이승만 탄핵, 2대 박은식 임시대통령 취임. * 4월, 조선공산당 창립.
1926년	* 신정의례(新定儀禮)를 발표. * 12월, 삼남 광진(光振) 출생.	* 6·10 만세운동 발발.

1927년	* 유공인대우법(有功人待遇法)과 신분검사법(身分檢査法)을 제정. 조직 운영에 관한 『불법연구회 규약』과 『상조부규약』, 공부 교재인 『수양연구요론』을 출간.	* 2월, 민족협동전선 신간회 창립.
1928년	* 5월, '창립 1대 1회 기념총회'를 개최, 사업보고서·공부 및 사업성적을 발표하고 조송광(曹頌廣)을 2대 회장으로 선출. 송도성(宋道性)의 제안으로 월간 기관지 『월말통신(月末通信)』을 창간하고, 창간호에 「약자가 강자 되는 법문」과 단원성적조사법을 발표. * 7월, 교단의 경제 자립을 위한 '농업부기성연합단'과 인재양성을 위한 '인재양성소기성연합단'을 조직. * 9월, '단원 매월·매일 성적조사표'를 인쇄해 배포·시행.	* 11월, 홍명희 『임꺽정』 연재 시작.
1929년	* 은부모시자녀결의법(恩父母侍子女結義法)을 시행. * 10월, 서울에서 열린 조선박람회를 참관. * 겨울 정기훈련부터 소태산의 법설과 훈련상황을 기록한 '선원일지(禪院日誌)'를 작성. * 12월, 장녀 길선과 송도성의 결혼식을 신정의례에 준해 시행.	* 1월, 원산총파업. * 세계 대공황 시작. * 11월, 광주학생운동.
1930년	* 5월, 금강산을 9일간 여행하고, 「종사주 금강산행계(行啓) 일기」(『월말통신』 27~30호)에 발표. 『월말통신』 34호 발행 후 15개월간 휴간. (40세)	* 제1회 월드컵 축구대회 개최.
1931년	* 여자수위단 시보단(試補團) 단원을 선정, 여자수위단 활동을 준비. 『불법연구회통치조단규약』을 출간. 조송광과 경주 불국사, 석굴암, 구미 용담의 수운 최제우 묘를 참배.	* 만주사변 발발.
1932년	* 4월, 주요 교리를 체계적으로 정리한 『보경육대요령(寶經六大要領)』 국한문혼용판 출간. 한달 뒤 한글판을 출간. * 5월, 『월말통신』을 복간, 6월부터 제목을 『월보(月報)』로 바꿔 36호부터 발행.	* 만주국 건국.
1933년	* 『월보』 48호가 무허가 출판이라는 이유로 일본 경찰에 압수됨. 제목을 『회보(會報)』로 바꿔 9월에 창간호를 발행.	* 독일 나치 집권. * 미국 뉴딜정책 도입.
1934년	* 불법연구회 조직을 개편하고, 『불법연구회규약』 개정판을 출간. 『보경육대요령』을 간추린 『보경	* 중국공산당 대장정 시작.

1934년	삼대요령(寶經三大要領)』을 출간. • 익산에 보화당 한약방 개업.	
1935년	• 4월 28일, 총부에 대각전(大覺殿)을 지어 신앙의 대상인 일원상(一圓相)을 봉안하고, 다음날『조선불교혁신론』을 출간. • 총부 인근 청소년 교육을 위한 '수도(修道)학원'을 설립, 이후 각 지부로 야학이 확산. • 6월경, 도산 안창호(安昌浩)가 호남 순회 중 총부를 방문해 만남. • 8월,『예전(禮典)』출간. (45세)	• 7월, 민족혁명당 결성.
1936년	• 휴대용 안내서인『회원수지(會員須知)』출간. • 9월경, 총부에 '북일주재소'가 설치되고 전담 순사가 파견, 일제의 상시 감시가 시작됨.	• 일본 2·26사건 발발. • 스페인내전 발발.
1937년	• 불법연구회 홍보용『불법연구회약보(佛法研究會略報)』출간. •『조선일보』의 자매지『조광』이 불법연구회를 고의로 비방하는 기사(「교주를 생불 삼은 불법연구회 정체」)를 게재, 이에 이재철(李載喆)·유허일(柳虛一)이 방응모(方應謨) 사장을 항의 방문.『조선일보』는 해명 기사(「불교혁신 실천자 불법연구회 박중빈 씨」)를 내고,『조광』은 불법연구회 탐방 기사를 실어 오보에 해명함. • 전북도경 회계담당 간부가 총부를 불시 방문, 회계자료와 활동내역 일체를 조사. • 백백교 사건 이후 경찰의 사찰이 심해지자 소태산의 거처를 옮겨 여자 숙소와 거리를 더 둠. • 장적조(張寂照)가 만주 일대에서 교화를 본격적으로 시작.	• 중일전쟁 발발. • 10월, 일제 황국신민서사 암송 강요.
1938년	• 총독부 경무국장과 전북도경 경찰부장이 총부를 불시 방문, 소태산의 사상을 검증. • 정기훈련에서 분리해 교무강습회를 실시. 「일원상과 인간과의 관계」(『회보』 46호), 「심불(心佛) 일원상 내역급 서원문」(『회보』 49호)을 발표.	• 4월, 일제 국가총동원법 공포.
1939년	• 정산의 아버지이자 진안 마령지부 교무 송벽조(宋碧照)가 일왕(日王)에게 도탄에 빠진 조선 민중을 위해 정신을 차리고 새로운 정책을 세우라는 진정서를 보낸 것이 발각돼 불경죄로 1년 6개월간 구속. 이 사건으로 소태산은 경찰 조사를 받음. 이후 일제의 감시와 탄압이 한층 강화.	• 제2차 세계대전 발발. • 7월, 일제 국민징용령 제정.

1939년	* 근행(勤行)을 위한 지침서이자 홍보물인 『불법연구회근행법』 출간.	
1940년	* 교역자양성 교육기관인 '불교전수학원' 설립을 시도했으나 일제의 반대로 무산. * '창립 1대 2회 결산기념회'를 열지 못하고, 4월 총회 때 지방회원들의 교리강연회로 대체. * 『회보』가 65호를 끝으로 종간. * 소태산의 경륜과 사상의 정수를 담은 새 경전 집필에 착수, 그 실무를 정산·송도성·이공주·박장식(朴將植)·서대원(徐大圓)에게 맡김. * 일왕을 만나라는 일제의 강요로 부산에 머물면서 안질(眼疾)을 핑계로 도일을 미루다 자연 취소됨. * 『불법연구회근행법』을 다시 출간. (50세)	
1941년	* 1월, 게송(偈頌) "유(有)는 무(無)로 무는 유로 돌고 돌아 지극하면 유와 무가 구공(俱空)이나 구공 역시 구족(具足)이라"를 공식 발표. * 경전 간행에 필요한 자료를 여섯권으로 모아 『종전(宗典)』이라 하고, 그중 교리 핵심을 담은 한권을 『교전(敎典)』이라 함. * 학원 설립을 재차 시도했으나 허가받지 못함.	* 일본, 진주만 공습.
1942년	* 『교전』을 일일이 감수하고 이를 『정전(正典)』이라 함. 전북도경에 출판 허가서를 제출했으나 일왕을 기리는 사상이 없다는 이유로 인가받지 못함. * 아동보육 및 교육시설인 자육원(慈育園) 설립을 발의하나 일제의 반대로 무산. * 불교시보사 사장 김태흡(金泰洽)이 총부를 방문, 소태산을 만나 크게 감화됨. * 『정전』 제목에 '불교'를 넣고 불교시보사에서 발행하자는 김태흡의 제안을 시행해 12월에 출판 허가를 받음.	* 10월, 조선어학회사건 발생.
1943년	* 가제본된 『불교정전』을 일일이 감수함. 3월에 최종 감수를 마치고 서울 종로 수영사에서 1,000부 인쇄를 맡김. * 4월, 여자 수위단을 조직, 남녀 동수로 수위단을 구성. * 5월 16일, 총부 예회에서 최후의 법문. * 6월 1일, 열반. 화장한 성해(聖骸)는 총부 조실에 모셨다가 종재(終齋) 후 익산 장자산(長者山)에 임시 안장. * 8월, 『불교정전』 출간. (53세)	* 3월, 제4차 조선교육령으로 조선어 교육 전면 금지.

1949년	• 4월 25일, '1대 성업봉찬사업'의 일환으로 총부 영모원에 '대종사성탑'을 건립, 소태산의 성해를 모심.
1962년	• 9월 26일, 『불교정전』을 개편한 『정전』과 소태산 의 언행록인 『대종경』을 합해 『원불교교전』 출간.

송규 연보

연도	송규	국내외 주요 사건
1900년 (고종 37년)	* 8월 28일, 경북 성주군 소성리에서 유학자인 아버지 송벽조(宋碧照, 1876~1951)와 어머니 이운외(李雲外, 1872~1967)의 2남 중 장남으로 출생.	
1906년 (고종 43년)	* 할아버지 송성흠(宋聖欽)에게 한학을 배우기 시작. 『통감』이나 사서(四書)를 공부하며 세상을 바로잡겠다는 뜻을 세움. 성현과 영웅들의 명패(名牌)를 방에 걸고 기도. 우주의 이치나 인생의 문제에 의문을 품기 시작하고, 이인(異人)을 찾아다니기도 함. (7세)	* 2월, 일제 통감부 설치. * 전국에서 항일의병 봉기.
1912년	* 여청운(呂淸雲)과 결혼.	* 중화민국 수립.
1913~15년	* 송준필(宋浚弼)의 문하에서 성리학을 배우지만 학문이 깊어질수록 유학만으로는 세상을 구하기 어렵다고 판단. 점차 종교적 차원으로 관심이 옮겨감. 박실 거북바위에서 기도.	* 1914년, 제1차 세계대전 발발.
1916년	* 가야산에서 은거 수도하는 여처사(呂處士)와의 만남을 몇 차례 시도하나 실패. 이 과정에서 전라도 지역의 신흥종교 소식을 접함. (17세)	
1917년	* 10월, 전라도를 방문, 강일순(姜一淳)의 딸 강순임(姜舜任)을 만나 『정심요결(正心要訣)』을 받음. * 12월, 완주 모악산 대원사(大院寺)로 거처를 옮겨 적공함.	* 러시아 볼셰비끼혁명 발발.
1918년	* 김해운(金海運)의 간청으로 그의 집(정읍 화해리)에 머물며 구도를 이어감. 5~6월경 김해운의 집에서 소태산과 처음 만나 형제의(兄弟義)를 맺고 헤어짐. * 7월경, 소태산의 지시로 화해리를 찾은 김광선을 따라 영광으로 이주, 소태산과 부자의(父子義)를 맺고 영생의 스승으로 모심.	* 우드로 윌슨, 민족자결 원칙 등 14개조 강령 발표. * 제1차 세계대전 종전.
1919년	* 4월, 산상기도 때 중앙봉에서 기도. * 8월, 소태산의 명으로 부안 변산 월명암에 들어가 주지 백학명 밑에서 생활. * 10월, 직계가족이 영광으로 이사. (20세)	* 1월, 고종 승하. * 2월, 2·8독립선언. * 3·1운동 전국으로 확산. * 4월, 상해 임시정부 수립. * 중국 5·4운동 발발. * 베르사유조약 체결.

1920~23년	• 월명암에 머물며 소태산을 보좌, 교리강령 제정과 교재 초안 작업에 몰두함. • 1921년 10월, 소태산의 명으로 만행을 떠나 진안 만덕산 미륵사(彌勒寺)에서 최도화를 만남.	
1924~27년	• 불법연구회 창립총회 후 교정원 연구부장에 임명되어 학력고시법·학위등급법·사업고시법·신정의례·유공인대우법·신분검사법 등을 기안. • 1927년 12월, 장녀 영봉(靈鳳) 출생.	
1928~32년	• 영광지부장 겸 교무부장으로 활동. • 1932년, 깨달음의 경지를 노래한 「원각가(圓覺歌)」(『월보』 38호)를 발표.	
1934~36년	• 행정 최고 책임자인 교정원장에 임명되어 총부에서 근무. • 1934년 4월, 차녀 순봉(順鳳) 출생.	
1936~42년	• 영광 지부장 겸 교감으로 근무. • 1937년, 소태산의 구도와 깨달음, 창립 1대 1회 12년까지의 역사를 정리한 「불법연구회창건사」를 『회보』 37호부터 49호까지 연재. 일원상(一圓相) 교리를 체계화한 「일원상에 대하여」(『회보』 38호)를 발표. • 1939년, 부친 송벽조의 일왕 투서 사건으로 광주경찰서에 21일간 구금.	• 1937년, 중일전쟁 발발. • 1939년, 제2차 세계대전 발발.
1942년	• 5월, 총부 교감으로 발령받아 교정 전반에 걸쳐 소태산을 보필. (43세)	• 10월, 조선어학회사건 발생.
1943년	• 4월, 총무부장에 임명. • 6월 1일, 소태산 열반. 6일, 영결식을 거행. 7일, 종법사(宗法師)에 추대되어 원불교 2대 지도자가 됨.	• 3월, 제4차 조선교육령으로 조선어 교육 전면 금지.
1944년	• 장차 국운(國運)과 교운(敎運)이 밝을 것임을 전망하는 시구를 발표.	
1945년	• 일제의 회유와 탄압이 거세지는 가운데 지방 순회 차 부산을 방문하던 중 해방을 맞음. • 박창기의 제안으로 만주·일본 등지에서 귀환하는 전재동포 구호활동을 전개. • 9월부터 1년여간 서울·부산·전주·익산에서 대대적인 구호활동을 실시. • 10월, 건국의 정신과 방안을 담은 『건국론』을 집필, 정계 요인들에게 배부.	• 제2차 세계대전 종전. • 12월, 모스끄바 3국 외상회의

1945년	• 12월, 백범 김구를 만나 시국의 안정과 건국 방안을 논함.	.
1946년	• 3월, 친동생 송도성이 서울에서 구호활동 중 발진 티푸스에 걸려 열반. • 5월, 전문 교역자 양성기관인 유일학림(唯一學林)을 설립.	• 3월, 북조선임시인민위원회, 토지개혁 실시.
1947~49년	• 1947년 4월, 교명(敎名) 변경과 교단법 개정을 계획하고, 9월 문교부에 '재단법인 원불교' 설립허가를 신청함. 『대종경』 편찬 계획을 공식 발표함. • 1948년 1월, '재단법인 원불교' 설립인가를 받고, 4월 총회 때 새 교명 '원불교'와 『교헌(敎憲)』을 발표. • 1949년 4월, 총부 영모원에 '대종사성탑'을 건립하고 교단의 출판사인 원광사를 설립. 7월, 기관지 『원광』 창간.	• 1947년, 미소공동위원회 결렬. • 1948년, 제주4·3사건 발발. • 1948년, 대한민국 정부 수립. 초대 대통령 이승만 취임. • 1948년, 조선민주주의인민공화국 정부 수립. 초대 수상 김일성 취임. • 1949년, 북대서양조약기구 (NATO) 창립. • 1949년, 중화인민공화국 수립.
1950년	• 8월경, 총부 구내에 북한군 사령부가 주둔. 이후 전시사무태세 정비 결의. 총부 대중들은 피난을 보내고 정산은 총부에 남아 시국 안정을 위해 기도. (51세)	• 6월, 한국전쟁 발발.
1951~52년	• 1951년, 유일학림 중등부는 원광중학교로, 전문부는 원광초급대학으로 설립인가를 받음. 7월, 『대종경』 편차 구상을 발표. 9월, '교서편집위원회'를 구성. 10월, 아버지 열반. 11월, '교서편집위원회'를 '대종경편수위원회'로 개칭. • 1952년, 전쟁 희생영령을 위한 합동위령제를 지냄. 7월, 『예전』 출간.	• 1951년 1월, 국민방위군사건 발생. • 1951년, 샌프란시스코강화조약 체결.
1953년	• 1월, 원광대 4년제 설립 인가. • 4월, '1대 성업봉찬대회'를 개최. 그간 사용하던 연호를 시창(始創)에서 원기(圓紀)로 바꿈. 대회를 10일 앞두고 과로로 쓰러져 건강을 크게 상함. • 6월, 총부에 '대종사성비(大宗師聖碑)'를 건립하고 '원각성존소태산대종사비명병서(圓覺聖尊少太山大宗師碑銘並序)'를 성비에 새겨 소태산의 업적과 사상을 기림.	• 7월, 한국전쟁 정전. • 10월, 한미상호방위조약 체결.
1954~58년	• 건강 악화로 요양하는 가운데 교단의 각종 기관 설립에 주력. • 1954년 2월, 원광고등학교 설립 인가. 4월, 전쟁으로 중단된 『원광』 6호를 발행. 10월, 『원광』 8호	• 1955년, 제1차 아시아아프리카회의 • 1955년, 바르샤바조약기구 창설.

1954~58년	에「일원상의 진리와 그 운용법」을 발표. * 1956년 1월부터 44일간 박광전(朴光田)이 12개국 정부기관·종교단체·대학 등을 순방, 원불교를 알리며 세계교화의 교두보를 마련. 5월, 정산을 총재로 하는 '대종경편수위원회'를 구성. * 1958년 5월, '대종경편수위원회'를 발전적으로 해체하고 '정화사'를 발족해 교서편수 업무를 맡음. 11월, 태국 방콕에서 열린 5차 세계불교도우의회(WFB)에 박광전이 한국 대표로 참가.	* 1956년, 헝가리혁명 발발.
1959년	* 4월, 중앙교의회에서『교헌』을 개정. 다음 날 종법사 3차 연임 취임식에서 세계교화를 언급하며 '대세계주의자'가 되자고 함. (60세)	* 쿠바혁명 발발.
1960년	* 2월, 원광여자중학교 설립인가. * 11월, 해외포교연구회를 발족하고 해외포교연구소 개설.	* 4·19혁명 발발.
1961년	* 4월, 삼동윤리(三同倫理)를 발표하고, 4대 경륜인 교재정비(敎材整備)·기관확립(機關確立)·정교동심(政敎同心)·달본명근(達本明根)을 강조. 전무출신 요양재단인 '법은재단'을 설립. * 12월,「『정전』및『대종경』의 편수 완결 촉진에 관한 특별유시」를 내리고 감수위원을 선정, 신년 초에 편찬 완결을 당부.	* 5·16군사쿠데타 발생.
1962년	* 1월 22일, 삼동윤리를 게송으로 정하고, 이를 "한 울안 한 이치에 한 집안 한 권속이 한 일터 한 일꾼으로 일원세계 건설하자"로 송(頌)함. 24일 오전 9시 30분 열반. 성해는 총부에 안치. * 2월 23일, 대산 김대거(大山 金大擧)가 종법사에 취임. * 9월 26일, 몇 차례 교정 끝에『정전』과『대종경』을 합한『원불교교전』을 출간. (63세)	* 쿠바 미사일 위기. * 가톨릭, 제2차 바티칸공의회 소집.
1971년	* 10월 7일, 개교반백년기념대회를 맞아 정산종사성탑 건립.	
1972년	* 1월 24일,『정산종사법어』출간.	
1988년	* 11월 5일, 대종사성탑 동남편에 정산종사성탑 재건립.	

찾아보기

ㄱ

가섭 존자(迦葉尊者) 82

간화선(看話禪) 82

감사 생활 20, 71, 132, 140

강일순(姜一淳) 17, 18, 230

강자·약자 26, 96, 184

과학 문명 17, 171

개교 표어 16

개벽(開闢) 13~26, 29, 31, 36, 104, 306, 363, 380

　물질개벽 13, 16~19, 22, 31

　정신개벽 16~19, 21~26, 29, 42

　후천개벽 17, 18, 230

『건국론(建國論)』 26, 27, 363, 366

건국 정신 364, 365

견성(見性) 20, 90, 120, 121, 171, 218, 231, 233, 235, 238~40, 295

경계(境界) 20, 21, 46, 64, 65, 71, 76, 77, 80, 86~88, 100, 110, 119, 123, 128, 131, 133, 140, 141, 145, 148, 149, 151, 154, 157, 160, 163~65, 175, 183, 188, 204, 210, 216, 232, 247, 258, 275, 277, 279, 284, 313, 318, 320~22, 371

경외심(敬畏心) 119, 188, 189

계문(戒文) 73, 84, 85, 93, 129, 130, 172, 173, 326, 369

고락(苦樂) 65, 66, 97, 113, 123, 169, 186, 191, 197, 219, 220, 249, 260, 261, 267, 268

공도(公道) 52, 63, 151, 152, 195, 221, 249, 275, 304, 327, 366, 374

공부의 요도 15, 53, 69, 100, 120, 126, 136, 161, 226

공부인(工夫人) 21, 72~75, 84, 86, 90, 99,

114, 115, 128, 130, 141, 143, 146, 150, 154, 186, 190, 220, 273~75, 298, 318, 319, 352, 354

공자(孔子) 200, 224, 225, 249, 312, 322, 381

공적 영지(空寂靈知) 44, 45, 86, 147

교리도(敎理圖) 38, 39, 352

구인(九人) → 구인선진

구인선진(九人先進) 105, 106, 108, 109, 126, 279, 306, 353

구전 심수(口傳心授) 129, 153

구제선(救濟船) 352

근기(根機) 48, 128, 129, 159, 161, 162, 231, 232, 240, 242, 269, 274, 283, 304, 341, 353

『금강경(金剛經)』 103, 224

금강산(金剛山) 25, 201, 237, 252, 277, 305, 334, 335, 345

기도(祈禱) 13, 14, 25, 91, 92, 109, 125, 163, 221, 226, 363

김대거(金大擧) 30, 172, 270, 377, 380

ㄴ

낙원(樂園) 16, 25, 42, 61, 67, 115, 133, 136, 137, 178, 192, 279, 352, 374

남녀평등 23

『남화경(南華經)』 200

노자(老子) 181, 381

ㄷ

단전주(丹田住) 79, 81, 82, 148

달마(達磨) 181, 237, 238

덕치(德治) 27, 137, 367

대각(大覺) 13, 15, 20, 24, 103, 220, 223, 225, 234, 235, 247, 318, 331, 355

대국 관찰(大局觀察) 27, 365

대령(大靈) 84, 369

대명 천지(大明天地) 336

대산(大山) → 김대거

대소 유무(大小有無) 44, 45, 65, 66, 68, 73, 85, 100, 145, 153, 160, 176, 222, 247, 248, 253

대운(大運) 139, 280, 348, 374

대원 정각(大圓正覺) → 대각

대자 대비(大慈大悲) 100, 244, 245, 294, 307

『대학(大學)』 117, 225

도가(道家) 72, 131, 137, 141, 169, 171, 242, 274, 275, 288, 312, 328, 353

도치(道治) 27, 367

도학(道學) 17, 41, 106, 115, 131, 133, 136, 164, 165, 177, 193

동정 일여(動靜一如) 146

동학(東學) 16, 18, 103, 156, 229, 380

동학혁명 13, 15

ㅁ

마음공부 17, 19, 20, 30, 192, 249, 264, 281, 297, 318

만법귀일(萬法歸一) 238, 240

무상 대도(無上大道) 42, 112, 113, 123, 335

무상 보시(無相布施) 228

무시선(無時禪) 37, 87, 88, 146

　무시선법 86, 164

　무처선 37, 164

물질 문명 16, 108, 132, 133, 134, 344, 369

미륵불(彌勒佛) 342, 343, 373

ㅂ

방언(防堰) → 방언 공사

방언 공사(防堰工事) 106, 108, 363

백낙청(白樂晴) 17, 18, 31, 306

백제불교 13

백지 혈인(白指血印)의 이적 24

백학명(白鶴鳴) 238

법신불(法身佛) 43, 46, 91, 92, 99, 118, 121~25, 279, 342, 353, 379, 383

법위 21, 99, 154, 164, 170, 195, 223, 232, 247, 296

　법위등급 21, 99, 129

『법의대전(法義大全)』 331

법인기도(法認祈禱) 25, 109

병진(竝進) 14, 27, 86, 106, 116, 127, 128, 133, 164, 175, 231, 277, 303, 353, 355, 368, 376

보은(報恩) 20, 49~53, 55~58, 69, 105, 226, 227, 370~72

분단체제 28

불가(佛家) 20, 114, 115, 117, 118, 155

불공(佛供) 92, 111, 114~16, 119, 124, 125

불법(佛法) 17, 18, 42, 69, 70, 104, 110~12, 127, 134, 166, 293, 341, 343

불법연구회(佛法研究會) 24, 30, 297, 306, 308

불생 불멸(不生不滅) 131, 232, 368, 378, 379, 382

ㅅ

사반 공배(事半功倍) 31, 164

사사 불공(事事佛供) 37, 342

사요(四要) 15, 16, 21, 23, 53, 58, 69, 118, 136

　자력 양성(自力養成) 23, 58, 60, 136

　지자 본위(智者本位) 21, 60, 61, 136

　타자녀 교육(他子女敎育) 61, 62, 136

　공도자 숭배(公道者崇拜) 22, 62, 63, 136

사은(四恩) 15, 16, 19~21, 43, 48, 53, 69, 91, 92, 116, 118, 119, 122, 125, 136, 226, 314, 327, 355, 360, 372, 381

　천지은(天地恩) 22, 48, 136

　부모은(父母恩) 52, 136, 371

　동포은(同胞恩) 54, 136

　법률은(法律恩) 56, 136, 137, 226

산 경전 13, 27, 154, 185, 190, 198

삼강(三綱) 117

삼강령(三綱領) 127, 305

삼대력(三大力) 90, 116, 132, 142, 146,

160, 163, 253, 313, 360

삼독심(三毒心) 17

삼동윤리(三同倫理) 17, 28, 374~76

   동기연계(同氣連契) 28, 375

   동원도리(同源道理) 28, 375

   동척사업(同拓事業) 28, 376

삼명 육통(三明六通) 223

삼보(三寶) 89, 276

3·1운동 24, 25, 306

삼위 일체(三位一體) 356

삼학(三學) 15, 16, 19~21, 43, 44, 53, 64,
   67, 69, 86, 99, 118, 120, 126~28, 136,
   146, 164, 173, 227, 231, 303, 353, 355,
   369, 370

   사리 연구(事理硏究) 19, 44, 65, 66,
   72, 120, 136, 227, 385

   정신 수양(精神修養) 19, 64, 65, 72,
   120, 136, 227, 384

   작업 취사(作業取捨) 19, 66, 67, 72,
   75, 116, 120, 136, 227, 385

상생·상화(相生相和) 137, 138

『서전(書傳)』 198

석가모니 14, 17, 82, 103, 121~24, 242,
   249, 322

선가(仙家) 17, 18, 20, 103, 117, 118

선용(善用) 16, 133, 369

성리(性理) 72, 73, 127, 235, 239~41, 346

성불(成佛) 90, 142, 143, 177, 222, 223,
   235, 240, 267, 293, 317

성주(聖呪) 259, 260, 382, 383

『세전(世典)』 64, 73, 367, 368

소창(消暢) 134

솔성(率性) 20, 61, 108, 120, 171, 235, 246

송도성(宋道性) 14, 128, 151, 230, 242,
   280, 352

송준필(宋浚弼) 14

수도인(修道人) 99, 149, 158, 164, 165,
   221, 224, 231, 239, 240, 252, 266, 267,
   272, 281, 314, 353

수승 화강(水昇火降) 80, 148, 160

수신(修身) 29, 56, 57, 95, 117, 131, 370

수운(水雲) → 최제우

식민지 15, 24~26

신·분·의·성(信忿疑誠) 140, 253, 274

신성(信誠) 131, 273, 275, 277~80, 304,
   335, 350

신통(神通) 148, 160, 161, 173, 223, 258,
   301, 303

실달 태자 → 석가모니

심계(心戒) 173

심고(心告) 91, 92, 125, 126, 226, 268

심교(心敎) 194

심전(心田) 171, 172, 297

심전 계발 → 심전

심지(心地) 71, 140, 267, 364

심화·기화(心和氣和) 138

십인 일단(十人一團) 104

ㅇ

안빈 낙도(安貧樂道) 186

안도산(安島山) → 안창호

안창호(安昌浩) 25, 305

알음알이 17, 19, 41, 126, 127, 141, 145, 370

양성(養性) 20, 117, 120, 171

어변 성룡(魚變成龍) 345

언어도단(言語道斷) 46, 118

여의 보주(如意寶珠) 283

열반(涅槃) 14, 24, 26, 29, 30, 53, 63, 64, 83, 196, 197, 223, 227, 256~60, 267, 268, 302, 350, 355

『열반경(涅槃經)』 271

염불법(念佛法) 76

영식(靈識) 193, 261, 262, 265, 271

영육 쌍전(靈肉雙全) 37, 99, 118, 126

영주(靈呪) 363

원만 구족(圓滿具足) 45, 47, 48, 64, 259

원불교(圓佛敎) 13~15, 17~19, 21, 23, 24, 26, 28~31, 42, 69, 73, 103, 105, 108, 118, 125, 145, 164, 183, 185, 221, 232, 256, 259, 260, 303, 309, 328, 332, 334, 361, 368, 379, 380

원시 반본(原始反本) 348

오륜(五倫) 117, 373

용심법(用心法) 19, 133

용화회상(龍華會上) 342, 343

유가(儒家) 17, 18, 20, 117, 118, 155, 179, 198, 224, 246

유교(儒敎) 103, 111, 153, 225, 374, 375, 379

『유마경(維摩經)』 165

유무념(有無念) 73, 84

유무 초월(有無超越) 19, 45, 90, 120

육대 강령(六大綱領) 126, 305

육도 사생(六道四生) 114, 205, 224, 266, 347, 348

『음부경(陰符經)』 103, 354

음양 상승(陰陽相勝) 47, 88, 90, 202

응용 무념(應用無念) 20, 22, 50, 181

의두(疑頭) 72~74, 82, 127, 148, 238, 275

이사 병행(理事竝行) 118

이소성대(以小成大) 27, 192, 324, 325

이순신(李舜臣) 197

인과 보응(因果報應) 47, 66, 90, 103, 117, 119, 131, 160, 175, 202, 207, 247, 346, 368

인도상 요법(人道上要法) 160, 346, 360

인생의 요도 15, 53, 69, 100, 132, 136, 161, 226

인·의·예·지(仁義禮智) 117

일기법(日記法) 84, 85, 141

일상 수행의 요법 21, 71, 140

일심 27, 77, 88, 125~27, 141, 145, 149, 150, 158, 166, 167, 196, 229, 268, 352, 370, 383

일원 대도(一圓大道) 15, 26, 27, 361, 375

일원상의 진리 16, 19, 44~47, 99, 119, 120, 122

일원화(一圓化) 118

일제강점기 24, 26, 382

일체유심조(一切唯心造) 131
일행 삼매(一行三昧) 158
예수교 254, 277, 340
『예전(禮典)』 73, 362, 363

ㅈ

자력(自力) 23~25, 46, 52~54, 58~60, 63,
    71, 91, 132, 136, 140, 152, 190, 193,
    227, 276, 277, 300, 351, 364, 366, 371,
    373
자리 이타(自利利他) 54, 55, 96, 114, 133
저축조합 105
적적 성성(寂寂惺惺) 90
전무출신(專務出身) 22, 23, 221, 300, 312,
    313, 315~17, 326
정교동심(政敎同心) 27, 28
정신 문명 133
정업(定業) 90, 204, 205
정정(定靜) 145, 151, 303
『정정요론(定靜要論)』 368
정치(政治) 17, 24, 26, 27, 56, 96, 111,
    136~39, 363, 365, 367, 368
제가(齊家) 29, 56, 96, 117, 370
제생 의세(濟生醫世) 15, 134, 137, 168,
    170, 323, 354
종법사(宗法師) 183, 232, 328, 379, 384
주세불(主世佛) 360
중도(中道) 50, 121, 156, 159, 199, 204,
    317, 330, 364, 365, 381~83, 385
『중용(中庸)』 246, 383

증산(甑山) → 강일순
증애(憎愛) 181, 182
지공 무사(至公無私) 45, 47, 48
지도인 21, 75, 97, 168, 169, 318, 319
지자(智者) 21, 60, 61, 124, 135
진공 묘유(眞空妙有) 44, 45
진묵(震默) 246
집군성이대성(集群聖而大成) 362

ㅊ

참회(懺悔) 88~90, 212, 271, 285, 286, 330
처처 불상(處處佛像) 37, 342
천도재(薦度齋) 259, 260, 268, 270, 303
천록(天祿) 144, 158
『천부경(天符經)』 30, 31, 377, 378, 382
천상락(天上樂) 248~50, 279
천업(天業) 90, 246, 259
청정주(淸淨呪) 363
최제우(崔濟愚) 17, 18, 229, 230, 380, 383
충·열·효·제(忠烈孝悌) 304
충·효·열(忠孝烈) 370, 372

ㅌ

탐·진·치(貪瞋痴) 98, 113, 245, 260, 271,
    272

ㅍ

파란 고해(波瀾苦海) 16, 41, 42
8·15 해방 14, 26, 29, 363
팔조(八條) 15, 16, 21, 53, 67, 69, 118, 136,

140, 355

ㅎ

해탈(解脫) 20, 50, 83, 87, 100, 127, 138,
166, 176, 232, 249, 260, 349

화두(話頭) 73, 82, 115, 116, 121, 148

훈련법(訓練法)

상시훈련법 21, 74, 75

정기훈련법 21, 72, 75

희사위(喜捨位) 195, 196

창비 한국사상선 20

박중빈·송규
물질이 개벽되니 정신을 개벽하자

초판 1쇄 발행 / 2024년 7월 15일

지은이 / 박중빈 송규

편저자 / 허석

펴낸이 / 염종선

책임편집 / 박주용 박대우

조판 / 황숙화 박지현

펴낸곳 / (주)창비

등록 / 1986년 8월 5일 제85호

주소 / 10881 경기도 파주시 회동길 184

전화 / 031-955-3333

팩시밀리 / 영업 031-955-3399 편집 031-955-3400

홈페이지 / www.changbi.com

전자우편 / human@changbi.com

ⓒ (재)원불교 허석 2024

ISBN 978-89-364-8039-4 94150